JN371849

NCS 핵심영역

최종모의고사 10회분

시대에듀

2026 최신판 시대에듀 NCS 핵심영역 최종모의고사 10회분

Always **with you**

사람의 인연은 길에서 우연하게 만나거나 함께 살아가는 것만을 의미하지는 않습니다.
책을 펴내는 출판사와 그 책을 읽는 독자의 만남도 소중한 인연입니다.
시대에듀는 항상 독자의 마음을 헤아리기 위해 노력하고 있습니다. 늘 독자와 함께하겠습니다.

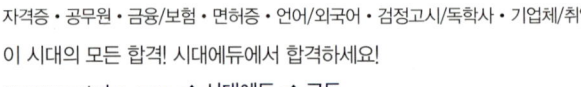

합격의 공식 시대에듀

자격증 • 공무원 • 금융/보험 • 면허증 • 언어/외국어 • 검정고시/독학사 • 기업체/취업
이 시대의 모든 합격! 시대에듀에서 합격하세요!
www.youtube.com ➜ 시대에듀 ➜ 구독

머리말 PREFACE

NCS(국가직무능력표준)는 산업 현장에서 직무를 수행하기 위해 필요한 능력을 국가적 차원에서 표준화한 것이다. 직업인으로서 기본적으로 갖추어야 할 공통된 능력을 평가해야 하기 때문에 NCS 10개 영역을 모두 평가하기보다 핵심영역을 위주로 평가하는 공기업이 많다.

의사소통능력, 수리능력, 문제해결능력, 자원관리능력은 대부분의 공기업에서 출제되는 핵심영역이다. 이는 난이도가 높아 문제를 푸는 데 많은 시간이 소요될 뿐 아니라, 고득점에 대한 압박감 때문에 수험생의 입장에서는 준비하기가 쉽지 않은 영역이다. 따라서 효율적인 학습을 위해 실제 유형과 유사한 문제를 많이 풀어봄으로써 핵심영역에 대한 실전 감각을 높이는 준비가 필요하다.

공기업 필기전형 합격을 위해 시대에듀에서는 NCS 도서 시리즈 판매량 1위의 출간 경험을 토대로 다음과 같은 특징을 가진 도서를 출간하였다.

도서의 특징

❶ 기출복원 모의고사를 통한 출제 유형 파악!

- 2025년 상반기 ~ 2024년 주요 공기업 NCS 핵심영역 기출문제를 복원하여 공기업별 출제 유형을 파악할 수 있도록 하였다.

❷ 최종모의고사를 통한 완벽한 실전 대비!

- 철저한 분석을 통해 실제 유형과 유사한 영역통합형&영역분리형 최종모의고사를 수록하여 자신의 실력을 점검할 수 있도록 하였다.

❸ 다양한 콘텐츠로 최종 합격까지!

- 온라인 모의고사 응시 쿠폰을 무료로 제공하여 필기전형에 대비할 수 있도록 하였다.
- 모바일 OMR 답안채점/성적분석 서비스를 제공하여 자동으로 점수를 채점하고 확인할 수 있도록 하였다.

끝으로 본 도서를 통해 공기업 채용을 준비하는 모든 수험생 여러분이 합격의 기쁨을 누리기를 진심으로 기원한다.

SDC(Sidae Data Center) 씀

핵심영역 이야기 INTRODUCE

◇ NCS 핵심영역 소개

❶ 의사소통능력

글과 말을 읽고 들음으로써 다른 사람이 뜻한 바를 파악하고, 자신이 뜻한 바를 글과 말을 통해 정확하게 쓰거나 말하는 능력

문서 이해	다른 사람이 작성한 글을 읽고, 그 내용을 이해하는 능력
문서 작성	자기가 뜻한 바를 글로 나타내는 능력
경청	다른 사람의 말을 듣고, 그 내용을 이해하는 능력
의사 표현	자기가 뜻한 바를 말로 나타내는 능력
기초 외국어	외국어로 의사소통할 수 있는 능력

❷ 수리능력

사칙연산, 통계, 확률의 의미를 정확하게 이해하고, 이를 업무에 적용하는 능력

기초 연산	기초적인 사칙연산과 계산을 하는 능력
기초 통계	기초 수준의 백분율, 평균, 확률의 의미를 이해하는 능력
도표 분석	도표(그림, 표, 그래프 등)의 의미를 해석하는 능력
도표 작성	필요한 도표(그림, 표, 그래프 등)를 작성하는 능력

❸ 문제해결능력

문제 상황이 발생하였을 경우, 창조적이고 논리적인 사고를 통해 이를 올바르게 인식하고 적절히 해결하는 능력

사고력	문제를 인식하고 해결함에 있어 창조적, 논리적, 비판적으로 생각하는 능력
문제 처리	문제의 특성을 파악하여 대안을 제시 · 적용하고, 그 결과를 평가하는 능력

❹ 자원관리능력

여러 자원 중 무엇이 얼마나 필요한지를 확인하고, 이용 가능한 자원을 최대한 수집하여 업무에 어떻게 활용할 것인지를 계획하고, 이를 업무에 계획대로 할당하는 능력

시간 관리	시간자원을 확인 · 수집하고, 활용 방안을 계획하고 할당하는 능력
예산 관리	자본자원을 확인 · 수집하고, 활용 방안을 계획하고 할당하는 능력
물적자원 관리	재료 및 시설자원을 확인 · 수집하고, 활용 방안을 계획하고 할당하는 능력
인적자원 관리	인적자원을 확인 · 수집하고, 활용 방안을 계획하고 할당하는 능력

◇ 의사소통능력 · 수리능력 · 문제해결능력 · 자원관리능력이 핵심영역인 이유

의사소통능력

문서 내용 이해, 글의 주제 · 제목, 문단 나열, 내용 추론, 빈칸 삽입, 문서 작성 · 수정, 맞춤법, 한자성어, 전개 방식 등 문제 유형이 다양하다. 또한, 다른 영역에 비해 지문의 길이가 길어 내용에 대한 이해가 중요하다.

수리능력

응용 수리, 수열 규칙, 통계 분석 등 문제 유형이 다양하다. 또한, 난이도가 높은 공기업의 시험에서는 자료 계산, 자료 이해, 자료 변환 등에 대한 문제가 많이 출제된다.

문제해결능력

명제 추론, SWOT 분석, 자료 해석, 규칙 적용, 창의적 사고 등 문제 유형이 다양하다. 또한, 문제를 푸는 데 많은 시간과 집중력이 필요하기 때문에 질문의 의도를 파악하고, 중요한 정보를 빠르게 찾아야 한다.

자원관리능력

시간 계획, 비용 계산, 품목 확정, 인원 선발 등 대표적인 유형과 비슷한 문제가 반복적으로 출제된다. 또한, 문제를 푸는 데 많은 시간과 집중력이 필요하기 때문에 비슷한 유형의 문제를 많이 풀어보아야 한다.

도서 200% 활용하기 STRUCTURES

기출복원 모의고사로 출제경향 파악

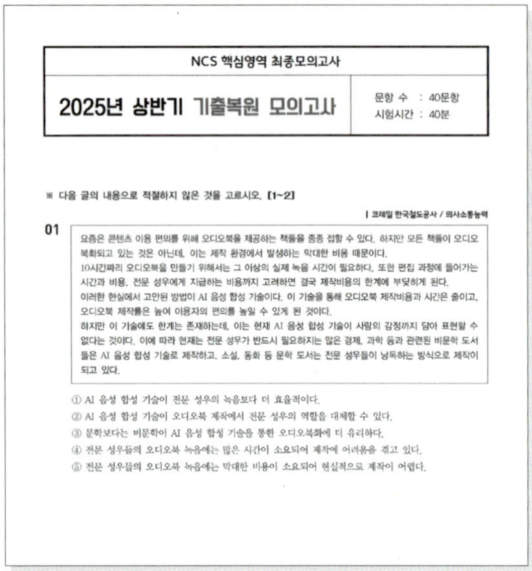

NCS 핵심영역 최종모의고사

2025년 상반기 기출복원 모의고사 | 문항 수 : 40문항 시험시간 : 40분

※ 다음 글의 내용으로 적절하지 않은 것을 고르시오. [1~2]

| 코레일 한국철도공사 / 의사소통능력

01

요즘은 콘텐츠 이용 편의를 위해 오디오북을 제공하는 책들을 종종 접할 수 있다. 하지만 모든 책들이 오디오북화되고 있는 것은 아닌데, 이는 제작 환경에서 발생하는 막대한 비용 때문이다. 10시간짜리 오디오북을 만들기 위해서는 그 이상의 실제 녹음 시간이 필요하다. 또한 편집 과정에 들어가는 시간과 비용, 전문 성우에게 지급하는 비용까지 고려하면 결국 제작비용의 한계에 부딪히게 된다. 이러한 현실에서 고안된 방법이 AI 음성 합성 기술이다. 이 기술을 통해 오디오북 제작비용과 시간은 줄이고, 오디오북 제작률은 높여 이용자의 편의를 높일 수 있게 된 것이다. 하지만 이 기술에도 한계는 존재하는데, 이는 현재 AI 음성 합성 기술이 사람의 감정까지 담아 표현할 수 없다는 것이다. 이에 따라 현재는 전문 성우가 반드시 필요하지는 않은 경제, 과학 등과 관련된 비문학 도서들은 AI 음성 합성 기술로 제작하고, 소설, 동화 등 문학 도서는 전문 성우들이 낭독하는 방식으로 제작이 되고 있다.

① AI 음성 합성 기술이 전문 성우의 녹음보다 더 효율적이다.
② AI 음성 합성 기술이 오디오북 제작에서 전문 성우의 역할을 대체할 수 있다.
③ 문학보다는 비문학이 AI 음성 합성 기술을 통한 오디오북화에 더 유리하다.
④ 전문 성우들의 오디오북 녹음에는 많은 시간이 소요되어 제작에 어려움을 겪고 있다.
⑤ 전문 성우들의 오디오북 녹음에는 막대한 비용이 소요되어 현실적으로 제작이 어렵다.

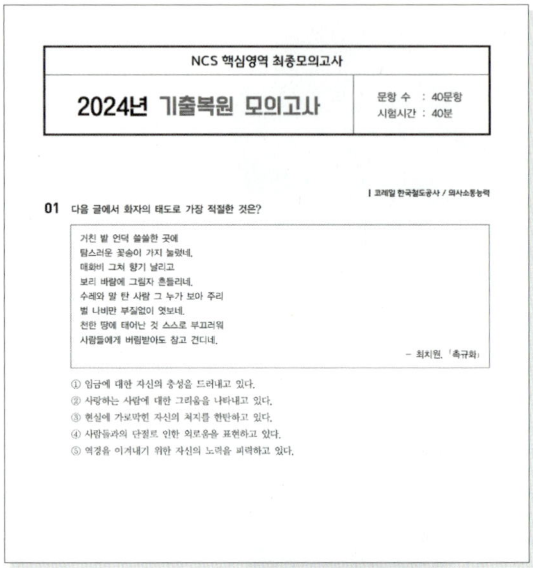

NCS 핵심영역 최종모의고사

2024년 기출복원 모의고사 | 문항 수 : 40문항 시험시간 : 40분

| 코레일 한국철도공사 / 의사소통능력

01 다음 글에서 화자의 태도로 가장 적절한 것은?

거친 밭 언덕 쓸쓸한 곳에
탐스러운 꽃송이 가지 눌렀네.
매화비 그쳐 향기 날리고
보리 바람에 그림자 흔들리네.
수레와 말 탄 사람 그 누가 보아 주리
벌 나비만 부질없이 엿보네.
천한 땅에 태어난 것 스스로 부끄러워
사람들에게 버림받아도 참고 견디네.

– 최치원, 「촉규화」

① 임금에 대한 자신의 충성을 드러내고 있다.
② 사랑하는 사람에 대한 그리움을 나타내고 있다.
③ 현실에 가로막힌 자신의 처지를 한탄하고 있다.
④ 사람들과의 단절로 인한 외로움을 표현하고 있다.
⑤ 역경을 이겨내기 위한 자신의 노력을 피력하고 있다.

▸ 2025년 상반기～2024년 주요 공기업 NCS 핵심영역 기출문제를 복원하여 공기업별 출제경향을 파악할 수 있도록 하였다.

영역통합형 모의고사 + OMR로 실전 연습

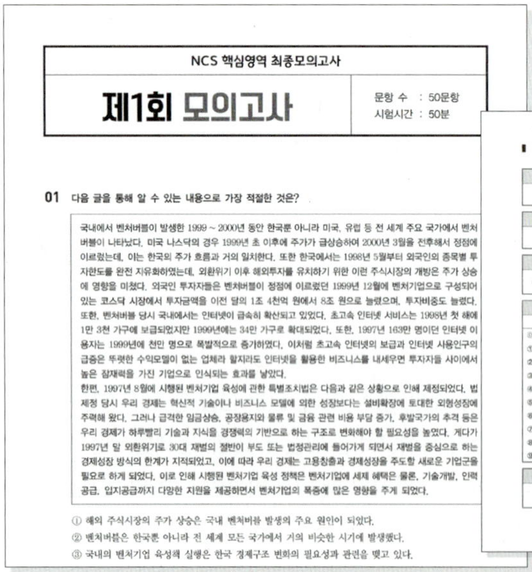

NCS 핵심영역 최종모의고사

제1회 모의고사 | 문항 수 : 50문항 시험시간 : 50분

01 다음 글을 통해 알 수 있는 내용으로 가장 적절한 것은?

국내에서 벤처버블이 발생한 1999～2000년 동안 한국뿐 아니라 미국, 유럽 등 전 세계 주요 국가에서 벤처버블이 나타났다. 미국 나스닥의 경우 1999년 초 이후에 주가가 급상승하여 2000년 3월을 전후해서 정점에 이르렀는데, 이는 한국의 주가 흐름과 거의 일치한다. 또한 한국에서는 1998년 5월부터 외국인의 종목별 투자한도를 완전 자유화하였는데, 외환위기 이후 해외투자를 유치하기 위한 이런 주식시장의 개방은 주가 상승에 영향을 미쳤다. 외국인 투자자들은 벤처버블이 정점에 이르렀던 1999년 12월에 벤처기업으로 구성되어 있는 코스닥 시장에서 투자금액을 이전 달의 1조 4천억 원에서 8조 원으로 늘렸으며, 투자비중도 늘렸다. 또한, 벤처버블 당시 국내에서는 인터넷이 급속히 확산되고 있었다. 초고속 인터넷 서비스는 1998년 첫 해에 1만 3천 가구에 보급되었지만 1999년에는 34만 가구로 확대되었다. 또한, 1997년 163만 명이던 인터넷 이용자는 1999년에 천만 명으로 폭발적으로 증가하였다. 이처럼 초고속 인터넷의 보급과 인터넷 사용인구의 급증은 뚜렷한 수익모델이 없는 업체라 할지라도 인터넷을 활용한 비즈니스를 내세우면 투자자들 사이에서 높은 잠재력을 가진 기업으로 인식되는 효과를 낳았다.
한편, 1997년 8월에 시행된 벤처기업 육성에 관한 특별조치법은 다음과 같은 상황으로 인해 제정되었다. 법 제정 당시 우리 경제는 혁신적 기술이나 비즈니스 모델에 의한 성장보다는 설비확장에 토대한 외형성장에 주력해 왔다. 그러나 급격한 임금상승, 공장용지와 물류 및 금융 관련 비용 부담 증가, 후발국가의 추격 등은 우리 경제가 하루빨리 기술과 지식을 경쟁력의 기반으로 하는 구조로 변화해야 할 필요성을 높였다. 게다가 1997년 말 외환위기로 30대 재벌의 절반이 부도 또는 법정관리에 들어가게 되면서 재벌을 중심으로 하는 경제성장 방식의 한계가 지적되었고, 이에 따라 우리 경제는 고용창출과 경제성장을 주도할 새로운 기업군을 필요로 하게 되었다. 이로 인해 시행된 벤처기업 육성 정책은 벤처기업에 세제 혜택은 물론, 기술개발, 인력공급, 입지공급까지 다양한 지원을 제공하면서 벤처기업의 폭증에 많은 영향을 주게 되었다.

① 해외 주식시장의 주가 상승은 국내 벤처버블 발생의 주요 원인이 되었다.
② 벤처버블은 한국뿐 아니라 전 세계 모든 국가에서 거의 비슷한 시기에 발생했다.
③ 국내의 벤처기업 육성책 실행은 한국 경제구조 변화의 필요성과 관련을 맺고 있다.

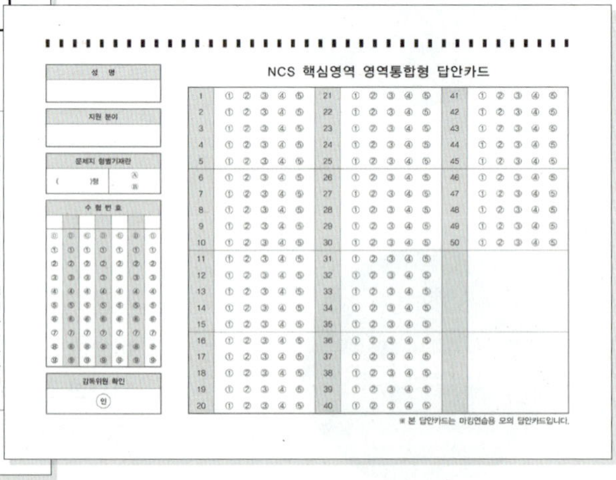

▸ NCS 핵심영역에 대한 통합형 모의고사를 수록하여 실제로 시험을 보는 것처럼 마무리 연습을 할 수 있도록 하였다.
▸ 모바일 OMR 답안채점/성적분석 서비스를 통해 자동으로 점수를 채점하고 확인할 수 있도록 하였다.

영역분리형 모의고사+OMR로 영역별 학습

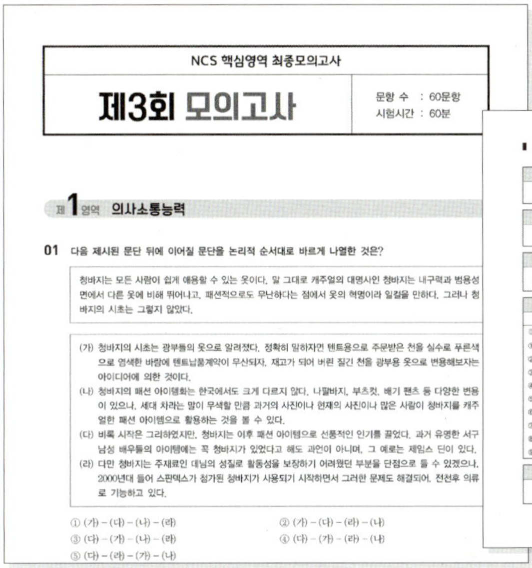

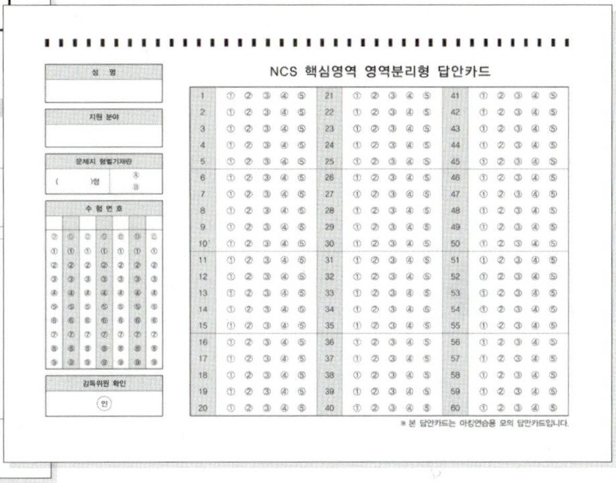

- NCS 핵심영역에 대한 분리형 모의고사를 수록하여 영역별로 효과적으로 학습할 수 있도록 하였다.
- 모바일 OMR 답안채점/성적분석 서비스를 통해 자동으로 점수를 채점하고 확인할 수 있도록 하였다.

상세한 해설로 정답과 오답을 완벽하게 이해

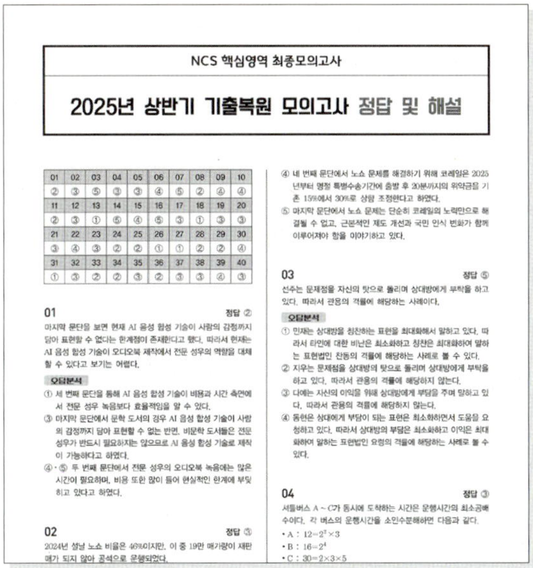

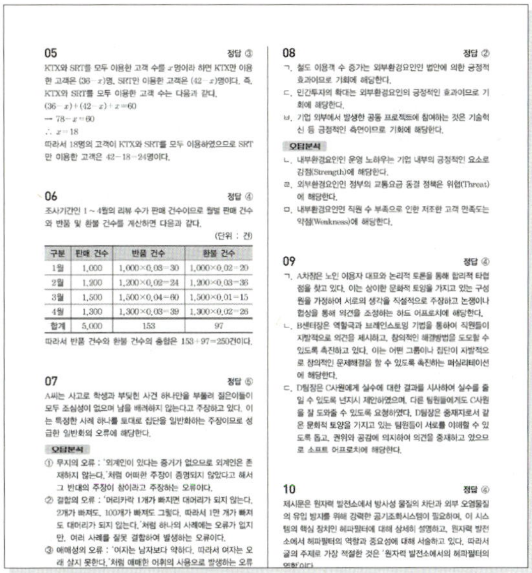

- 정답과 오답에 대한 상세한 해설을 수록하여 혼자서도 꼼꼼히 학습할 수 있도록 하였다.

이 책의 차례 CONTENTS

Add+ 주요 공기업 NCS 핵심영역 기출복원 모의고사

문제편 NCS 핵심영역 모의고사

해설편 정답 및 해설

주요 공기업 NCS 핵심영역 기출복원 모의고사

CHAPTER 01
2025년 상반기 기출복원 모의고사

CHAPTER 02
2024년 기출복원 모의고사

www.sdedu.co.kr

〈문항 및 시험시간〉

평가영역	문항 수	시험시간	모바일 OMR 답안분석	
의사소통능력+수리능력+ 문제해결능력+자원관리능력	40문항	40분	2025년 상반기	2024년

NCS 핵심영역 최종모의고사	
2025년 상반기 기출복원 모의고사	문항 수 : 40문항 시험시간 : 40분

※ 다음 글의 내용으로 적절하지 않은 것을 고르시오. [1~2]

ㅣ코레일 한국철도공사 / 의사소통능력

01

> 요즘은 콘텐츠 이용 편의를 위해 오디오북을 제공하는 책들을 종종 접할 수 있다. 하지만 모든 책들이 오디오북화되고 있는 것은 아닌데, 이는 제작 환경에서 발생하는 막대한 비용 때문이다.
> 10시간짜리 오디오북을 만들기 위해서는 그 이상의 실제 녹음 시간이 필요하다. 또한 편집 과정에 들어가는 시간과 비용, 전문 성우에게 지급하는 비용까지 고려하면 결국 제작비용의 한계에 부딪히게 된다.
> 이러한 현실에서 고안된 방법이 AI 음성 합성 기술이다. 이 기술을 통해 오디오북 제작비용과 시간은 줄이고, 오디오북 제작률은 높여 이용자의 편의를 높일 수 있게 된 것이다.
> 하지만 이 기술에도 한계는 존재하는데, 이는 현재 AI 음성 합성 기술이 사람의 감정까지 담아 표현할 수 없다는 것이다. 이에 따라 현재는 전문 성우가 반드시 필요하지는 않은 경제, 과학 등과 관련된 비문학 도서들은 AI 음성 합성 기술로 제작하고, 소설, 동화 등 문학 도서는 전문 성우들이 낭독하는 방식으로 제작이 되고 있다.

① AI 음성 합성 기술이 전문 성우의 녹음보다 더 효율적이다.
② AI 음성 합성 기술이 오디오북 제작에서 전문 성우의 역할을 대체할 수 있다.
③ 문학보다는 비문학이 AI 음성 합성 기술을 통한 오디오북화에 더 유리하다.
④ 전문 성우들의 오디오북 녹음에는 많은 시간이 소요되어 제작에 어려움을 겪고 있다.
⑤ 전문 성우들의 오디오북 녹음에는 막대한 비용이 소요되어 현실적으로 제작이 어렵다.

02

민족의 대명절인 설날과 추석은 가족과 친지를 만나기 위해 전국 각지로 이동하는 사람들이 급증하는 시기다. 이때 코레일의 기차 이용률은 평소보다 훨씬 높아진다. 예매가 시작되면 몇 분 만에 전 노선의 승차권이 매진되고, 예매 경쟁률이 수십 배에 달하는 경우도 흔하다. 그만큼 명절 기간 기차는 국민들의 중요한 이동 수단으로 자리 잡았지만, 최근에는 '노쇼' 문제로 인해 심각한 어려움을 겪고 있다. 이 문제는 명절 기간에 더욱 두드러지며, 해마다 노쇼 비율이 증가하는 추세이다.
2024년 설 연휴 기간 코레일이 판매한 승차권은 약 408만 매에 이른다. 추석 연휴 역시 약 120만 매가 판매되어 명절에 기차 이용 수요가 얼마나 폭발적인지 알 수 있다. 하지만 이 중 상당수가 실제 탑승하지 않아 공석으로 남는 일이 반복되고 있다. 2024년 설날 노쇼 비율은 무려 46%에 달했으며, 이 중 약 19만 매 이상의 좌석이 재판매되지 못해 빈 좌석으로 운행되었다. 추석 연휴에도 비슷한 수준의 노쇼와 공석 운행 문제가 발생했다. 이는 단순히 좌석이 비어 있는 것 이상의 심각한 문제를 야기한다.
공석 운행은 여러 측면에서 부정적인 영향을 끼친다. 우선, 실제로 기차를 타고자 하는 실수요자들이 좌석을 구하지 못하는 상황이 발생한다. 예매 경쟁이 매우 치열한 명절 기간에 노쇼로 인해 좌석이 비어 있음에도 불구하고, 다른 승객들이 그 좌석을 이용하지 못하는 것은 매우 불합리하다. 결국 노쇼는 국민들의 이동권을 제한하는 결과를 낳는다. 두 번째로, 공석 운행은 철도 운영의 효율성을 떨어뜨린다. 빈 좌석을 채우지 못한 채 열차를 운행하는 것은 불필요한 에너지와 인력, 비용 낭비로 이어진다. 이는 코레일뿐 아니라 국가적으로도 큰 손실이다. 세 번째로, 노쇼 문제는 사회적 비용 증가로 연결된다. 노쇼를 줄이기 위한 정책 마련과 시스템 개선에 투입되는 비용, 그리고 이에 따른 환불 정책 변경 등은 모두 국민의 부담으로 돌아올 수밖에 없다.
이러한 문제를 해결하기 위해 코레일은 다양한 대책을 시행하고 있다. 2025년부터 명절 특별수송기간에 출발 후 20분까지의 위약금을 기존 15%에서 30%로 상향 조정하는 등 노쇼 억제에 나서고 있으며, 취소·반환 기준 시점을 앞당겨 승객들이 불필요한 예약을 조기에 취소할 수 있도록 유도하고 있다. 이와 함께 좌석 재판매율을 높이기 위한 시스템 개선 작업도 진행 중이다.
하지만 노쇼 문제는 단순히 코레일의 노력만으로 해결되기 어렵다. 근본적인 제도 개선과 국민 인식 변화가 함께 이루어져야 한다. 예매 시스템의 투명성 강화, 노쇼에 대한 법적 제재 강화, 그리고 국민들의 책임감 있는 예약 문화 정착이 필요하다. 또한, 실수요자 중심의 예약 정책과 더불어, 노쇼 발생 시 불이익을 명확히 하는 제도적 장치도 마련되어야 한다. 이러한 종합적인 접근이 이루어질 때 비로소 명절 노쇼 문제를 효과적으로 줄이고, 국민 모두가 편리하고 공정하게 기차를 이용할 수 있을 것이다.

① 명절에는 승차권 예매 경쟁이 평소보다 수십 배에 달한다.
② 노쇼로 인해 발생하는 비용은 결국 국민의 부담으로 돌아온다.
③ 2024년 설날에 판매된 승차권 중 46%는 노쇼로 인해 공석으로 운행되었다.
④ 2025년부터 명절 특별수송기간에는 승차권 취소 위약금이 평소보다 높아진다.
⑤ 노쇼 문제를 해결하기 위해서는 코레일의 노력뿐만 아니라 국민 의식 변화와 정부의 제도 개선이 필요하다.

03 다음 제시된 표현법에 대한 사례로 가장 적절한 것은?

> 관용의 격률이란 자신의 이익은 최소화하고 부담은 최대화하여 말하는 표현법이다. 관용의 격률에 따르면 자신의 부담이 커질수록 상대에게는 예의 있는 표현으로 여겨지기 때문에 어떠한 문제를 자신 탓으로 돌려 말하는 것이라고도 해석된다.

① 민재 : 조은씨는 좋겠네요. 아들이 훤칠한데 공부까지 잘해서요.
② 지우 : 설명이 너무 어려워서 이해가 되지 않아요. 더 쉽게 설명해 주시겠어요?
③ 다예 : 제가 다음 주에 발표가 있으니, 이번 주까지 자료 정리해서 보내줄 수 있나요?
④ 동현 : 짐을 옮겨야 되는데 너무 무거워서, 미안한데 잠깐 도와줄 수 있을까요?
⑤ 선주 : 제가 시력이 안 좋아서 잘 보이지가 않네요. 조금 더 크게 보여주실 수 있나요?

04 셔틀버스 A ~ C는 K역에서 출발하여 같은 노선을 운행한 뒤 K역으로 돌아온다. 셔틀버스 A ~ C의 운행시간이 각각 12분, 16분, 30분이고, 오전 10시에 동시에 출발하였다면, 모든 셔틀버스가 동시에 K역에 도착하는 시간은?(단, 정차 및 교통상황 등 운행시간 외에 다른 요소는 고려하지 않고, K역에 돌아온 셔틀버스는 즉시 기존 노선으로 다시 출발한다)

① 오전 11시
② 오후 12시
③ 오후 2시
④ 오후 3시
⑤ 오후 4시

05 K역에서 일정 시간 동안 조사한 결과, 조사시간 내 전체 코레일 이용객 수는 60명이었다. 이 중 KTX 이용객이 36명, SRT 이용객이 42명이었고, 이용객 중 일부는 두 열차를 모두 이용하였다. 이때, SRT만 이용한 고객은 몇 명인가?

① 18명
② 20명
③ 24명
④ 30명
⑤ 36명

06 다음은 K쇼핑몰에서 판매된 상품에 대한 월별 리뷰 수와 반품 및 환불률을 조사한 자료이다. 상품을 구매한 사람이 모두 1건씩 리뷰를 작성하였다고 가정할 때, 조사기간 동안 발생한 반품 건수와 환불 건수를 모두 합하면?

〈K쇼핑몰 월별 리뷰 수 및 반품·환불 비율〉

(단위 : 건, %)

구분	리뷰 수	반품률	환불률
1월	1,000	3	2
2월	1,200	2	3
3월	1,500	4	1
4월	1,300	3	2

① 240건
② 246건
③ 248건
④ 250건
⑤ 252건

07 다음 사례에서 나타나는 A씨의 논리적 오류로 가장 적절한 것은?

> 매일 지하철을 이용하여 출퇴근하는 A씨는 혼잡해진 지하철 상황에 불만을 가지고 있다. 어느 날 혼잡한 출근 시간에 지하철이 흔들려 어떤 학생이 A씨와 부딪히게 되었다. 부딪힌 학생은 즉시 A씨에게 사과하였지만, A씨는 화를 내며 요즘 젊은이들은 전부 조심성도 없고 남을 배려하지도 않는다고 학생을 비난하였다.

① 무지의 오류
② 결합의 오류
③ 애매성의 오류
④ 과대 해석의 오류
⑤ 성급한 일반화의 오류

08 다음은 철도사업을 수행하는 K공사에 대한 SWOT 분석 결과이다. 기회(Opportunity)요인에 해당하는 사례를 〈보기〉에서 모두 고르면?

〈보기〉

ㄱ. 신재생 관련 법안 개정으로 인한 철도 이용객 수 증가
ㄴ. 높은 국내 철도망 운영 노하우
ㄷ. 도시철도에 대한 민간투자의 확대
ㄹ. 정부의 교통요금 동결 정책 지속
ㅁ. 직원 수 부족으로 인해 저조한 고객 만족도
ㅂ. 글로벌 공동 철도 프로젝트 참여

① ㄱ, ㄴ, ㅁ
② ㄱ, ㄷ, ㅂ
③ ㄴ, ㄷ, ㄹ
④ ㄴ, ㅁ, ㅂ
⑤ ㄷ, ㅁ, ㅂ

09 다음은 한국철도공사의 문제해결 사례이다. 〈보기〉의 사례와 문제해결 방법을 바르게 연결한 것은?

〈보기〉

ㄱ. 한국철도공사는 65세 이상의 노인을 위한 복지 정책으로 노인 무임승차제도를 실시하고 있다. 그러나 한국철도공사의 재정문제와 더불어 이용자 세대별 형평성 문제로 인해 무임승차혜택에 대해 이용자들의 갈등이 첨예해졌다. 이 문제를 해결하기 위해 A차장은 노인 이용자 대표를 한국철도공사에 초청하여 노인 무임승차제도 혜택 축소를 목적으로 합의점을 찾기 위한 토론회를 개최하였다.

ㄴ. 최근 한국철도공사의 고객센터에는 노인들이 매표 키오스크를 사용하기 불편하다는 불만이 자주 들어오고 있다. B센터장은 직원들에게 이 사실을 알리고, 노인 이용자가 편하게 키오스크를 사용할 수 있는 방법을 모색하기 위해 노인 역할극 및 브레인스토밍을 통해 아이디어를 모으도록 유도하였다. 그 결과 직원들의 아이디어를 결합하여 키오스크를 조작하는 동안 잠시 기대어 앉을 수 있는 간이 의자와 주요 기능을 크게 강조하는 방안이 채택되어 노인 이용자들이 편하게 이용할 수 있게 되었다.

ㄷ. 신입사원 C는 철도회사 업무에 익숙하지 않아 발생하는 실수로 팀 내부에서 갈등을 일으키고 있다. 이를 해결하기 위해 D팀장은 C사원에게 철도업무에서 실수가 있을 때, 어떤 상황이 일어날 수 있는지 넌지시 이야기하며 헷갈리는 일이 있을 때는 팀원들의 도움을 받는 것이 좋다고 조언하였고, 다른 팀원들에게는 신입사원 시절에는 모두가 실수가 많았다며 C사원이 업무에 빨리 적응할 수 있도록 도와달라고 격려하였다. 이후 C사원과 다른 팀원들의 노력으로 C사원은 빠르게 업무에 적응하게 되었다.

	ㄱ	ㄴ	ㄷ
①	소프트 어프로치	하드 어프로치	퍼실리테이션
②	소프트 어프로치	퍼실리테이션	하드 어프로치
③	하드 어프로치	소프트 어프로치	퍼실리테이션
④	하드 어프로치	퍼실리테이션	소프트 어프로치
⑤	퍼실리테이션	소프트 어프로치	하드 어프로치

10 다음 글의 주제로 가장 적절한 것은?

> 온실가스를 적게 배출하면서도 높은 경제성을 가진 원자력 발전소는 원전에서 나오는 방사성 물질의 차단이나, 외부 오염물질의 유입을 방지하기 위한 강력한 공기조화시스템(공조시스템)이 필요하다. 특히 공기 중으로 떠다닐 수 있는 에어로졸 형태의 방사성 물질 크기는 $1\sim10\mu m$ 정도의 아주 작은 물질이지만, 높은 밀도의 방사성 기체는 인체에 치명적일 수 있으며, 환경 오염문제 또한 발생할 수 있다. 따라서 원자력 발전소의 공조시스템에는 이러한 미립자를 걸러내기 위하여 헤파필터(HEPA Filter)를 사용하고 있다.
> 헤파필터는 'High Efficiency Particulate Air Filter'의 약자로, 공기 중의 아주 미세한 입자까지 효과적으로 걸러내는 고성능 필터이다. 일상 생활에서는 주로 공기청정기, 진공청소기, 에어컨 등에 사용되며 $0.3\mu m$ 크기의 입자(MPPS; Most Penetrating Particle Size)를 99.97% 이상 포획할 수 있다. 헤파필터는 주로 유리섬유나 폴리프로필렌 같은 합성섬유로 만들어지는데, $0.5\sim2.0\mu m$의 섬유가 불규칙하게 얽혀있는 거미줄 구조로 구성되어 있다. 오염물질이 포함된 공기가 헤파필터를 통과할 때, 헤파필터의 간격보다 큰 오염물질은 걸러지고 그보다 작은 오염물질은 공기 흐름을 따라 진행하다 섬유에 닿아 달라붙게 된다. 또한 헤파필터는 등급에 따라 E10(85%), E11(95%), E12 (99.5%), H13(99.75%), H14(99.975%) 등으로 나뉘며 등급이 높을수록 더 작은 입자까지 더 많이 걸러낼 수 있다. 특히 H13 이상을 트루 헤파필터라고 부르며, 원자력 발전소의 경우 H13 이상의 트루 헤파필터를 사용하는 등 일반적인 산업용 필터보다 더욱 엄격한 기준을 충족해야 한다.
> 이처럼 헤파필터는 원자력 발전소의 안전을 지키는 핵심 장치로, 방사성 입자와 미세먼지, 바이러스까지도 효과적으로 제거하는 중요한 역할을 한다. 특히 헤파필터의 정화 성능을 보장하기 위하여 ASME AG-1나 KEPIC-MH 등 국내외에서 기술기준을 정해 시설, 유지, 보수 등 관리법의 기준을 제시하고 있으며, 엄격한 안전관리가 필요한 원자력 발전소의 특성상 없어서는 안 될 중요한 안전 설비이다.

① 헤파필터의 여과 원리
② 헤파필터의 등급별 성능
③ 방사성 물질의 위험과 대처방법
④ 원자력 발전소에서의 헤파필터의 역할
⑤ 원자력 발전소의 발전 효율과 미래 전망

11 다음 중 제시된 단어와 가장 비슷한 어휘는?

> 된서리

① 타계(他界)
② 타격(打擊)
③ 타점(打點)
④ 타락(墮落)
⑤ 타산(打算)

12 다음 중 빈칸에 들어갈 단어로 가장 적절한 것은?

정조는 애민주의를 ______하며 백성들을 위한 정책을 펼쳤다.

① 표징(表徵)
② 표집(標集)
③ 표방(標榜)
④ 표류(漂流)
⑤ 표리(表裏)

13 다음은 J식당의 메뉴에 따른 판매가격과 재료비 및 고정비용에 대한 자료이다. 이를 참고할 때 손익분기점을 넘기 위해 가장 많이 판매해야 하는 메뉴는?

〈J식당 메뉴별 판매가격과 재료비, 고정비용〉

(단위 : 원)

구분	판매가격	재료비	고정비용
제육볶음	10,000	2,000	2,800,000
오징어볶음	12,000	2,000	3,300,000
돈가스	9,000	1,500	2,600,000
라면	6,000	800	1,800,000
고등어구이	11,000	2,000	3,100,000

※ 판매가격과 재료비는 1인분당 비용임
※ 손익분기점을 넘기 위해서는 순이익[=(판매가격)−(재료비)]이 고정비용을 초과해야 함

① 제육볶음
② 오징어볶음
③ 돈가스
④ 라면
⑤ 고등어구이

※ 다음은 J국의 소송에 대한 통계이다. 이어지는 질문에 답하시오. **[14~15]**

〈연도별 J국 전체 소송 건수〉

(단위 : 건)

구분	민사소송	형사소송	기관소송	권한쟁의	헌법소원	합계
2019년	150,000	50,000	5,000	3,000	500	208,500
2020년	160,000	70,000	7,000	5,000	600	242,600
2021년	300,000	140,000	15,000	40,000	2,000	497,000
2022년	270,000	150,000	20,000	40,000	1,900	481,900
2023년	310,000	130,000	17,000	50,000	2,500	509,500
2024년	290,000	170,000	16,000	53,000	2,500	531,500
합계	1,480,000	710,000	80,000	191,000	10,000	2,471,000

※ J국에서 진행되는 소송은 민사소송, 형사소송, 기관소송, 권한쟁의, 헌법소원만 존재함

※ J국에서 소송은 개인과 기관만 제기할 수 있으며, 기관소송과 권한쟁의는 기관만 제기할 수 있음

〈연도별 J국 개인이 제기한 주요 소송 종류〉

(단위 : 건)

구분	민사소송			형사소송			헌법소원	합계
	부동산	사기	혼인	상해	사기	살인		
2019년	30,000	20,000	10,000	10,000	5,000	5,000	200	80,200
2020년	35,000	20,000	15,000	20,000	10,000	10,000	200	110,200
2021년	70,000	50,000	30,000	40,000	40,000	20,000	1,000	251,000
2022년	50,000	50,000	30,000	30,000	30,000	15,000	1,000	206,000
2023년	50,000	60,000	20,000	20,000	30,000	10,000	1,000	191,000
2024년	80,000	50,000	15,000	25,000	10,000	12,500	800	193,300
합계	315,000	250,000	120,000	145,000	125,000	72,500	4,200	1,031,700

〈연도별 J국 기관이 제기한 주요 소송 종류〉

(단위 : 건)

구분	민사소송		형사소송		헌법소원	합계
	부동산	사기	상해	사기		
2019년	20,000	10,000	20,000	10,000	300	60,300
2020년	15,000	10,000	15,000	10,000	400	50,400
2021년	50,000	40,000	20,000	5,000	(　)	(　)
2022년	40,000	30,000	10,000	5,000	(　)	(　)
2023년	30,000	30,000	5,000	10,000	1,500	76,500
2024년	30,000	20,000	20,000	10,000	1,700	81,700
합계	185,000	140,000	90,000	50,000	5,800	470,800

14 다음 중 제시된 자료를 토대로 잘못 설명한 사람을 〈보기〉에서 모두 고르면?

〈보기〉

가영 : 2019년부터 2024년까지 기관에서만 제기하는 소송 건수의 합은 80,000건이야.
나리 : 2021년에 제기된 민사소송 중 개인이 제기한 민사소송의 비율은 50%야.
다솜 : 2019년부터 2024년까지 기관이 제기한 헌법소원은 매년 증가했어.
라주 : 2021년부터 2024년까지 개인이 제기한 소송은 매년 전년 대비 감소했어.

① 가영, 나리
② 가영, 나리, 다솜
③ 가영, 다솜, 라주
④ 나리, 다솜, 라주
⑤ 가영, 나리, 다솜, 라주

15 다음은 제시된 자료를 토대로 작성한 보고서이다. 옳지 않은 것은?

〈J국 개인 · 기관 소송 보고서〉

① J국의 전체 소송 건수는 2019년부터 2021년까지 그리고 2022년부터 2024년까지 증가하는 추세를 보이고 있으며, 특히 2021년의 경우 전년 대비 소송 제기 건수가 큰 폭으로 증가했는데 이는 전자 소송이 활성화되기 시작했기 때문으로 보인다.
민사소송과 형사소송에 있어 사기는 모두 주요 소송의 유형으로 집계되었는데, ② 사기소송 유형이 민사소송에서 차지하는 비율은 형사소송에서 차지하는 비율보다 크다. ③ 또한, 기관에서만 제기하는 소송의 총합 건수는 매년 전년 대비 증가하였다. 이는 기관이 소송을 자제하던 분위기가 풀려가면서 발생한 것으로 보인다.
이와 함께 2023년부터 2024년까지 전체 소송의 건수는 감소하였다가 증가하는 추세를 보이고 있는데, ④ 이에 따라 기관에서 제기한 기관소송 및 권한쟁의 건수의 비율 역시 2023년부터 2024년까지 전년 대비 증가하였다.
⑤ 마지막으로, 개인이 제기한 형사소송에서 상해 대비 살인의 비율은 매년 동일하다.

16 다음 중 J공사 직원들이 본회의를 시작할 수 있는 가장 빠른 시각은?

J공사의 직원들은 공사 프로젝트 회의를 1시간 동안 진행하려고 한다. 회의 시작 30분 전에는 반드시 회의실에서 회의 준비를 해야 하며, 본회의 이후 30분 동안 회의록을 작성해야 한다. 회의 준비, 본회의, 회의록 작성은 다음 조건에 따라 연속적으로 이루어져야 한다.

- 회의실은 오전 9시부터 오후 6시 사이에 사용할 수 있다.
- J공사의 점심시간은 12:00 ~ 13:00로 이 시간에는 회의 및 준비, 회의록 작성이 불가능하다.
- 참석자 중 1명은 15:00 ~ 16:00에 외부 미팅이 있어 이 시간에는 회의 및 준비, 회의록 작성이 불가능하다.
- 현재 회의실은 10:00 ~ 10:30, 14:00 ~ 14:30에 이미 예약되어 사용할 수 없다.

① 오전 9시 30분
② 오전 11시
③ 오후 1시
④ 오후 4시
⑤ 오후 4시 30분

17 다음은 A ~ E응시자의 J국가자격 필기시험 결과이다. 이를 토대로 할 때 합격한 사람은 모두 몇 명인가?

〈J국가자격 필기시험 결과〉

(단위 : 점)

구분	필기시험				가점
	객관식 1과목	객관식 2과목	논술형	약술형	
A	85	52	61	57	6
B	75	71	67	81	-
C	67	81	72	54	2
D	87	72	57	48	5
E	66	82	58	78	-

※ 한 과목이라도 50점 이하 득점 시 과락 처리
※ 전체 평균 점수에 가점을 합하여 70점 이상 득점 시 합격

① 1명
② 2명
③ 3명
④ 4명
⑤ 5명

18 다음은 보건의료 빅데이터 심포지엄의 개최순서이다. 이를 참고할 때, 각 발표자의 자료 준비로 적절하지 않은 것은?

〈2024년 보건의료 빅데이터 활용 성과공유 심포지엄〉

1부 : 빅데이터 · AI 기반 건강보험 서비스 혁신

1. 인공지능(AI) 기술을 통해 공단이 어떻게 데이터 기반의 가입자 맞춤형 서비스를 제공하고, 보험자의 역할을 보다 강화할 수 있을지에 대한 비전
   – ○○대병원 A교수
2. 'sLLM(소형언어모델)을 활용한 건강보험 내 · 외부 서비스 향상'을 주제로 인공지능(AI) 기술을 통한 고객 서비스와 업무 효율성 증대 사례
   – ○○대 B교수
3. 공단이 보유한 방대한 건강보험 데이터를 어떻게 인공지능(AI)을 통해 분석하고 활용할 수 있는지에 대한 방안
   – 공단 C실장(빅데이터연구개발실)

2부 : 건강보험 빅데이터를 활용한 우수 연구 성과

1. 야간 인공조명이 인간의 건강에 미치는 영향에 대한 분석 결과
   – ○○대 D교수
2. 결핵 빅데이터인 국가결핵통합자료원(K-TB-N Cohort) 구축을 통해 국가 결핵 관리 정책 · 사업의 효과를 평가, 정책을 수립 · 보완할 근거를 생산
   – ○○청 E과장
3. 병원 내에서 발생하는 폐렴 데이터의 분석을 통해, 이를 예방하기 위한 실효성 있는 병원 내 감염관리 체계 마련 필요성 제시
   – 공단 F팀장(빅데이터연구개발실)

① A교수 : 사람과의 직접 대면이 아닌 인공지능 기술로 대체할 수 있는 공단의 서비스에 대한 자료가 필요하겠군.

② B교수 : 인공지능 기술을 활용해 건강보험 서비스를 이용한 고객과 공단 근로자에게 편리성 및 효율성에 대한 설문조사를 진행해야겠군.

③ D교수 : 자연광에만 주로 노출된 사람과 자연광과 더불어 인공조명에 많이 노출된 사람의 건강 상태를 비교할 수 있는 자료가 필요하겠군.

④ F팀장 : 병원 내 병동별 폐렴 발생 현황과 주로 발병하는 연령대에 대한 조사가 필요하겠군.

19 다음 글을 읽고 추론한 내용으로 적절하지 않은 것은?

> 만성질환이란 증상이 극심하지는 않지만 오래 지속되는 질환인 탓에 삶의 질을 저하시키고, 관리를 소홀히 할 경우 합병증의 발생으로 사망까지 이를 수 있어, 운동이나 식이 등 꾸준한 관리가 필요한 질환을 말한다. 만성질환에는 당뇨, 천식, 심장병, 허리통증 등이 있으며, 만성질환이라 하더라도 모든 운동이 좋은 것은 아니며, 질환별로 또 환자의 상태에 따라 맞는 운동 방법과 강도는 천차만별이다.
> 당뇨병의 경우 인슐린 분비량이 없거나 또는 적어 인슐린이 혈당을 낮추는 기능을 정상적으로 수행할 수 없는 상태를 말한다. 따라서 혈당조절에 효과적인 유산소 운동을 통해 인슐린이 더 효율적으로 사용되도록 하여 혈당 수치를 낮출 수 있다. 또한 규칙적인 유산소 운동은 심혈관계를 향상시켜 심장 건강을 개선시킬 수 있다.
> 운동 중 또는 운동 후에 호흡곤란과 반복적이고 발작적인 기침이 나타날 수 있는 천식의 경우 운동 시 각별히 주의하여야 한다. 특히 건조하거나 찬 공기가 있는 환경에서 운동하거나, 갑작스레 격렬한 운동을 할 경우 천식 발작이 일어날 수 있다. 따라서 수영과 같이 건조하지 않고, 심장 박동이나 호흡수가 급격히 증가하지 않는 환경에서 운동하는 것이 도움이 될 수 있다.
> 허리통증의 경우는 유산소 운동보다는 코어 운동이 도움이 된다. 코어 운동을 통해 척추 주위의 근육이 강화되면서 척추를 지지하는 힘이 늘어나 허리 통증이 감소되는 것이다.

① 당뇨 환자는 달리기나 등산, 수영과 같은 운동을 하는 것이 혈당 개선에 도움이 된다.
② 규칙적인 걷기 운동은 당뇨 환자와 심장병 환자의 질환을 개선시킬 수 있다.
③ 천식 환자는 심장박동 및 호흡수를 증가시키는 달리기나 줄넘기보다는 등산이 좋다.
④ 허리 통증을 가진 환자에게는 허리의 중심 부위를 강화시키는 플랭크나 브릿지와 같은 운동이 좋다.

20 다음 문단을 논리적 순서대로 바르게 나열한 것은?

> 국민건강보험공단은 담배소송 제12차 변론에서 직접 손해배상 청구권을 포함해 지금까지의 주요 쟁점에 관련한 전반적 입장을 적극적으로 표명했다.
>
> (가) 또한 흡연과 암 발생의 인과관계를 과학적 근거에 따라 분명히 하기 위해 대상 암종을 소세포암과 편평세포암으로 흡연기간이 30년 이상이고, 하루 한 갑의 담배를 20년 이상 흡연한 대상자로 구분하였기에 이번 변론에서는 흡연과 암 발생의 인과관계를 의학적으로 또 국민 상식에 부합하도록 인정하여야 한다고 강조했다.
>
> (나) 공단은 담배회사들이 담배라는 제품에 대한 중독성과 건강 위해성을 인지하고 있음에도 수십 년 동안 이를 소비자에게 정확히 알리지 않고 막대한 이득을 취한 것은 소비자를 기만한 것이자 기업의 사회적 책임을 다하지 않은 중대한 문제임을 지적하며, 특히 담배회사가 흡연중독 피해를 개인의 선택으로 치부한 것은 소비자를 두 번 기만한 것이라며 비판했다.
>
> (다) 마지막으로 공단은 이번 변론을 준비하면서 국민들의 보험료가 주요 재원인 건강보험 재정이 담배로 인해 발생되는 질병으로 재산상 손해가 발생한 점에 대해 당연히 담배회사에 법적으로 책임을 물어야 한다고 주장하며 이에 대한 국민들의 관심과 지지가 필요하다고 호소했다.
>
> (라) 아울러 공단은 이 주장을 입증하기 위한 뒷받침 자료로 대한폐암학회와 호흡기내과 전문의 의견서, 담배 중독에 대한 한국중독정신의학회와 정신건강의학과 전문의 의견서, 대한금연학회에서 실시한 담배 중독 감정서와 이들 중 일부에 대한 흡연경험 심층사례 분석 결과, 공단 내부 연구결과 등을 추가 증거로 제출하였다.

① (가) – (나) – (라) – (다)　　② (가) – (라) – (나) – (다)

③ (나) – (가) – (라) – (다)　　④ (나) – (라) – (가) – (다)

※ 다음은 K국의 연도별 7대 주요 범죄 발생 현황과 교도소별 복역자 현황에 대한 자료이다. 이어지는 질문에 답하시오. **[21~22]**

〈연도별 7대 주요 범죄 발생 현황〉

(단위 : 건)

구분	살인	사기	폭행	강도	절도	성범죄	방화
1989년	500	2,000	5,000	4,000	25,000	3,000	500
1990년	600	2,500	7,000	8,000	20,000	2,500	600
1991년	700	3,000	10,000	5,000	23,000	2,000	800
1992년	800	2,000	15,000	8,000	18,000	2,500	700
1993년	900	3,000	10,000	10,000	20,000	3,000	1,000
1994년	1,000	2,000	20,000	10,000	27,000	5,000	900
1995년	1,100	3,500	17,000	9,000	34,000	2,000	1,100

※ 현 시점은 2025년임

〈K국 교도소의 잔여 형량별 복역자 수〉

(단위 : 명)

구분	A교도소	B교도소	C교도소	D교도소	E교도소	F교도소
1년 미만	3,000	4,000	5,000	6,000	7,000	8,000
1년 이상 3년 미만	1,500	1,000	2,000	3,000	2,000	2,500
3년 이상 5년 미만	400	400	500	600	800	1,000
5년 이상 10년 미만	350	250	250	300	400	50
10년 이상 20년 미만	30	35	40	60	55	35
20년 이상	20	15	10	40	45	15
합계	5,300	5,700	7,800	10,000	10,300	11,600

※ K국의 교도소는 A ~ F 6개 존재함

21 다음 중 자료에 대한 설명으로 옳지 않은 것은?

① 살인이 가장 많이 발생한 해에는 절도 역시 가장 많이 발생하였다.
② 모든 교도소에서 잔여 형량이 많을수록 복역자 수는 감소한다.
③ 범죄가 가장 많이 발생한 해는 폭행도 가장 많이 발생하였다.
④ 잔여 형량이 1년 미만인 경우가 가장 많은 교도소는 전체 복역자 수가 가장 많다.

22 다음 중 자료를 계산하여 해석한 내용으로 옳지 않은 것은?

① 1990년부터 1995년까지 전년 대비 살인 사건 발생 변화율은 매년 감소한다.
② K국 전체 교도소 복역자 수 중 D교도소 복역자 수의 비율은 20% 이하이다.
③ 1993년부터 1995년까지 7대 주요 발생 범죄 중 절도가 차지하는 비율은 45% 이하이다.
④ 교도소별 잔여 형량이 1년 미만인 복역자 수 대비 3년 이상 5년 미만인 복역자 수의 비율은 F교도소가 가장 높다.

※ 다음은 2025년 2월 10일 기준 국내 월평균 식재료 가격이다. 이어지는 질문에 답하시오. **[23~24]**

〈월평균 식재료 가격(2025.02.10 기준)〉

구분	세부항목	2024년						2025년
		7월	8월	9월	10월	11월	12월	1월
곡류	쌀 (원/kg)	1,992	1,083	1,970	1,895	1,850	1,809	1,805
채소류	양파 (원/kg)	1,385	1,409	1,437	1,476	1,504	1,548	1,759
	배추 (원/포기)	2,967	4,556	7,401	4,793	3,108	3,546	3,634
	무 (원/개)	1,653	1,829	2,761	3,166	2,245	2,474	2,543
수산물	물오징어 (원/마리)	2,286	2,207	2,267	2,375	2,678	2,784	2,796
	건멸치 (원/kg)	23,760	23,760	24,100	24,140	24,870	25,320	25,200
축산물	계란 (원/30개)	5,272	5,332	5,590	5,581	5,545	6,621	9,096
	닭 (원/kg)	5,436	5,337	5,582	5,716	5,579	5,266	5,062
	돼지 (원/kg)	16,200	15,485	15,695	15,260	15,105	15,090	15,025
	소_국산 (원/kg)	52,004	52,220	52,608	52,396	51,918	51,632	51,668
	소_미국산 (원/kg)	21,828	22,500	23,216	21,726	23,747	22,697	21,432
	소_호주산 (원/kg)	23,760	23,777	24,122	23,570	23,047	23,815	24,227

※ 주요 식재료 소매가격(물오징어는 냉동과 생물의 평균 가격, 계란은 특란의 평균 가격, 돼지는 국내 냉장과 수입 냉동의 평균 가격, 국산 소고기는 갈비, 등심, 불고기의 평균 가격, 미국산 소고기는 갈비, 갈빗살, 불고기의 평균 가격, 호주산 소고기는 갈비, 등심, 불고기의 평균 가격임)

※ 표시 가격은 주요 재료의 월평균 가격이며, 조사 주기는 일별로 조사함

23 다음 중 자료를 이해한 내용으로 옳지 않은 것은?

① 2024년 8월 대비 9월 쌀 가격의 증가율은 2024년 11월 대비 12월 무 가격의 증가율보다 크다.
② 소의 가격은 국산, 미국산, 호주산 모두 2024년 7월부터 9월까지 증가하다가 10월에 감소한다.
③ 계란 가격은 2024년 7월부터 2025년 1월까지 꾸준히 증가하고 있다.
④ 쌀 가격은 2024년 8월에 감소했다가 9월에 증가한 후 그 후로 계속 감소하고 있다.

24 K식품회사에 재직 중인 A사원은 국내 농수산물의 동향과 관련한 보고서를 쓰기 위해 자료를 토대로 2024년 12월 대비 2025년 1월 식재료별 가격의 증감률을 구하고 있으며, 다음은 A사원이 작성한 보고서의 일부이다. 다음 중 증감률이 가장 큰 재료는?(단, 소수점 셋째 자리에서 버림한다)

〈국내 농수산물 가격 동향에 따른 보고서〉

식품개발팀 A사원

저희 개발팀에서 올해 기획하고 있는 신제품 출시를 위하여 국내 농수산물 가격 동향을 조사하였습니다. 하단에 월평균 식재료 증감률을 첨부하였으니 신제품 개발 일정을 수립하는 데 참고하시면 될 것 같습니다. 자세한 사항은 식품개발팀 B과장님께 문의하십시오.

〈월평균 식재료 증감률(2025.02.10 기준)〉

구분	세부항목	2024년 12월	2025년 1월	증감률(%)
곡류	쌀(원/kg)	1,809	1,805	
채소류	양파(원/kg)	1,548	1,759	
	무(원/개)	2,474	2,543	
수산물	건멸치(원/kg)	25,320	25,200	
… 생략 …				

① 쌀
② 양파
③ 무
④ 건멸치

25 다음은 K사의 신입사원 선발 조건이다. 〈보기〉의 지원자 중 최고득점자와 최저득점자를 바르게 연결한 것은?

〈K사 신입사원 선발 조건〉

• 다음과 같은 항목에 따른 점수를 합산하여 최종점수(100점 만점)을 산정하여 점수가 가장 높은 지원자 2명을 신입사원으로 선발한다.

– 학위점수(30점 만점)

학위	학사	석사	박사
점수(점)	18	25	30

– 어학능력점수(20점 만점)

어학시험점수 (300점 만점)	0점 이상 50점 미만	50점 이상 150점 미만	150점 이상 220점 미만	220점 이상
점수(점)	8	14	17	20

– 면접점수(20점 만점)

총 인턴근무 기간	미흡	보통	우수
점수(점)	18	24	30

– 실무경험점수(20점 만점)

총 인턴근무 기간	4개월 미만	4개월 이상 8개월 미만	8개월 이상 12개월 미만	12개월 이상
점수(점)	12	16	18	20

〈보기〉

구분	학위점수	어학시험점수	면접점수	총 인턴근무 기간
A	학사	228	우수	8개월
B	석사	204	보통	11개월
C	학사	198	보통	9개월
D	박사	124	미흡	3개월

	최고득점자	최저득점자
①	A	B
②	A	D
③	B	C
④	C	D

26 다음 글과 가장 관련 있는 한자성어는?

> A씨는 대학 졸업 후 창업에 도전하기로 결심했다. 그는 자신의 아이디어에 확신을 가지고 작은 카페를 열었지만, 예상치 못한 문제들이 끊임없이 발생했다. 위치 선정이 잘못되었고, 경쟁이 치열했으며, 운영 경험 부족으로 인해 손님을 끌어들이지 못했다. 결국 1년 만에 카페는 문을 닫아야 했고, A씨는 큰 빚과 좌절감 속에서 실패를 받아들여야 했다.
> 하지만 A씨는 실패를 통해 얻은 교훈을 놓치지 않았다. 그는 자신이 부족했던 점들을 분석하며 경영과 마케팅에 대해 더 깊이 공부하기 시작했다. 또한 카페를 운영하며 쌓은 고객 관리 경험과 식음료 산업에 대한 이해를 바탕으로 새로운 방향을 모색했다. 그러던 중, 그는 소규모 카페 운영자들이 겪는 어려움 해소를 돕기 위해 전문 컨설팅 서비스를 제공하는 사업 아이디어를 떠올렸다.
> A씨는 이전의 실패를 발판 삼아 철저히 준비한 끝에 컨설팅 회사를 설립했다. 그의 서비스는 소규모 카페 운영자들에게 실질적인 도움을 제공하며 빠르게 입소문을 탔고, 사업은 성공적으로 성장했다.

① 전화위복(轉禍爲福)
② 사필귀정(事必歸正)
③ 일취월장(日就月將)
④ 우공이산(愚公移山)

27 다음 중 밑줄 친 단어의 의미가 다른 것은?

① 인간은 네 번째 <u>차원</u>인 시간을 인식하며 살아간다.
② 그의 능력은 취미의 <u>차원</u>을 넘어 예술의 경지로 나아갔다.
③ 과도한 사탕발림이 예의의 <u>차원</u>을 넘어 불편하게 다가왔다.
④ 독창적인 아이디어가 한 <u>차원</u> 높은 수준의 품질을 이끌어 내었다.

28 다음 글에 대한 설명으로 적절하지 않은 것은?

> 큐비트(Qubit)는 양자 컴퓨터에서 정보를 저장하고 처리하는 기본 단위다. 기존의 컴퓨터가 정보를 0과 1로 이루어진 비트(Bit)로 표현하는 것과 달리, 큐비트는 양자역학의 특성을 활용해 더 복잡하고 강력한 방식으로 정보를 다룬다.
> 큐비트는 0과 1의 상태를 동시에 가질 수 있는 양자 중첩 특성을 가지고 있다. 양자 중첩이란 빛이 입자와 파동 2가지 상태를 가진 것과 마찬가지로 미시적 세계에서 여러 양자 상태가 동시에 존재할 수 있는 현상을 뜻하며, 측정하기 전까지 양자 상태를 정확히 파악할 수 없고 관측과 동시에 상태가 결정되는 것을 의미한다. 이처럼 큐비트 또한 측정하기 전까지 0과 1의 상태를 동시에 가진 중첩 상태가 유지되며 측정 시에는 0 또는 1 중 하나의 값으로 확정된다. 이를 통해 큐비트는 병렬 계산을 가능하게 만들어 복잡한 문제를 빠르게 해결할 수 있다.
> 또한 두 개 이상의 큐비트가 양자 얽힘 상태에 있으면, 한 큐비트의 상태가 다른 큐비트의 상태와 즉각적으로 연결된다. 이에 따라 한 큐비트가 측정되면 얽혀 있는 다른 큐비트의 상태 또한 자동으로 결정되므로 큐비트 간의 빠른 정보 전달과 협력 계산을 가능하게 한다.
> 양자 컴퓨터에 사용되는 큐비트는 다양한 방식으로 개발되고 있으며 대표적인 방식은 초전도 회로, 이온 트랩, 광자, 스핀 등이 있다. 초전도 회로는 전기적 초전도체를 활용해 양자 상태를 생성하고, 이온 트랩은 전기장으로 이온을 가두고 조작한다. 광자는 빛 입자를 이용한 정보 저장 및 전송에 사용되며, 스핀은 전자의 스핀 상태를 활용한다.
> 큐비트는 기존 컴퓨터보다 훨씬 더 많은 정보를 처리할 수 있다. 예를 들어, 20개의 큐비트를 활용하면 2^{20}, 즉 약 100만 개의 상태를 동시에 표현할 수 있다. 이는 암호 해독이나 복잡한 시뮬레이션 같은 문제에서 기존 컴퓨터보다 월등히 빠른 성능을 발휘한다. 하지만 현재 기술로는 큐비트를 안정적으로 유지하고 제어하는 데 한계가 있다. 환경적 요인으로 인해 양자 상태가 쉽게 붕괴되기 때문에 이를 극복하기 위한 연구가 활발히 진행 중이다.
> 큐비트는 양자역학의 원리를 기반으로 기존 컴퓨터와는 완전히 다른 방식으로 정보를 처리한다. 중첩과 얽힘 같은 특성 덕분에 복잡한 계산 문제를 해결하는 데 강력한 도구가 될 수 있지만, 기술적 도전 과제도 많다. 앞으로 양자 컴퓨팅 기술이 발전하면 큐비트를 활용한 혁신적인 응용이 더욱 확대될 것으로 기대된다.

① 큐비트의 값은 측정과 동시에 정해진다.
② 큐비트는 정보를 0과 1의 2진수로 나타내는 것이다.
③ 큐비트는 측정하기 전까지는 양자 중첩 상태로 존재한다.
④ 4개의 큐비트를 활용하면 16번의 상태를 동시에 표현할 수 있다.

29 다음 글에 대한 설명으로 가장 적절한 것은?

> 소형 모듈 원전(SMR; Small Modular Reactor)은 기존 대형 원자로와는 다른 설계와 운영 방식을 가진 차세대 원자력 발전 기술이다. SMR은 전기 출력이 300MWe 이하로 소형화된 원자로를 의미하며, 크기가 작고 유연한 설계 덕분에 다양한 환경에서 활용 가능하다. 주요 특징 중 하나는 모듈화된 설계로, 주요 기기를 모듈화하여 공장에서 제작한 뒤 현장으로 운송해 조립한다. 이로 인해 건설 기간이 단축되고 초기 투자 비용을 줄일 수 있다.
> SMR은 기존 원전에 비해 안정성 또한 높다. 자연 순환 냉각 방식을 채택해 전력 공급 없이도 중력과 밀도차, 자연 대류를 활용해 원자로를 냉각할 수 있다. 이는 사고 발생 시 노심 용융 가능성을 낮추며, 방사성 물질의 저장 및 관리 측면에서도 유리하다. 또한 다양한 입지 조건에서 설치가 가능하여 전력망이 없는 지역이나 해상에서도 활용할 수 있다. 이는 탄소 배출이 적은 에너지원으로서 기후 변화 대응에도 기여할 수 있다.
> SMR의 경제성도 강점이다. 공장에서 미리 제작된 모듈을 현장에서 조립하는 방식은 전통적인 대형 원전보다 건설 비용과 기간을 줄인다. 그러나 단위 출력당 건설 비용이 높아질 수 있어 대량 생산과 표준화를 통해 비용을 절감해야 한다. 기술적 검증도 중요한 과제로, 안전성과 경제성을 동시에 만족시켜야 한다. 기후 변화에 따른 환경적 취약성도 고려해야 하며, 이를 극복하기 위해 각국 정부와 민간 기업들은 협력하여 연구 개발에 투자하고 있다.
> SMR은 탄소 중립 시대를 맞아 중요한 에너지원으로 주목받고 있으며, 다양한 분야에서 활용 가능성이 높다. 한국을 포함한 여러 국가가 SMR 개발에 적극적으로 나서고 있으며, 이를 통해 글로벌 에너지 시장에서 새로운 패러다임을 제시할 것으로 보인다. SMR은 단순히 기존 원전을 대체하는 것을 넘어 안전하고 지속 가능한 에너지 시스템 구축에 기여할 핵심 기술로 자리 잡아가고 있다.

① SMR은 방사성 폐기물이 발생하지 않는다.
② SMR은 기존의 원전보다 다양한 환경에서 건설이 가능하다.
③ SMR은 원전 부지에서 모듈을 생산하여 조립하는 방식으로 건설된다.
④ 선진국에서는 기존 원전 대부분이 SMR로 전환되어 탄소 중립을 실천하고 있다.

ㅣ한국중부발전 / 문제해결능력

30 다음은 J공사의 컴퓨터 비밀번호 규칙에 대한 글이다. 〈보기〉 중 J공사 비밀번호 규칙에 맞지 않는 것의 개수는?

> J공사의 직원들은 업무를 시작하기 위해 컴퓨터에 직원별 비밀번호를 입력해야 한다. 직원들의 비밀번호는 9자리의 숫자와 문자로 구성되어 있다. 첫 번째 자리는 직원 종류별 코드로 정직원은 1, 계약직은 2, 파견직은 3이 부여된다. 두 번째 자리부터는 직원별 입사일이 YYMMDD 방식으로 부여된다. 이후 데이터의 진위 여부를 확인하기 위해 체크데이터로 앞의 숫자를 모두 더한 뒤, 2를 뺀 값에 해당하는 알파벳이 대문자로 부여된다. 마지막으로 비밀번호 식별의 용이성을 위해 첫 번째 자리의 숫자와 동일한 숫자가 부여된다.

〈보기〉

- 3011210F3
- 2981111U2
- 3051231M3
- 1241215N2
- 4200817T4
- 1942131S1
- 1840624W1
- 1211014H1
- 2210830P2
- 2191229Z2

① 2개 ② 3개
③ 4개 ④ 5개

ㅣ한국중부발전 / 문제해결능력

31 다음 사례에서 나타나는 논리적 오류로 가장 적절한 것은?

> A씨는 오랜만에 고향 친구를 만났다. 약속 장소에서 A씨는 고향 친구가 말끔한 정장을 입고 나온 것을 보고, 그가 부자일 확률보다 부자이면서 좋은 차를 끌고 다닐 확률이 높다고 생각하였다.

① 결합의 오류 ② 무지의 오류
③ 연역법의 오류 ④ 과대해석의 오류

※ 다음은 J기업의 본사와 부속 공장 간의 도로에 대한 자료이다. 이어지는 질문에 답하시오. **[32~33]**

〈본사와 부속 공장 간 도로〉

(단위 : km)

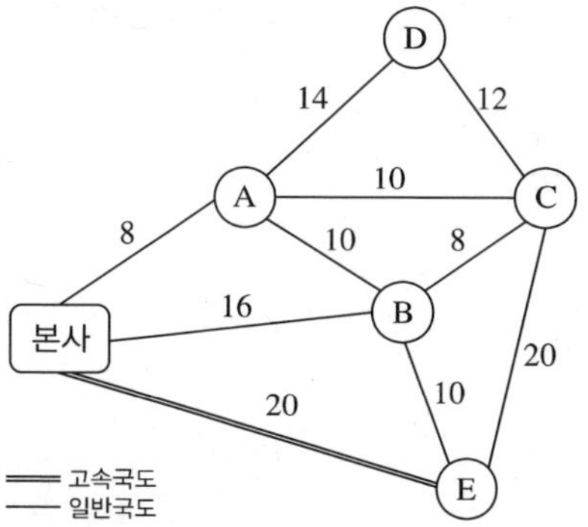

| 한국중부발전 / 자원관리능력

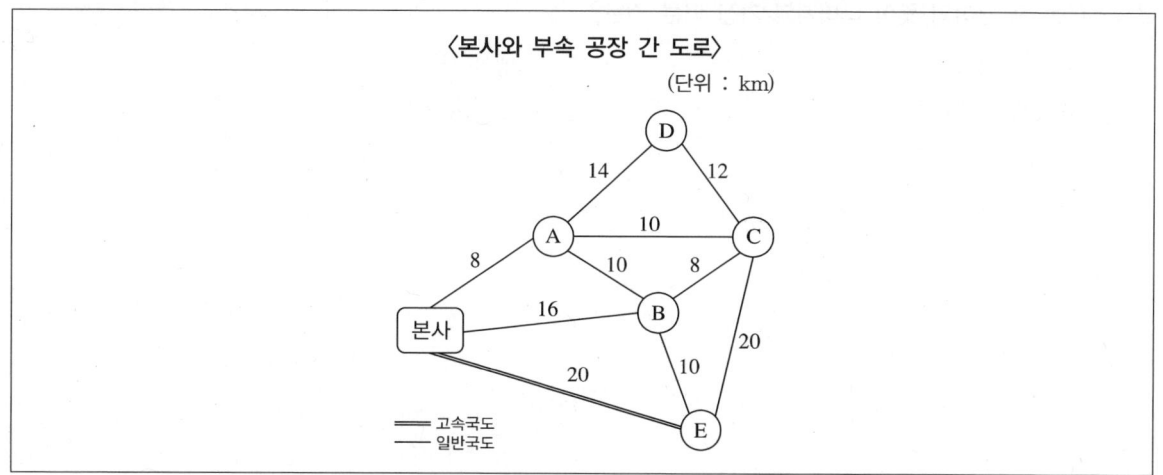

32 S대리는 본사에서 출발하여 모든 부속 공장을 방문한 뒤, 본사로 복귀하려고 한다. S대리가 일반국도만을 이용한다면, 최단거리는?(단, 한 번 방문한 공장은 다시 방문하지 않는다)

① 72km
② 76km
③ 80km
④ 84km

| 한국중부발전 / 자원관리능력

33 S대리는 회사로부터 교통비를 지원받아 고속국도를 이용할 수 있게 되었다. S대리가 고속국도를 이용하여 모든 부속 공장을 방문한 뒤, 본사로 복귀할 때의 최단거리와 고속국도를 이용하지 않을 때의 최단거리의 차이는?(단, 한 번 방문한 공장은 다시 방문하지 않는다)

① 6km
② 8km
③ 10km
④ 12km

34 다음 중 단어의 뜻이 나머지와 가장 다른 것은?

① 호도(糊塗) ② 맹아(萌芽)

③ 무마(撫摩) ④ 은폐(隱蔽)

35 다음 중 밑줄 친 어휘가 나머지와 다른 의미로 사용된 것은?

① 건조한 환경으로 인해 쉽게 <u>불이 붙었다</u>.

② 새로운 소재로 <u>불이 붙는</u> 것을 방지하였다.

③ 토론은 양측이 첨예하게 대립해 <u>불이 붙었다</u>.

④ 들판에 <u>불이 붙자</u> 걷잡을 수 없이 퍼져 나갔다.

36 K고등학교의 운동장은 윗변이 20m, 밑변이 50m, 높이가 20m인 등변 사다리꼴 형태이다. 운동장의 둘레를 따라 2m 간격으로 의자를 놓고 학생을 앉힐 때, 의자에 앉을 수 있는 학생의 수는?

① 59명 ② 60명

③ 61명 ④ 62명

37 다음 자료를 그래프로 바르게 변환한 것은?

〈K-water 한강유역 대수력 발전소 연간 발전량〉

(단위 : GWh)

구분	2019년	2020년	2021년	2022년	2023년	2024년
소양강댐	347	551	314	600	430	490
충주댐	484	769	574	680	706	759

①
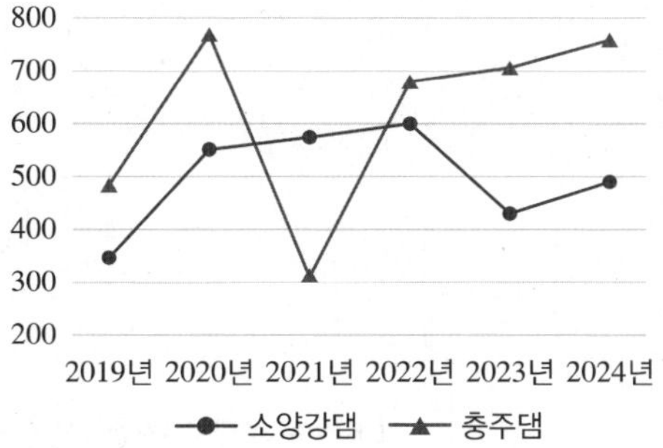

②
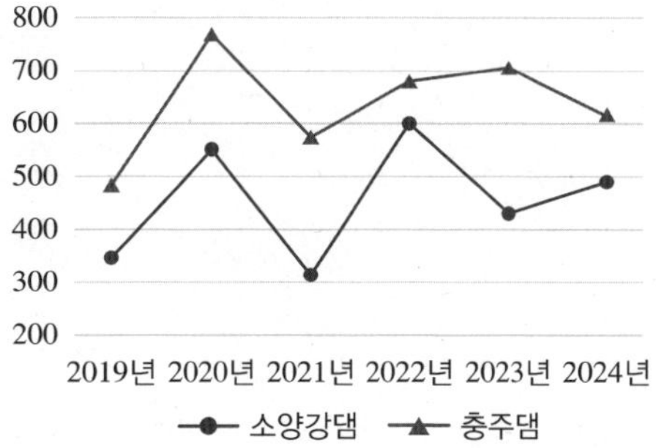

③
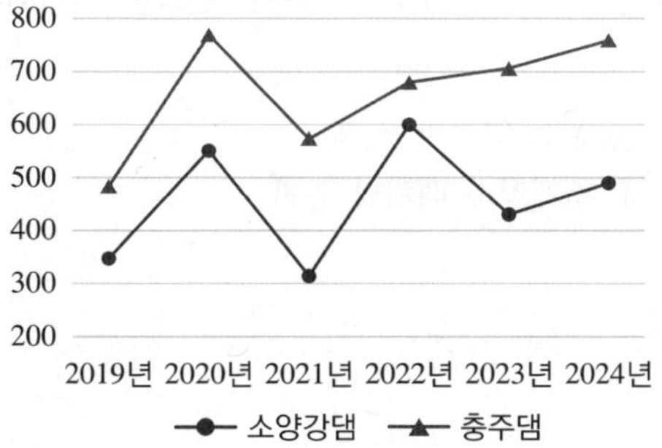

④
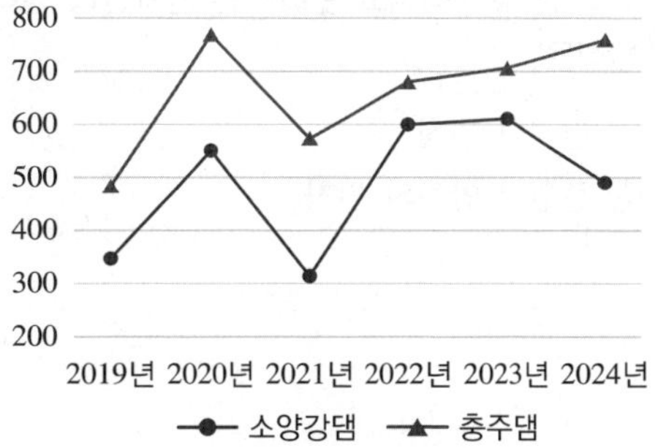

| K-water 한국수자원공사 / 자원관리능력

38 **다음 중 효과적인 시간관리를 통하여 빠르고 효율적인 생산으로 작업 소요 시간을 단축시켰을 때, 기업의 입장에서 나타나는 효과로 옳지 않은 것은?**

① 가격 인상
② 위험 감소
③ 정확한 예산 분배
④ 시장 점유율 증가

| K-water 한국수자원공사 / 자원관리능력

39 **다음 중 효율적이고 합리적인 인사관리 원칙으로, 해당 직무 수행에 가장 적합한 인재를 배치해야 한다는 원칙은?**

① 단결의 원칙
② 공정 인사의 원칙
③ 종업원 안정의 원칙
④ 적재적소 배치의 원칙

| K-water 한국수자원공사 / 자원관리능력

40 **다음 사례에서 나타나는 물적자원관리의 원칙으로 옳은 것은?**

> 편의점 점장인 A씨는 상품의 판매량과 입고량을 파악하여 많이 팔리고, 많이 들어오는 상품은 출입구에 가깝게 위치시켰으며, 적게 팔려서 주문할 양이 적은 상품은 매장 안쪽에 배치하여 상품의 입·출하가 원활하게 이루어지도록 하였다.

① 동일성의 원칙
② 유사성의 원칙
③ 회전대응의 원칙
④ 기호화의 원칙

NCS 핵심영역 최종모의고사

2024년 기출복원 모의고사

문항 수	: 40문항
시험시간	: 40분

❙ 코레일 한국철도공사 / 의사소통능력

01 다음 글에서 화자의 태도로 가장 적절한 것은?

> 거친 밭 언덕 쓸쓸한 곳에
> 탐스러운 꽃송이 가지 눌렀네.
> 매화비 그쳐 향기 날리고
> 보리 바람에 그림자 흔들리네.
> 수레와 말 탄 사람 그 누가 보아 주리
> 벌 나비만 부질없이 엿보네.
> 천한 땅에 태어난 것 스스로 부끄러워
> 사람들에게 버림받아도 참고 견디네.
>
> – 최치원, 「촉규화」

① 임금에 대한 자신의 충성을 드러내고 있다.
② 사랑하는 사람에 대한 그리움을 나타내고 있다.
③ 현실에 가로막힌 자신의 처지를 한탄하고 있다.
④ 사람들과의 단절로 인한 외로움을 표현하고 있다.
⑤ 역경을 이겨내기 위한 자신의 노력을 피력하고 있다.

02 다음 글에 대한 설명으로 적절하지 않은 것은?

> 중국 연경(燕京)의 아홉 개 성문 안팎으로 뻗은 수십 리 거리에는 관청과 아주 작은 골목을 제외하고는 대체로 길 양옆으로 모두 상점이 늘어서 휘황찬란하게 빛난다.
> 우리나라 사람들은 중국 시장의 번성한 모습을 처음 보고서는 "오로지 말단의 이익만을 숭상하고 있군."이라고 말하였다. 이것은 하나만 알고 둘은 모르는 소리이다. 대저 상인은 사농공상(士農工商) 사민(四民)의 하나에 속하지만, 이 하나가 나머지 세 부류의 백성을 소통시키기 때문에 열에 셋의 비중을 차지하지 않으면 안 된다.
> 사람들은 쌀밥을 먹고 비단옷을 입고 있으면 그 나머지 물건은 모두 쓸모없는 줄 안다. 그러나 무용지물을 사용하여 유용한 물건을 유통하고 거래하지 않는다면, 이른바 유용하다는 물건은 거의 대부분이 한 곳에 묶여서 유통되지 않거나 그것만이 홀로 돌아다니다 쉽게 고갈될 것이다. 따라서 옛날의 성인과 제왕께서는 이를 위하여 주옥(珠玉)과 화폐 등의 물건을 조성하여 가벼운 물건으로 무거운 물건을 교환할 수 있도록 하셨고, 무용한 물건으로 유용한 물건을 살 수 있도록 하셨다.
> 지금 우리나라는 지방이 수천 리이므로 백성들이 적지 않고, 토산품이 구비되어 있다. 그럼에도 산이나 물에서 생산되는 이로운 물건이 전부 세상에 나오지 않고, 경제를 윤택하게 하는 방법도 잘 모르며, 날마다 쓰는 것을 팽개친 채 그것에 대해 연구하지 않고 있다. 그러면서 중국의 거마, 주택, 단청, 비단이 화려한 것을 보고서는 대뜸 "사치가 너무 심하다."라고 말해 버린다.
> 그렇지만 중국이 사치로 망한다고 할 것 같으면, 우리나라는 반드시 검소함으로 인해 쇠퇴할 것이다. 왜 그러한가? 검소함이란 물건이 있음에도 불구하고 쓰지 않는 것이지, 자기에게 없는 물건을 스스로 끊어 버리는 것을 일컫지는 않는다. 현재 우리나라에는 진주를 캐는 집이 없고 시장에는 산호 같은 물건의 값이 정해져 있지 않다. 금이나 은을 가지고 점포에 들어가서는 떡과 엿을 사 먹을 수가 없다. 이런 현실이 정말 우리의 검소한 풍속 때문이겠는가? 이것은 그 재물을 사용할 줄 모르기 때문이다. 재물을 사용할 방법을 알지 못하므로 재물을 만들어 낼 방법을 알지 못하고, 재물을 만들어 낼 방법을 알지 못하므로 백성들의 생활은 날이 갈수록 궁핍해진다.
> 재물이란 우물에 비유할 수가 있다. 물을 퍼내면 우물에는 늘 물이 가득하지만, 물을 길어내지 않으면 우물은 말라 버린다. 이와 같은 이치로 화려한 비단옷을 입지 않으므로 나라에는 비단을 짜는 사람이 없고, 그로 인해 여인이 베를 짜는 모습을 볼 수 없게 되었다. 그릇이 찌그러져도 이를 개의치 않으며, 기교를 부려 물건을 만들려고 하지도 않아 나라에는 공장(工匠)과 목축과 도공이 없어져 기술이 전해지지 않는다. 더 나아가 농업도 황폐해져 농사짓는 방법이 형편없고, 상업을 박대하므로 상업 자체가 실종되었다. 사농공상 네 부류의 백성이 누구나 할 것 없이 다 가난하게 살기 때문에 서로를 구제할 길이 없다.
> 지금 종각이 있는 종로 네거리에는 시장 점포가 연이어 있다고 하지만 그것은 1리도 채 안 된다. 중국에서 내가 지나갔던 시골 마을은 거의 몇 리에 걸쳐 점포로 뒤덮여 있었다. 그곳으로 운반되는 물건의 양이 우리나라 곳곳에서 유통되는 것보다 많았는데, 이는 그곳 가게가 우리나라보다 더 부유해서 그러한 것이 아니고 재물이 유통되느냐 유통되지 못하느냐에 따른 결과인 것이다.
>
> – 박제가, 『시장과 우물』

① 재물이 적절하게 유통되지 않는 현실을 비판하고 있다.
② 재물을 유통하기 위한 성현들의 노력을 근거로 제시하고 있다.
③ 경제의 규모를 늘리기 위한 소비의 중요성을 강조하고 있다.
④ 조선의 경제가 윤택하지 못한 이유를 부족한 생산량으로 보고 있다.
⑤ 산업의 발전을 위해 적당한 사치가 있어야 함을 제시하고 있다.

| 코레일 한국철도공사 / 의사소통능력

03 다음 중 한자성어의 뜻이 바르게 연결되지 않은 것은?

① 水魚之交 : 아주 친밀하여 떨어질 수 없는 사이
② 結草報恩 : 죽은 뒤에라도 은혜를 잊지 않고 갚음
③ 靑出於藍 : 제자나 후배가 스승이나 선배보다 나음
④ 指鹿爲馬 : 윗사람을 농락하여 권세를 마음대로 함
⑤ 刻舟求劍 : 말로는 친한 듯 하나 속으로는 해칠 생각이 있음

| 코레일 한국철도공사 / 의사소통능력

04 다음 중 밑줄 친 부분의 띄어쓰기가 옳지 않은 것은?

① 운전을 어떻게 해야 하는지 알려 주었다.
② 오랫동안 애쓴 만큼 좋은 결과가 나왔다.
③ 모두가 떠나가고 남은 사람은 고작 셋 뿐이다.
④ 참가한 사람들은 누구의 키가 큰지 작은지 비교해 보았다.
⑤ 민족의 큰 명절에는 온 나라 방방곡곡에서 씨름판이 열렸다.

| 코레일 한국철도공사 / 의사소통능력

05 다음 중 밑줄 친 부분의 표기가 옳지 않은 것은?

① 늦게 온다던 친구가 금세 도착했다.
② 변명할 틈도 없이 그에게 일방적으로 채였다.
③ 못 본 사이에 그의 얼굴은 핼쑥하게 변했다.
④ 빠르게 변해버린 고향이 낯설게 느껴졌다.
⑤ 문제의 정답을 찾기 위해 곰곰이 생각해 보았다.

06 다음 중 단어와 그 발음법이 바르게 연결되지 않은 것은?

① 결단력 – [결딴녁]
② 옷맵시 – [온맵씨]
③ 몰상식 – [몰상씩]
④ 물난리 – [물랄리]
⑤ 땀받이 – [땀바지]

07 다음은 연령대별로 도시와 농촌에서의 여가생활 만족도 평가 점수를 조사한 자료이다. 〈조건〉에 따라 빈칸 ㄱ ~ ㄹ에 들어갈 수를 순서대로 바르게 나열한 것은?

〈연령대별 도시 · 농촌 여가생활 만족도 평가〉

(단위 : 점)

구분	10대 미만	10대	20대	30대	40대	50대	60대	70대 이상
도시	1.6	ㄱ	3.5	ㄴ	3.9	3.8	3.3	1.7
농촌	1.3	1.8	2.2	2.1	2.1	ㄷ	2.1	ㄹ

※ 매우 만족 : 5점, 만족 : 4점, 보통 : 3점, 불만 : 2점, 매우 불만 : 1점

〈조건〉

- 도시에서 여가생활 만족도는 모든 연령대에서 같은 연령대의 농촌보다 높았다.
- 도시에서 10대의 여가생활 만족도는 농촌에서 10대의 2배보다 높았다.
- 도시에서 여가생활 만족도가 가장 높은 연령대는 40대였다.
- 농촌에서 여가생활 만족도가 가장 높은 연령대는 50대지만, 3점을 넘기지 못했다.

	ㄱ	ㄴ	ㄷ	ㄹ
①	3.5	3.3	3.2	3.5
②	3.5	4.0	3.2	1.5
③	3.8	3.3	2.8	1.5
④	3.8	3.3	2.8	3.5
⑤	3.8	4.0	2.8	1.5

08 다음은 전자제품 판매업체 3사를 다섯 가지 항목으로 나누어 평가한 자료이다. 이를 토대로 3사의 항목별 비교 및 균형을 쉽게 파악할 수 있도록 나타낸 그래프로 옳은 것은?

〈전자제품 판매업체 3사 평가표〉

(단위 : 점)

구분	디자인	가격	광고 노출도	브랜드 선호도	성능
A사	4.1	4.0	2.5	2.1	4.6
B사	4.5	1.5	4.9	4.0	2.0
C사	2.5	4.5	0.6	1.5	4.0

①

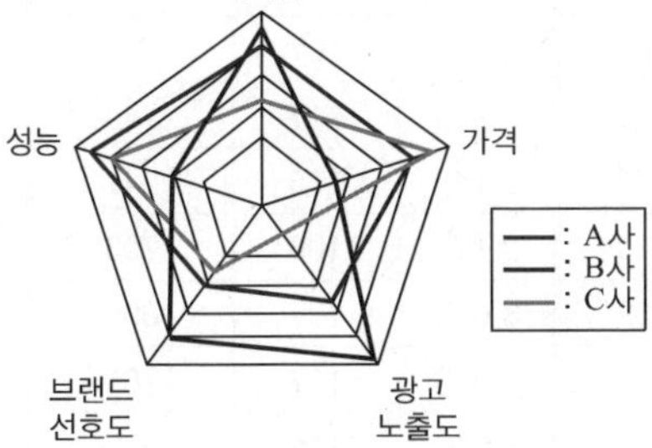

②

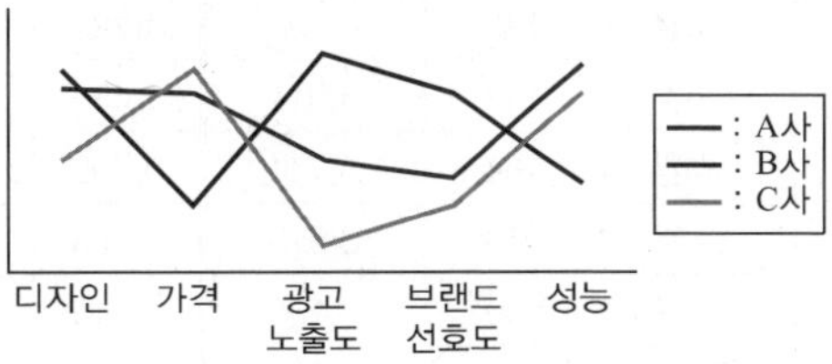

③

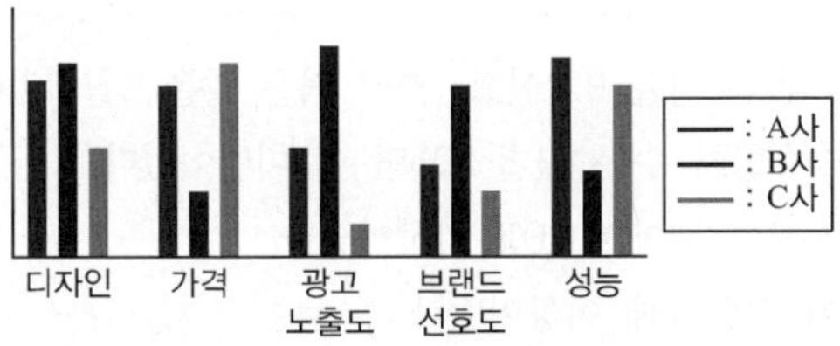

④

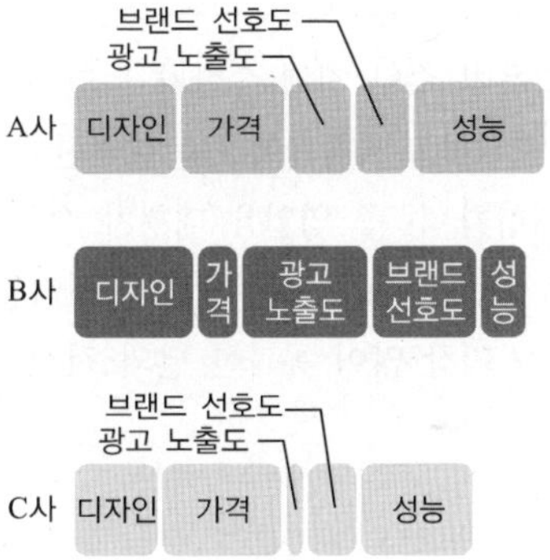

⑤

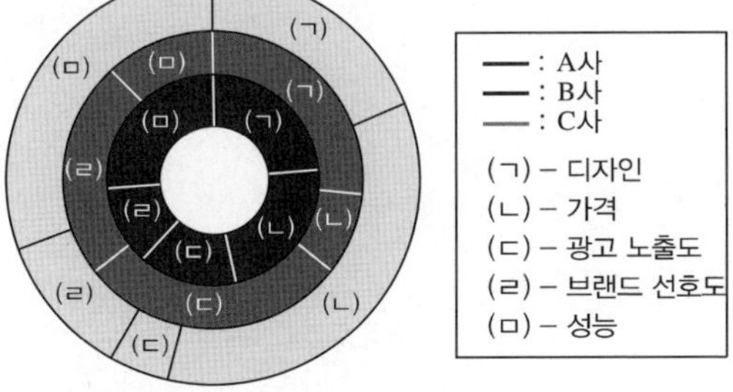

09 다음은 2023년 K톨게이트를 통과한 차량에 대한 자료이다. 이에 대한 설명으로 옳지 않은 것은?

〈2023년 K톨게이트 통과 차량〉

(단위 : 천 대)

구분	승용차			승합차			대형차		
	영업용	비영업용	합계	영업용	비영업용	합계	영업용	비영업용	합계
1월	152	3,655	3,807	244	2,881	3,125	95	574	669
2월	174	3,381	3,555	222	2,486	2,708	101	657	758
3월	154	3,909	4,063	229	2,744	2,973	139	837	976
4월	165	3,852	4,017	265	3,043	3,308	113	705	818
5월	135	4,093	4,228	211	2,459	2,670	113	709	822
6월	142	3,911	4,053	231	2,662	2,893	107	731	838
7월	164	3,744	3,908	237	2,721	2,958	117	745	862
8월	218	3,975	4,193	256	2,867	3,123	115	741	856
9월	140	4,105	4,245	257	2,913	3,170	106	703	809
10월	135	3,842	3,977	261	2,812	3,073	107	695	802
11월	170	3,783	3,953	227	2,766	2,993	117	761	878
12월	147	3,730	3,877	243	2,797	3,040	114	697	811

① 전체 승용차 수와 전체 승합차 수의 합이 가장 많은 달은 9월이고, 가장 적은 달은 2월이었다.
② 4월을 제외하고 K톨게이트를 통과한 비영업용 승합차 수는 월별 300만 대 미만이었다.
③ 전체 대형차 수 중 영업용 대형차 수의 비율은 모든 달에서 10% 이상이었다.
④ 영업용 승합차 수는 모든 달에서 영업용 대형차 수의 2배 이상이었다.
⑤ 승용차가 가장 많이 통과한 달의 전체 승용차 수에 대한 영업용 승용차 수의 비율은 3% 이상이었다.

10 다음 식을 계산하여 나온 수의 백의 자리, 십의 자리, 일의 자리를 순서대로 바르게 나열한 것은?

$$865\times865+865\times270+135\times138-405$$

① 0, 0, 0
② 0, 2, 0
③ 2, 5, 0
④ 5, 5, 0
⑤ 8, 8, 0

11 K중학교 2학년 A ~ F 6개의 학급이 체육대회에서 줄다리기 경기를 다음과 같은 토너먼트로 진행하려고 한다. 이때, A반과 B반이 모두 두 번의 경기를 거쳐 결승에서 만나게 되는 경우의 수는?

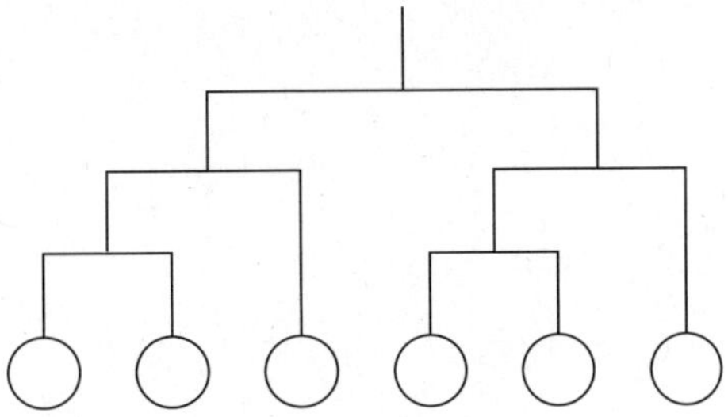

① 6가지
② 24가지
③ 120가지
④ 180가지
⑤ 720가지

※ 서울역 근처 K공사에 근무하는 A과장은 1월 10일에 팀원 4명과 함께 부산에 있는 출장지에 열차를 타고 가려고 한다. 다음 자료를 보고 이어지는 질문에 답하시오. **[12~13]**

〈서울역 → 부산역 열차 시간표〉

구분	출발시각	정차역	다음 정차역까지 소요시간	총주행시간	성인 1인당 요금
KTX	8:00	–	–	2시간 30분	59,800원
ITX-청춘	7:20	대전	40분	3시간 30분	48,800원
ITX-마음	6:40	대전, 울산	40분	3시간 50분	42,600원
새마을호	6:30	대전, 울산, 동대구	60분	4시간 30분	40,600원
무궁화호	5:30	대전, 울산, 동대구	80분	5시간 40분	28,600원

※ 위의 열차 시간표는 1월 10일 운행하는 열차 종류별로 승차권 구입이 가능한 가장 빠른 시간표임
※ 총주행시간은 정차·대기시간을 제외한 열차가 실제로 달리는 시간임

〈운행 조건〉

- 정차역에 도착할 때마다 대기시간 15분을 소요한다.
- 정차역에 먼저 도착한 열차가 출발하기 전까지 뒤에 도착한 열차는 정차역에 들어오지 않고 대기한다.
- 정차역에 먼저 도착한 열차가 정차역을 출발한 후, 5분 뒤에 대기 중인 열차가 정차역에 들어온다.
- 정차역에 2종류 이상의 열차가 동시에 도착하였다면, ITX-청춘 → ITX-마음 → 새마을호 → 무궁화호 순으로 정차역에 들어온다.
- 목적지인 부산역은 먼저 도착한 열차로 인한 대기 없이 바로 역에 들어온다.

| 코레일 한국철도공사 / 문제해결능력

12 다음 중 자료에 대한 설명으로 옳지 않은 것은?

① ITX-청춘보다 ITX-마음이 목적지에 더 빨리 도착한다.
② 부산역에 가장 늦게 도착하는 열차는 12시에 도착한다.
③ ITX-마음은 먼저 도착한 열차로 인한 대기시간이 없다.
④ 부산역에 가장 빨리 도착하는 열차는 10시 30분에 도착한다.
⑤ 무궁화호는 울산역, 동대구역에서 다른 열차로 인해 대기한다.

13 다음 〈조건〉에 따라 승차권을 구입할 때, A과장과 팀원 4명의 총요금은?

〈조건〉

- A과장과 팀원 1명은 7시 30분까지 K공사에서 사전 회의를 가진 후 출발하며, 출장 인원 모두 같이 이동할 필요는 없다.
- 목적지인 부산역에는 11시 30분까지 도착해야 한다.
- 열차 요금은 가능한 한 저렴하게 한다.

① 247,400원
② 281,800원
③ 312,800원
④ 326,400원
⑤ 347,200원

14 다음 글에서 알 수 있는 논리적 사고의 구성요소로 가장 적절한 것은?

A는 동업자 B와 함께 신규 사업을 시작하기 위해 기획안을 작성하여 논의하였다. 그러나 B는 신규 기획안을 읽고 시기나 적절성에 대해 부정적인 입장을 보였다. A가 B를 설득하기 위해 B의 의견들을 정리하여 생각해 보니 B는 신규 사업을 시작하는 데 있어 다른 경쟁사보다 늦게 출발하여 경쟁력이 부족하다는 점 때문에 신규 사업에 부정적이라는 것을 알게 되었다. 이에 A는 경쟁력을 높이기 위한 다양한 아이디어를 추가로 제시하여 B를 다시 설득하였다.

① 설득
② 구체적인 생각
③ 생각하는 습관
④ 타인에 대한 이해
⑤ 상대 논리의 구조화

15 면접 참가자 A～E 5명은 〈조건〉과 같이 면접장에 도착했다. 동시에 도착한 사람은 없다고 할 때, 다음 중 항상 참인 것은?

〈조건〉

- B는 A 바로 다음에 도착했다.
- D는 E보다 늦게 도착했다.
- C보다 먼저 도착한 사람이 1명 있다.

① A는 네 번째로 도착했다.
② B는 가장 늦게 도착했다.
③ D는 A보다 먼저 도착했다.
④ D는 가장 먼저 도착했다.
⑤ E는 가장 먼저 도착했다.

16 다음 논리에서 나타난 형식적 오류로 옳은 것은?

- 전제 1 : TV를 오래 보면 눈이 나빠진다.
- 전제 2 : 철수는 TV를 오래 보지 않는다.
- 결론 : 그러므로 철수는 눈이 나빠지지 않는다.

① 사개명사의 오류
② 전건 부정의 오류
③ 후건 긍정의 오류
④ 선언지 긍정의 오류
⑤ 매개념 부주연의 오류

※ 다음은 2023년 7 ~ 12월 경상수지에 대한 자료이다. 이어지는 질문에 답하시오. **[17~18]**

〈2023년 7 ~ 12월 경상수지〉

(단위 : 백만 달러)

구분		2023년 7월	2023년 8월	2023년 9월	2023년 10월	2023년 11월	2023년 12월
경상수지(계)		4,113.9	5,412.7	6,072.7	7,437.8	3,890.7	7,414.6
상품수지		4,427.5	5,201.4	7,486.3	5,433.3	6,878.2	8,037.4
	수출	50,247.2	53,668.9	56,102.5	57,779.9	56,398.4	ㄴ
	수입	45,819.7	ㄱ	48,616.2	52,346.6	49,520.2	50,966.5
서비스수지		−2,572.1	−1,549.5	−3,209.9	−1,279.8	−2,210.9	−2,535.4
본원소득수지		3,356.3	1,879	2,180.4	3,358.5	−116.6	2,459.5
이전소득수지		−1,097.8	−118.2	−384.1	−74.2	−660	−546.9

※ (경상수지)=(상품수지)+(서비스수지)+(본원소득수지)+(이전소득수지)

※ (상품수지)=(수출)−(수입)

※ 수지가 양수일 경우 흑자, 음수일 경우 적자임

| 한국전력공사 / 수리능력

17 다음 중 자료에 대한 설명으로 옳은 것은?

① 본원소득수지는 항상 흑자를 기록하였다.
② 경상수지는 2023년 11월에 적자를 기록하였다.
③ 상품수지가 가장 높은 달의 경상수지가 가장 높았다.
④ 2023년 8월 이후 서비스수지가 가장 큰 적자를 기록한 달의 상품수지 증가폭이 가장 크다.
⑤ 2023년 8월 이후 전월 대비 경상수지 증가폭이 가장 작은 달의 상품수지 증가폭이 가장 낮다.

| 한국전력공사 / 수리능력

18 다음 중 빈칸에 들어갈 수로 옳은 것은?

	ㄱ	ㄴ
①	48,256.2	59,003.9
②	48,256.2	58,381.1
③	48,467.5	59,003.9
④	48,467.5	58,381.1
⑤	47,685.7	59,003.9

19 다음 글의 내용으로 적절하지 않은 것은?

K공단은 의사와 약사가 협력하여 지역주민의 안전한 약물 사용을 돕는 의・약사 협업 다제약물 관리사업을 6월 26일부터 서울 도봉구에서 시작했다고 밝혔다.
지난 2018년부터 K공단이 진행 중인 다제약물 관리사업은 10종 이상의 약을 복용하는 만성질환자를 대상으로 약물의 중복 복용과 부작용 등을 예방하기 위해 의약전문가가 약물관리 서비스를 제공하는 사업이다. 지역사회에서는 K공단에서 위촉한 자문 약사가 가정을 방문하여 대상자가 먹고 있는 일반 약을 포함한 전체 약을 대상으로 약물의 복용상태, 부작용, 중복 등을 종합적으로 검토하고 그 결과를 바탕으로 상담, 교육 및 처방조정 안내를 실시함으로써 약물관리가 이루어지고, 병원에서는 입원 및 외래환자를 대상으로 의사, 약사 등으로 구성된 다학제팀(전인적인 돌봄을 위해 의사, 간호사, 약사, 사회복지사 등 다양한 전문가들로 이루어진 팀)이 약물관리 서비스를 제공한다.
다제약물 관리사업 효과를 평가한 결과 약물관리를 받은 사람의 복약순응도가 56.3% 개선되었고, 효능이 유사한 약물을 중복해서 복용하는 환자가 40.2% 감소되었다. 또한, 병원에서 제공된 다제약물 관리사업으로 응급실 방문 위험이 47%, 재입원 위험이 18% 감소되는 등의 효과를 확인하였다.
다만, 지역사회에서는 약사의 약물 상담결과가 의사의 처방조정에까지 반영되는 다학제 협업 시스템이 미흡하다는 의견이 제기되었다. 이러한 문제점의 개선을 위해 K공단은 도봉구 의사회와 약사회, 전문가로 구성된 지역협의체를 구성하고, 지난 4월부터 3회에 걸친 논의를 통해 의・약사 협업 모형을 개발하고, 사업 참여 의・약사 선정, 서비스 제공 대상자 모집 및 정보공유 방법 등의 현장 적용방안을 마련했다. 의사나 K공단이 선정한 약물관리 대상자는 자문 약사의 약물점검(필요시 의사 동행)을 받게 되며, 그 결과가 K공단의 정보시스템을 통해 대상자의 단골 병원 의사에게 전달되어 처방 시 반영될 수 있도록 하는 것이 주요 골자이다.
지역 의・약사 협업 모형은 2023년 12월까지 도봉구지역의 일차의료 만성질환관리 시범사업에 참여하는 의원과 자문약사를 중심으로 우선 실시한다. 이후 사업의 효과성을 평가하고 부족한 점은 보완하여 다른 지역에도 확대 적용할 예정이다.

① K공단에서 위촉한 자문 약사는 환자가 먹는 약물을 조사하여 직접 처방할 수 있다.
② 다제약물 관리사업으로 인해 환자는 복용하는 약물의 수를 줄일 수 있다.
③ 다제약물 관리사업의 주요 대상자는 10종 이상의 약을 복용하는 만성질환자이다.
④ 다제약물 관리사업은 지역사회보다 병원에서 보다 활발히 이루어지고 있다.

20 다음 문단 뒤에 이어질 내용을 논리적 순서대로 바르게 나열한 것은?

> 아토피 피부염은 만성적으로 재발하는 양상을 보이며 심한 가려움증을 동반하는 염증성 피부 질환으로, 연령에 따라 특징적인 병변의 분포와 양상을 보인다.
>
> (가) 이와 같이 아토피 피부염은 원인을 정확히 파악할 수 없기 때문에 아토피 피부염의 진단을 위한 특이한 검사소견은 없으며, 임상 증상을 종합하여 진단한다. 기존에 몇 가지 국외의 진단기준이 있었으며, 2005년 대한아토피피부염학회에서는 한국인 아토피 피부염에서 특징적으로 관찰되는 세 가지 주진단 기준과 14가지 보조진단 기준으로 구성된 한국인 아토피 피부염 진단 기준을 정하였다.
>
> (나) 아토피 피부염 환자는 정상 피부에 비해 민감한 피부를 가지고 있으며 다양한 자극원에 의해 악화될 수 있으므로 앞의 약물치료와 더불어 일상생활에서도 이를 피할 수 있도록 노력해야 한다. 비누와 세제, 화학약품, 모직과 나일론 의류, 비정상적인 기온이나 습도에 대한 노출 등이 대표적인 피부 자극 요인들이다. 면제품 속옷을 입도록 하고, 세탁 후 세제가 남지 않도록 물로 여러 번 헹구도록 한다. 또한 평소 실내 온도, 습도를 쾌적하게 유지하는 것도 중요하다. 땀이나 자극성 물질을 제거하는 목적으로 미지근한 물에 샤워를 하는 것이 좋으며, 샤워 후에는 3분 이내에 보습제를 바르는 것이 좋다.
>
> (다) 아토피 피부염을 진단받아 치료하기 위해서는 보습이 가장 중요하고, 피부 증상을 악화시킬 수 있는 자극원, 알레르겐 등을 피하는 것이 필요하다. 국소 치료제로는 국소 스테로이드제가 가장 기본적이다. 국소 칼시뉴린 억제제도 효과적으로 사용되는 약제이며, 국소 스테로이드제 사용으로 발생 가능한 피부 위축 등의 부작용이 없다. 아직 국내에 들어오지는 않았으나 국소 포스포디에스테라제 억제제도 있다. 이 외에는 전신치료로 가려움증 완화를 위해 사용할 수 있는 항히스타민제가 있고, 필요시 경구 스테로이드제를 사용할 수 있다. 심한 아토피 피부염 환자에서는 면역 억제제가 사용된다. 광선치료(자외선치료)도 아토피 피부염 치료로 이용된다. 최근에는 아토피 피부염을 유발하는 특정한 사이토카인 신호 전달을 차단할 수 있는 생물학적제제인 두필루맙(Dupilumab)이 만성 중증 아토피 피부염 환자를 대상으로 사용되고 있으며, 치료 효과가 뛰어나다고 알려져 있다.
>
> (라) 많은 연구에도 불구하고 아토피 피부염의 정확한 원인은 아직 밝혀지지 않았다. 현재까지는 피부 보호막 역할을 하는 피부장벽 기능의 이상, 면역체계의 이상, 유전적 및 환경적 요인 등이 복합적으로 상호작용한 결과 발생하는 것으로 보고 있다.

① (다) – (가) – (라) – (나)
② (다) – (나) – (라) – (가)
③ (라) – (가) – (나) – (다)
④ (라) – (가) – (다) – (나)

21 다음 글의 주제로 가장 적절한 것은?

> 한국인의 주요 사망 원인 중 하나인 뇌경색은 뇌혈관이 갑자기 폐쇄됨으로써 뇌가 손상되어 신경학적 이상이 발생하는 질병이다.
> 뇌경색의 발생 원인은 크게 분류하면 2가지가 있는데, 그중 첫 번째는 동맥경화증이다. 동맥경화증은 혈관의 중간층에 퇴행성 변화가 일어나서 섬유화가 진행되고 혈관의 탄성이 줄어드는 노화현상의 일종으로, 뇌로 혈류를 공급하는 큰 혈관이 폐쇄되거나 뇌 안의 작은 혈관이 폐쇄되어 발생하는 것이다. 두 번째는 심인성 색전으로, 심장에서 형성된 혈전이 혈관을 타고 흐르다 갑자기 뇌혈관을 폐쇄시켜 발생하는 것이다.
> 뇌경색이 발생하여 환자가 응급실에 내원한 경우, 폐쇄된 뇌혈관을 확인하기 위한 뇌혈관 조영 CT를 촬영하거나 손상된 뇌경색 부위를 좀 더 정확하게 확인해야 하는 경우에는 뇌 자기공명 영상(Brain MRI) 검사를 한다. 이렇게 시행한 검사에서 큰 혈관의 폐쇄가 확인되면 정맥 내에 혈전용해제를 투여하거나 동맥 내부의 혈전제거술을 시행하게 된다. 시술이 필요하지 않은 경우라면, 뇌경색의 악화를 방지하기 위하여 뇌경색 기전에 따라 항혈소판제나 항응고제 약물 치료를 하게 된다.
> 뇌경색의 원인 중 동맥경화증의 경우 여러 가지 위험 요인에 의하여 장시간 동안 서서히 진행된다. 고혈압, 당뇨, 이상지질혈증, 흡연, 과도한 음주, 비만 등이 위험 요인이며, 평소 이러한 원인이 있는 사람은 약물 치료 및 생활 습관 개선으로 위험 요인을 줄여야 한다. 특히 뇌경색이 한 번 발병했던 사람은 재발 방지를 위한 약물을 지속적으로 복용하는 것이 필요하다.

① 뇌경색의 주요 증상
② 뇌경색 환자의 약물치료 방법
③ 뇌경색의 발병 원인과 치료 방법
④ 뇌경색이 발생했을 때의 조치사항

22 다음은 2019 ~ 2023년 건강보험료 부과 금액 및 1인당 건강보험 급여비에 대한 자료이다. 이에 대한 설명으로 옳지 않은 것은?

〈건강보험료 부과 금액 및 1인당 건강보험 급여비〉

구분	2019년	2020년	2021년	2022년	2023년
건강보험료 부과 금액(십억 원)	59,130	63,120	69,480	76,775	82,840
1인당 건강보험 급여비(원)	1,300,000	1,400,000	1,550,000	1,700,000	1,900,000

① 건강보험료 부과 금액과 1인당 건강보험 급여비는 모두 매년 증가하였다.
② 2020 ~ 2023년 동안 전년 대비 1인당 건강보험 급여비가 가장 크게 증가한 해는 2023년이다.
③ 2020 ~ 2023년 동안 전년 대비 건강보험료 부과 금액의 증가율은 항상 10% 미만이었다.
④ 2019년 대비 2023년의 1인당 건강보험 급여비는 40% 이상 증가하였다.

※ 다음 명제가 모두 참일 때, 빈칸에 들어갈 명제로 가장 적절한 것을 고르시오. [23~25]

| 국민건강보험공단 / 문제해결능력

23

- 잎이 넓은 나무는 키가 크다.
- 잎이 넓지 않은 나무는 덥지 않은 지방에서 자란다.
- ____________________
- 따라서 더운 지방에서 자라는 나무는 열매가 많이 맺힌다.

① 잎이 넓지 않은 나무는 열매가 많이 맺힌다.
② 열매가 많이 맺히지 않는 나무는 키가 작다.
③ 벌레가 많은 지역은 열매가 많이 맺히지 않는다.
④ 키가 작은 나무는 덥지 않은 지방에서 자란다.

| 국민건강보험공단 / 문제해결능력

24

- 풀을 먹는 동물은 몸집이 크다.
- 사막에서 사는 동물은 물속에서 살지 않는다.
- ____________________
- 따라서 물속에서 사는 동물은 몸집이 크다.

① 몸집이 큰 동물은 물속에서 산다.
② 물이 있으면 사막이 아니다.
③ 사막에 사는 동물은 몸집이 크다.
④ 풀을 먹지 않는 동물은 사막에 산다.

| 국민건강보험공단 / 문제해결능력

25

- 모든 1과 사원은 가장 실적이 많은 2과 사원보다 실적이 많다.
- 가장 실적이 많은 4과 사원은 모든 3과 사원보다 실적이 적다.
- 3과 사원 중 일부는 가장 실적이 많은 2과 사원보다 실적이 적다.
- 따라서 ____________________

① 모든 2과 사원은 4과 사원 중 일부보다 실적이 적다.
② 어떤 1과 사원은 가장 실적이 많은 3과 사원보다 실적이 적다.
③ 어떤 3과 사원은 가장 실적이 적은 1과 사원보다 실적이 적다.
④ 1과 사원 중 가장 적은 실적을 올린 사원과 같은 실적을 올린 사원이 4과에 있다.

26 다음은 대한민국 입국 목적별 비자 종류의 일부이다. 외국인 갑 ~ 정이 피초청자로서 입국할 때, 발급받아야 하는 비자의 종류를 바르게 짝지은 것은?(단, 비자면제 협정은 없는 것으로 가정한다)

〈대한민국 입국 목적별 비자 종류〉

• 외교 · 공무
  - 외교(A-1) : 대한민국 정부가 접수한 외국 정부의 외교사절단이나 영사기관의 구성원, 조약 또는 국제관행에 따라 외교사절과 동등한 특권과 면제를 받는 사람과 그 가족
  - 공무(A-2) : 대한민국 정부가 승인한 외국 정부 또는 국제기구의 공무를 수행하는 사람과 그 가족
• 유학 · 어학연수
  - 학사유학(D-2-2) : (전문)대학, 대학원 또는 특별법의 규정에 의하여 설립된 전문대학 이상의 학술기관에서 정규과정(학사)의 교육을 받고자 하는 자
  - 교환학생(D-2-6) : 대학 간 학사교류 협정에 의해 정규과정 중 일정 기간 동안 교육을 받고자 하는 교환학생
• 비전문직 취업
  - 제조업(E-9-1) : 외국인근로자의 고용에 관한 법률의 규정에 의한 국내 취업요건을 갖추어 제조업체에 취업하고자 하는 자
  - 농업(E-9-3) : 외국인근로자의 고용에 관한 법률의 규정에 의한 국내 취업요건을 갖추어 농업, 축산업 등에 취업하고자 하는 자
• 결혼이민
  - 결혼이민(F-6-1) : 한국에서 혼인이 유효하게 성립되어 있고, 우리 국민과 결혼생활을 지속하기 위해 국내 체류를 하고자 하는 외국인
  - 자녀양육(F-6-2) : 국민의 배우자(F-6-1) 자격에 해당하지 않으나 출생한 미성년 자녀(사실혼 관계 포함)를 국내에서 양육하거나 양육하려는 부 또는 모
• 치료 요양
  - 의료관광(C-3-3) : 국내 의료기관에서 진료 또는 요양할 목적으로 입국하는 외국인 환자와 간병 등을 위해 동반입국이 필요한 동반가족 및 간병인(90일 이내)
  - 치료요양(G-1-10) : 국내 의료기관에서 진료 또는 요양할 목적으로 입국하는 외국인 환자와 간병 등을 위해 동반입국이 필요한 동반가족 및 간병인(1년 이내)

〈피초청자 초청 목적〉

피초청자	국적	초청 목적
갑	말레이시아	부산에서 6개월가량 입원 치료가 필요한 아들의 간병(아들의 국적 또한 같음)
을	베트남	경기도 소재 O제조공장 취업(국내 취업 요건을 모두 갖춤)
병	사우디아라비아	서울 소재 K대학교 교환학생
정	인도네시아	대한민국 개최 APEC 국제기구 정상회의 참석

	갑	을	병	정
①	C-3-3	D-2-2	F-6-1	A-2
②	G-1-10	E-9-1	D-2-6	A-2
③	G-1-10	D-2-2	F-6-1	A-1
④	C-3-3	E-9-1	D-2-6	A-1

※ 다음 글을 읽고 이어지는 질문에 답하시오. [27~28]

통계청이 발표한 출생・사망통계에 따르면 국내 합계출산율(가임여성 1명이 평생 낳을 것으로 기대되는 평균 출생아 수)은 2015년 1.24명에서 2023년 0.72명으로 급격하게 감소했다. 이 수치는 OECD 38개국 중 꼴찌일 뿐 아니라 바로 앞 순위인 스페인의 1.19명과도 상당한 차이를 보인다.
실제로 2020년부터 사망자 수가 출생아 수를 넘어서면서 이른 바 데드크로스 현상이 나타나고 있으며, 이 사태가 지속된다면 머지않아 경제, 사회, 안보 등 모든 분야가 순차적으로 직격탄을 맞게 될 것이다.
이에 정부는 현 상황을 해결하고자 3대 핵심부분인 일가정 양립, 양육, 주거를 중심으로 지원하겠다고 밝혔다. 특히 소득 차이를 줄이기 위한 방안으로 현행 월 150만 원인 육아휴직 월 급여 상한을 최초 3개월 동안 250만 원으로 증액시키고, 연 1회 2주 단위의 단기휴직을 도입하겠다고 밝혔다.
이 외에도 경력단절 문제를 해결하기 위한 방안으로 육아기 단축근로제도를 수정하였는데, 이는 기존 제도에서 ______________________________ 또한 육아휴직과 출산휴가를 통합신청을 가능하게 하고 이에 대해 14일 이내 사업주가 서면으로 허용하지 않으면 자동 승인되도록 하여 눈치 보지 않고 육아휴직 및 출산휴가를 사용할 수 있도록 개선하였다.
다만 제도가 변경되어도 현실적으로 육아휴직 사용이 어려운 소규모 사업장에서의 사용률을 높일 수 있는 법적 강제화 방안은 제외되었으며, 배달라이더 등 특수고용노동자나 자영업자는 전과 같이 적용대상에서 제외되었다.

❙ 건강보험심사평가원 / 의사소통능력

27 다음 중 윗글에 대한 설명으로 적절하지 않은 것은?

① 2020년 이후 우리나라 전체 인구수는 감소하고 있다.
② 2023년 OECD 38개국 중 유일하게 우리나라만 인구감소 현상이 나타났다.
③ 정부는 저출생의 가장 큰 원인을 일 가정 양립, 양육, 주거로 보고 있다.
④ 육아 휴직 및 출산 휴가 제도가 개선되었더라도 수혜 대상은 이전과 유사하다.

❙ 건강보험심사평가원 / 의사소통능력

28 다음 중 윗글의 빈칸에 들어갈 내용으로 가장 적절한 것은?

① 자녀의 대상연령은 축소하고, 제도의 이용기간은 줄였다.
② 자녀의 대상연령은 축소하고, 제도의 이용기간은 늘렸다.
③ 자녀의 대상연령은 확대하고, 제도의 이용기간은 줄였다.
④ 자녀의 대상연령은 확대하고, 제도의 이용기간은 늘렸다.

※ 다음 글을 읽고 이어지는 질문에 답하시오. [29~30]

헤겔의 정반합 이론은 변증법이라고도 하며, '정', '반', '합'의 3단계 과정으로 이루어진다. 먼저 '정'이라는 하나의 명제가 존재하고 여기에 반대되는 주장인 '반'이 등장해 둘 사이는 갈등을 통해 통합된 하나의 주장인 '합'을 도출해 낸다. 이 이론의 각 단계를 살펴보면 다음과 같다.
먼저 '정'이라는 하나의 추상적인 또는 객관적인 명제로부터 이 이론은 시작된다. '정' 단계에서는 그 명제 자체만으로도 독립적인 의미를 가지고 있는 상태로, 어떠한 갈등이나 대립도 없어 다음 단계로 발전하지 못하는 잠재적인 무의식의 단계이다.
그 다음 단계인 '반'은 앞선 단계인 '정'의 명제에 대해 반대되거나 모순되어 갈등 상황을 일으키는 명제이다. 비록 부정적이지만 이성에 근거한 이 명제는 '정'으로 하여금 이미 자신이 내포하고 있었던 내재적 모순을 표면적으로 드러나게 하여 스스로를 객관적으로 바라보고 이를 반성할 수 있도록 이끈다. 따라서 이 단계는 직접적인 갈등 과정이 표면으로 드러나면서 이를 자각하고 이전보다 한 걸음 발전했기 때문에 의식적 단계라고 볼 수 있다.
마지막 단계인 '합'은 '정'과 '반' 두 명제를 통합하는 과정으로, 두 명제 사이의 갈등을 해결해 마침내 이성적이고 긍정적인 판단을 이끌어내는 것이다. 이로써 '합'은 두 명제의 모순을 해결해 하나로 합쳐 스스로를 인식하는 진정한 의식적 단계에 다다른 것이다.
하지만 헤겔의 변증법적인 발전은 '합' 단계에서 그치는 것이 아니다. '합'은 다시 '정'이 되어 스스로가 내재적으로 가지고 있는 모순을 다시금 꺼내어 정반합의 단계를 되풀이하면서 계속하여 발전해 간다. 즉, 이 이론의 핵심은 ______________________________ 이다.

| 건강보험심사평가원 / 의사소통능력

29 다음 중 윗글에 대한 설명으로 적절하지 않은 것을 〈보기〉에서 모두 고르면?

〈보기〉

ㄱ. '정'과 '반'의 명제가 무조건적으로 대립되는 관계는 아니다.
ㄴ. 헤겔의 정반합 이론에서 '합'은 '정'과 '반'보다 더 발전된 명제이다.
ㄷ. '정'과 '반'의 명제의 우위를 가려 더 발전적 결과인 '합'을 도출하여야 한다.
ㄹ. '정'과 '반'이 하나의 의견으로 도출해내지 못한다면, 이는 헤겔의 정반합 이론이 적용되었다고 보기 어렵다.

① ㄱ, ㄴ
② ㄱ, ㄷ
③ ㄴ, ㄷ
④ ㄷ, ㄹ

| 건강보험심사평가원 / 의사소통능력

30 다음 중 윗글의 빈칸에 들어갈 내용으로 가장 적절한 것은?

① 개인과 사회는 정반합의 과정처럼 계속하여 갈등상황에 놓이게 된다는 것
② 개인과 사회는 정반합의 과정을 계속하면서 이전보다 더 발전하게 된다는 것
③ 개인과 사회는 발전하기 위해 끊임없이 '반'에 해당하는 명제를 제시해야 한다는 것
④ 개인과 사회는 발전하기 위해 서로 상반된 주장도 통합할 수 있는 판단을 이끌어내야 한다는 것

31 다음과 같이 일정한 규칙으로 수를 나열할 때 빈칸에 들어갈 수는?

• 6	13	8	8	144
• 7	11	7	4	122
• 8	9	6	2	100
• 9	7	5	1	( )

① 75
② 79
③ 83
④ 87

32 다음과 같이 둘레의 길이가 2,000m인 원형 산책로에서 오후 5시 정각에 A씨가 3km/h의 속력으로 산책로를 따라 걷기 시작했다. 30분 후 B씨는 A씨가 걸어간 반대 방향으로 7km/h의 속력으로 같은 산책로를 따라 달리기 시작했을 때, A씨와 B씨가 두 번째로 만나게 되는 시각은?

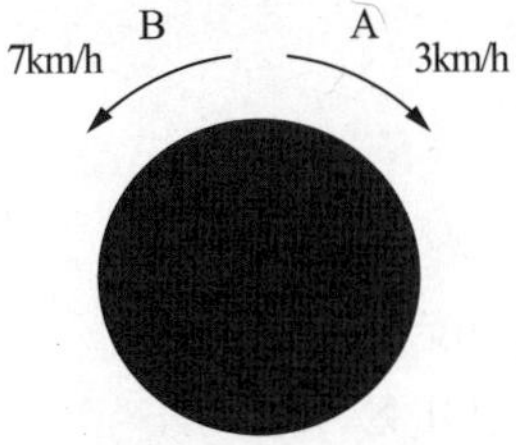

① 오후 6시 30분
② 오후 6시 15분
③ 오후 6시
④ 오후 5시 45분

| 건강보험심사평가원 / 문제해결능력

33 다음 중 제시된 명제가 모두 참일 때, 빈칸에 들어갈 명제로 가장 적절한 것은?

- 전제 1 : 아파트에 사는 어떤 사람은 강아지를 키운다.
- 전제 2 : ________________________________
- 전제 3 : 아파트에 사는 강아지를 키우거나 식물을 키우는 사람은 빨간색 옷을 입는다.
- 결론 : 그러므로 아파트에 사는 모든 사람은 빨간색 옷을 입는다.

① 아파트에 사는 모든 사람은 식물을 키우지 않는다.
② 아파트에 사는 어떤 사람은 식물을 키운다.
③ 아파트에 사는 강아지를 키우지 않는 모든 사람은 식물을 키운다.
④ 아파트에 사는 어떤 사람은 강아지를 키우지 않는다.

| 건강보험심사평가원 / 문제해결능력

34 신입사원 A ~ G 7명이 다음 〈조건〉에 따라 5층까지 있는 사택에서 살 때, 각 층에 사는 사원을 바르게 연결한 것은?

〈조건〉

- 한 층에 최대 2명까지 들어갈 수 있다.
- A, B는 같은 층에 산다.
- C는 A보다 아래에 산다.
- D, E는 서로 다른 층에 산다.
- F는 E의 바로 위에 산다.
- G와 같은 층에 사는 신입사원은 없다.
- 3층은 사택 복지 공간이므로 사람이 살 수 없다.

① 1층 – G
② 2층 – D, F
③ 4층 – E
④ 5층 – B, C

35 K공사에 근무하는 임직원은 1월 19일부터 21일까지 2박 3일간 워크숍을 가려고 한다. 워크숍 장소 예약을 담당하게 된 S대리는 〈조건〉에 따라 호텔을 예약하려고 한다. 다음 중 S대리가 예약할 호텔로 가장 적절한 곳은?

〈워크숍 장소 현황〉

(단위 : 실, 명, 개)

구분	총 객실 수	객실 예약완료 현황			세미나룸 현황			
		1월 19일	1월 20일	1월 21일	최대수용인원	빔프로젝터	4인용 테이블	의자
A호텔	88	20	26	38	70	○	26	74
B호텔	70	11	27	32	70	×	22	92
C호텔	76	10	18	49	100	○	30	86
D호텔	84	18	23	19	90	○	15	70

〈K공사 임직원 현황〉

(단위 : 명)

구분	신사업기획처	신사업추진처	기술기획처	ICT융합기획처
차장	1	1	1	1
부장	3	4	2	3
과장	5	6	4	3
대리	6	6	5	4
주임	2	2	3	6
사원	3	4	3	2

〈조건〉

- 워크숍은 한 호텔에서 실시하며, 워크숍에 참여하는 모든 직원은 해당 호텔에서 숙박한다.
- 부장급 이상은 1인 1실을 이용하며, 나머지 임직원은 2인 1실을 이용한다.
- 워크숍에서는 빔프로젝터가 있어야 하며, 4인용 테이블과 의자는 참여하는 인원수만큼 필요하다.

① A호텔　　② B호텔

③ C호텔　　④ D호텔

36 K기업은 W마트와 함께 1월 한 달간 이웃사랑 나눔 행사를 개최하고자 한다. 한 달 동안 W마트에서 상품을 구매한 모든 고객에게 경품 응모권을 증정한 후 추첨을 통해 고객들에게 소정의 사은품을 나누어 주는 행사이다. 행사에 필요한 예산을 요청하기 위해 다음과 같이 기획안을 작성하였다면, 필요한 예산은 총 얼마인가?(단, 행사에 꽝은 없으며 참여한 모든 고객은 경품에 당첨된다)

〈행사 기획안〉

- 행사제목 : K기업 · W마트 1월 이웃사랑 나눔 행사
- 행사기간 : 2024년 1월 1일(월) ~ 31일(수)
- 참여대상 : W마트에서 상품을 구매한 모든 고객
- 추첨방법 : 경품 응모권 추첨
  ※ 2월 2일(금) 당첨자 W마트 게시판 안내
- 예상 참여인원 : 200명(전년도 동월 방문고객 수 참고)
- 경품내역

구분	경품내역
1등(2명)	W마트 상품권(10만 원)
2등(5명)	쌀(20kg)
3등(10명)	김치(5kg)
4등(15명)	라면(1Box)
5등(26명)	김(묶음)
6등(42명)	밀폐용기(세트)
7등(100명)	주방세제(세트)

- 구매상품별 단가

(단위 : 원)

구분	상품권 (1장)	쌀 (20kg)	김치 (5kg)	라면 (1Box)	김 (묶음)	밀폐용기 (세트)	주방세제 (세트)
단가	100,000	30,000	20,000	20,000	15,000	10,000	10,000

① 2,250,000원
② 2,300,000원
③ 2,660,000원
④ 3,200,000원

37 S편의점을 운영하는 P씨는 개인사정으로 이번 주 토요일 하루만 오전 10시부터 오후 8시까지 직원들을 대타로 고용할 예정이다. 직원 A ~ D의 시급과 근무 가능 시간이 다음과 같을 때, 가장 적은 인건비는 얼마인가?

〈S편의점 직원 시급 및 근무 가능 시간〉

직원	시급	근무 가능 시간
A	10,000원	오후 12:00 ~ 오후 5:00
B	10,500원	오전 10:00 ~ 오후 3:00
C	10,500원	오후 12:00 ~ 오후 6:00
D	11,000원	오후 12:00 ~ 오후 8:00

※ 추가 수당으로 시급의 1.5배를 지급함
※ 직원 1명당 근무시간은 최소 2시간 이상이어야 함

① 153,750원
② 155,250원
③ 156,000원
④ 157,500원
⑤ 159,000원

38 다음 10개의 수의 중앙값이 8일 때, 빈칸에 들어갈 수로 옳은 것은?

10	( )	6	9	9	7	8	7	10	7

① 6
② 7
③ 8
④ 9

39 어떤 원형 시계가 4시 30분을 가리키고 있다. 이 시계의 시침과 분침이 만드는 작은 부채꼴의 넓이와 전체 원의 넓이의 비는?

① $\frac{1}{8}$
② $\frac{1}{6}$
③ $\frac{1}{4}$
④ $\frac{1}{2}$

40 다음 그림과 같은 길의 A지점에서 출발하여 최단거리로 이동하여 B지점에 도착하는 경우의 수는?

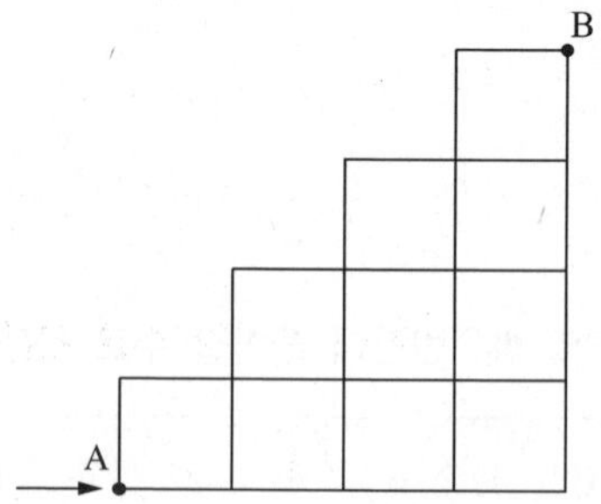

① 36가지
② 42가지
③ 48가지
④ 54가지

제1회
NCS 핵심영역

영역통합형 모의고사

〈문항 및 시험시간〉

평가영역	문항 수	시험시간	모바일 OMR 답안분석
의사소통능력+수리능력+ 문제해결능력+자원관리능력	50문항	50분	

www.sdedu.co.kr

NCS 핵심영역 최종모의고사

제1회 모의고사

문항 수 : 50문항
시험시간 : 50분

01 다음 글을 통해 알 수 있는 내용으로 가장 적절한 것은?

> 국내에서 벤처버블이 발생한 1999 ~ 2000년 동안 한국뿐 아니라 미국, 유럽 등 전 세계 주요 국가에서 벤처버블이 나타났다. 미국 나스닥의 경우 1999년 초 이후에 주가가 급상승하여 2000년 3월을 전후해서 정점에 이르렀는데, 이는 한국의 주가 흐름과 거의 일치한다. 또한 한국에서는 1998년 5월부터 외국인의 종목별 투자한도를 완전 자유화하였는데, 외환위기 이후 해외투자를 유치하기 위한 이런 주식시장의 개방은 주가 상승에 영향을 미쳤다. 외국인 투자자들은 벤처버블이 정점에 이르렀던 1999년 12월에 벤처기업으로 구성되어 있는 코스닥 시장에서 투자금액을 이전 달의 1조 4천억 원에서 8조 원으로 늘렸으며, 투자비중도 늘렸다. 또한, 벤처버블 당시 국내에서는 인터넷이 급속히 확산되고 있었다. 초고속 인터넷 서비스는 1998년 첫 해에 1만 3천 가구에 보급되었지만 1999년에는 34만 가구로 확대되었다. 또한, 1997년 163만 명이던 인터넷 이용자는 1999년에 천만 명으로 폭발적으로 증가하였다. 이처럼 초고속 인터넷의 보급과 인터넷 사용인구의 급증은 뚜렷한 수익모델이 없는 업체라 할지라도 인터넷을 활용한 비즈니스를 내세우면 투자자들 사이에서 높은 잠재력을 가진 기업으로 인식되는 효과를 낳았다.
> 한편, 1997년 8월에 시행된 벤처기업 육성에 관한 특별조치법은 다음과 같은 상황으로 인해 제정되었다. 법 제정 당시 우리 경제는 혁신적 기술이나 비즈니스 모델에 의한 성장보다는 설비확장에 토대한 외형성장에 주력해 왔다. 그러나 급격한 임금상승, 공장용지와 물류 및 금융 관련 비용 부담 증가, 후발국가의 추격 등은 우리 경제가 하루빨리 기술과 지식을 경쟁력의 기반으로 하는 구조로 변화해야 할 필요성을 높였다. 게다가 1997년 말 외환위기로 30대 재벌의 절반이 부도 또는 법정관리에 들어가게 되면서 재벌을 중심으로 하는 경제성장 방식의 한계가 지적되었고, 이에 따라 우리 경제는 고용창출과 경제성장을 주도할 새로운 기업군을 필요로 하게 되었다. 이로 인해 시행된 벤처기업 육성 정책은 벤처기업에 세제 혜택은 물론, 기술개발, 인력공급, 입지공급까지 다양한 지원을 제공하면서 벤처기업의 폭증에 많은 영향을 주게 되었다.

① 해외 주식시장의 주가 상승은 국내 벤처버블 발생의 주요 원인이 되었다.
② 벤처버블은 한국뿐 아니라 전 세계 모든 국가에서 거의 비슷한 시기에 발생했다.
③ 국내의 벤처기업 육성책 실행은 한국 경제구조 변화의 필요성과 관련을 맺고 있다.
④ 국내 초고속 인터넷 서비스 확대는 벤처기업을 활성화시켰으나 대기업 침체의 요인이 되었다.
⑤ 외환위기는 새로운 기업과 일자리 창출의 필요성을 불러왔고 해외 주식을 대규모로 매입하는 계기가 되었다.

02 다음 문장을 논리적 순서대로 바르게 나열한 것은?

(가) 그러나 예후가 좋지 못한 암으로 여겨져 왔던 식도암도 정기적 내시경검사로 조기에 발견하여 수술 등 적절한 치료를 받을 경우 치료 성공률을 높일 수 있는 것으로 밝혀졌다. (나) 이처럼 조기에 발견해 수술을 받을수록 치료 효과가 높음에도 불구하고 실제로 병원에서 식도암 수술을 받은 환자 중 초기에 수술을 받은 환자는 25%에 불과했으며, 어느 정도 식도암이 진행된 경우 60%가 수술을 받은 것으로 조사됐다. (다) 따라서 식도암을 치료하기 위해서는 50세 이상의 남자라면 매년 정기적으로 내시경검사, 식도조영술, CT 촬영 등 검사를 통해 식도암을 조기에 발견하는 것이 중요하다. (라) 서구화된 식습관으로 인해 식도암은 남성 중 6번째로 많이 발생하고 있으며, 전체 인구 10만 명당 3명이 사망하는 것으로 나타났다. (마) K병원 교수팀이 식도암 진단 후 수술을 받은 808명을 대상으로 추적 조사한 결과, 발견 당시 초기에 치료할 경우 생존율이 높았지만, 반대로 말기에 치료할 경우 치료 성공률과 생존율 모두 크게 떨어지는 것으로 나타났다고 밝혔다.

① (라) – (가) – (나) – (마) – (다)
② (라) – (가) – (마) – (나) – (다)
③ (라) – (마) – (가) – (나) – (다)
④ (마) – (가) – (라) – (나) – (다)
⑤ (마) – (나) – (다) – (라) – (마)

03 다음 중 효과적인 경청 방법에 대한 설명으로 적절하지 않은 것은?

① 상대방이 전달하려는 메시지가 무엇인가를 생각해 보고 자신의 삶, 목적, 경험과 관련지어 본다.
② 대화를 하는 동안 시간 간격이 있으면, 다음에 무엇을 말할 것인가를 추측하려고 노력해야 한다.
③ 말하는 사람의 모든 것에 집중해서 적극적으로 들어야 하며, 말하는 사람의 속도와 말을 이해하는 속도 사이에 발생하는 간격을 메우는 방법을 학습해야 한다.
④ 대화 도중에 주기적으로 대화의 내용을 요약하면 상대방이 전달하려는 메시지를 이해하고, 사상과 정보를 예측하는 데 도움이 된다.
⑤ 상대방이 말하는 사이에 질문을 하면 질문에 대한 답이 즉각적으로 이루어질 수 없으므로 되도록 질문하지 않고 상대방의 이야기에 집중한다.

04 다음 글을 읽고 추론할 수 있는 내용으로 가장 적절한 것은?

EU는 1995년부터 철제 다리 덫으로 잡은 동물 모피의 수입을 금지하기로 했다. 모피가 이런 덫으로 잡은 동물의 것인지, 아니면 상대적으로 덜 잔혹한 방법으로 잡은 동물의 것인지 구별하는 것은 불가능하다. 그렇기 때문에 EU는 철제 다리 덫 사용을 금지하는 나라의 모피만 수입하기로 결정했다. 이런 수입 금지 조치에 대해 미국, 캐나다, 러시아는 WTO에 제소하겠다고 위협했다. 결국, EU는 WTO가 내릴 결정을 예상하여 철제 다리 덫으로 잡은 동물의 모피를 계속 수입하도록 허용했다.
또한, 1998년부터 EU는 화장품 실험에 동물을 이용하는 것을 금지했을 뿐만 아니라, 동물실험을 거친 화장품의 판매조차 금지하는 법령을 채택했다. 그러나 동물실험을 거친 화장품의 판매 금지는 WTO 규정 위반이 될 것이라는 유엔의 권고를 받았다. 결국 EU의 판매 금지는 실행되지 못했다.
한편, 그 외에도 EU는 성장 촉진 호르몬이 투여된 쇠고기의 판매 금지 조치를 시행하기도 했다. 동물복지를 옹호하는 단체들이 소의 건강에 미치는 영향을 우려해 호르몬 투여 금지를 요구했지만, EU가 쇠고기 판매를 금지한 것은 주로 사람의 건강에 대한 염려 때문이었다. 미국은 이러한 판매 금지 조치에 반대하며 EU를 WTO에 제소했고, 결국 WTO 분쟁패널로부터 호르몬 사용이 사람의 건강을 위협한다고 믿을 만한 충분한 과학적 근거가 없다는 판정을 이끌어 내는 데 성공했다. EU는 항소했다. 그러나 WTO의 상소 기구는 미국의 손을 들어 주었다. 그럼에도 불구하고 EU는 금지 조치를 철회하지 않았다. 이에 미국은 1억 1,600만 달러에 해당하는 EU의 농업 생산물에 100% 관세를 물리는 보복 조치를 발동했고, WTO는 이를 승인했다.

① EU는 환경의 문제를 통상 조건에서 최우선적으로 고려한다.

② WTO는 WTO 상소 기구의 결정에 불복하는 경우 적극적인 제재조치를 취한다.

③ WTO는 사람의 건강에 대한 위협을 방지하는 것보다 국가 간 통상의 자유를 더 존중한다.

④ WTO는 제품의 생산과정에서 동물의 권리를 침해한다는 이유로 해당 제품 수입을 금지하는 것을 허용하지 않는다.

⑤ WTO 규정에 의하면 각 국가는 타국의 환경, 보건, 사회 정책 등이 자국과 다르다는 이유로 타국의 특정 제품의 수입을 금지할 수 있다.

05 P씨는 지난 15년간 외식 프랜차이즈를 운영하면서 다수의 가맹점을 관리해 왔으며, 2024년 말 기준으로 총 52개의 점포를 보유하고 있다. 다음 자료를 참고하였을 때, 가장 많은 가맹점이 있었던 시기는?

〈K프랜차이즈 개업 및 폐업 현황〉

(단위 : 개점)

구분	2018년	2019년	2020년	2021년	2022년	2023년	2024년
개업	5	10	1	5	0	1	11
폐업	3	4	2	0	7	6	5

※ 점포 현황은 매년 초부터 말까지 조사한 내용임

① 2019년 말
② 2020년 말
③ 2021년 말
④ 2022년 말
⑤ 2023년 말

06 다음 〈조건〉의 내용이 참일 때, 항상 참인 것을 〈보기〉에서 모두 고르면?

〈조건〉

인접한 지방자치단체인 ○○군을 △△시에 통합하는 안건은 △△시의 5개 구인 A, B, C, D, E 중 3개 구 이상의 찬성으로 승인된다. 안건에 대한 입장은 찬성하거나 찬성하지 않거나 둘 중 하나이다. 각 구의 입장은 다음과 같다.

- A가 찬성한다면 B와 C도 찬성한다.
- C는 찬성하지 않는다.
- D가 찬성한다면 A와 E 중 한 개 이상의 구는 찬성한다.

〈보기〉

ㄱ. B가 찬성하지 않는다면 안건은 승인되지 않는다.
ㄴ. B가 찬성하는 경우 E도 찬성한다면 안건은 승인된다.
ㄷ. E가 찬성하지 않는다면 D도 찬성하지 않는다.

① ㄱ
② ㄴ
③ ㄱ, ㄷ
④ ㄴ, ㄷ
⑤ ㄱ, ㄴ, ㄷ

07 다음은 2022 ~ 2024년의 행정구역별 인구에 대한 자료이다. 전년 대비 2024년 대구 지역의 인구 증가율을 구하면?(단, 소수점 둘째 자리에서 반올림한다)

〈행정구역별 인구〉

(단위 : 천 명)

구분	2022년	2023년	2024년
전국	20,726	21,012	21,291
서울	4,194	4,190	4,189
부산	1,423	1,438	1,451
대구	971	982	994
인천	1,136	1,154	1,171
광주	573	580	586
대전	592	597	606
울산	442	452	455
세종	63	82	94
경기	4,787	4,885	5,003
강원	674	685	692
충북	656	670	681
충남	871	886	902
전북	775	783	790
전남	824	834	843
경북	1,154	1,170	1,181
경남	1,344	1,367	1,386
제주	247	257	267

① 1.1%
② 1.2%
③ 1.3%
④ 1.4%
⑤ 1.5%

08 하경이는 A ~ C 3종류의 과자를 총 15개 구매하였다. 3종류의 과자를 주어진 〈조건〉에 맞게 구입했을 때, 다음 중 항상 옳은 것을 〈보기〉에서 모두 고르면?

〈조건〉

- A, B, C과자는 각각 2개 이상 구매하였다.
- B과자는 A과자 개수의 2배 이상 구입하였다.
- C과자 개수는 B과자 개수보다 같거나 많았다.
- A과자와 B과자 개수의 합은 6개를 넘는다.

〈보기〉

ㄱ. B과자를 7개 이상 사지 않았다.
ㄴ. C과자는 7개 이상 구입하였다.
ㄷ. A과자를 2개 샀다.

① ㄱ
② ㄴ
③ ㄱ, ㄴ
④ ㄷ
⑤ ㄴ, ㄷ

09 다음은 K국 국회의원선거의 당선자 수에 대한 자료이다. 다음 중 옳은 것을 〈보기〉에서 모두 고르면?

〈K국 국회의원선거의 당선자 수〉

(단위 : 명)

권역 \ 정당	A	B	C	D	E	합계
가	48	( )	0	1	7	65
나	2	( )	( )	0	0	( )
기타	55	98	2	1	4	160
전체	105	110	25	2	11	253

※ K국의 정당은 A ~ E만 존재함

〈보기〉

ㄱ. E정당 전체 당선자 중 가권역 당선자가 차지하는 비중은 60% 이상이다.
ㄴ. 당선자 수의 합은 가권역이 나권역의 3배 이상이다.
ㄷ. C정당 전체 당선자 중 나권역 당선자가 차지하는 비중은 A정당 전체 당선자 중 가권역 당선자가 차지하는 비중의 2배 이상이다.
ㄹ. B정당 당선자 수는 나권역이 가권역보다 많다.

① ㄱ, ㄴ
② ㄱ, ㄷ
③ ㄴ, ㄷ
④ ㄴ, ㄹ
⑤ ㄷ, ㄹ

10 K공사에서는 올해 정규직으로 전환된 신입사원들에게 명함을 배부하였다. 명함은 1인당 국문 130장, 영문 70장씩 지급되었다. 국문 명함 중 50장은 고급 종이로 제작되었고, 나머지는 모두 일반 종이로 제작되었다. 명함을 만드는 데 들어간 총비용이 808,000원이라면, 신입사원의 수는?

〈제작비용〉

- 국문 명함 : 50장당 10,000원 / 10장 단위 추가 시 2,500원
- 영문 명함 : 50장당 15,000원 / 10장 단위 추가 시 3,500원

※ 고급 종이로 만들 경우 정가의 10% 가격이 추가됨

① 14명
② 16명
③ 18명
④ 20명
⑤ 22명

11 다음은 2024년 10월 첫 주 K편의점의 간편식 A ~ F 총 6개의 판매량에 대한 자료이다. 〈조건〉을 토대로 간편식 B, E의 판매량을 바르게 나열한 것은?

〈간편식 A ~ F의 판매량〉

(단위 : 개)

간편식	A	B	C	D	E	F	평균
판매량	95	(　)	(　)	(　)	(　)	43	70

〈조건〉

- A와 C의 판매량은 같다.
- B와 D의 판매량은 같다.
- E의 판매량은 D보다 23개 적다.

	B	E
①	70	47
②	70	57
③	83	47
④	83	60
⑤	85	62

12 다음과 같이 일정한 규칙으로 수를 나열할 때, 빈칸에 들어갈 수로 옳은 것은?

45	40	80	75	150	( )	290	285

① 200
② 170
③ 165
④ 155
⑤ 145

13 K공사에 근무 중인 직원 A ~ E가 〈조건〉에 따라 이번 주 평일에 당직을 선다고 할 때, 다음 중 반드시 참이 되는 것은?

〈조건〉

- A ~ E는 평일 주 1회 이상 3회 미만의 당직을 서야 한다.
- B와 D의 당직일은 겹치지 않는다.
- B와 D의 경우 하루는 혼자 당직을 서고, 다른 하루는 A와 함께 당직을 선다.
- B와 D는 이틀 연속으로 당직을 선다.
- A는 월요일과 금요일에 당직을 선다.
- C는 혼자 당직을 선다.
- E는 이번 주에 한 번 당직을 섰고, 그 날은 최대 인원수가 근무했다.

① B는 월요일에 당직을 섰다.
② B는 금요일에 당직을 섰다.
③ C는 수요일에 당직을 섰다.
④ D는 금요일에 당직을 섰다.
⑤ E는 금요일에 당직을 섰다.

14 다음은 세 지역에서 평상시와 황사 발생 시의 미생물 밀도를 미생물 종류별로 조사한 자료이다. 〈보기〉 중 옳은 것을 모두 고르면?

〈평상시와 황사 발생 시의 미생물 밀도〉

구분		미생물 밀도(개체/mm^3)	
		평상시	황사 발생 시
A지역	미생물 X	270	1,800
	미생물 Y	187	2,720
	미생물 Z	153	2,120
B지역	미생물 X	40	863
	미생물 Y	45	1,188
	미생물 Z	38	1,060
C지역	미생물 X	98	1,340
	미생물 Y	86	1,620
	미생물 Z	77	1,510

〈보기〉

ㄱ. 미생물 종류에 관계없이 평상시 미생물 밀도가 가장 낮은 지역이 황사 발생 시에도 미생물 밀도가 가장 낮다.
ㄴ. 지역에 관계없이 미생물 X는 다른 미생물에 비해 평상시와 황사 발생 시 밀도 차이가 가장 크다.
ㄷ. 황사 발생 시 미생물 Y의 밀도를 평상시와 비교해 볼 때, 증가율이 가장 큰 곳은 B지역이다.
ㄹ. 황사 발생 시에는 지역과 미생물의 종류에 관계없이 평상시보다 미생물 밀도가 높다.

① ㄱ, ㄴ
② ㄱ, ㄷ
③ ㄷ, ㄹ
④ ㄱ, ㄴ, ㄹ
⑤ ㄱ, ㄷ, ㄹ

※ **김대리는 사내 메신저의 보안을 위해 암호화 규칙을 만들어 동료들과 대화하기로 하였다. 이어지는 질문에 답하시오. [15~16]**

> **〈암호화 규칙〉**
>
> • 한글 자음은 사전 순서에 따라 바로 뒤의 한글 자음으로 변환한다.
> 예 ㄱ → ㄴ … ㅎ → ㄱ
>
> • 쌍자음의 경우 자음 두 개로 풀어 표기한다.
> 예 ㄲ → ㄴㄴ
>
> • 한글 모음은 사전 순서에 따라 알파벳 a, b, c …으로 변환한다.
> 예 ㅏ → a, ㅐ → b … ㅢ → t, ㅣ → u
>
> • 겹받침의 경우 풀어 표기한다.
> 예 맑다 → ㅂaㅁㄴㄹa
>
> • 공백은 0으로 표현한다.

15 **메신저를 통해 김대리가 오늘 점심 메뉴로 'ㄴuㅂㅋuㅊㅊuㄴb'를 먹자고 했을 때, 김대리가 말한 메뉴는?**

① 김치김밥
② 김치찌개
③ 계란말이
④ 된장찌개
⑤ 부대찌개

16 **김대리는 이번 주 금요일의 사내 워크숍에서 사용할 조별 구호를 '존중과 배려'로 결정하였고, 메신저를 통해 조원들에게 알리려고 한다. 다음 중 김대리가 전달할 구호를 암호화 규칙에 따라 바르게 변환한 것은?**

① ㅊiㄷㅊuㅈㄴjㅅbㅁg
② ㅊiㄷㅊnㅈㄴjㅅbㅁg
③ ㅊiㄷㅊnㅈㄴj0ㅅbㅁg
④ ㅊiㄷㅊnㅈㄴia0ㅅbㅁg
⑤ ㅊiㄷㅊuㅈㄴia0ㅅbㅁg

17 다음 문제해결 절차에 따라 〈보기〉를 순서대로 바르게 나열한 것은?

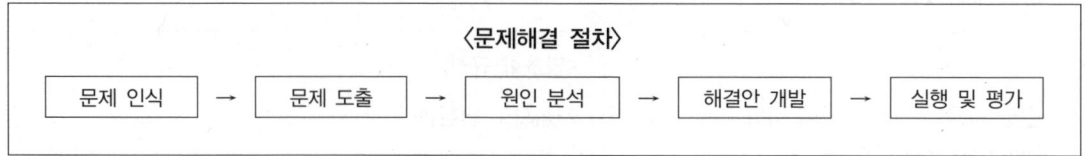

〈문제해결 절차〉

문제 인식 → 문제 도출 → 원인 분석 → 해결안 개발 → 실행 및 평가

〈보기〉

(가) 파악된 핵심 문제에 대한 분석을 통해 근본 원인을 도출한다.
(나) 실행계획을 실제 상황에 적용하는 활동으로, 장애가 되는 문제의 원인들을 해결안을 사용하여 제거한다.
(다) 해결해야 할 전체 문제를 파악하여 우선순위를 정하고, 선정 문제에 대한 목표를 명확히 한다.
(라) 문제로부터 도출된 근본 원인을 효과적으로 해결할 수 있는 최적의 해결방안을 수립한다.
(마) 선정된 문제를 분석하여 해결해야 할 것이 무엇인지를 명확히 한다.

① (가) – (나) – (다) – (라) – (마)
② (나) – (마) – (가) – (라) – (다)
③ (다) – (가) – (마) – (나) – (라)
④ (다) – (마) – (가) – (라) – (나)
⑤ (라) – (다) – (마) – (가) – (나)

18 K씨는 가방 가게를 운영하고 있다. K씨는 현재 가방 보유량에 매일 일정 수의 가방을 구입하여 60일 동안 매일 일정한 양을 판매할 예정이었다. 그런데 1일 구입량을 20% 감소시켰더니 40일 동안 판매를 할 수 있었다. 이때, K씨가 60일 동안 가방을 판매하기 위해서 1일 판매량을 몇 % 감소해야 하는가?(단, 재고량은 없는 것으로 한다)

① $\frac{100}{3}$
② $\frac{50}{3}$
③ $\frac{1}{7}$
④ $\frac{2}{7}$
⑤ 25

19 우유도매업자인 A씨는 소매업체에 납품하기 위해 (가로) 3m×(세로) 2m×(높이) 2m인 냉동 창고에 우유를 가득 채우려고 한다. 다음 〈조건〉을 참고할 때, 냉동 창고를 가득 채우기 위해 드는 비용은 얼마인가?

〈조건〉

- 우유의 1개당 단가는 700원이다.
- 우유 한 궤짝에 우유가 총 40개가 들어간다.
- 우유 한 궤짝의 크기는 (가로) 40cm×(세로) 40cm×(높이) 50cm이다.
- 냉동 창고에 우유를 낱개로 채울 수 없다.

① 약 300만 원
② 약 400만 원
③ 약 500만 원
④ 약 600만 원
⑤ 약 700만 원

20 A ~ E 총 다섯 명이 순서대로 퀴즈게임을 해서 벌칙 받을 사람 1명을 선정하고자 한다. 게임 규칙과 결과에 따를 때, 항상 옳은 것을 〈보기〉에서 모두 고르면?

- 규칙
  - A → B → C → D → E 순서대로 퀴즈를 1개씩 풀고, 모두 한 번씩 퀴즈를 풀고 나면 한 라운드가 끝난다.
  - 퀴즈 2개를 맞힌 사람은 벌칙에서 제외되고, 다음 라운드부터는 게임에 참여하지 않는다.
  - 라운드를 반복하여 맨 마지막까지 남는 한 사람이 벌칙을 받는다.
  - 벌칙에서 제외되는 4명이 확정되면 라운드 중이라도 더 이상 퀴즈를 출제하지 않으며, 이 외에는 라운드 끝까지 퀴즈를 출제한다.
  - 게임 중 동일한 문제는 출제하지 않는다.
- 결과
  3라운드에서 A는 참가자 중 처음으로 벌칙에서 제외되었고, 4라운드에서는 오직 B만 벌칙에서 제외되었으며, 벌칙을 받을 사람은 5라운드에서 결정되었다.

〈보기〉

ㄱ. 5라운드까지 참가자들이 정답을 맞힌 퀴즈는 총 9개이다.
ㄴ. 게임이 종료될 때까지 총 22개의 퀴즈가 출제되었다면, E는 5라운드에서 퀴즈의 정답을 맞혔다.
ㄷ. 게임이 종료될 때까지 총 21개의 퀴즈가 출제되었다면, 퀴즈를 푸는 순서가 벌칙을 받을 사람 선정에 영향을 미친 것으로 볼 수 있다.

① ㄱ
② ㄴ
③ ㄱ, ㄷ
④ ㄴ, ㄷ
⑤ ㄱ, ㄴ, ㄷ

21 다음은 경기 일부 지역의 2023 ~ 2024년 월별 미세먼지 도시오염도 현황을 나타낸 자료이다. 이에 대한 설명으로 옳지 않은 것은?(단, 소수점 첫째 자리에서 반올림한다)

〈2023년 지역별 미세먼지 현황〉

(단위 : $\mu g/m^3$)

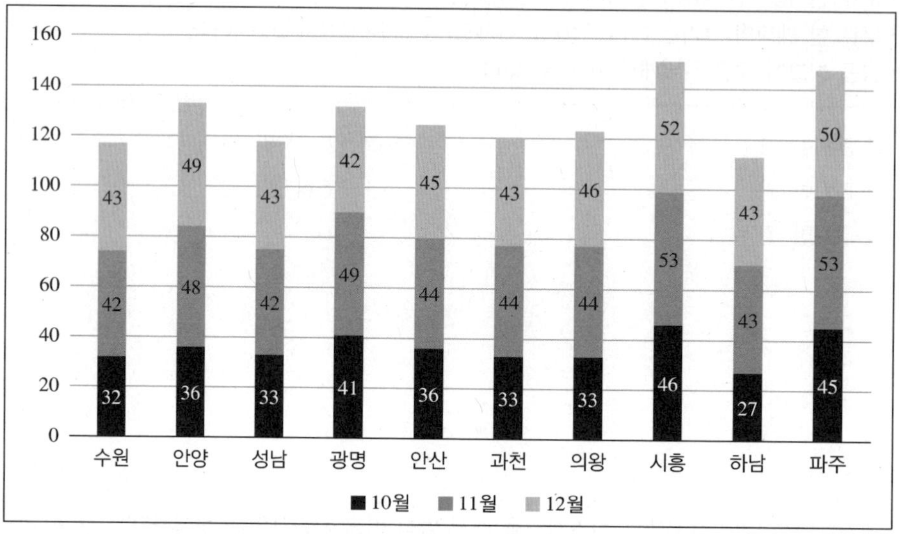

〈2024년 지역별 미세먼지 현황〉

(단위 : $\mu g/m^3$)

구분	1월	2월	3월
수원	44	42	47
안양	49	46	52
성남	44	43	47
광명	50	47	52
안산	49	44	46
과천	45	43	48
의왕	47	43	46
시흥	54	47	52
하남	46	43	45
파주	48	43	50

① 2023년 10 ~ 12월까지 미세먼지 농도의 합이 150$\mu g/m^3$ 이상인 지역은 한 곳이다.
② 2024년 1월 미세먼지 농도의 전월 대비 증감률이 0%인 지역의 2024년 2월 농도는 45$\mu g/m^3$ 이상이다.
③ 2024년 1월 대비 2월에 미세먼지 현황이 좋아진 지역은 모두 3월에 다시 나빠졌다.
④ 2023년 10월부터 2024년 3월까지 각 지역마다 미세먼지 농도가 가장 높은 달이 3월인 지역은 네 곳 이하이다.
⑤ 2023년 10월의 미세먼지 농도가 35$\mu g/m^3$ 미만인 지역의 2024년 2월 미세먼지 농도의 평균은 약 43 $\mu g/m^3$이다.

22 다음은 K학교의 성과급 기준표이다. 자료에 제시된 기준들을 적용해 K학교 교사들의 성과급 배점을 계산하고자 할 때, 〈보기〉의 A ~ E교사 중 가장 높은 배점을 받을 교사는?

〈성과급 기준표〉

항목	평가 사항	배점 기준		배점
수업 지도	주당 수업시간	24시간 이하	14점	20점
		25시간	16점	
		26시간	18점	
		27시간 이상	20점	
	수업 공개 유무	교사 수업 공개	10점	10점
		학부모 수업 공개	5점	
생활 지도	담임 유무	담임교사	10점	10점
		비담임교사	5점	
담당 업무	업무 곤란도	보직교사	30점	30점
		비보직교사	20점	
경력	호봉	10호봉 이하	5점	30점
		11 ~ 15호봉	10점	
		16 ~ 20호봉	15점	
		21 ~ 25호봉	20점	
		26 ~ 30호봉	25점	
		31호봉 이상	30점	

※ 수업지도 항목에서 교사 수업 공개, 학부모 수업 공개를 모두 진행했을 경우 10점으로 배점하며, 수업 공개를 하지 않았을 경우 배점은 없음

〈보기〉

구분	주당 수업시간	수업 공개 유무	담임 유무	업무 곤란도	호봉
A교사	20시간	–	담임교사	비보직교사	32호봉
B교사	29시간	–	비담임교사	비보직교사	35호봉
C교사	26시간	학부모 수업 공개	비담임교사	보직교사	22호봉
D교사	22시간	교사 수업 공개	담임교사	보직교사	17호봉
E교사	25시간	교사 수업 공개, 학부모 수업 공개	비담임교사	비보직교사	30호봉

① A교사
② B교사
③ C교사
④ D교사
⑤ E교사

23 다음 자료를 통해 판단할 때, 기초생활수급자로 선정할 수 없는 사람은?

가. 기초생활수급자 선정 기준
- 부양의무자가 없거나 부양의무자가 있어도 부양능력이 없거나 또는 부양을 받을 수 없는 자로서 소득인정액이 최저생계비 이하인 자
  ※ 부양능력 있는 부양의무자가 있어도 부양을 받을 수 없는 경우란, 부양의무자가 교도소 등에 수용되거나 병역법에 의해 징집·소집되어 실질적으로 부양을 할 수 없는 경우와 가족관계 단절 등을 이유로 부양을 거부하거나 기피하는 경우 등을 가리킴

나. 매월 소득인정액 기준
- (소득인정액)=(소득평가액)+(재산의 소득환산액)
- (소득평가액)=(실제소득)−(가구특성별 지출비용)
  1) 실제소득 : 근로소득, 사업소득, 재산소득
  2) 가구특성별 지출비용 : 경로연금, 장애수당, 양육비, 의료비, 중·고교생 입학금 및 수업료

다. 가구별 매월 최저생계비

(단위 : 만 원)

1인	2인	3인	4인	5인	6인
42	70	94	117	135	154

라. 부양의무자의 범위
- 수급권자의 배우자, 수급권자의 1촌의 직계혈족 및 그 배우자, 수급권자와 생계를 같이 하는 2촌 이내의 혈족

① 유치원생 아들 둘과 함께 사는 A는 재산의 소득환산액이 12만 원이고, 구멍가게에서 월 100만 원의 수입을 얻고 있으며, 양육비로 월 20만 원씩 지출하고 있다.
② 부양능력이 있는 근로소득 월 60만 원의 조카와 살고 있는 B는 실제소득 없이 재산의 소득환산액이 36만 원이며, 의료비로 월 30만 원을 지출한다.
③ 중학생이 된 두 딸을 혼자 키우고 있는 C는 재산의 소득환산액이 24만 원이며, 근로소득으로 월 80만 원이 있지만, 두 딸의 수업료로 각각 월 11만 원씩 지출하고 있다.
④ 외아들을 잃은 D는 어린 손자 두 명과 부양능력이 있는 며느리와 함께 살고 있다. D는 근로소득이 월 80만 원, 재산의 소득환산액이 48만 원이며, 의료비로 월 15만 원을 지출하고 있다.
⑤ 군대 간 아들 둘과 함께 사는 고등학생 딸을 둔 E는 재산의 소득환산액이 36만 원이며, 월 평균 60만 원의 근로소득을 얻고 있지만, 딸의 수업료로 월 30만 원을 지출하고 있다.

24 다음 〈조건〉을 토대로 〈보기〉를 바르게 판단한 것은?

〈조건〉

- 오리고기는 돼지고기보다 비싸다.
- 소고기는 오리고기보다 비싸다.
- 닭고기는 돼지고기보다 싸다.

〈보기〉

A : 오리고기는 닭고기보다 비싸다.
B : 돼지고기는 소고기보다 싸다.

① A만 옳다.
② B만 옳다.
③ A, B 모두 옳다.
④ A, B 모두 틀리다.
⑤ A, B 모두 옳은지 틀린지 판단할 수 없다.

25 밭을 가는 데 갑이 혼자하면 12일, 을이 혼자하면 10일이 걸린다고 한다. 일주일 안으로 밭을 다 갈기 위해 둘이 같이 며칠을 일하다가 을이 아파 나머지는 갑이 혼자 했더니 딱 일주일 만에 밭을 다 갈았다. 둘이 같이 일한 날은 며칠인가?(단, 조금이라도 일을 한 경우, 그 날은 일을 한 것으로 간주한다)

① 2일
② 3일
③ 4일
④ 5일
⑤ 6일

26 다음 글의 빈칸에 들어갈 내용으로 가장 적절한 것은?

현대 의학에서는 노화를 생명체가 가지는 어쩔 수 없는 노쇠 현상이라는 생각에서 벗어나 하나의 질병으로 인식하게 되었다. 노화가 운명이라면 순응할 수밖에 없지만, 만약 질병이라면 이에 대처할 가능성이 열리게 된다. 아직 노화의 정확한 원인은 모르지만 노화에 대처할 수 있는 여러 가능성을 찾아내게 되었는데, 그 이론들을 요약하면 다음과 같다.

첫째, 인간의 생체를 기계에 비유하는 소모설이 있다. 기계를 오래 쓰면 부품이 마모되고 접합부가 낡아서 고장이 잦아지는 것과 같이 인간도 세월의 흐름에 부대끼다 보면 아무래도 여기저기가 낡고 삐걱대기 마련인데, 이게 노화라는 것이다. 생체를 너무 오래, 그리고 험하게 쓰면 가동률이 떨어져서 늙어버리고 결국은 죽게 된다는 것이 이 주장의 요지인데, 이는 ____________________을 완전히 무시하고 있다.

둘째, 생체는 태어날 때 이미 어느 정도의 한계 에너지를 가지고 있다는 생체 에너지설이 있다. 곤충이나 파충류들의 경우, 겨울잠을 자는 동안에는 대사율을 극소화하여 생명을 연장하지만, 실제로 활동을 시작하면 고작 며칠 또는 길어야 몇 달 후에는 생명이 소진되어 죽는 종류가 많다는 점이 이 가설을 뒷받침해 준다. 그러나 인간의 경우에는 예외가 많아서 확실하지 않은 가설일 뿐이다.

셋째, DNA 에러설이다. 우리 몸의 세포는 끊임없이 분열한다. 세포가 분열할 때마다 DNA 역시 복제되는데, DNA의 염기쌍은 염색체마다 적게는 5천만 개에서 많게는 2억 5천만 개쯤 존재한다. 물론 DNA 합성 효소의 에러 발생률은 1천만 분의 1 정도로 낮은 데다가 프루프 리딩(Proof Reading)이라고 하여 복제 상의 에러 발생을 다시 확인하여 고치는 기능도 갖고 있지만, 워낙 많은 숫자를 복제하다 보니 어쩔 수 없이 에러가 생기게 마련이라는 것이다. 사람이 나이를 먹으면 먹을수록 세포 분열 횟수도 늘어나고, 그만큼 DNA에 에러가 많이 축적되므로 결국은 그 스트레스를 이기지 못하고 세포가 죽게 되며, 그만큼의 수명이 줄어든다는 것이다. 또한, 이런 DNA 에러들은 담배나 석면, 탄 음식 등에 섞여 있는 발암물질, 각종 공해물질, 방사선 등 외부의 해로운 물질에 많이 노출되면 훨씬 늘어나게 되는데, 이런 유해 물질에 되도록 적게 노출되면 그만큼의 DNA 에러를 줄일 수 있어서 수명을 연장할 수 있다는 것이다. 담배를 끊고, 맑은 공기를 마시고, 생식을 하면 건강해져 노화를 지연시킬 수 있다는 말은 이 가설에 근거를 둔 이야기이다.

넷째, 유해한 산소가 체내의 단백질을 산화시켜서 세포에 치명적인 영향을 준다는 유해산소설이 있다. 인간은 호흡으로 들이마신 산소를 가지고 음식을 산화시켜 에너지를 만들어 내는데, 그 과정에서 불가피하게 유독물질인 유해산소가 발생하여 우리 몸에 손상을 입히게 된다. 다행히 인체는 유해산소를 처리할 수 있는 능력이 있지만, 체내의 방어능력으로는 처리하지 못할 정도의 과다한 유해산소가 발생한다면 문제는 심각해진다. 공해물질, 담배, 과도한 약물, 화학 처리가 된 가공식품 등의 이물질이 들어가면 유해산소가 더 많이 발생한다. 이물질이 들어오면 인간의 몸은 이를 처리하기 위해 장기간 가동을 하게 되고, 어쩔 수 없이 대사 과정의 부산물인 유해산소도 필요 이상으로 생성된다. 또한, 식물성보다는 동물성 음식을 섭취할 때, 그리고 과식을 하거나 스트레스를 많이 받을 때에도 에너지를 많이 발산하기 때문에 유해산소의 양이 그만큼 늘어난다는 것이다. 이 경우, 유해산소의 양을 줄일 수 있다면 노화를 방지할 수 있다.

이 밖에 신진대사 과정에서 생긴 유해 물질이 체외로 배설되지 않고 축적되어 세포 기능을 쇠퇴시켜 노화를 일으킨다는 유해 물질 축적설, 유기체마다 각각의 DNA에 얼마나 오래 살 것인가를 결정하는 유전 부호가 있어 프로그래밍이 된 세포 분열 횟수만큼 분열하고 나면 유기체는 기능이 쇠퇴하고 결국 죽는다는 DNA 프로그램 가설 등 다양한 노화 가설이 있다.

① 생체는 유전자를 생성해 낸다는 것
② 생체의 기능이 서서히 노화된다는 것
③ 생체는 돌연변이를 일으켜 진화한다는 것
④ 생체는 기계와 달리 재생 능력이 있다는 것
⑤ 생체에는 노화를 억제하는 호르몬이 있다는 것

27 다음 글과 상황을 근거로 판단할 때, 〈보기〉에서 옳은 것을 모두 고르면?

- 지방자치단체는 공립 박물관·미술관을 설립하려는 경우 ㅁㅁ부로부터 설립 타당성에 대한 사전평가(이하 사전평가)를 받아야 한다.
- 사전평가는 연 2회(상반기, 하반기) 진행한다.
  - 신청기한 : 1월 31일(상반기), 7월 31일(하반기)
  - 평가기간 : 2월 1일 ~ 4월 30일(상반기)
    8월 1일 ~ 10월 31일(하반기)
- 사전평가 결과는 '적정' 또는 '부적정'으로 판정한다.
- 지방자치단체가 동일한 공립 박물관·미술관 설립에 대해 3회 연속으로 사전평가를 신청하여 모두 '부적정'으로 판정받았다면, 그 박물관·미술관 설립에 대해서는 향후 1년간 사전평가 신청이 불가능하다.
- 사전평가 결과 '적정'으로 판정되는 경우, 지방자치단체는 부지 매입비를 제외한 건립비의 최대 40%를 국비로 지원받을 수 있다.

〈상황〉

다음은 지방자치단체 A ~ C가 설립하려는 공립 박물관·미술관과 건립비를 나타낸 것이다.

지방자치단체	설립 예정 공립 박물관·미술관	건립비(원)	
		부지 매입비	건물 건축비
A	갑 미술관	30억	70억
B	을 박물관	40억	40억
C	병 박물관	10억	80억

〈보기〉

ㄱ. 갑 미술관을 국비 지원 없이 설립하기로 했다면, A는 사전평가를 거치지 않고도 갑 미술관을 설립할 수 있다.
ㄴ. 을 박물관이 사전평가에서 '적정'으로 판정될 경우, B는 최대 32억 원까지 국비를 지원받을 수 있다.
ㄷ. 병 박물관이 2022년 하반기, 2023년 상반기, 2023년 하반기 사전평가에서 모두 '부적정'으로 판정된 경우, C는 병 박물관에 대한 2024년 상반기 사전평가를 신청할 수 없다.

① ㄱ
② ㄷ
③ ㄱ, ㄴ
④ ㄴ, ㄷ
⑤ ㄱ, ㄴ, ㄷ

28 다음 글을 읽고 인조를 비판할 수 있는 내용으로 적절하지 않은 것은?

> 1636년(인조 14년) 4월 국세를 확장한 후금의 홍타이지(태종)는 스스로 황제라 칭하고, 국호를 청으로, 수도는 심양에 정하였다. 심양으로의 천도는 명나라를 완전히 압박하여 중원 장악의 기틀을 마련하기 위함이었다. 후금은 명 정벌에 앞서 그 배후가 될 수 있는 조선을 확실히 장악하기 위해 조선에 군신관계를 맺을 것도 요구해 왔다. 이러한 청 태종의 요구는 인조와 조선 조정을 격분시켰다.
> 결국, 강화회담의 성립으로 전쟁은 종료되었지만, 정묘호란 이후에도 후금에 대한 강경책의 목소리가 높았다. 1627년 정묘호란을 겪으면서 맺은 형제관계조차도 무효로 하고자 하는 상황에서, 청 태종을 황제로 섬길 것을 요구하는 무례에 분노했던 것이다. 이제껏 오랑캐라고 무시했던 후금을 명나라와 동등하게 대우하여야 한다는 조처는 인조와 서인 정권의 생리에 절대 맞지가 않았다. 특히 후금이 통사적인 조건의 10배가 넘는 무역을 요구해 오자 인조의 분노는 폭발하였다.
> 전쟁의 여운이 어느 정도 사라진 1634년 인조는 "이기고 짐은 병가의 상사이다. 금나라 사람이 강하긴 하지만 싸울 때마다 반드시 이기지는 못할 것이며, 아군이 약하지만 싸울 때마다 반드시 패하지도 않을 것이다. 옛말에 '의지가 있는 용사는 목이 떨어질 각오를 한다.'라고 하였고, 또 '군사가 교만하면 패한다.'라고 하였다. 오늘날 무사들이 만약 자신을 잊고 순국한다면 이 교만한 오랑캐를 무찌르기는 어려운 일이 아니다."라는 하교를 내리면서 전쟁을 결코 피하지 않을 것임을 선언하였다. 조선은 또다시 전시 체제에 돌입했다.
> 신흥강국 후금에 대한 현실적인 힘을 무시하고 의리와 명분을 고집한 집권층의 닫힌 의식은 스스로 병란을 자초한 꼴이 되었다. 정묘호란 때 그렇게 당했으면서도 내부의 국방력에 대한 철저한 점검이 없이 맞불 작전으로 후금에 맞서는 최악의 길을 택한 것이다.

① 오랑캐의 나라인 후금을 명나라와 동등하게 대우한다는 것은 있을 수 없습니다.

② 감정 따로 현실 따로 인법, 힘과 국력이 문제입니다. 현실을 직시해야 합니다.

③ 그들의 요구를 물리친다면 승산 없는 전쟁으로 결과는 불 보듯 뻔합니다.

④ 명분만 내세워 준비 없이 수행하는 전쟁은 더 큰 피해를 입게 될 것입니다.

⑤ 후금은 전쟁을 피해야 할 북방의 최고 강자로 성장한 나라입니다.

29 다음 기사의 제목으로 가장 적절한 것은?

> 정부는 '미세먼지 저감 및 관리에 관한 특별법(이하 미세먼지 특별법)' 제정・공포안이 의결돼 내년 2월부터 시행된다고 밝혔다. 미세먼지 특별법은 그동안 수도권 공공・행정기관을 대상으로 시범・시행한 '고농도 미세먼지 비상저감조치'의 법적 근거를 마련했다. 이로 인해 미세먼지 관련 정보와 통계의 신뢰도를 높이기 위해 국가미세먼지 정보센터를 설치하게 되고, 이에 따라 시・도지사는 미세먼지 농도가 비상저감조치 요건에 해당하면 자동차 운행을 제한하거나 대기오염물질 배출시설의 가동시간을 변경할 수 있다. 또한 비상저감조치를 시행할 때 관련 기관이나 사업자에 휴업, 탄력적 근무제도 등을 권고할 수 있게 되었다. 이와 함께 환경부 장관은 관계 중앙행정기관이나 지방자치단체의 장, 시설운영자에게 대기오염물질 배출시설의 가동률 조정을 요청할 수도 있다.
> 미세먼지 특별법으로 시・도지사, 시장, 군수, 구청장은 어린이나 노인 등이 이용하는 시설이 많은 지역을 '미세먼지 집중관리구역'으로 지정해 미세먼지 저감사업을 확대할 수 있게 되었다. 그리고 집중관리구역 내에서는 대기오염 상시측정망 설치, 어린이 통학차량의 친환경차 전환, 학교 공기정화시설 설치, 수목 식재, 공원 조성 등을 위한 지원이 우선적으로 이뤄지게 된다.
> 국무총리 소속의 '미세먼지 특별대책위원회'와 이를 지원하기 위한 '미세먼지 개선기획단'도 설치된다. 국무총리와 대통령이 지명한 민간위원장은 위원회의 공동위원장을 맡는다. 위원회와 기획단의 존속 기간은 5년으로 설정했으며 연장하려면 만료되기 1년 전에 그 실적을 평가해 국회에 보고하게 된다.
> 아울러 정부는 5년마다 미세먼지 저감 및 관리를 위한 종합계획을 수립하고 시・도지사는 이에 따른 시행계획을 수립하고 추진실적을 매년 보고하도록 했다. 또한 미세먼지 특별법은 입자의 지름이 $10\mu m$ 이하인 먼지는 '미세먼지', $2.5\mu m$ 이하인 먼지는 '초미세먼지'로 구분하기로 확정했다.

① 미세먼지와 초미세먼지 구분 방법
② 미세먼지 특별대책위원회의 역할
③ 미세먼지 집중관리구역 지정 방안
④ 미세먼지 저감을 위한 대기오염 상시측정망의 효과
⑤ 미세먼지 특별법의 제정과 시행

30 다음 글의 내용으로 적절하지 않은 것은?

저작권은 저자의 권익을 보호함으로써 활발한 저작 활동을 촉진하여 인류의 문화 발전에 기여하기 위한 것이다. 그러나 이렇게 공적 이익을 추구하기 위한 저작권이 현실에서는 일반적으로 지나치게 사적 재산권을 행사하는 도구로 인식되고 있다. 저작물 이용자들의 권리를 보호하기 위해 마련한, 공익적 성격의 법조항도 법적 분쟁에서는 항상 사적 재산권의 논리에 밀려 왔다. 저작권 소유자 중심의 저작권 논리는 실제로 저작권이 담당해야 할 사회적 공유를 통한 문화 발전을 방해한다.
2015년 '애국가 저작권'에 대한 논란은 이러한 문제를 단적으로 보여준다. 저자 사후 50년 동안 적용되는 국내 저작권법에 따라, 애국가가 포함된 〈한국 환상곡〉의 저작권이 작곡가 안익태의 유족들에게 2015년까지 주어진다는 사실이 언론을 통해 알려진 것이다. 누구나 자유롭게 이용할 수 있는 국가(國歌)마저 공공재가 아닌 개인 소유라는 사실에 많은 사람들이 놀랐다. 창작은 백지 상태에서 완전히 새로운 것을 만드는 것이 아니라 저작자와 인류가 쌓은 지식 간의 상호 작용을 통해 이루어진다. '내가 남들보다 조금 더 멀리보고 있다면, 이는 내가 거인의 어깨 위에 올라서 있는 난쟁이이기 때문'이라는 뉴턴의 겸손은 바로 이를 말한다. 이렇듯 창작자의 저작물은 인류의 지적 자원에서 영감을 얻은 결과이다. 그러한 저작물을 다시 인류에게 되돌려 주는 데 저작권의 의의가 있다. 이러한 생각은 이미 1960년대 프랑스 철학자들에 의해 형성되었다. 예컨대 기호학자인 바르트는 '저자의 죽음'을 거론하면서 저자가 만들어 내는 텍스트는 단지 인용의 조합일 뿐 어디에도 '오리지널'은 존재하지 않는다고 단언한다. 전자 복제 기술의 발전과 디지털 혁명은 정보나 자료의 공유가 지니는 의의를 잘 보여주고 있다. 인터넷과 같은 매체 환경의 변화는 원본을 무한히 복제하고 자유롭게 이용함으로써 누구나 창작의 주체로서 새로운 문화 창조에 기여할 수 있도록 돕는다. 인터넷 환경에서 이용자는 저작물을 자유롭게 교환할 뿐 아니라 수많은 사람들과 생각을 나눔으로써 새로운 창작물을 생산하고 있다. 이러한 상황은 저작권을 사적 재산권의 측면에서보다는 공익적 측면에서 바라볼 필요가 있음을 보여준다.

① 저작권 보호기간인 사후 50년이 지난 저작물은 누구나 자유롭게 이용할 수 있다.
② 공적 이익 추구를 위한 저작권이 사적 재산권보호를 위한 도구로 전락하였다.
③ 창작은 이미 존재하는 지적 자원의 영향을 받아 이루어진다.
④ 매체 환경의 변화로 누구나 새로운 문화를 창조할 수 있게 되었다.
⑤ 저작권의 의의는 전혀 새로운 문화를 창작한다는 데 있다.

31 K공사에 근무하는 A대리는 국내 신재생에너지 산업에 대한 SWOT 분석 결과 자료를 토대로, SWOT 분석에 의한 경영전략에 따라 〈보기〉와 같이 판단하였다. 다음 〈보기〉 중 전략에 따른 내용이 잘못 연결된 것은?

〈국내 신재생에너지 산업에 대한 SWOT 분석 결과〉

구분	분석 결과
강점(Strength)	• 해외 기관과의 협업을 통한 풍부한 신재생에너지 개발 경험 • 에너지 분야의 우수한 연구개발 인재 확보
약점(Weakness)	• 아직까지 화석연료 대비 낮은 전력 효율성 • 도입 필요성에 대한 국민적 인식 저조
기회(Opportunity)	• 신재생에너지에 대한 연구가 세계적으로 활발히 추진 • 관련 정부부처로부터 충분한 예산 확보
위협(Threat)	• 신재생에너지 특성상 설비 도입 시의 높은 초기 비용

〈보기〉

㉠ SO전략 : 개발 경험을 통해 쌓은 기술력을 바탕으로 향후 효과적인 신재생에너지 산업 개발 가능
㉡ ST전략 : 우수한 연구개발 인재들을 활용하여 초기비용 감축방안 연구 추진
㉢ WO전략 : 확보한 예산을 토대로 우수한 연구원 채용
㉣ WT전략 : 세계의 신재생에너지 연구를 활용한 전력 효율성 개선

① ㉠, ㉡
② ㉠, ㉢
③ ㉡, ㉢
④ ㉡, ㉣
⑤ ㉢, ㉣

32 다음은 창업보육센터의 현황에 대한 자료이다. 이에 대한 설명으로 옳지 않은 것을 〈보기〉에서 모두 고르면?

〈연도별 창업보육센터 수 및 지원금액〉

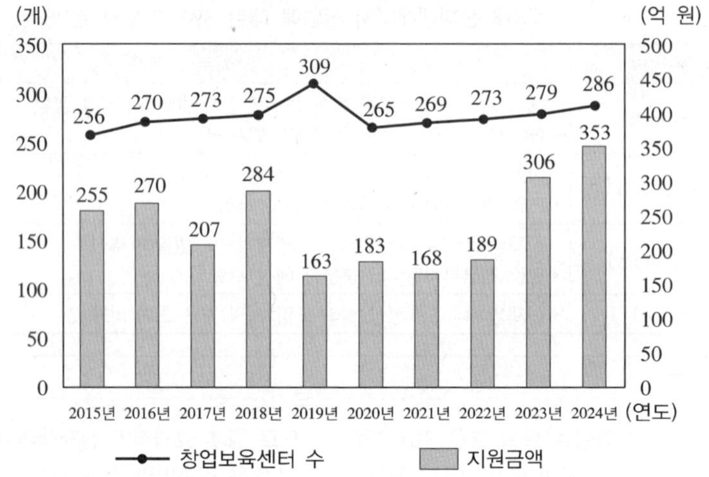

〈연도별 창업보육센터당 입주업체 수 및 매출액〉

(단위 : 개, 억 원)

구분 \ 연도	2022년	2023년	2024년
창업보육센터당 입주업체 수	16.6	17.1	16.8
창업보육센터당 입주업체 매출액	85.0	91.0	86.7

※ 한 업체는 1개의 창업보육센터에만 입주함

〈보기〉

ㄱ. 2024년 창업보육센터 지원금액의 전년 대비 증가율은 창업보육 센터 수 증가율의 5배 이상이다.
ㄴ. 2024년 창업보육센터의 전체 입주업체 수는 전년보다 적다.
ㄷ. 창업보육센터당 지원금액이 가장 적은 해는 2019년이며, 가장 많은 해는 2024년이다.
ㄹ. 창업보육센터 입주업체의 전체 매출액은 2022년 이후 매년 증가하였다.

① ㄱ, ㄴ
② ㄱ, ㄷ
③ ㄴ, ㄷ
④ ㄴ, ㄹ
⑤ ㄷ, ㄹ

33 다음은 레저용 차량을 생산하는 K기업에 대한 SWOT 분석 결과이다. 〈보기〉 중 전략에 따른 대응으로 적절한 것을 모두 고르면?

〈K기업의 SWOT 분석 결과〉

강점(Strength)	약점(Weakness)
• 높은 브랜드 이미지·평판 • 훌륭한 서비스와 판매 후 보증수리 • 확실한 거래망, 딜러와의 우호적인 관계 • 막대한 R&D 역량 • 자동화된 공장 • 대부분의 차량 부품 자체 생산	• 한 가지 차종에의 집중 • 고도 기술에의 집중 • 생산설비에 막대한 투자 → 차량모델 변경의 어려움 • 한 곳의 생산 공장만 보유 • 전통적인 가족형 기업 운영
기회(Opportunity)	**위협(Threat)**
• 소형 레저용 차량에 대한 수요 증대 • 새로운 해외시장의 출현 • 저가형 레저용 차량에 대한 선호 급증	• 휘발유의 부족 및 가격의 급등 • 레저용 차량 전반에 대한 수요 침체 • 다른 회사들과의 경쟁 심화 • 차량 안전 기준의 강화

〈보기〉

ㄱ. ST전략 : 기술 개발을 통하여 연비를 개선한다.
ㄴ. SO전략 : 대형 레저용 차량을 생산한다.
ㄷ. WO전략 : 규제 강화에 대비하여 보다 안전한 레저용 차량을 생산한다.
ㄹ. WT전략 : 생산량 감축을 고려한다.
ㅁ. WO전략 : 국내 다른 지역이나 해외에 공장들을 분산 설립한다.
ㅂ. ST전략 : 경유용 레저 차량 생산을 고려한다.
ㅅ. SO전략 : 해외 시장 진출보다는 내수 확대에 집중한다.

① ㄱ, ㄴ, ㅁ, ㅂ
② ㄱ, ㄹ, ㅁ, ㅂ
③ ㄱ, ㄹ, ㅁ, ㅅ
④ ㄴ, ㄹ, ㅁ, ㅂ
⑤ ㄴ, ㄹ, ㅂ, ㅅ

34 다음 글에서 알 수 있는 내용으로 가장 적절한 것은?

> 유토피아는 우리가 살고 있는 세계와는 다른 '또 다른 세계'이며, 나아가 전적으로 인간의 지혜로 설계된 세계이다. 유토피아를 설계하는 사람은 완전히 뜯어고쳐야 할 만큼 이 세상이 잘못되어 있다고 생각한다. 또한 그는 새 세계를 만들고 관리할 능력이 인간에게 있다고 믿는다. 어떤 사람이 유토피아를 꿈꾸고 설계하는지 설계하지 않는지는 그 사람이 세상을 대하는 태도와 밀접하게 연관되어 있다.
> 인간이 세상을 대하는 태도는 다음 세 가지로 나눌 수 있다. 첫째, 산지기의 태도이다. 산지기의 주요 임무는 인위적인 간섭을 최소화하면서 맡겨진 땅을 지키는 것이다. 이른바 땅의 자연적 균형을 유지하는 것이 그의 목적이다. 신의 설계에 담긴 지혜와 조화, 질서를 인간이 다 이해할 수는 없으나, 삼라만상이 적재적소에 놓여 있는 신성한 존재의 사슬이라는 것이 산지기의 신념이다.
> 둘째, 정원사의 태도이다. 정원사는 자기가 끊임없이 보살피고 노력하지 않으면 이 세상이 무질서해질 것이라고 여긴다. 그는 우선 바람직한 배치도를 머리에 떠올린 후 정원을 그 이미지에 맞추어 개조한다. 그는 적합한 종류의 식물을 키우고 잡초들은 뽑아 버림으로써 자신이 생각해 놓은 대로 대지를 디자인한다.
> 셋째, 사냥꾼의 태도이다. 사냥꾼은 사물의 전체적인 균형에 대해서는 무관심하다. 사냥꾼이 하는 유일한 일은 사냥감으로 자기 자루를 최대한 채우는 것이다. 사냥이 끝난 후에 숲에 동물들이 남아 있도록 할 의무가 자기에게 있다고 생각하지 않는다.

① 유토피아는 인간이 지향하고 신이 완성한다.

② 정원사는 세상에 대한 인간의 적극적 개입을 지양한다.

③ 산지기는 인간과 자연이 조화되는 유토피아를 설계한다.

④ 사냥꾼은 세상을 바꾸는 일보다 이용하는 데 관심이 있다.

⑤ 신이 부여한 정연한 질서가 세계에 있다는 믿음은 세 태도 중 둘에서 나타난다.

35 R부장은 현지 영업소로 출장을 갈 계획이다. 4일 오후 2시 회의가 예정되어 있어 모스크바 공항에 적어도 오전 11시 이전에는 도착하고자 한다. 인천에서 모스크바까지는 8시간이 걸리며, 시차는 인천이 모스크바보다 6시간이 더 빠르다. R부장은 인천에서 늦어도 몇 시에 출발하는 비행기를 예약해야 하는가?

① 3일 오전 9시

② 3일 오후 7시

③ 4일 오전 9시

④ 4일 오전 11시

⑤ 5일 오전 2시

36 **다음 글이 비판의 대상으로 삼는 주장으로 가장 적절한 것은?**

> 경제 문제는 대개 해결이 가능하다. 대부분의 경제 문제에는 몇 개의 해결책이 있다. 그러나 모든 해결책은 누군가가 상당한 손실을 반드시 감수해야 한다는 특징을 갖고 있다. 하지만 누구도 이 손실을 자발적으로 감수하고자 하지 않으며, 우리의 정치제도는 누구에게도 이 짐을 짊어지라고 강요할 수 없다. 우리의 정치적·경제적 구조로는 실질적으로 제로섬(Zero－sum)적인 요소를 지니는 경제 문제에 전혀 대처할 수 없기 때문이다. 대개의 경제적 해결책은 대규모의 제로섬적인 요소를 갖기 때문에 큰 손실을 수반한다. 모든 제로섬 게임에는 승자가 있다면 반드시 패자가 있으며, 패자가 존재해야만 승자가 존재할 수 있다. 경제적 이득이 경제적 손실을 초과할 수도 있지만, 손실의 주체에게 손실의 의미란 상당한 크기의 경제적 이득을 부정할 수 있을 만큼 매우 중요하다. 어떤 해결책으로 인해 평균적으로 사회는 더 잘살게 될 수도 있지만, 이 평균이 훨씬 더 잘살게 된 수많은 사람과 훨씬 더 못살게 된 수많은 사람을 감춘다. 만약 당신이 더 못살게 된 사람 중 하나라면 내 수입이 줄어든 것보다 다른 누군가의 수입이 더 많이 늘었다고 해서 위안을 얻지는 않을 것이다. 결국 우리는 우리 자신의 수입을 보호하기 위해 경제적 변화가 일어나는 것을 막거나 혹은 사회가 우리에게 손해를 입히는 공공정책이 강제로 시행되는 것을 막기 위해 싸울 것이다.

① 빈부격차를 해소하는 것만큼 중요한 정책은 없다.
② 사회의 총생산량이 많아지게 하는 정책이 좋은 정책이다.
③ 경제 문제에서 모두가 만족하는 해결책은 존재하지 않는다.
④ 경제적 변화에 대응하는 정치제도의 기능에는 한계가 존재한다.
⑤ 경제 정책의 효율성을 높이는 방법은 일관성을 유지하는 것이다.

37 **기획부 A～E 총 다섯 명은 야근을 해야 한다. 〈조건〉에 따라 수요일에 야근하는 사람을 고르면?**

〈조건〉

- 사장님이 출근할 때는 모든 사람이 야근을 한다.
- A가 야근할 때 C도 반드시 해야 한다.
- 사장님은 월요일과 목요일에 출근을 한다.
- B는 금요일에 야근을 한다.
- E는 화요일에 야근을 한다.
- 수요일에는 한 명만 야근을 한다.
- 월요일부터 금요일까지 한 사람당 3번 야근한다.

① A　　② B
③ C　　④ D
⑤ E

38 문구점에서 필요한 물품을 사고 받은 영수증이 다음과 같을 때, 볼펜 2자루와 형광펜 3set의 합계 금액과 공책 4set의 금액을 순서대로 나열한 것은?

영수증	
작성년월일	금액
23.10.20.	9,600원
품목	수량
볼펜	1자루
A4 용지	1Set
공책	1Set

영수증	
작성년월일	금액
23.10.23.	5,600원
품목	수량
볼펜	1자루
A4 용지	1Set
형광펜	1Set

영수증	
작성년월일	금액
24.10.25.	12,400원
품목	수량
A4 용지	1Set
공책	1Set
형광펜	1Set

영수증	
작성년월일	금액
24.10.20.	6,800원
품목	수량
볼펜	1자루
형광펜	2Set

	볼펜 2자루+형광펜 3set	공책 4set
①	7,200원	14,400원
②	7,200원	28,800원
③	10,000원	14,400원
④	10,400원	14,400원
⑤	10,400원	28,800원

※ K카페를 운영 중인 갑은 직원들의 출근 확인 코드를 다음 규칙에 따라 정하였다. 이어지는 질문에 답하시오. [39~40]

〈규칙〉

• 아래의 규칙 1 ~ 4는 이름과 생년월일을 기준으로 한다.

1. 첫 번째 글자의 초성은 두 번째 글자의 초성 자리로, 두 번째 글자의 초성은 세 번째 글자의 초성 자리로, …, 마지막 글자의 초성은 첫 번째 글자의 초성 자리로 치환한다. → 강하늘=낭가흘
2. 각 글자의 종성은 1의 규칙을 반대 방향으로 적용하여 옮긴다(종성이 없는 경우 종성의 빈자리가 이동한다). → 강하늘=가할능
3. 생년월일에서 연도의 끝 두 자리를 곱하여 이름 앞에 쓴다. → 1993년생 강하늘=27강하늘
4. 생년월일에서 월일에 해당하는 네 자리 숫자는 각각 1=a, 2=b, 3=c, 4=d, 5=e, 6=f, 7=g, 8=h, 9=i, 0=j로 치환하여 이름 뒤에 쓴다. → 08월 01일생 강하늘=강하늘jhja

39 1980년대생인 직원 B의 출근 확인 코드가 '64강형욱jabc'이라면 직원 B의 이름과 생년월일은?

① 강영훅, 1988년 1월 23일생
② 학영궁, 1980년 1월 23일생
③ 학영궁, 1988년 1월 23일생
④ 악경홍, 1980년 1월 23일생
⑤ 악경홍, 1988년 1월 23일생

40 다음 중 출근 확인 코드가 바르게 연결되지 않은 직원은?

① 2011년 03월 05일생, 최민건 → 1권친머jcje
② 1998년 05월 11일생, 김사랑 → 72리강삼jeaa
③ 1985년 07월 26일생, 심이담 → 40디심암jgbf
④ 1992년 11월 01일생, 송하윤 → 18오산흉aaaj
⑤ 1996년 12월 20일생, 오하율 → 54오알휴abbj

41 다음 자료와 〈조건〉을 토대로 철수, 영희, 민수, 철호가 상품을 구입한 쇼핑몰을 순서대로 바르게 나열한 것은?

〈이용약관의 주요 내용〉

쇼핑몰	주문 취소	환불	배송비	포인트 적립
A	주문 후 7일 이내 취소 가능	10% 환불수수료, 송금수수료 차감	무료	구입 금액의 3%
B	주문 후 10일 이내 취소 가능	환불수수료, 송금수수료 차감	20만 원 이상 무료	구입 금액의 5%
C	주문 후 7일 이내 취소 가능	환불수수료, 송금수수료 차감	1회 이용 시 1만 원	없음
D	주문 후 당일에만 취소 가능	환불수수료, 송금수수료 차감	5만 원 이상 무료	없음
E	취소 불가능	고객 귀책 사유에 의한 환불 시에만 10% 환불수수료	1만 원 이상 무료	구입 금액의 10%
F	취소 불가능	원칙적으로 환불 불가능 (사업자 귀책 사유일 때만 환불 가능)	100g당 2,500원	없음

〈조건〉

- 철수는 부모님의 선물로 등산 용품을 구입하였는데, 판매자의 업무 착오로 배송이 지연되어 판매자에게 전화로 환불을 요구하였다. 판매자는 판매금액 그대로를 통장에 입금해 주었고 구입 시 발생한 포인트도 유지하여 주었다.
- 영희는 옷을 구매할 때 배송비를 고려하여 한 가지씩 여러 번에 나누어 구매하기보다는 가능한 한 한꺼번에 주문하곤 하였다.
- 인터넷 사이트에서 영화티켓을 20,000원에 구매한 민수는 다음 날 같은 티켓을 18,000원에 파는 사이트를 발견하고 전날 구매한 티켓을 취소하려 했지만 취소가 되지 않아 곤란을 겪은 적이 있다.
- 가방을 10만 원에 구매한 철호는 도착한 물건의 디자인이 마음에 들지 않아 환불 및 송금수수료와 배송비를 감수하는 손해를 보면서도 환불할 수밖에 없었다.

	철수	영희	민수	철호
①	E	B	C	D
②	E	C	B	D
③	E	D	F	C
④	F	C	E	B
⑤	F	E	D	B

42 **다음 글을 통해 알 수 있는 내용으로 적절하지 않은 것은?**

> 정부는 '12·16 대책'을 통해 기존에 제출하던 자금조달계획서의 항목을 상세하게 나누고, 투기과열지구에서 9억 원을 초과하는 주택을 구매한 경우 증빙서류를 함께 제출하도록 하는 등의 규제를 강화한다는 방침을 밝혔다.
> 증여나 상속을 받은 경우 기존에는 단순히 증여 금액이나 상속 금액만 밝히도록 했으나, 앞으로는 부부나 직계존비속 등 누구로부터 받았는지도 상세히 밝혀야 한다. 부부나 직계존비속 등의 대상 구분은 납부해야 할 세금에서 상당한 차이로 이어진다. 예를 들어 증여를 받았을 때 부부와 직계존비속 중 누구에게 얼마를 받았는지에 따라 증여세 부과 대상인지, 면제 대상인지의 정도가 계획서상에서 바로 드러난다. 부부 간 증여인 경우 6억 원까지는 면제를 받을 수 있으나, 직계존비속의 증여라면 5,000만 원까지만 가능하다.
> 또한 기존에는 주택 구매 자금 중 현금과 그와 비슷한 자산은 '현금 등'으로 뭉뚱그려 기재했으나, 앞으로는 현금과 기타자산을 나누고 기타자산은 무엇인지 구체적으로 밝혀야 한다. 이와 함께 계획서에 조달한 자금을 어떻게 지급할지 구체적인 계획도 계좌이체, 보증금·대출 승계, 현금 지급 등으로 나누어 상세히 밝혀야 한다. 이에 따라 투기과열지구에서 9억 원이 넘는 집을 살 때, 자금조달계획서의 내용을 입증하기 위해 매수자가 제출해야 하는 증빙서류의 종류는 총 15종에 달한다. 보유한 예금과 처분한 주식, 대출, 증여를 통해 집을 산다면 떼야 할 서류는 모두 10개에 육박할 전망이다.

① A가 아들 B에게 6억 원을 증여할 경우 증여세를 모두 면제받을 수 있다.

② C가 부인 D에게 9억 원을 증여할 경우 6억 원까지 증여세를 면제받을 수 있다.

③ E가 투기과열지구에서 10억 원 상당의 주택을 구매할 경우 자금조달계획서와 함께 증빙서류를 제출해야 한다.

④ F가 새로 자금조달계획서를 작성해야 할 경우 계좌이체, 대출 승계, 현금 지급 등 구체적인 지급 계획을 함께 작성해야 한다.

⑤ G가 새로 자금조달계획서를 작성해야 할 경우 기존에 '현금 등'으로 기재한 내역을 현금과 기타자산으로 나누어 구체적으로 작성해야 한다.

43 육아휴직 급여를 담당하는 인사부 A사원은 최근 신청 인원 명단을 받아 휴직 기간 동안 지급될 급여를 계산해 보고해야 한다. 육아휴직 급여 지원이 아래와 같을 때 세 사람이 받을 수 있는 급여액을 모두 더한 것은?

〈육아휴직 급여〉

근로자가 만 8세 이하 또는 초등학교 2학년 이하의 자녀를 양육하기 위하여 남녀고용평등과 일·가정 양립 지원에 관한 법률 제19조에 의한 육아휴직을 30일 이상 부여받은 경우 지급되는 급여입니다.

■ 해당조건 및 혜택

- 육아휴직 기간 : 1년 이내
- 육아휴직 개시일 이전에 피보험단위기간이 180일 이상
- 육아휴직 개시일 이후 1월부터 종료일 이후 12월 이내 신청
- 육아휴직 첫 3개월 동안은 월 통상임금의 100분의 80(상한액 : 월 150만 원, 하한액 : 월 70만 원), 나머지 기간에 대해서는 월 통상임금의 100분의 40(상한액 : 월 100만 원, 하한액 : 월 50만 원)을 지급함
- 아빠의 달 : 동일한 자녀에 대하여 부모가 순차적으로 휴직할 경우 두 번째 사용자의 첫 3개월 급여는 통상임금의 100%(최대 150만 원, 둘째 아이에 대해서는 200만 원)를 지원

〈신청 인원〉

신청인	성별	자녀	통상임금	육아휴직 기간	비고
A씨	여성	6살(첫째)	220만 원	8개월	–
B씨	남성	3살(둘째)	300만 원	1년	아빠의 달
C씨	남성	8살(첫째)	90만 원	6개월	–

① 2,580만 원　② 2,739만 원
③ 2,756만 원　④ 2,912만 원
⑤ 2,929만 원

44 컨설팅 회사에 근무 중인 A사원은 최근 컨설팅 의뢰를 받은 K사진관에 대해 SWOT 분석을 진행하기로 하였다. 다음 밑줄 친 ㉠~㉤ 중 SWOT 분석에 들어갈 내용으로 적절하지 않은 것은?

강점(Strength)	• ㉠ <u>넓은 촬영 공간(야외 촬영장 보유)</u> • 백화점 인근의 높은 접근성 • ㉡ <u>다양한 채널을 통한 홍보로 높은 인지도 확보</u>
약점(Weakness)	• ㉢ <u>직원들의 높은 이직률</u> • 회원 관리 능력 부족 • 내부 회계 능력 부족
기회(Opportunity)	• 사진 시장의 규모 확대 • 오프라인 사진 인화 시장의 성장 • ㉣ <u>전문가용 카메라의 일반화</u>
위협(Threat)	• 저가 전략 위주의 경쟁 업체 증가 • ㉤ <u>온라인 사진 저장 서비스에 대한 수요 증가</u>

① ㉠　② ㉡
③ ㉢　④ ㉣
⑤ ㉤

45 다음 제시된 문단 뒤에 이어질 문장을 논리적 순서대로 바르게 나열한 것은?

> 어떤 문화의 변동은 결코 외래문화의 압도적 영향이나 이식에 의해 일방적으로 이루어지는 것이 아니라, 수용 주체의 창조적·능동적 측면과 관련되어 이루어지는 매우 복합적인 성격의 것이다.
> (가) 그리하여 외래문화 중에서 이러한 결핍 부분의 충족에 유용한 부분만을 선별해서 선택적으로 수용하게 된다.
> (나) 이러한 수용 주체의 창조적·능동적 측면은 문화 수용과 변동에서 무엇보다도 우선하는 것인데, 이것이 외래문화 요소의 수용을 결정짓는다.
> (다) 즉, 어떤 문화의 내부에 결핍 요인이 있을 때, 그 문화의 창조적·능동적 측면은 이를 자체적으로 극복하려 노력하지만, 이러한 극복이 내부에서 성취될 수 없을 때, 그것은 외래 요소의 수용을 통해 이를 이루고자 한다.
> 다시 말해, 외래문화는 수용 주체의 내부 요인에 따라 수용 또는 거부되는 것이다.

① (가) – (나) – (다)　② (가) – (다) – (나)
③ (나) – (가) – (다)　④ (나) – (다) – (가)
⑤ (다) – (나) – (가)

46 A씨의 업무시간은 09:00부터 18:00까지이다. 점심시간 1시간을 제외한 하루 일과 중 8분의 1은 주간업무 계획을 수립하였고, 5분의 2는 프로젝트 회의를 진행하였다. 그리고 3분의 1은 거래처에 방문하였다. 이 모든 업무를 마무리하고 남은 시간 동안 시장 조사를 하려고 한다. A씨가 시장 조사를 하는 데 쓸 수 있는 시간은?

① 1시간
② 1시간 8분
③ 1시간 15분
④ 1시간 26분
⑤ 1시간 42분

47 다음 상황에서 나타난 논리적 오류로 가장 적절한 것은?

> 한 법정에서 피의자에 대해 담당 검사는 다음과 같이 주장하였다. "피의자는 과거에 사기 전과가 있으나, 반성하는 기미도 없이 문란한 사생활을 지속해 오고 있습니다. 과거에 마약을 복용하기도 하였으며, 술에 취해 폭력을 가한 적도 있습니다. 따라서 죄질이 나쁘므로 살인 혐의로 기소하고, 법적 최고형을 구형하기 바랍니다."

① 애매성의 오류
② 연역법의 오류
③ 인신공격의 오류
④ 대중에 호소하는 오류
⑤ 허수아비 공격의 오류

48 다음은 윗사람과의 커뮤니케이션 상황에 따른 커뮤니케이션 매체 선택에 대한 설문조사 결과이다. 〈조건〉을 참고하여 A, C, D, F, x에 해당하는 내용을 순서대로 바르게 나열한 것은?

〈커뮤니케이션 상황에 따른 커뮤니케이션 매체 선택〉

(단위 : %, 명)

구분			커뮤니케이션 매체				응답자 수
			A	B	C	기타	
커뮤니케이션 상황	D	1차 선택	4.1	42.1	47.2	6.6	1,011
		2차 선택	14.6	52.0	24.0	9.4	821
	E	1차 선택	3.0	41.2	49.4	6.4	1,011
		2차 선택	17.5	49.0	23.2	10.3	811
	F	1차 선택	4.4	79.6	11.9	4.1	1,011
		2차 선택	42.8	20.7	21.8	14.7	647
	명절 인사	1차 선택	4.5	x	y	3.2	1,011
		2차 선택	14.7	39.8	24.3	21.2	815

※ 커뮤니케이션 매체(A, B, C)의 종류 : 전화, 문자메시지, 면 대 면

※ 커뮤니케이션 상황(D, E, F)의 종류 : 부탁, 사과, 약속 변경

〈조건〉

- 부탁할 때 1차 선택에 따르면, 전화나 문자메시지보다 면 대 면을 더 많이 이용한다.
- 약속 변경을 할 때 1차 선택에서는 전화를, 2차 선택에서는 문자메시지를 가장 많이 이용한다.
- 명절 인사를 할 때 B를 1차 선택한 사람은 461명이다.
- 1차 선택에 따르면, 사과할 때 문자메시지의 사용 비율은 모든 매체와 상황의 조합 중에서 가장 낮다.

	A	C	D	F	x
①	면 대 면	문자메시지	약속 변경	사과	44.2
②	문자메시지	면 대 면	약속 변경	부탁	44.2
③	문자메시지	면 대 면	부탁	약속 변경	45.6
④	전화	면 대 면	부탁	사과	45.6
⑤	전화	문자메시지	사과	약속 변경	45.6

49 다음은 소나무재선충병 발생지역에 대한 자료이다. 고사한 소나무가 가장 많이 발생한 지역은?

〈소나무재선충병 발생지역별 소나무 수〉

(단위 : 천 그루)

구분	소나무 수
거제	1,590
경주	2,981
제주	1,201
청도	279
포항	2,312

〈소나무재선충병 발생지역별 감염률 및 고사율〉

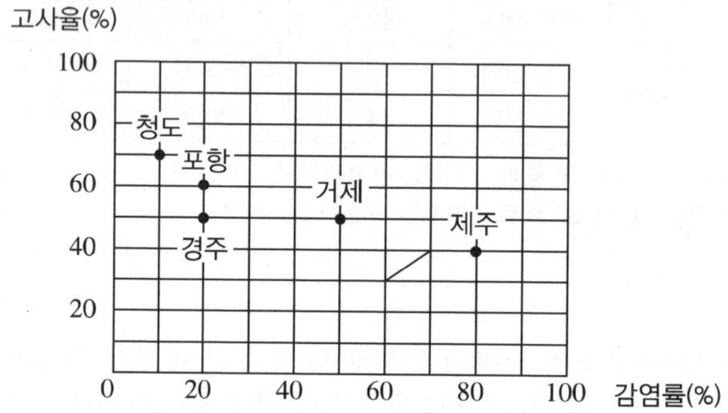

※ $[\text{감염률}(\%)]=\dfrac{(\text{발생지역의 감염된 소나무 수})}{(\text{발생지역의 소나무 수})}\times 100$

※ $[\text{고사율}(\%)]=\dfrac{(\text{발생지역의 고사한 소나무 수})}{(\text{발생지역의 감염된 소나무 수})}\times 100$

① 거제
② 경주
③ 제주
④ 청도
⑤ 포항

50 다음은 자동차 변속기의 부문별 경쟁력 점수를 국가별로 비교한 자료이다. 〈보기〉 중 옳지 않은 것을 모두 고르면?

〈자동차 변속기 경쟁력 점수의 국가별 비교〉

부문 \ 국가	A	B	C	D	E
변속감	98	93	102	80	79
내구성	103	109	98	95	93
소음	107	96	106	97	93
경량화	106	94	105	85	95
연비	105	96	103	102	100

※ 각국의 전체 경쟁력 점수는 각 부문 경쟁력 점수의 총합으로 구함

〈보기〉

ㄱ. 전체 경쟁력 점수는 E국보다 D국이 더 높다.
ㄴ. 경쟁력 점수가 가장 높은 부문과 가장 낮은 부문의 차이가 가장 큰 국가는 D국이고, 가장 작은 국가는 C국이다.
ㄷ. C국을 제외한다면 각 부문에서 경쟁력 점수가 가장 높은 국가와 가장 낮은 국가의 차이가 가장 큰 부문은 내구성이고, 가장 작은 부문은 변속감이다.
ㄹ. 내구성 부문에서 경쟁력 점수가 가장 높은 국가와 경량화 부문에서 경쟁력 점수가 가장 낮은 국가는 동일하다.
ㅁ. 전체 경쟁력 점수는 모든 국가 중에서 A국이 가장 높다.

① ㄱ, ㄴ, ㄷ
② ㄱ, ㄷ, ㄹ
③ ㄱ, ㄷ, ㅁ
④ ㄴ, ㄹ, ㅁ
⑤ ㄷ, ㄹ, ㅁ

합격의공식
시대
에듀
www.sdedu.co.kr

제2회 NCS 핵심영역

영역통합형 모의고사

www.sdedu.co.kr

〈문항 및 시험시간〉

평가영역	문항 수	시험시간	모바일 OMR 답안분석
의사소통능력+수리능력+ 문제해결능력+자원관리능력	50문항	50분	

NCS 핵심영역 최종모의고사

제2회 모의고사

문항 수 : 50문항
시험시간 : 50분

01 다음 글의 주제로 가장 적절한 것은?

쇼펜하우어에 따르면 우리가 살고 있는 세계의 진정한 본질은 의지이며 그 속에 있는 모든 존재는 맹목적인 삶의 의지에 의해서 지배당하고 있다. 쇼펜하우어는 우리가 일상적으로 또는 학문적으로 접근하는 세계는 단지 표상의 세계일 뿐이라고 주장하는데, 인간의 이성은 단지 이러한 표상의 세계만을 파악할 수 있을 뿐이다. 그에 따르면 존재하는 세계의 모든 사물은 우선적으로 표상으로 드러나게 된다. 시간과 공간 그리고 인과율에 의해서 파악되는 세계가 나의 표상인데, 이러한 표상의 세계는 오직 나에 의해서 즉, 인식하는 주관에 의해서만 파악되는 세계이다. 쇼펜하우어에 따르면 이러한 주관은 모든 현상의 세계, 표상의 세계에서 주인의 역할을 하는 '나'이다.
이러한 주관을 이성이라고 부를 수도 있는데, 이성은 표상의 세계를 이끌어 가는 주인공의 역할을 하는 것이다. 그러나 쇼펜하우어는 여기서 한 발 더 나아가 표상의 세계에서 주인의 역할을 하는 주관 또는 이성은 의지의 지배를 받는다고 주장한다. 쇼펜하우어는 이성에 의해서 파악되는 세계의 뒤편에 참된 본질적 세계인 의지의 세계가 있으므로 표상의 세계는 제한적이며, 표면적인 세계일 뿐 절대 이성에 의해서 또는 주관에 의해서 파악될 수 없다고 주장한다. 오히려 그는 그동안 인간이 진리를 파악하는 데 최고의 도구로 칭송받던 이성이나 주관을 의지에 끌려 다니는 피지배자일 뿐이라고 비판한다.

① 세계의 본질로서 의지의 세계
② 표상 세계의 극복과 그 해결 방안
③ 의지의 세계와 표상의 세계 간의 차이
④ 세계의 주인으로서 주관의 표상 능력
⑤ 표상 세계 안에서의 이성의 역할과 한계

02 다음 중 밑줄 친 ㉠ ~ ㉤의 맞춤법 수정 방안으로 옳지 않은 것은?

> 되새김 동물인 무스(Moose)의 경우, 위에서 음식물이 잘 소화되게 하려면 움직여서는 ㉠ 안된다. 무스의 위는 네 개의 방으로 ㉡ 나누어져 있는데, 위에서 나뭇잎, 풀줄기, 잡초 같은 섬유질이 많은 먹이를 소화하려면 꼼짝 않고 ㉢ 한 곳에 가만히 있어야 하는 것이다. 한편, 미국 남서부의 사막 지대에 사는 갈퀴발도마뱀은 모래 위로 눈만 빼꼼 내놓고 몇 ㉣ 시간동안이나 움직이지 않는다. 그렇게 있으면 따뜻한 모래가 도마뱀의 기운을 ㉤ 복돋아 준다. 곤충이 지나가면 도마뱀이 모래에서 나가 잡아먹을 수 있도록 에너지를 충전해 주는 것이다.

① ㉠은 '되다'의 부정 표현이므로 '안 된다'로 수정해야 한다.
② ㉡은 잘못된 표기이므로 '나뉘어져'로 수정해야 한다.
③ ㉢은 '일정한 곳'을 의미하는 한 단어이므로 '한곳'으로 붙여 써야 한다.
④ ㉣의 '동안'은 시간의 길이를 의미하는 명사이므로 '시간 동안이나'로 띄어 써야 한다.
⑤ ㉤은 잘못된 표기이므로 '북돋아'로 수정해야 한다.

03 다음은 성별 국민연금 가입자 현황에 대한 자료이다. 이에 대한 설명으로 옳은 것은?

〈성별 국민연금 가입자 수〉

(단위 : 명)

구분	사업장 가입자	지역 가입자	임의 가입자	임의계속 가입자	합계
남성	8,059,994	3,861,478	50,353	166,499	12,138,324
여성	5,775,011	3,448,700	284,127	296,644	9,804,482
합계	13,835,005	7,310,178	334,480	463,143	21,942,806

① 남성 사업장 가입자 수는 남성 지역 가입자 수의 2배 미만이다.
② 여성 사업장 가입자 수는 나머지 여성 가입자 수를 모두 합친 것보다 적다.
③ 전체 지역 가입자 수는 전체 사업장 가입자 수의 50% 미만이다.
④ 전체 가입자 중 여성 가입자 수의 비율은 40% 이상이다.
⑤ 가입자 수가 많은 순서대로 나열하면 '사업장 가입자 – 지역 가입자 – 임의 가입자 – 임의계속 가입자' 순서이다.

04 다음은 어느 해 K공사 인사팀의 하계휴가 스케줄이다. J사원은 휴가를 신청하기 위해 하계휴가 스케줄을 확인하였다. 인사팀 팀장인 A부장이 25 ~ 28일은 하계워크숍 기간이므로 휴가 신청이 불가능하며, 하루에 6명 이상은 사무실에 반드시 있어야 한다고 팀원들에게 공지했다. J사원이 휴가를 쓸 수 있는 기간으로 옳은 것은?

〈K공사 인사팀 하계휴가 스케줄〉

구분	하계휴가																			
	3	4	5	6	7	10	11	12	13	14	17	18	19	20	21	24	25	26	27	28
	월	화	수	목	금	월	화	수	목	금	월	화	수	목	금	월	화	수	목	금
A부장	■	■	■																	
B차장								■	■	■										
C과장	■	■	■	■	■															
D대리										■	■	■	■							
E주임														■	■	■				
F주임											■	■	■	■						
G사원																				
H사원						■	■	■												

※ 색칠된 부분은 다른 팀원의 휴가기간임

※ J사원은 4일 이상 휴가를 사용해야 함(토, 일 제외)

① 7 ~ 11일

② 6 ~ 11일

③ 11 ~ 14일

④ 13 ~ 18일

⑤ 19 ~ 24일

05 다음 중 창의적 사고에 대한 설명으로 옳지 않은 것은?

① 창의적 사고는 누구나 할 수 있는 일반적 사고와 달리 일부 사람만이 할 수 있는 능력이다.

② 창의적 사고란 정보와 정보의 조합으로 사회나 개인에게 새로운 가치를 창출하도록 하게 한다.

③ 창의적 사고란 무에서 유를 만들어 내는 것이 아니라 끊임없이 참신한 아이디어를 산출하는 것이다.

④ 창의적 사고란 이미 알고 있는 경험과 지식을 다시 결합함으로써 참신한 아이디어를 산출하는 것이다.

⑤ 창의적 사고를 하기 위해서는 고정관념을 버리고, 문제의식을 가져야 한다.

※ 다음은 산업별 취업자 수에 대한 자료이다. 이어지는 질문에 답하시오. **[6~7]**

〈2016 ~ 2024년 산업별 취업자 수〉

(단위 : 천 명)

구분	농·임·어업		광공업		사회간접자본 및 기타·서비스업					총계
	합계	농·임업	합계	제조업	합계	건설업	도소매·음식·숙박업	전기·운수·통신·금융업	사업·개인·공공서비스 및 기타	
2016년	2,243	2,162	4,311	4,294	14,602	1,583	5,966	2,074	4,979	21,156
2017년	2,148	2,065	4,285	4,267	15,139	1,585	5,874	2,140	5,540	21,572
2018년	2,069	1,999	4,259	4,241	15,841	1,746	5,998	2,157	5,940	22,169
2019년	1,950	1,877	4,222	4,205	15,967	1,816	5,852	2,160	6,139	22,139
2020년	1,825	1,749	4,306	4,290	16,427	1,820	5,862	2,187	6,558	22,558
2021년	1,815	1,747	4,251	4,234	16,789	1,814	5,806	2,246	6,923	22,855
2022년	1,785	1,721	4,185	4,167	17,181	1,835	5,762	2,333	7,251	23,151
2023년	1,726	1,670	4,137	4,119	17,569	1,850	5,726	7,600	2,393	23,432
2024년	1,686	–	3,985	3,963	17,906	1,812	5,675	2,786	7,633	23,577

06 다음 중 자료에 대한 설명으로 옳지 않은 것은?

① 2016년 '도소매·음식·숙박업' 분야에 종사하는 사람의 수는 총취업자 수의 30% 미만이다.
② 2016 ~ 2024년 '농·임·어업' 분야의 취업자 수는 꾸준히 감소하고 있다.
③ 2016년 대비 2024년 취업자 수가 가장 많이 증가한 분야는 '사업·개인·공공서비스 및 기타'이다.
④ 2016년 대비 2023년 취업자 수의 증감률이 50% 이상인 분야는 2곳이다.
⑤ 2016 ~ 2024년 '건설업' 분야의 취업자 수는 꾸준히 증가하고 있다.

07 다음 〈보기〉에서 옳은 설명을 모두 고르면?

〈보기〉

ㄱ. 2019년 '어업' 분야의 취업자 수는 73천 명이다.
ㄴ. 2023년 취업자 수가 가장 많은 분야는 '전기·운수·통신·금융업'이다.
ㄷ. 2024년 이후 '농·임업' 분야의 종사자는 계속 줄어들 것이지만, '어업' 분야 종사자는 현상을 유지하거나 늘어날 것으로 볼 수 있다.

① ㄱ
② ㄴ
③ ㄱ, ㄴ
④ ㄱ, ㄷ
⑤ ㄱ, ㄴ, ㄷ

08 다음 글을 읽고 이해한 내용으로 적절하지 않은 것은?

> 초기의 독서는 소리 내어 읽는 음독 중심이었다. 고대 그리스인들은 쓰인 글이 완전해지려면 소리 내어 읽는 행위가 필요하다고 생각했다. 또한, 초기의 두루마리 책은 띄어쓰기나 문장부호 없이 이어 쓰는 연속 기법으로 표기되어 어쩔 수 없이 독자가 자기 목소리로 문자의 뜻을 더듬어가며 읽어봐야 글을 이해할 수 있었다. 흡사 종교의식을 치르듯 성서나 경전을 진지하게 암송하는 낭독이나, 필자 혹은 전문 낭독가가 낭독하는 것을 들음으로써 간접적으로 책을 읽는 낭독 – 듣기가 보편적이었다.
>
> 그러던 12세기 무렵 독서 역사에 큰 변화가 일어나는데, 그것은 유럽 수도원의 필경사들 사이에서 시작된 '소리를 내지 않고 읽는 묵독'의 발명이었다. 공동생활에서 소리를 최대한 낮춰 읽는 것이 불가피했던 것이다. 비슷한 시기에 두루마리 책을 완전히 대체하게 된 책자형 책은 주석을 참조하거나 앞부분을 다시 읽는 것을 가능하게 하여 묵독을 도왔다. 묵독이 시작되자 낱말의 간격이나 문장의 경계 등을 표시할 필요성이 생겨 띄어쓰기와 문장부호가 발달했다. 이와 함께 반체제, 에로티시즘, 신앙심 등 개인적 체험을 기록한 책도 점차 등장했다. 이러한 묵독은 꼼꼼히 읽는 분석적 읽기를 가능하게 했다.
>
> 음독과 묵독이 공존하던 18세기 중반에 새로운 독서 방식으로 다독이 등장했다. 금속활자와 인쇄술의 보급으로 책 생산이 이전의 3 ~ 4배로 증가하면서 다양한 장르의 책들이 출판되었다. 이전에 책을 접하지 못했던 여성들이 독자로 대거 유입되었고, 독서 조합과 대출 도서관 등 독서 기관이 급격히 증가했다. 이전 시대에는 제한된 목록의 고전을 여러 번 정독하는 집중형 독서가 주로 행해졌던 반면, 이제는 분산형 독서가 행해지게 되었다. 이것은 필독서인 고전의 권위에 대항하여 자신이 읽고 싶은 것을 골라 읽는 자유로운 선택적 읽기를 뜻한다. 이처럼 오늘날 행해지는 다양한 독서 방식들은 오랜 시간의 흐름 속에서 하나씩 등장했다. 그래서 거기에는 당대의 지식사를 이끌었던 흔적들이 남아 있다.

① 다양한 내용의 책을 읽는 데에는 분산형 독서가 효과적이다.
② 분산형 독서는 고전이 전에 가졌던 권위를 약화시켰다.
③ 18세기 중반 이전에는 여성 독자의 수가 제한적이었다.
④ 책의 형태가 변화하면 독서의 방식도 따라서 변화한다.
⑤ 책자형 책의 출현으로 인해 낭독의 확산이 가능해졌다.

09 K회사 영업부는 야유회에서 4개의 팀으로 나누어서 철봉에 오래 매달리기 시합을 하였다. 다음은 팀별 기록 정보이다. A팀 4번 선수와 B팀 2번 선수 기록의 평균은 얼마인가?

〈팀별 철봉 오래 매달리기 기록〉

(단위 : 초)

구분	1번 선수	2번 선수	3번 선수	4번 선수	5번 선수
A팀	32	46	42	( )	42
B팀	48	( )	36	53	55
C팀	51	30	46	45	53
D팀	36	50	40	52	42

※ C팀의 평균은 A팀보다 3초 길

※ D팀의 평균은 B팀보다 2초 짧음

① 43초
② 42초
③ 41초
④ 40초
⑤ 39초

10 서울에 소재한 K회사에 근무 중인 A씨와 B씨는 부산으로 출장을 가게 되었다. 서울에서 부산까지 400km를 달리는 일반열차와 급행열차가 있는데, 일반열차는 중간에 있는 4개의 역에서 10분씩 정차를 하고 급행열차는 정차하는 역 없이 한 번에 도착한다. 오전 10시에 일반열차를 탄 A씨와 동시에 도착하려면 B씨는 몇 시에 출발하는 급행열차를 타야 하는가?(단, 일반열차의 속력은 160km/h, 급행열차의 속력은 200km/h이다)

① 오전 11시
② 오전 11시 10분
③ 오전 11시 20분
④ 오전 11시 30분
⑤ 오전 11시 40분

11 **다음 실험 결과에서 추론할 수 있는 내용으로 적절한 것은?**

연구자 K는 동물의 뇌 구조 변화가 일어나는 방식을 규명하기 위해 다음의 실험을 수행했다. 실험용 쥐를 총 세 개의 실험군으로 나누었다. 실험군 1의 쥐에게는 운동은 최소화하면서 학습을 시키는 '학습 위주 경험'을 하도록 훈련시켰다. 실험군 2의 쥐에게는 특별한 기술을 학습할 필요 없이 수행할 수 있는 쳇바퀴 돌리기를 통해 '운동 위주 경험'을 하도록 훈련시켰다. 실험군 3의 쥐에게는 어떠한 학습이나 운동도 시키지 않았다.

〈실험 결과〉

- 뇌 신경세포 한 개당 시냅스의 수는 실험군 1의 쥐에서 크게 증가했고 실험군 2와 3의 쥐에서는 거의 변하지 않았다.
- 뇌 신경세포 한 개당 모세혈관의 수는 실험군 2의 쥐에서 크게 증가했고 실험군 1과 3의 쥐에서는 거의 변하지 않았다.
- 실험군 1의 쥐에서는 대뇌 피질의 지각 영역에서 구조 변화가 나타났고, 실험군 2의 쥐에서는 대뇌 피질의 운동 영역과 더불어 운동 활동을 조절하는 소뇌에서 구조 변화가 나타났다. 실험군 3의 쥐에서는 뇌 구조 변화가 거의 나타나지 않았다.

① 대뇌 피질의 구조 변화는 학습 위주 경험보다 운동 위주 경험에 더 큰 영향을 받는다.

② 학습 위주 경험은 뇌의 신경세포당 시냅스의 수에, 운동 위주 경험은 뇌의 신경세포당 모세혈관의 수에 영향을 미친다.

③ 학습 위주 경험과 운동 위주 경험은 뇌의 특정 부위에 있는 신경세포의 수를 늘려 그 부위의 뇌 구조를 변하게 한다.

④ 특정 형태의 경험으로 인해 뇌의 특정 영역에 발생한 구조 변화가 뇌의 신경세포당 모세혈관 또는 시냅스의 수를 변화시킨다.

⑤ 뇌가 영역별로 특별한 구조를 갖는 것이 그 영역에서 신경세포당 모세혈관 또는 시냅스의 수를 변화시켜 특정 형태의 경험을 더 잘 수행할 수 있게 한다.

12 다음은 K기업이 임금 피크제를 도입하기 위해 참고한 문서이다. 이에 대한 설명으로 가장 적절한 것은?

> ▶ 업종 : 금융 및 보험업
> ▶ 근로자 수 : 174명
> ▶ 유형 : 임금 반납형
>
> 1. 사전 준비
>   ㉠ 그간 수차례 노사협의회를 통한 임금 피크제 도입의 필요성 등을 설명하였으나, 기관의 특성(평균 연령이 30대 후반) 때문에 직원들의 관심도가 떨어졌음
>   ㉡ 임금 피크제 도입 시 별도의 명예퇴직은 실시하지 않음
> 2. 현황 분석 : 성과주의를 기반으로 개인 평가 결과를 철저하게 직원의 보수에 반영하는 전 직원 성과연봉제를 운영하고 있음. 직원의 인건비는 기준급과 업적급으로 구성률 비율은 7 : 3 정도임
> 3. 적용 대상 및 감액 기준의 결정 : 정규직 직원
> 4. 제도 유형의 결정 : 만 58세가 정년이지만 신설 회사라 현재 정년까지 근무한 직원은 1명이고, 향후 5년 내 정년에 도달하는 직원은 1명 정도임
> 5. 임금 굴절점 결정 : 만 55세가 피크 시점. 만 55세가 되는 날의 익년부터 기준급의 조정 없음(인상률 0%)
> 6. 임금 감액률 결정(감액 기준) : 임금 인상분 미반영
> 7. 근로 조건 등의 조정
>   ㉠ 만 55세가 되는 날의 당월 기본급을 기준으로 연령별 임금 감액을 적용
>   ㉡ 수당·성과급 등 기본급에 연동되는 급여는 임금 피크 적용 후 금액으로 반영
>   ㉢ 급여를 제외한 나머지 인사 운영은 이전과 동일하게 유지(승진, 평가, 부서 배치 등에 있어 차등 요소 배제)하나, 임금 인상은 없음
> 8. 직무·직책의 조정 : 변동 없음(평가, 승진, 부서 배치 등에 있어 차등 요소 배제)

① K기업의 임금 피크제는 명예퇴직 후에 실시된다.
② 수당이나 성과급은 임금 피크 적용 대상에서 제외된다.
③ K기업의 임금 피크제 적용 대상은 비정규직 직원도 포함된다.
④ 급여, 인사 운영 등은 이전과 동일하게 유지되지만 임금 인상은 없다.
⑤ 임금 굴절점을 넘긴 직원의 직무 및 직책의 조정에 대한 변동은 없다.

13 다음은 A ~ E기업의 영업이익, 직원 1인당 영업이익, 평균 연봉을 나타낸 자료이다. 〈조건〉을 토대로 '나'와 '라'에 해당하는 기업을 순서대로 바르게 나열한 것은?

〈A ~ E기업의 영업이익, 직원 1인당 영업이익, 평균 연봉〉

(단위 : 백만 원)

항목 기업	영업이익	직원 1인당 영업이익	평균 연봉
가	83,600	34	66
나	33,900	34	34
다	21,600	18	58
라	24,600	7	66
마	50,100	30	75

〈조건〉

- A는 B, C, E에 비해 직원 수가 많다.
- C는 B, D, E에 비해 평균 연봉 대비 직원 1인당 영업이익이 적다.
- A, B, C의 영업이익을 합쳐도 D의 영업이익보다 적다.
- E는 B에 비해 직원 1인당 영업이익이 적다.

	나	라
①	B	A
②	B	D
③	C	B
④	C	E
⑤	D	A

14 미술 전시를 위해 정육면체 모양의 석고 조각의 각 면에 빨강, 주황, 노랑, 초록, 파랑, 검정으로 색을 칠하려고 한다. 가지고 있는 색깔은 남김없이 모두 사용해야 하고, 이웃하는 면에는 같은 색깔을 칠하지 않는다. 회전해서 같아지는 조각끼리는 서로 같은 정육면체라고 할 때, 만들 수 있는 서로 다른 정육면체는 모두 몇 가지인가?

① 60가지
② 120가지
③ 180가지
④ 240가지
⑤ 300가지

15 **K은행은 최근 열린 금융 세미나에 참여해 보이스피싱을 주제로 대화를 나누었다. 다음 중 B, C의 주장을 분석한 내용으로 가장 적절한 것은?**

> A : 최근 보이스피싱 범죄가 모든 금융권으로 확산되면서 피해액이 늘어나고 있습니다. 이에 금융 당국이 은행에도 일부 보상 책임을 지게 하는 방안을 검토하는 것으로 알려지고 있습니다. 이에 대해 어떻게 생각하십니까?
>
> B : 개인들이 자신의 정보를 잘못 관리한 책임까지 은행에서 진다는 것은 문제가 있습니다. 도와드릴 수 있다면 좋겠지만, 은행 입장에서도 한계가 있는 부분이 있어 안타까울 뿐입니다.
>
> C : 소비자들이 자신의 개인 정보 관리에 다소 부주의함이 있다는 것은 인정합니다. 그러나 개인의 부주의를 얘기하는 것보다는 정부가 근본적인 해결책을 모색하는 것이 더욱 시급합니다.

① B와 달리, C는 보이스피싱 피해에 대한 책임을 소비자에게만 전가해서는 안 된다고 생각한다.
② B와 C는 보이스피싱 범죄로 인한 피해를 방지하기 위해 은행에서 노력하고 있다고 생각한다.
③ B는 보이스피싱 범죄를 근본적으로 해결하기 위해 은행의 역할을, C는 정부의 역할을 강조한다.
④ B와 C는 보이스피싱 범죄의 확산을 막기 위해서는 제도적인 방안이 보완되어야 한다고 이야기하고 있다.
⑤ B와 C는 보이스피싱 범죄의 확산에 대한 일차적 책임이 은행과 정부에 있다고 생각한다.

16 **A～E는 부산에 가기 위해 서울역에서 저녁 7시에 출발하여 대전역과 울산역을 차례로 정차하는 부산행 KTX 열차를 타기로 했다. 이들 중 2명은 서울역에서 승차하였고, 다른 2명은 대전역에서, 나머지 1명은 울산역에서 각각 승차하였다. 〈보기〉의 대화를 토대로 항상 옳은 것은?(단, 같은 역에서 승차한 경우 서로의 탑승 순서는 알 수 없다)**

〈보기〉

> A : 나는 B보다 먼저 탔지만, C보다 먼저 탔는지는 알 수 없어.
> B : 나는 C보다 늦게 탔어.
> C : 나는 가장 마지막에 타지 않았어.
> D : 나는 대전역에서 탔어.
> E : 나는 내가 몇 번째로 탔는지 알 수 있어.

① A는 대전역에서 승차하였다.
② B는 C와 같은 역에서 승차하였다.
③ C와 D는 같은 역에서 승차하였다.
④ E는 울산역에서 승차하였다.
⑤ D는 E와 같은 역에서 승차하였다.

17 다음은 K국의 가스사고 현황에 대한 자료이다. 이에 대한 설명으로 옳은 것을 〈보기〉에서 모두 고르면?

〈원인별 사고 건수〉

(단위 : 건)

원인 \ 연도	2020년	2021년	2022년	2023년	2024년
사용자 취급 부주의	41	41	41	38	31
공급자 취급 부주의	23	16	22	26	29
제품노후	4	12	19	12	18
고의사고	21	16	16	12	9
타공사	2	6	4	8	7
자연재해	12	9	5	3	3
시설 미비	18	20	11	23	24
전체	121	120	118	122	121

〈사용처별 사고 건수〉

(단위 : 건)

사용처 \ 연도	2020년	2021년	2022년	2023년	2024년
주택	48	50	39	42	47
식품접객업소	21	10	27	14	20
특수허가업소	14	14	16	16	12
공급시설	3	7	5	5	6
차량	4	5	4	5	6
제1종 보호시설	3	8	6	8	5
공장	9	6	7	6	4
다중이용시설	0	0	0	0	1
야외	19	20	14	26	20
전체	121	120	118	122	121

〈보기〉

ㄱ. 2020년 대비 2024년 사고 건수의 증가율은 공급자 취급 부주의가 시설 미비보다 작다.
ㄴ. 주택과 차량의 연도별 사고 건수 증감 방향은 같다.
ㄷ. 2021년에는 사고 건수 기준 상위 2가지 원인에 의한 사고 건수의 합이 나머지 원인에 의한 사고 건수의 합보다 작다.
ㄹ. 전체 사고 건수에서 주택이 차지하는 비중은 매년 35% 이상이다.

① ㄱ, ㄴ
② ㄱ, ㄹ
③ ㄴ, ㄷ
④ ㄱ, ㄷ, ㄹ
⑤ ㄴ, ㄷ, ㄹ

18 다음 중 밑줄 친 ㉠의 사례로 가장 적절한 것은?

> 뉴메릭 마케팅이란 숫자를 뜻하는 'Numeric'과 'Marketing'을 합한 단어로, 브랜드나 상품의 특성을 나타내는 숫자를 통해 사람들에게 인지도를 높이는 마케팅 전략을 말한다. 숫자는 모든 연령대 그리고 국경을 초월하여 공통으로 사용하는 기호이기 때문에 이미지 전달이 빠르고 제품의 특징을 함축적으로 전달할 수 있다는 장점이 있다. 또한, 숫자 정보를 제시하여 소비자들이 신빙성 있게 받아들이게 되는 효과도 있다. 뉴메릭 마케팅은 크게 세 가지 방법으로 구분할 수 있는데, 기업 혹은 상품의 역사를 나타낼 때, ㉠ <u>특정 소비자를 한정지을 때</u>, 제품의 특성을 반영할 때이다.

① 한 병에 비타민 C 500mg이 들어있는 '비타 500'
② 13 ~ 18세 청소년들을 위한 CGV의 '1318 클럽'
③ 46cm 내에서 친밀한 대화가 가능하도록 '페리오 46cm'
④ 1955년 당시 판매했던 버거의 레시피를 그대로 재현해 낸 '1955 버거'
⑤ 1974년 GS슈퍼 1호점 창립 연도 때의 초심 그대로를 담아낸 '1974 떡갈비'

19 다음 중 경청에 대한 설명으로 옳지 않은 것은?

① 오감(五感)을 동원하여 적극적으로 경청한다.
② 논쟁에서는 먼저 주장을 이야기한다.
③ 이야기를 가로막지 않는다.
④ 시선(Eye Contact)을 맞춰야 한다.
⑤ 말하는 순서를 지켜야 한다.

20 **K기업은 직원들의 복리 증진을 위해 다음과 같이 복지제도를 검토하여 도입하고자 한다. 〈조건〉의 명제가 모두 참일 때, 반드시 참인 것은?**

> K기업은 다음 중 최대 2개의 복지제도를 도입하고자 한다.
> • 동호회행사비 지원
> • 출퇴근교통비 지원
> • 연차 추가제공
> • 주택마련자금 지원

〈조건〉

- 연차를 추가제공하지 않거나 출퇴근교통비를 지원한다면, 주택마련자금 지원을 도입한다.
- 동호회행사비 지원을 도입할 때에만 연차 추가제공을 도입한다.
- 출퇴근교통비 지원을 도입하지 않는다면, 동호회행사비 지원을 도입한다.
- 출퇴근교통비 지원을 도입하거나 연차 추가제공을 도입하지 않으면, 동호회행사비 지원을 도입하지 않는다.
- 주택마련자금 지원을 도입한다면 다른 복지제도는 도입할 수 없다.

① 동호회행사비 지원은 도입되지 않는다.
② 출퇴근교통비 지원이 도입된다.
③ 연차 추가제공은 도입되지 않는다.
④ K기업은 1개의 복지제도만 새로 도입한다.
⑤ 출퇴근교통비 지원과 연차 추가제공 중 한 가지만 도입된다.

21 **농도가 6%인 소금물 700g에서 한 컵의 소금물을 퍼내고, 퍼낸 양만큼 농도가 13%인 소금물을 넣었더니 농도가 9%인 소금물이 되었다. 이때, 퍼낸 소금물의 양은?**

① 300g
② 320g
③ 350g
④ 390g
⑤ 450g

22 다음은 K잡지가 발표한 2024년 가치액 기준 상위 10개 스포츠 구단에 대한 자료이다. 〈보기〉 중 옳은 것을 모두 고르면?

〈2024년 가치액 상위 10개 스포츠 구단〉

(단위 : 억 달러)

순위	구단	종목	가치액
1(1)	A	미식축구	58(58)
2(2)	B	야구	50(50)
3(5)	C	농구	45(39)
4(8)	D	농구	44(36)
5(9)	E	농구	42(33)
6(3)	F	축구	41(42)
7(7)	G	미식축구	40(37)
8(4)	H	축구	39(41)
9(11)	I	미식축구	37(31)
10(6)	J	축구	36(38)

※ ( ) 안은 2023년도 값임

〈보기〉

ㄱ. 2024년 상위 10개 스포츠 구단 중 전년보다 순위가 상승한 구단이 순위가 하락한 구단보다 많다.
ㄴ. 2024년 상위 10개 스포츠 구단 중 미식축구 구단 가치액 합은 농구 구단 가치액 합보다 크다.
ㄷ. 2024년 상위 10개 스포츠 구단 중 전년 대비 가치액 상승률이 가장 큰 구단의 종목은 미식축구이다.
ㄹ. 연도별 상위 10개 스포츠 구단의 가치액 합은 2023년이 2024년보다 크다.

① ㄱ, ㄴ
② ㄱ, ㄹ
③ ㄷ, ㄹ
④ ㄱ, ㄴ, ㄷ
⑤ ㄴ, ㄷ, ㄹ

23 K회사는 창립 10주년을 맞이하여 전 직원 단합대회를 준비하고 있다. 이를 위해 사장 P는 여행상품 중 한 가지를 직원 투표 결과를 통해 결정하려고 한다. 직원 투표 결과와 여행지별 1인당 경비가 다음과 같고 행사를 위한 부서별 고려사항을 참고하여 선택할 때, 〈보기〉에서 옳은 것을 모두 고르면?

〈직원 투표 결과〉

상품내용		투표 결과(표)					
상품명	1인당 비용(원)	총무팀	영업팀	개발팀	홍보팀	공장1	공장2
A	500,000	2	1	2	0	15	6
B	750,000	1	2	1	1	20	5
C	600,000	3	1	0	1	10	4
D	1,000,000	3	4	2	1	30	10
E	850,000	1	2	0	2	5	5

〈여행 상품별 혜택 정리〉

상품명	날짜	장소	식사제공	차량지원	편의시설	체험시설
A	5/10 ~ 5/11	해변	○	○	×	×
B	5/10 ~ 5/11	해변	○	○	○	×
C	6/7 ~ 6/8	호수	○	○	○	×
D	6/15 ~ 6/17	도심	○	×	○	○
E	7/10 ~ 7/13	해변	○	○	○	×

〈부서별 고려사항〉

- 총무팀 : 행사 시 차량 지원 가능함
- 영업팀 : 6월 초순에 해외 바이어와 가격 협상 회의 일정 있음
- 공장1 : 3일 연속 공장 비가동 시 품질 저하 예상됨
- 공장2 : 7월 중순 공장 이전 계획 있음

〈보기〉

ㄱ. 필요한 여행 상품 비용은 총 1억 500만 원이 필요하다.
ㄴ. 투표 결과, 가장 인기 있는 여행 상품은 B이다.
ㄷ. 공장1의 A, B 투표 결과가 바뀐다면 여행 상품 선택은 변경된다.

① ㄱ
② ㄱ, ㄴ
③ ㄱ, ㄷ
④ ㄴ, ㄷ
⑤ ㄱ, ㄴ, ㄷ

24 남성 정장 제조 전문회사에서 20대를 위한 캐주얼 SPA 브랜드에 신규 진출하려고 한다. K대리는 3C 분석 방법을 취하여 다양한 자료를 조사했으며, 아래와 같은 분석 내용을 도출하였다. 다음 중 자사에서 추진하려는 신규 사업 계획의 타당성에 대한 설명으로 가장 적절한 것은?

3C	상황분석
고객(Customer)	• 40대 중년 남성을 대상으로 한 정장 시장은 정체 및 감소 추세 • 20대 캐주얼 및 SPA 시장은 매년 급성장
경쟁사(Competitor)	• 20대 캐주얼 SPA 시장에 진출할 경우, 경쟁사는 글로벌 및 토종 SPA 기업, 캐주얼 전문 기업 외에도 비즈니스 캐주얼, 아웃도어 의류 기업도 포함 • 경쟁사들은 브랜드 인지도, 유통망, 생산 등에서 차별화된 경쟁력을 가짐 • 경쟁사 중 상위 업체는 하위 업체와의 격차 확대를 위해 파격적 가격 정책과 20대 지향 디지털 마케팅 전략을 구사
자사(Company)	• 신규 시장 진출 시 막대한 마케팅 비용 발생 • 낮은 브랜드 인지도 • 기존 신사 정장 이미지 고착 • 유통과 생산 노하우 부족 • 디지털마케팅 역량 미흡

① 20대 SPA 시장이 급성장하고, 경쟁이 치열해지고 있지만, 자사의 유통 및 생산 노하우로 가격경쟁력을 확보할 수 있으므로 신규 사업을 추진하는 것이 바람직하다.

② 40대 중년 정장 시장은 감소 추세에 있으므로 새로운 수요 발굴이 필요하며, 기존의 신사 정장 이미지를 벗어나 20대 지향 디지털마케팅 전략을 구사하면 신규 시장의 진입이 가능하므로 신규 사업을 진행하는 것이 바람직하다.

③ 20대 SPA 시장이 급성장하고 있지만, 하위 업체의 파격적인 가격정책을 이겨 내기에 막대한 비용이 발생하므로 신규 사업 진출은 적절하지 않다.

④ 20대 SPA 시장은 계속해서 성장하고 매력적이지만, 경쟁이 치열하고 경쟁자의 전략이 막강하다. 이에 비해 자사의 자원과 역량은 부족하여 신규 사업 진출은 하지 않는 것이 바람직하다.

⑤ 브랜드 경쟁력을 유지하기 위해서는 20대 SPA 시장 진출이 필요하며, 파격적 가격정책을 도입하면 자사의 높은 브랜드 이미지와 시너지 효과를 낼 수 있기에 신규 사업을 진행하는 것이 바람직하다.

25 다음은 K기업의 재고 관리 사례이다. 금요일까지 부품 재고 수량이 남지 않게 완성품을 만들 수 있도록 월요일에 주문할 A～C부품 개수로 옳은 것은?(단, 주어진 조건 이외에는 고려하지 않는다)

〈부품 재고 수량과 완성품 1개당 소요량〉

부품명	부품 재고 수량	완성품 1개당 소요량
A	500	10
B	120	3
C	250	5

〈완성품 납품 수량〉

항목 \ 요일	월요일	화요일	수요일	목요일	금요일
완성품 납품 개수	없음	30	20	30	20

※ 부품 주문은 월요일에 한 번 신청하며, 화요일 작업 시작 전에 입고됨

※ 완성품은 부품 A, B, C를 모두 조립해야 함

	A	B	C
①	100	100	100
②	100	180	200
③	500	100	100
④	500	150	250
⑤	500	180	250

26 K사는 신제품의 품번을 다음과 같은 규칙에 따라 정한다. 제품에 설정된 임의의 영단어가 'INTELLECTUAL'이라면 이 제품의 품번으로 옳은 것은?

〈규칙〉

- 1단계 : 알파벳 A～Z를 숫자 1, 2, 3, …으로 변환하여 계산한다.
- 2단계 : 제품에 설정된 임의의 영단어를 숫자로 변환한 값의 합을 구한다.
- 3단계 : 임의의 영단어 속 자음의 합에서 모음의 합을 뺀 값의 절댓값을 구한다.
- 4단계 : 2단계와 3단계의 값을 더한 다음 4로 나누어 2단계의 값에 더한다.
- 5단계 : 4단계의 값이 정수가 아닐 경우에는 소수점 첫째 자리에서 버림한다.

① 120
② 140
③ 160
④ 180
⑤ 200

27 환경부의 인사실무 담당자는 환경정책과 관련된 특별위원회를 구성하면서 외부 환경 전문가를 위촉하려 한다. 현재 거론되고 있는 외부 전문가는 A～F 총 여섯 명이다. 이 여섯 명의 외부 인사에 대해서 담당자는 〈조건〉을 충족하는 선택을 해야 한다. 만약 B가 위촉되지 않는다면, 몇 명이 위촉되는가?

〈조건〉

- 만약 A가 위촉되면, B와 C도 위촉되어야 한다.
- 만약 A가 위촉되지 않는다면, D가 위촉되어야 한다.
- 만약 B가 위촉되지 않는다면, C나 E가 위촉되어야 한다.
- 만약 C와 E가 위촉되면, D는 위촉되어서는 안 된다.
- 만약 D나 E가 위촉되면, F도 위촉되어야 한다.

① 1명
② 2명
③ 3명
④ 4명
⑤ 5명

28 표준 업무시간이 80시간인 업무를 각 부서에 할당해 본 결과, 다음과 같은 자료를 얻었다. 어느 부서의 업무효율이 가장 높은가?

〈부서별 업무시간 분석 결과〉

부서명	투입인원(명)	개인별 업무시간(시간)	회의	
			횟수(회)	소요시간(시간/회)
A	2	41	3	1
B	3	30	2	2
C	4	22	1	4
D	3	27	2	1
E	5	17	3	2

※ $(\text{업무효율})=\frac{(\text{표준 업무시간})}{(\text{총 투입시간})}$

※ 총 투입시간은 개인별 투입시간의 합임
(개인별 투입시간)=(개인별 업무시간)+(회의 소요시간)

※ 부서원은 업무를 분담하여 동시에 수행할 수 있음

※ 투입된 인원의 개인별 업무능력과 인원당 소요시간이 동일하다고 가정함

① A
② B
③ C
④ D
⑤ E

29 다음 글의 내용으로 적절하지 않은 것은?

> 흔히 우리 춤을 손으로 추는 선(線)의 예술이라 한다. 서양 춤은 몸의 선이 잘 드러나는 옷을 입고 추는데 반해 우리 춤은 옷으로 몸을 가린 채 손만 드러내 놓고 추는 경우가 많기 때문이다. 한마디로 말해서 손이 춤을 구성하는 중심축이 되고, 손 이외의 얼굴과 목과 발 등은 손을 보조하며 춤을 완성하는 역할을 한다. 손이 중심이 되어 만들어 내는 우리 춤의 선은 내내 곡선을 유지한다. 예컨대 승무에서 장삼을 휘저으며 그에 맞추어 발을 내딛는 역동적인 움직임도 곡선이요, 살풀이춤에서 수건의 간드러진 선이 만들어 내는 것도 곡선이다. 해서 지방의 탈춤과 처용무에서도 S자형의 곡선이 연속적으로 이어지면서 춤을 완성해 낸다.
> 호흡의 조절을 통해 다양하게 구현되는 곡선들 사이에는 우리 춤의 빼놓을 수 없는 구성요소인 '정지'가 숨어 있다. 정지는 곡선의 흐름과 어울리며 우리 춤을 더욱 아름답고 의미 있게 만들어 주는 역할을 한다. 그러나 이때의 정지는 말 그대로의 정지라기보다 '움직임의 없음'이며, 그런 점에서 동작의 연장선상에서 이해해야 한다.
> 우리 춤에서 정지를 동작의 연장으로 보는 것, 이것은 바로 우리 춤에 담겨 있는 '마음의 몰입'이 발현된 결과이다. 춤추는 이가 호흡을 가다듬으며 다양한 곡선들을 연출하는 과정을 보면 한 순간 움직임을 통해 선을 만들어 내지 않고 멈춰 있는 듯한 장면이 있다. 이런 동작의 정지 상태에서도 멈춤 그 자체로 머무는 것이 아니며, 여백의 그 순간에도 상상의 선을 만들어 춤을 이어가는 것이 몰입 현상이다. 이것이 바로 우리 춤을 가장 우리 춤답게 만들어 주는 특성이라고 할 수 있다.

① 우리 춤의 복장 중 대다수는 몸의 선을 가리는 구조로 되어 있다.
② 우리 춤의 동작은 처음부터 끝까지 쉬지 않고 곡선을 만들어 낸다.
③ 승무, 살풀이춤, 탈춤, 처용무 등은 손동작을 중심으로 한 춤의 대표적인 예이다.
④ 우리 춤에서 정지는 하나의 동작과 동등한 것으로 볼 수 있다.
⑤ 몰입 현상이란 춤을 멈추고 상상을 통해 춤을 이어가는 과정을 말한다.

30 면접 시험장에 간 A ~ F는 각각 1번부터 6번까지의 번호를 부여받았고, 〈조건〉에 따라 면접을 보게 된다고 한다. 다음 중 A가 3번일 때, 첫 번째로 면접을 보는 사람은 누구인가?

〈조건〉

- 1, 2, 3번은 오전에, 4, 5, 6번은 오후에 면접을 보게 된다.
- C, F는 오전에 면접을 본다.
- C 다음에는 A가, A 다음에는 D가 면접을 본다.
- B는 2번 아니면 6번이다.

① B
② C
③ D
④ E
⑤ F

31 K공단은 최근 미세먼지와 황사로 인해 실내 공기질이 많이 안 좋아졌다는 건의가 들어와 내부 검토 후 예산 400만 원으로 공기청정기 40대를 구매하기로 하였다. 다음 두 업체 중 어느 곳에서 공기청정기를 구매하는 것이 유리하며 얼마나 더 저렴한가?

업체	할인 정보	가격
S전자	• 8대 구매 시 2대 무료 증정 • 구매 금액 100만 원당 2만 원 할인	8만 원/대
B마트	• 20대 이상 구매 시 2% 할인 • 30대 이상 구매 시 5% 할인 • 40대 이상 구매 시 7% 할인 • 50대 이상 구매 시 10% 할인	9만 원/대

※ 1,000원 단위 이하는 절사함

① S전자, 82만 원
② S전자, 148만 원
③ S전자, 160만 원
④ B마트, 20만 원
⑤ B마트, 56만 원

32 K기업에 근무 중인 A씨는 기업의 근로자 지원 프로그램 인지도를 파악하기 위하여 설문조사 계획을 수립하려고 한다. 설문조사는 퇴근시간대인 16:00 ~ 20:00에 30 ~ 40대 직장인을 대상으로 유동인구가 100,000명인 명동에서 실시할 예정이다. 설문조사를 원활하게 진행하기 위해서 사전에 설문지를 준비할 계획인데, 유동인구 관련 자료를 찾아본 결과 일부 정보가 누락된 유동인구 현황을 확인할 수 있었다. A씨는 직장인 30 ~ 40대에게 배포하기 위하여 최소 몇 장의 설문지를 준비하여야 하는가?

〈유동인구 현황〉

(단위 : %)

구분	10대	20대	30대	40대	50대	60대	70대	합계
08:00 ~ 12:00	1	1	3	4	1	0	1	11
12:00 ~ 16:00	0	2	3		3	1	0	13
16:00 ~ 20:00		3			2	1	1	32
20:00 ~ 24:00	5	6		13		2	0	44
합계	10	12	30		10		2	100

① 4,000장
② 11,000장
③ 13,000장
④ 21,000장
⑤ 32,000장

33 다음은 K유통에서 발생하는 작업 환경의 유해 원인을 작업장별로 나타낸 자료이다. 이에 대한 설명으로 옳은 것을 〈보기〉에서 모두 고르면?

구분	작업 환경의 유해 원인	사례 수		
		A작업장	B작업장	합계
1	소음(물리적 요인)	3	1	4
2	분진(화학적 요인)	1	2	3
3	진동(물리적 요인)	3	0	3
4	바이러스(생물학적 요인)	0	5	5
5	부자연스러운 자세 (인간공학적 요인)	5	3	8
합계		12	11	23

〈보기〉

ㄱ. A작업장에서 발생하는 작업 환경의 유해 사례는 화학적 요인에서 가장 많이 발생되었다.
ㄴ. B작업장에서 발생하는 작업 환경의 유해 사례는 생물학적 요인에서 가장 많이 발생되었다.
ㄷ. A와 B작업장에서 화학적 요인으로 발생되는 작업 환경의 유해 요인은 집진 장치를 설치하여 예방할 수 있다.

① ㄱ
② ㄴ
③ ㄱ, ㄷ
④ ㄴ, ㄷ
⑤ ㄱ, ㄴ, ㄷ

34 다음 글의 내용으로 적절한 것을 〈보기〉에서 모두 고르면?

> 육조는 조선시대에 국가의 정무를 나누어 맡아 보던 이조, 호조, 예조, 병조, 형조, 공조에 대한 총칭이다. 별칭으로 육부 또는 육관으로 불리었다. 육조의 기능을 보면 이조는 주로 인사를 담당하였으며, 호조는 재정·경제와 호적 관리를, 예조는 과거 관리 및 일반 의례를 담당했고, 병조는 군제와 군사를, 형조는 형벌 및 재판과 노비문제를, 공조는 도로, 교량, 도량형 등을 관리했다.
> 육조는 조마다 정2품의 판서 1인, 종2품의 참판 1인, 정3품의 참의 1인, 정5품의 정랑이 2인에서 4인, 정6품의 좌랑이 2인에서 4인 등으로 구성되었다. 사무 운영에서 일상적 업무처리는 정랑·좌랑이, 중대사 및 돌발적인 업무는 판서·참판·참의 등 당상관(정3품 이상)이 중심이 되어 처리했다.
> 육조의 서열은 1418년까지는 이, 병, 호, 예, 형, 공조의 순서였고, 이후에는 이, 호, 예, 병, 형, 공조의 순서가 되었다. 즉, 조선 세종 이후 병조가 약화되고 재무를 다루던 호조와 의례를 다루던 예조가 강화되었다.
> 육조는 왕권 및 통치 구조와 연관되면서 수시로 그 세력이 조절되었지만, 법제적으로는 국정의 가장 중심이 되는 기관이었다. 육조의 정랑·좌랑은 임기를 마치면 승진되는 특혜를 받았으며, 이, 예, 병조의 정랑·좌랑은 문관만 재직할 수 있도록 되어 있었다.

〈보기〉

ㄱ. 조선시대에는 관료의 채용관련 업무와 관료의 승진·평가업무를 한 부서에서 전담하지 않았다.
ㄴ. 조선시대 군제와 군사를 담당하는 병조는 무관의 고유 업무 영역이었다.
ㄷ. 조선시대 육조에는 18명의 당상관이 있었으며, 육관의 서열이 정해져 있었다.
ㄹ. 조선 초기에 비해 조선 후기에는 실학사상의 영향으로 호조의 역할이 강화되었다.
ㅁ. 조선시대 당상관의 경우에는 임기제로 운영되고 있었다.

① ㄱ, ㄴ
② ㄱ, ㄷ
③ ㄴ, ㄷ
④ ㄴ, ㄹ
⑤ ㄹ, ㅁ

35 주방에 요리사인 철수와 설거지 담당인 병태가 있다. 요리에 사용되는 접시는 하나의 탑처럼 순서대로 쌓여 있다. 철수는 접시가 필요할 경우 이 접시 탑의 맨 위에 있는 접시부터 하나씩 사용한다. 병태는 자신이 설거지한 깨끗한 접시를 해당 탑의 맨 위에 하나씩 쌓는다. 철수와 병태는 (가)~(라) 작업을 차례대로 수행하였다. 철수가 (라) 작업을 완료한 이후 접시 탑의 맨 위에 있는 접시는?

> (가) 병태가 시간 순서대로 접시 A, B, C, D를 접시 탑에 쌓는다.
> (나) 철수가 접시 한 개를 사용한다.
> (다) 병태가 시간 순서대로 접시 E, F를 접시 탑에 쌓는다.
> (라) 철수가 접시 세 개를 순차적으로 사용한다.

① A접시
② B접시
③ C접시
④ D접시
⑤ E접시

36 진영이는 이번 출장에 KTX표를 미리 구매하여 40% 할인된 가격에 구매하였으나, 출장 일정이 바뀌는 바람에 하루 전날 표를 취소하였다. 환불 규정에 따라 16,800원을 돌려받았을 때, 할인되지 않은 KTX표의 가격은?

〈KTX 환불 규정〉

출발 2일 전	출발 1일 전~열차 출발 전	열차 출발 후
100%	70%	50%

① 40,000원
② 48,000원
③ 56,000원
④ 67,200원
⑤ 70,000원

37 A사원은 K공단의 인사관리 부서에서 근무 중이다. 오늘 회의시간에 생산부서의 인사평가 자료를 취합하여 보고해야 하는데 자료 취합 중 파일에 오류가 생겨 일부 자료가 훼손되었다. 다음 중 빈칸 (가)~(라)에 들어갈 점수가 바르게 연결된 것은?(단, 각 평가는 100점 만점이고, 종합순위는 각 평가지표 점수의 총합으로 결정한다)

〈인사평가 점수 현황〉

(단위 : 점)

구분	역량	실적	자기계발	성실성	종합순위
A사원	70	(가)	80	70	5
B사원	80	85	(나)	70	1
C대리	(다)	85	70	75	3
D과장	80	80	60	70	4
E부장	85	85	70	(라)	2

※ 점수는 5점 단위로 부여함

	(가)	(나)	(다)	(라)
①	60	70	55	60
②	65	70	65	60
③	65	65	65	65
④	75	65	55	65
⑤	75	65	65	55

38 다음 인터뷰 내용을 토대로 〈보기〉의 밑줄 친 주장에 대해 반박하려고 할 때, 그 논거로 적절하지 않은 것은?

> 기자 : 교수님, 영국에서 탄생한 복제 양과 우리의 복제 송아지의 차이점은 무엇이라고 생각하시는지요.
>
> 교수 : 두 가지 차원에서 이야기할 수 있습니다. 지금까지는 생명을 복제하기 위해서 반드시 생식 세포를 이용해야 한다는 것이 정설이었습니다. 그런데 복제 양은 생식 세포가 아닌 일반 체세포, 그중에서도 젖샘 세포를 이용했습니다. 이는 노화 등의 이유로 생식 세포가 죽은 개체들로 체세포를 통해 복제가 가능하다는 얘기가 됩니다. 체세포를 통한 복제는 기존 생물학적 개념을 완전히 바꾼 것입니다. 반면 산업적 측면에서는 문제가 있습니다. 동물 복제는 순수 발생학적 관심 못지않게 경제적으로도 중요합니다. 생산력이 뛰어난 가축을 적은 비용으로 복제 생산해야 한다는 것입니다. 이 점에서는 체세포를 통한 복제는 아직 한계가 있습니다. 경제적인 측면에서는 생식 세포를 이용한 복제가 훨씬 효과적입니다.
>
> 기자 : 이런 복제 기술들이 인간에게도 적용이 가능한가요?
>
> 교수 : 기술적으로는 그렇습니다. 그러나 인간에게 적용했을 때는 기존 인간관계의 근간을 파괴하는 사회 문제를 발생시킬 것입니다. 또 생명체 복제 기술의 적용 영역을 확대하다 보면, 자의로 또는 적용 과정에서 우연히 인체에 치명적이거나 통제 불능한 생물체가 만들어질 가능성도 있습니다. 이것을 생물 재해라고 합니다. 생명공학에 종사하는 학자들은 이 두 가지 문제들을 늘 염두에 두어야 합니다. 물론 아직까지는 이런 문제들이 발생하지 않았지만, 어느 국가 또는 특정 집단이 복제 기술을 악용할 위험성을 배제할 수는 없습니다.

〈보기〉

> 미국 위스콘신 생명 윤리 연구 센터의 아서더스 박사는 '<u>인간에게 동물 복제 기술을 적용하면 왜 안 되는지에 대한 논리적 이유가 없다.</u>'라고 하면서, 인간 복제를 규제한다 하더라도 대단한 재력가나 권력가는 이를 충분히 피해갈 것이라고 말했다.

① 사람들 사이의 신뢰가 무너질 수 있다.
② 범죄 집단에 악용될 위험이 있다.
③ 인구가 폭발적으로 증가할 염려가 있다.
④ 통제 불능한 인간을 만들어 낼 수 있다.
⑤ 치료법이 없는 바이러스가 만들어질 수도 있다.

39 다음 글과 상황을 근거로 판단할 때, 갑 ~ 정 가운데 근무계획이 승인될 수 있는 사람을 모두 고르면?

〈유연근무제〉

□ 개념

• 주 40시간을 근무하되, 근무시간을 유연하게 관리하여 1주일에 5일 이하로 근무하는 제도

□ 복무관리

• 점심 및 저녁시간 운영

– 근무 시작과 종료 시각에 관계없이 점심시간은 12:00 ~ 13:00, 저녁시간은 18:00 ~ 19:00의 각 1시간으로 하고 근무시간으로는 산정하지 않음

• 근무시간 제약

– 근무일의 경우, 1일 최대 근무시간은 12시간으로 하고 최소 근무시간은 4시간으로 함

– 하루 중 근무시간으로 인정하는 시간대는 06:00 ~ 24:00로 한정함

〈상황〉

다음은 갑 ~ 정이 제출한 근무계획을 정리한 것이며 위의 유연근무제에 부합하는 근무계획만 승인된다.

요일 / 직원	월	화	수	목	금
갑	08:00 ~ 18:00	08:00 ~ 18:00	09:00 ~ 13:00	08:00 ~ 18:00	08:00 ~ 18:00
을	08:00 ~ 22:00	08:00 ~ 22:00	–	08:00 ~ 22:00	08:00 ~ 12:00
병	08:00 ~ 24:00	08:00 ~ 24:00	–	08:00 ~ 22:00	–
정	06:00 ~ 16:00	08:00 ~ 22:00	–	09:00 ~ 21:00	09:00 ~ 18:00

① 을
② 갑, 병
③ 갑, 정
④ 을, 병
⑤ 을, 정

※ 다음은 K스크린(스마트폰, VOD, PC)의 영향력을 파악하기 위한 방송사별 통합시청점유율과 기존시청점유율에 대한 자료이다. 이어지는 질문에 답하시오. **[40~41]**

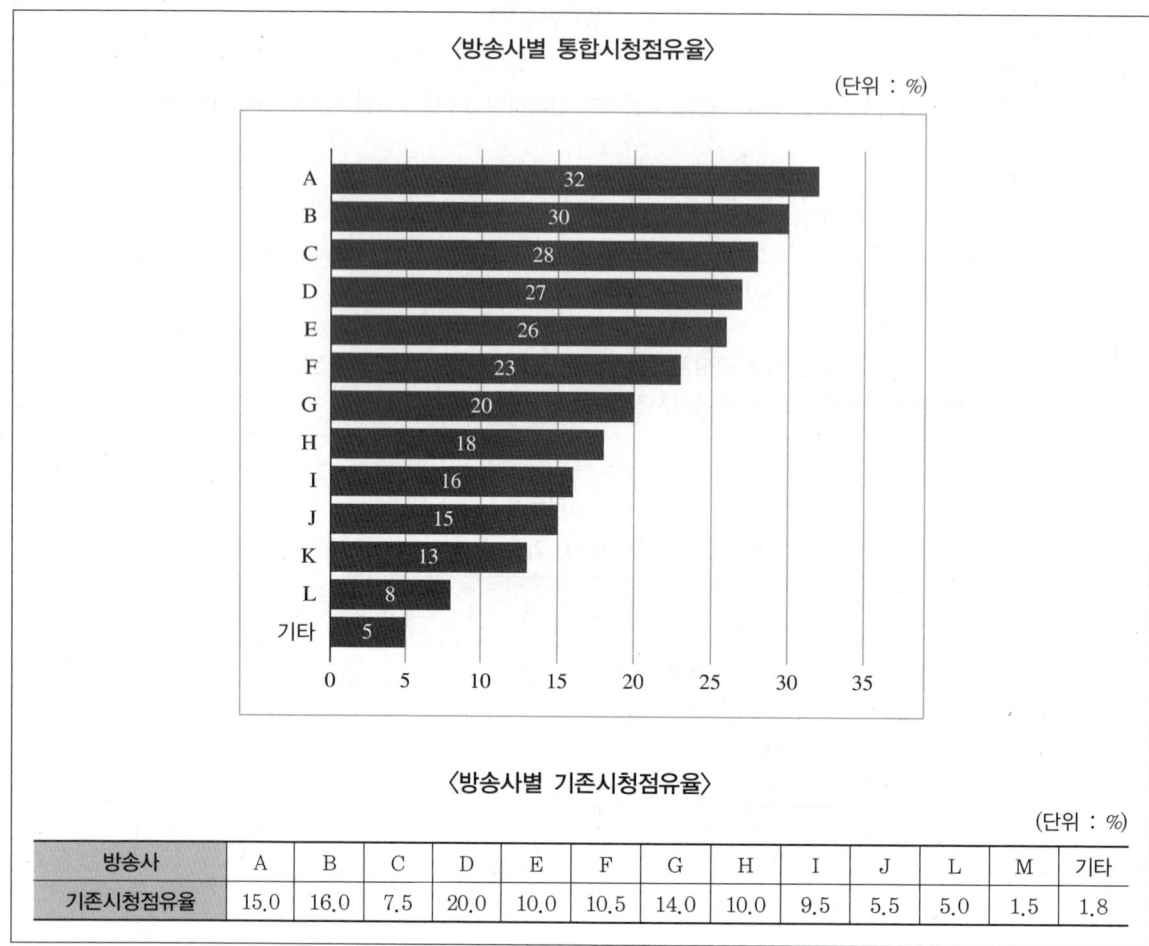

〈방송사별 통합시청점유율〉

(단위 : %)

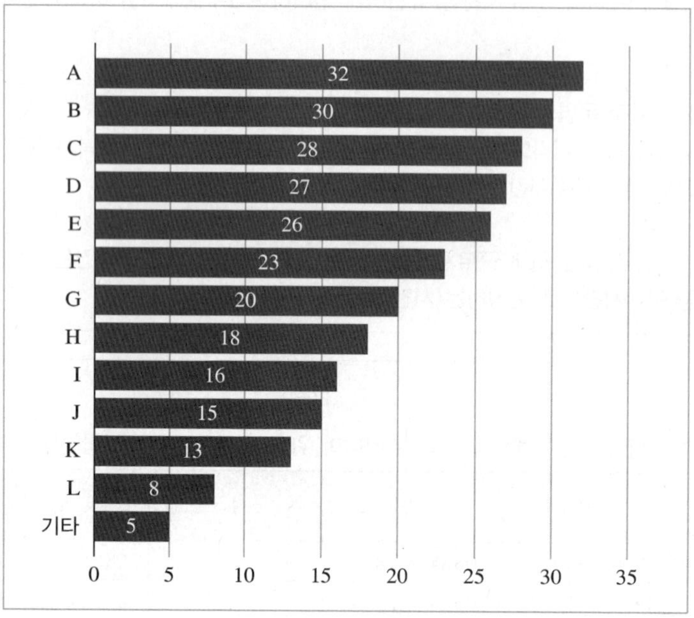

〈방송사별 기존시청점유율〉

(단위 : %)

방송사	A	B	C	D	E	F	G	H	I	J	L	M	기타
기존시청점유율	15.0	16.0	7.5	20.0	10.0	10.5	14.0	10.0	9.5	5.5	5.0	1.5	1.8

40 다음 중 방송사별 시청점유율에 대한 설명으로 옳지 않은 것은?

① 통합시청점유율 순위와 기존시청점유율 순위가 같은 방송사는 B, J, L이다.

② 기존시청점유율이 가장 높은 방송사는 D이다.

③ 기존시청점유율이 다섯 번째로 높은 방송사는 F이다.

④ 기타를 제외한 통합시청점유율과 기존시청점유율의 차이가 가장 작은 방송사는 G이다.

⑤ 기타를 제외한 통합시청점유율과 기존시청점유율의 차이가 가장 큰 방송사는 A이다.

41 다음은 K스크린 영향력의 범위를 표시한 그래프이다. (가) ~ (마)의 범위에 포함될 방송국을 바르게 짝지은 것은?

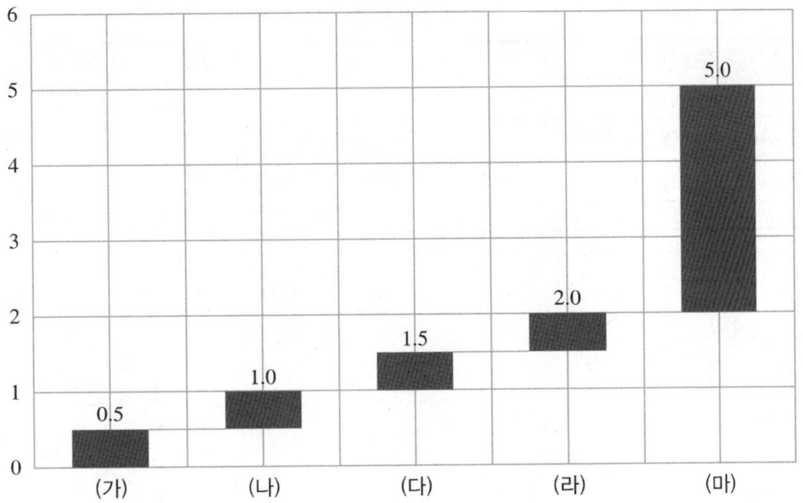

※ (K스크린 영향력)=[(통합시청점유율)−(기존시청점유율)]÷(기존시청점유율)

※ 소수점 둘째 자리에서 반올림함

① (가)=A
② (나)=C
③ (다)=F
④ (라)=H
⑤ (마)=L

42 A ~ C 세 사람은 주기적으로 집안 청소를 한다. A는 6일마다, B는 8일마다, C는 9일마다 청소를 할 때, 세 명이 9월 10일에 같이 청소를 했다면, 다음에 같이 청소하는 날은 언제인가?

① 11월 5일
② 11월 12일
③ 11월 16일
④ 11월 21일
⑤ 11월 29일

43 다음 개편된 가정용 전기요금 체계에 따라 민희네 집은 11월에 70kWh를 사용하여 15,000원을, 12월에는 120kWh를 사용하여 42,000원을 지불했을 때, 1kWh당 단위요금에 20%를 가산한 요금은 얼마인가?

〈개편된 전기요금 체계〉

구분	계산식
10kWh 이하	기본요금
10kWh 초과 100kWh 이하	(기본요금)+[(10kWh 초과분)×(1kWh당 단위요금)]
100kWh 초과	(기본요금)+[(10kWh 초과분)×(1kWh당 단위요금)]+ [(100kWh 초과분)×(1kWh당 단위요금)×1.2]

① 500원
② 520원
③ 540원
④ 600원
⑤ 620원

44 다음 〈조건〉을 통해 추론할 때, 서로 언어가 통하지 않는 사람끼리 짝지어진 것은?

〈조건〉

- A는 한국어와 영어만을 할 수 있다.
- B는 영어와 독일어만을 할 수 있다.
- C는 한국어와 프랑스어만을 할 수 있다.
- D는 중국어와 프랑스어만을 할 수 있다.

① A, B
② A, C
③ B, D
④ C, D
⑤ 없음

45 갑 ~ 정이 공을 막대기로 쳐서 구멍에 넣는 경기를 하였다. 다음 규칙과 경기 결과에 근거하여 판단할 때, 〈보기〉에서 옳은 것을 모두 고르면?

〈규칙〉

- 경기 참가자는 시작점에 있는 공을 막대기로 쳐서 구멍 안에 넣어야 한다. 참가자에게는 최대 3회의 기회가 주어지며, 공을 넣거나 3회의 기회를 다 사용하면 한 라운드가 종료된다.
- 첫 번째 시도에서 공을 넣으면 5점, 두 번째 시도에서 공을 넣으면 2점, 세 번째 시도에서 공을 넣으면 0점을 얻게 되며, 세 번째 시도에서도 공을 넣지 못하면 −3점을 얻게 된다.
- 총 2라운드를 진행하여 각 라운드에서 획득한 점수를 합산하여 높은 점수를 획득한 참가자 순서대로 우승, 준우승, 3등, 4등으로 결정한다.
- 만일 경기 결과 동점이 나올 경우, 1라운드 고득점 순으로 동점자의 순위를 결정한다.

〈경기 결과〉

다음은 네 명이 각 라운드에서 공을 넣기 위해 시도한 횟수를 표시하고 있다.

구분	1라운드	2라운드
갑	3회	3회
을	2회	3회
병	2회	2회
정	1회	3회

〈보기〉

ㄱ. 갑은 다른 선수의 경기 결과에 따라 3등을 할 수 있다.
ㄴ. 을은 다른 선수의 경기 결과에 따라 준우승을 할 수 있다.
ㄷ. 병이 우승했다면 1라운드와 2라운드를 합쳐서 네 명이 구멍 안에 넣은 공은 최소 5개 이상이다.
ㄹ. 정이 우승했다면 획득한 점수는 5점이다.

① ㄱ, ㄷ
② ㄱ, ㄹ
③ ㄴ, ㄷ
④ ㄱ, ㄴ, ㄹ
⑤ ㄴ, ㄷ, ㄹ

46 다음 글을 토대로 〈보기〉를 추론한 내용으로 적절하지 않은 것은?

> 자기 조절은 목표 달성을 위해 자신의 사고, 감정, 욕구, 행동 등을 바꾸려는 시도인데, 목표를 달성한 경우는 자기 조절의 성공을, 반대의 경우는 자기 조절의 실패를 의미한다. 이에 대한 대표적인 이론으로는 앨버트 반두라의 '사회 인지 이론'과 로이 바우마이스터의 '자기 통제 힘 이론'이 있다.
> 반두라의 사회 인지 이론에서는 인간이 자기 조절 능력을 선천적으로 가지고 있다고 본다. 이런 특징을 가진 인간은 가치 있는 것을 획득하기 위해 행동하거나 두려워하는 것을 피하기 위해 행동한다. 반두라에 따르면, 자기 조절은 세 가지의 하위 기능인 자기 검열, 자기 판단, 자기 반응의 과정을 통해 작동한다. 자기 검열은 자기 조절의 첫 단계로, 선입견이나 감정을 배제하고 자신이 지향하는 목표와 관련하여 자신이 놓여 있는 상황과 현재 자신의 행동을 감독, 관찰하는 것을 말한다. 자기 판단은 목표 성취와 관련된 개인의 내적 기준인 개인적 표준, 현재 자신이 처한 상황, 그리고 자신이 하게 될 행동 이후 느끼게 될 정서 등을 고려하여 자신이 하고자 하는 행동을 결정하는 것을 말한다. 그리고 자기 반응은 자신이 한 행동 이후에 자신에게 부여하는 정서적 현상을 의미하는데, 자신이 지향하는 목표와 관련된 개인적 표준에 부합하는 행동은 만족감이나 긍지라는 자기 반응을 만들어 내고 그렇지 않은 행동은 죄책감이나 수치심이라는 자기 반응을 만들어 낸다.
> 한편, 바우마이스터의 자기 통제 힘 이론은 사회 인지 이론의 기본적인 틀을 유지하면서 인간의 심리적 현상에 대해 자연과학적 근거를 찾으려는 경향이 대두되면서 등장하였다. 이 이론에서 말하는 자기 조절은 개인의 목표 성취와 관련된 개인적 표준, 자신의 행동을 관찰하는 모니터링, 개인적 표준에 도달할 수 있게 하는 동기, 자기 조절에 들이는 에너지로 구성된다. 바우마이스터는 그중 에너지의 양이 목표 성취의 여부에 결정적인 영향을 준다고 보기 때문에 자기 조절에서 특히 에너지의 양적인 측면을 중시한다. 바우마이스터에 따르면 다양한 자기 조절 과업에서 개인은 자신이 가지고 있는 에너지를 사용하는데, 에너지의 양은 제한되어 있기 때문에 지속적으로 자기 조절에 성공하기 위해서는 에너지를 효율적으로 사용해야 한다. 그런데 에너지를 많이 사용한다 하더라도 에너지가 완전히 고갈되는 상황은 벌어지지 않는다. 그 이유는 인간이 긴박한 욕구나 예외적인 상황을 대비하여 에너지의 일부를 남겨 두기 때문이다.

〈보기〉

> S씨는 건강관리를 삶의 가장 중요한 목표로 삼았다. 우선 그녀는 퇴근하는 시간이 규칙적인 자신의 근무 환경을, 그리고 과식을 하고 운동을 하지 않는 자신을 관찰하였다. 그래서 퇴근 후의 시간을 활용하여 일주일에 3번 필라테스를 하고, 균형 잡힌 식단에 따라 식사를 하겠다고 다짐하였다. 한 달 후 S씨는 다짐한 대로 운동을 해서 만족감을 느꼈다. 그러나 균형 잡힌 식단에 따라 식사를 하지는 못했다.

① 반두라에 따르면 S씨는 건강관리를 가치 있는 것으로 생각하고 이를 획득하기 위해 운동을 시작하였다.
② 반두라에 따르면 S씨는 식단 조절에 실패함으로써 죄책감이나 수치심을 느꼈을 것이다.
③ 반두라에 따르면 S씨는 선천적인 자기 조절 능력을 통한 자기 검열, 자기 판단, 자기 반응의 자기 조절 과정을 거쳤다.
④ 바우마이스터에 따르면 S씨는 건강관리라는 개인적 표준에 도달하기 위해 자신의 근무환경과 행동을 모니터링하였다.
⑤ 바우마이스터에 따르면 S씨는 운동하는 데 모든 에너지를 사용하여 에너지가 고갈됨으로써 식단 조절에 실패하였다.

※ K사는 A ~ E의 5개 팀으로 나누어 각각 다른 발전소로 견학을 가고자 한다. 5대 발전소별 견학 운영 조건이 다음과 같을 때 이어지는 질문에 답하시오. **[47~48]**

〈5대 발전소 견학 운영 조건〉

구분	견학 시간	제한 인원	견학 장소
고리 발전소	90분	50명	홍보관
새울 발전소	120분	40명	발전시설, 에너지체험관
한울 발전소	90분	50명	발전소 전체
월성 발전소	90분	40명	홍보관, 에너지체험관
한빛 발전소	120분	50명	발전소 전체

※ 발전소 전체는 홍보관, 발전시설, 에너지체험관을 모두 포함함

47 다음 〈조건〉에 따라 A ~ E팀이 견학할 발전소를 정할 때, 팀과 견학 장소를 바르게 연결한 것은?

〈조건〉

- 한 발전소에 두 팀 이상 견학을 갈 수 없다.
- A, C팀의 견학 희망 인원은 각각 45명이고, B, D, E팀의 견학 희망 인원은 각각 35명이다.
- A, D팀의 견학 희망 장소는 발전소 전체이다.
- C팀의 견학 희망 장소는 홍보관이며, B팀은 발전시설 견학을 희망하지 않는다.
- A, E팀의 견학 희망 시간은 최소 100분이다.
- 그 외 희망 사항이 없는 팀은 발전소 견학 운영 조건을 따르는 것으로 한다.

① A – 새울 발전소
② B – 고리 발전소
③ C – 월성 발전소
④ D – 한울 발전소
⑤ E – 한빛 발전소

48 다음 〈조건〉에 따라 발전소의 견학 순서를 정할 때, 항상 두 번째로 견학을 가게 되는 발전소는?

〈조건〉

- 한빛 발전소보다 고리 발전소와 월성 발전소에 먼저 견학을 간다.
- 한울 발전소는 새울 발전소보다 먼저 견학한다.
- 월성 발전소와 새울 발전소 사이에 발전소 한 곳에 견학을 간다.
- 새울 발전소는 첫 번째로 견학 장소가 될 수 없다.
- 한울 발전소는 반드시 짝수 번째로 견학한다.

① 고리 발전소
② 새울 발전소
③ 한울 발전소
④ 월성 발전소
⑤ 한빛 발전소

49 K공사의 기관사 체험 안내문을 보고 다섯 사람이 대화를 나누었다. 다음 중 잘못 말한 사람은?

〈기관사 체험 안내〉

1. 기관사 체험 일정
   2024년 11월 11일(월) 13:00 ~ 16:40
2. 신청 기간 및 방법
   • 신청 기간 : 2024년 10월 25일(금) ~ 10월 28일(월)
   • 신청 방법 : 공사 홈페이지에서 신청
3. 신청 대상
   초등학생 및 청소년, 일반인
4. 체험 인원 및 선정 방법
   • 체험 인원 : 30명
   • 선정 방법 : 신청 인원이 체험 인원보다 많을 경우 신청자 중에서 전산 추첨
5. 선정자 발표 : 10월 31일(목) ~ 11월 3일(일)
   ※ 개인정보 제공 미동의 시 선정자에서 배제되며, 동의하신 개인정보는 여행자보험 가입 시 이용, 체험행사 종료 시 개인정보는 파기됨
   ※ 개별적으로 연락을 하지 않으니 기간 내에 홈페이지를 확인해야 함
6. 체험프로그램 구성

진행시간	프로그램	장소
13:00 ~ 13:30	• 환영인사 • 행사일정 소개 및 안전교육 • 조별 담당자 소개	승무사업소 교양실
13:30 ~ 15:00	• 승무보고, 종료보고 체험 • 운전연습기 체험 • VR 체험	승무사업소 운용실 및 운전연습기실
15:00 ~ 15:08	• 임시열차 승차를 위해 이동	대림역 내선 승강장
15:08 ~ 16:40	• 기관사 및 차장칸 운전실 조별 승차 – 전부운전실 및 터널 체험 – 후부운전실 방송 체험 • 기념품 증정 및 기념 촬영 • 종료인사	2호선 임시열차

① A : 이번에 유치원에 입학한 조카가 지하철을 참 좋아하는데, 신청하지 못할 것 같아서 아쉽네요.
② B : 신청자가 40명이면 전산 추첨 후 10명이 떨어지겠네요.
③ C : 체험프로그램은 총 3시간 40분 동안 진행되네요.
④ D : 선정자는 문자로 개별연락이 온다고 하니 발표기간에 잘 체크해야겠어요.
⑤ E : 가장 궁금했던 지하철 방송을 체험할 수 있는 시간도 있으니 꼭 신청해야겠어요.

50 다음 글을 근거로 판단할 때, 〈보기〉에서 옳은 것을 모두 고르면?

- K국은 매년 X를 100톤 수입한다. K국이 X를 수입할 수 있는 국가는 A국, B국, C국 3개국이며, K국은 이 중 한 국가로부터 X를 전량 수입한다.
- X의 거래 조건은 다음과 같다.

국가	1톤당 단가	관세율	1톤당 물류비
A국	12달러	0%	3달러
B국	10달러	50%	5달러
C국	20달러	20%	1달러

- 1톤당 수입비용은 다음과 같다.
(1톤당 수입비용)=(1톤당 단가)+[(1톤당 단가)×(관세율)]+(1톤당 물류비)
- 특정 국가와 FTA를 체결하면 그 국가에서 수입하는 X에 대한 관세율이 0%가 된다.
- K국은 지금까지 FTA를 체결한 A국으로부터만 X를 수입했다. 그러나 최근 A국으로부터 X의 수입이 일시 중단되었다.

〈보기〉

ㄱ. K국이 B국과도 FTA를 체결한다면, 기존에 A국에서 수입하던 것과 동일한 비용으로 X를 수입할 수 있다.
ㄴ. C국이 A국과 동일한 1톤당 단가를 제시하였다면, K국은 기존에 A국에서 수입하던 것보다 저렴한 비용으로 C국으로부터 X를 수입할 수 있다.
ㄷ. A국으로부터 X의 수입이 다시 가능해졌으나 1톤당 6달러의 보험료가 A국으로부터의 수입비용에 추가된다면, K국은 A국보다 B국에서 X를 수입하는 것이 수입비용 측면에서 더 유리하다.

① ㄱ
② ㄴ
③ ㄷ
④ ㄱ, ㄴ
⑤ ㄱ, ㄷ

합격의공식
시대
에듀
www.sdedu.co.kr

제3회
NCS 핵심영역

영역분리형 모의고사

www.sdedu.co.kr

〈문항 및 시험시간〉

평가영역	문항 수	시험시간	모바일 OMR 답안분석
의사소통능력+수리능력+ 문제해결능력+자원관리능력	60문항	60분	

NCS 핵심영역 최종모의고사

제3회 모의고사

문항 수 : 60문항
시험시간 : 60분

제1영역 의사소통능력

01 다음 제시된 문단 뒤에 이어질 문단을 논리적 순서대로 바르게 나열한 것은?

청바지는 모든 사람이 쉽게 애용할 수 있는 옷이다. 말 그대로 캐주얼의 대명사인 청바지는 내구력과 범용성 면에서 다른 옷에 비해 뛰어나고, 패션적으로도 무난하다는 점에서 옷의 혁명이라 일컬을 만하다. 그러나 청바지의 시초는 그렇지 않았다.

(가) 청바지의 시초는 광부들의 옷으로 알려졌다. 정확히 말하자면 텐트용으로 주문받은 천을 실수로 푸른색으로 염색한 바람에 텐트납품계약이 무산되자, 재고가 되어 버린 질긴 천을 광부용 옷으로 변용해보자는 아이디어에 의한 것이다.

(나) 청바지의 패션 아이템화는 한국에서도 크게 다르지 않다. 나팔바지, 부츠컷, 배기 팬츠 등 다양한 변용이 있으나, 세대 차라는 말이 무색할 만큼 과거의 사진이나 현재의 사진이나 많은 사람이 청바지를 캐주얼한 패션 아이템으로 활용하는 것을 볼 수 있다.

(다) 비록 시작은 그리하였지만, 청바지는 이후 패션 아이템으로 선풍적인 인기를 끌었다. 과거 유명한 서구 남성 배우들의 아이템에는 꼭 청바지가 있었다고 해도 과언이 아니며, 그 예로는 제임스 딘이 있다.

(라) 다만 청바지는 주재료인 데님의 성질로 활동성을 보장하기 어려웠던 부분을 단점으로 들 수 있겠으나, 2000년대 들어 스판덱스가 첨가된 청바지가 사용되기 시작하면서 그러한 문제도 해결되어, 전천후 의류로 기능하고 있다.

① (가) – (다) – (나) – (라)
② (가) – (다) – (라) – (나)
③ (다) – (가) – (나) – (라)
④ (다) – (가) – (라) – (나)
⑤ (다) – (라) – (가) – (나)

02 다음 글과 자료에 대한 판단으로 적절한 것을 〈보기〉에서 모두 고르면?

우리 몸에는 세 종류의 중요한 근육이 있는데 이것들은 서로 다른 두 기준에 따라 각각 두 종류로 분류될 수 있다. 두 기준은 근육을 구성하는 근섬유에 줄무늬가 있는지의 여부와 근육의 움직임을 우리가 의식적으로 통제할 수 있는지의 여부이다.
세 종류의 중요한 근육 중 뼈대 근육은 우리가 의식적으로 통제하여 사용할 수 있기 때문에 수의근이라고 하며 뼈에 부착되어 있다. 이 근육에 있는 근섬유에는 줄무늬가 있어서 줄무늬근으로 분류된다. 뼈대 근육은 달리기, 들어 올리기와 같은 신체적 동작을 일으킨다. 우리가 신체적 운동을 통해 발달시키고자 하는 근육이 바로 뼈대 근육이다.
뼈대 근육과 다른 종류로서 내장 근육이 있는데, 이 근육은 소화기관, 혈관, 기도에 있는 근육으로서 의식적인 통제하에 있는 것이 아니다. 내장 근육에 있는 근섬유에는 줄무늬가 없어서 민무늬근으로 분류된다. 위나 다른 소화기관에 있는 근육은 꿈틀 운동을 일으킨다. 혈관에 있는 근육은 혈관의 직경을 변화시켜서 피의 흐름을 촉진시킨다. 기도에 있는 근육은 기도의 직경을 변화시켜서 공기의 움직임을 촉진시킨다.
심장 근육은 심장에서만 발견되는데 심장 근육에 있는 근섬유에는 줄무늬가 있다. 심장 근육은 심장벽을 구성하고 있고 심장을 수축시키는 역할을 하는데, 이 근육은 우리가 의식적으로 통제할 수 있는 것이 아니기 때문에 불수의근으로 분류된다. 지금까지 기술한 내용을 정리하면 다음과 같다.

〈근육의 종류와 특징〉

기준 \ 종류	뼈대 근육	내장 근육	심장 근육
A	㉠	㉡	㉢
B	㉣	㉤	㉥

〈보기〉

ㄱ. ㉡과 ㉢이 같은 특징이라면, A에는 근섬유에 줄무늬가 있는지를 따지는 기준이 들어간다.
ㄴ. ㉣과 ㉥이 다른 특징이라면, B에는 근육의 움직임을 의식적으로 통제할 수 있는지를 따지는 기준이 들어간다.
ㄷ. ㉠에 '수의근'이 들어간다면, ㉤에는 '민무늬근'이 들어가야 한다.

① ㄱ
② ㄷ
③ ㄱ, ㄴ
④ ㄴ, ㄷ
⑤ ㄱ, ㄴ, ㄷ

03 다음 글이 비판하는 주장의 논거로 가장 적절한 것은?

> ‘모래언덕’이나 ‘바람’ 같은 개념은 매우 모호해 보인다. 작은 모래 무더기가 모래언덕이라고 불리려면 얼마나 높이 쌓여야 하는가? 바람이 되려면 공기는 얼마나 빨리 움직여야 하는가?
> 그러나 지질학자들이 관심이 있는 대부분의 문제 상황에서 이런 개념들은 아무 문제없이 작동한다. 더 높은 수준의 세분화가 요구될 만한 맥락에서는 그때마다 ‘30m에서 40m 사이의 높이를 가진 모래언덕’이나 ‘시속 20km와 시속 40km 사이의 바람’처럼 수식어구가 달린 표현이 과학적 용어의 객관적인 사용을 뒷받침한다.
> 물리학 같은 정밀과학에서도 사정은 비슷하다. 물리학의 한 연구 분야인 저온물리학은 저온현상, 즉 초전도 현상을 비롯하여 절대온도 0도인 −273.16℃ 부근의 저온에서 나타나는 흥미로운 현상들을 연구한다. 그렇다면 정확히 몇 도부터 저온인가? 물리학자들은 이 문제를 놓고 다투지 않는다. 때로는 이 말이 헬륨의 끓는점(−268.6℃) 같은 극저온 근방을 가리키는가 하면, 질소의 끓는점(−195.8℃)이 기준이 되기도 한다.
> 과학자들은 모호한 것을 싫어한다. 모호성은 과학의 정밀성을 훼손할 뿐만 아니라 궁극적으로 과학의 객관성을 약화하기 때문이다. 그러나 모호성에 대응하는 길은 모든 측정의 오차를 0으로 만드는 데 있는 것이 아니라 대화를 통해 그 상황에 적절한 합의를 하는 데 있다.

① 과학의 정확성은 측정기술의 정확성에 달려 있다.
② 물리학 같은 정밀과학에서도 오차는 발생하기 마련이다.
③ 과학의 발달은 과학적 용어체계의 변화를 유발할 수 있다.
④ 과학적 언어의 객관성은 그 언어가 사용되는 맥락 속에서 확보된다.
⑤ 과학적 언어의 객관성은 용어의 엄밀하고 보편적인 정의에 의해서만 보장된다.

04 다음 글의 밑줄 친 부분에서 말하고자 하는 바로 가장 적절한 것은?

> <u>아무리 남을 도와주려는 의도를 갖고 한 일일지라도 결과적으로는 남에게 도움이 되기는커녕 오히려 큰 고통이나 해를 더 가져오는 경우</u>가 얼마든지 있다. 거꾸로 남을 해롭게 하려는 의도로 한 일이 오히려 남에게 도움이 되는 결과를 낳을 수도 있다. 태도로서 선은 행동이나 결정의 결과를 고려하지 않고 그 행동의 의도, 즉 동기에서만 본 선을 의미한다. 내 행동의 결과가 예상 밖으로 남에게 고통을 가져오는 한이 있었다 해도, 내 행동의 동기가 남의 고통을 덜어주고, 남을 도와주는 데 있었다면 나를 선한 사람으로 볼 수 있지 않느냐는 말이다.

① 일과 그 의도는 무관하다.
② 의도와 결과는 동일하지 않다.
③ 의도만 놓고 결과를 판단할 수 있다.
④ 우리가 의도한 대로 일이 이루어지는 경우가 있다.
⑤ 세상에는 의도와 일치하는 일이 빈번하게 일어난다.

05 다음 글에서 알 수 있는 내용으로 가장 적절한 것은?

> 1883년에 조선과 일본이 맺은 조일통상장정 제41관에는 "일본인이 조선의 전라도, 경상도, 강원도, 함경도 연해에서 어업 활동을 할 수 있도록 허용한다."라는 내용이 있다. 당시 양측은 이 조항에 적시되지 않은 지방 연해에서 일본인이 어업 활동을 하는 것은 금하기로 했다. 이 장정 체결 직후에 일본은 자국의 각 부・현에 조선해통어조합을 만들어 조선 어장에 대한 정보를 제공하기 시작했다. 이러한 지원으로 조선 연해에서 조업하는 일본인이 늘었는데, 특히 제주도에는 일본인들이 많이 들어와 전복을 마구 잡는 바람에 주민들의 전복 채취량이 급감했다. 이에 제주목사는 1886년 6월에 일본인의 제주도 연해 조업을 금했다. 일본은 이 조치가 조일통상장정 제41관을 위반한 것이라며 항의했고, 조선도 이를 받아들여 조업 금지 조치를 철회하게 했다. 이후 조선은 일본인이 아무런 제약 없이 어업 활동을 하게 해서는 안 된다고 여기게 되었으며, 일본과 여러 차례 협상을 벌여 1889년에 조일통어장정을 맺었다.
> 조일통어장정에는 일본인이 조일통상장정 제41관에 적시된 지방의 해안선으로부터 3해리 이내 해역에서 어업 활동을 하고자 할 때는 조업하려는 지방의 관리로부터 어업준단을 발급받아야 한다는 내용이 있다. 어업준단의 유효기간은 발급일로부터 1년이었으며, 이를 받고자 하는 자는 소정의 어업세를 먼저 내야 했다. 이 장정 체결 직후에 일본은 조선해통어조합연합회를 만들어 자국민의 어업준단 발급 신청을 지원하게 했다. 이후 일본은 1908년에 '어업에 관한 협정'을 강요해 맺었다. 여기에는 앞으로 한반도 연해에서 어업 활동을 하려는 일본인은 대한제국 어업 법령의 적용을 받도록 한다는 조항이 있다. 대한제국은 이듬해에 한반도 해역에서 어업을 영위하고자 하는 자는 먼저 어업 면허를 취득해야 한다는 내용의 어업법을 공포했고, 일본은 자국민도 이 법의 적용을 받게 해야 한다는 입장을 관철했다. 일본은 1902년에 조선해통어조합연합회를 없애고 조선해수산조합을 만들었는데, 이 조합은 어업법 공포 후 일본인의 어업 면허 신청을 대행하는 등의 일을 했다.

① 조선해통어조합은 '어업에 관한 협정'에 따라 일본인의 어업 면허 신청을 대행하는 업무를 보았다.

② 조일통어장정에는 제주도 해안선으로부터 3해리 밖에서 조선인이 어업 활동을 하는 것을 모두 금한다는 조항이 있다.

③ 조선해통어조합연합회가 만들어져 활동하던 당시에 어업준단을 발급받고자 하는 일본인은 어업세를 내도록 되어 있었다.

④ 조일통상장정에는 조선해통어조합연합회를 조직해 일본인이 한반도 연해에서 조업할 수 있도록 지원한다는 내용이 있다.

⑤ 한반도 해역에서 조업하는 일본인은 조일통상장정 제41관에 따라 조선해통어조합으로부터 어업 면허를 발급받아야 하였다.

06 다음 글의 빈칸에 들어갈 내용으로 가장 적절한 것은?

태양은 지구의 생명체가 살아가는 데 필요한 빛과 열을 공급해 준다. 태양은 이런 막대한 에너지를 어떻게 계속 내놓을 수 있을까?
16세기 이전까지는 태양을 포함한 별들이 지구상의 물질을 이루는 네 가지 원소와 다른, 불변의 '제5원소'로 이루어졌다고 생각했다. 하지만 밝기가 변하는 신성(新星)이 별 가운데 하나라는 사실이 알려지면서 별이 불변이라는 통념은 무너지게 되었다. 또한, 태양의 흑점 활동이 관측되면서 태양 역시 불덩어리일지도 모른다고 생각하기 시작했다. 그 후 섭씨 5,500℃로 가열된 물체에서 노랗게 보이는 빛이 나오는 것을 알게 되면서 유사한 빛을 내는 태양의 온도도 비슷할 것이라고 추측하게 되었다.
19세기에는 에너지 보존 법칙이 확립되면서 새로운 에너지 공급이 없다면 태양의 온도가 점차 낮아져야 한다는 결론을 내렸다. 그렇다면 과거에는 태양의 온도가 훨씬 높았어야 했고, 지구의 바다가 펄펄 끓어야 했을 것이다. 하지만 실제로는 그렇지 않았고, 사람들은 태양의 온도를 일정하게 유지해 주는 에너지원이 무엇인지에 대해 생각하게 되었다.
20세기 초 방사능이 발견되면서 사람들은 방사능 물질의 붕괴에서 나오는 핵분열 에너지를 태양의 에너지원으로 생각하였다. 그러나 태양빛의 스펙트럼을 분석한 결과 태양에는 우라늄 등의 방사능 물질 대신 수소와 헬륨이 있다는 것을 알게 되었다. 즉, 방사능 물질의 붕괴에서 나오는 핵분열 에너지가 태양의 에너지원이 아니었던 것이다.
현재 태양의 에너지원은 수소 원자핵 네 개가 헬륨 원자핵 하나로 융합하는 과정의 질량 결손으로 인해 생기는 핵융합 에너지로 알려져 있다. 태양은 엄청난 양의 수소 기체가 중력에 의해 뭉쳐진 것으로, 그 중심으로 갈수록 밀도와 압력, 온도가 증가한다. 태양에서의 핵융합은 천만℃ 이상의 온도를 유지하는 중심부에서만 일어난다. 원자핵들은 높은 온도와 에너지를 가지게 되며, 그 결과로 원자핵들 사이의 반발력을 극복하고 융합되기에 충분히 가까운 거리로 근접할 수 있기 때문이다. 태양빛이 핵융합을 통해 나온다는 사실은 태양으로부터 온 중성미자가 관측됨으로써 더 확실해졌다.
중심부의 온도가 올라가 핵융합 에너지가 늘어나면 그 에너지로 인한 압력으로 수소를 밖으로 밀어내어 중심부의 밀도와 온도를 낮추게 된다. 이렇게 온도가 낮아지면 방출되는 핵융합 에너지가 줄어들며, 그 결과 압력이 낮아져서 수소가 중심부로 들어오게 되어 중심부의 밀도와 온도를 다시 높인다. 이렇듯 태양 내부에서 중력과 핵융합 반응의 평형상태가 유지되기 때문에 ________________ 태양은 이미 50억 년간 빛을 냈고, 앞으로도 50억 년 이상 더 빛날 것이다.

① 태양의 핵융합 에너지가 폭발적으로 증가할 수 있게 된다.
② 태양 외부의 밝기가 내부 상태에 따라 변할 수 있게 된다.
③ 태양이 오랫동안 안정적으로 빛을 낼 수 있게 된다.
④ 태양이 일정한 크기를 유지할 수 있었다.
⑤ 과거와 달리 태양이 일정한 온도를 유지할 수 있게 된다.

07 다음 글의 중심 내용으로 가장 적절한 것은?

> 통계는 다양한 분야에서 사용되며 막강한 위력을 발휘하고 있다. 그러나 모든 도구나 방법이 그렇듯이, 통계 수치에도 함정이 있다. 함정에 빠지지 않으려면 통계 수치의 의미를 정확히 이해하고, 도구와 방법을 바르게 사용해야 한다. 친구 5명이 만나서 이야기를 나누다가 연봉이 화제가 되었다. 2천만 원이 4명, 7천만 원이 1명이었는데, 평균을 내면 3천만 원이다. 이 숫자에 대해 4명은 “나는 봉급이 왜 이렇게 적을까?”라며 한숨을 내쉬었다. 그러나 이 평균값 3천만 원이 5명의 집단을 대표하는 데 아무 문제가 없을까? 물론 계산 과정에는 하자가 없지만, 평균을 집단의 대푯값으로 사용하는 데 어떤 한계가 있을 수 있는지 깊이 생각해 보지 않는다면, 우리는 잘못된 생각에 빠질 수도 있다. 평균은 극단적으로 아웃라이어(비정상적인 수치)에 민감하다. 집단 내에 아웃라이어가 하나만 있어도 평균이 크게 바뀐다는 것이다. 위의 예에서 1명의 연봉이 7천만 원이 아니라 100억 원이었다고 하자. 그러면 평균은 20억 원이 넘게 된다.
> 나머지 4명은 자신의 연봉이 평균치의 100분의 1밖에 안 된다며 슬퍼해야 할까? 연봉 100억 원인 사람이 아웃라이어이듯이 처음의 예에서 연봉 7천만 원인 사람도 아웃라이어인 것이다. 두드러진 아웃라이어가 있는 경우에는 평균보다는 최빈값이나 중앙값이 대푯값으로서 더 나을 수 있다.

① 평균은 집단을 대표하는 수치로서는 매우 부적당하다.
② 통계는 숫자 놀음에 불과하므로 통계 수치에 일희일비할 필요가 없다.
③ 평균보다는 최빈값이나 중앙값이 대푯값으로서 더 적당하다.
④ 통계 수치의 의미와 한계를 정확히 인식하고 사용할 필요가 있다.
⑤ 통계는 올바르게 활용하면 다양한 분야에서 사용할 수 있는 도구이다.

08 다음 〈보기〉 중 직업생활에서의 의사소통에 대한 설명으로 옳은 것을 모두 고르면?

〈보기〉

ㄱ. 의사소통이란 어떤 개인 혹은 집단이 다른 개인 혹은 집단에 대해서 정보, 감정, 사상, 의견 등을 전달하고 그것을 받아들이는 과정을 의미한다.
ㄴ. 직업생활에서의 의사소통이란 비공식조직 안에서의 의사소통을 의미한다.
ㄷ. 의사소통은 조직 내 공통 목표 달성에 간접적으로 기여한다.
ㄹ. 조직구성원들은 각자의 경험과 지위를 바탕으로 동일한 내용을 다양하게 이해하고 이에 반응한다.

① ㄱ, ㄴ
② ㄱ, ㄹ
③ ㄴ, ㄷ
④ ㄴ, ㄹ
⑤ ㄷ, ㄹ

09 다음 글의 내용으로 적절한 것을 〈보기〉에서 모두 고르면?

지역 주민들로 이루어진 작은 집단에 국한된 고대 종교에서는 성찬을 계기로 신자들이 함께 모일 수 있었다. 그중에서도 특히 고대 셈족에게 성찬은 신의 식탁에 공동으로 참석해서 형제의 관계를 맺음을 의미했다. 실제로는 자신의 몫만을 배타적으로 먹고 마심에도 불구하고, 같은 것을 먹고 마신다는 생각을 통해서 공동의 피와 살을 만든다는 원시적인 표상이 만들어졌다. 빵을 예수의 몸과 동일시한 기독교의 성찬식에 이르러서 신화의 토대 위에 비로소 '공동 식사'라는 것의 새로운 의미가 형성되고 이를 통해서 참가자들 사이에 고유한 연결 방식이 창출되었다. 이러한 공동 식사 중에는 모든 참가자가 각기 자기만의 부분을 차지하는 것이 아니라, 전체를 분할하지 않고 누구나 함께 공유한다는 생각을 함으로써 식사 자체의 이기주의적 배타성이 극복된다.

공동 식사는 흔히 행해지는 원초적 행위를 사회적 상호 작용의 영역과 초개인적 의미의 영역으로 고양시킨다는 이유 때문에 과거 여러 시기에서 막대한 사회적 가치를 획득했다. 식탁 공동체의 금지 조항들이 이를 명백히 보여 준다. 이를테면 11세기의 케임브리지 길드는 길드 구성원을 살해한 자와 함께 먹고 마시는 사람에게 무거운 형벌을 가했다. 또한 강한 반유대적 성향 때문에 1267년의 비엔나 공의회는 기독교인들은 유대인들과 같이 식사를 할 수 없다고 규정했다. 그리고 인도에서는 낮은 카스트에 속하는 사람과 함께 식사를 함으로써 자신과 자신의 카스트를 더럽히는 사람은 때로 죽임을 당하기까지 했다. 서구 중세의 모든 길드에서는 공동으로 먹고 마시는 일이 오늘날 우리가 상상할 수 없을 정도로 중요했다. 아마도 중세 사람들은 존재의 불확실성 가운데서 유일하게 눈에 보이는 확고함을 같이 모여서 먹고 마시는 데서 찾았을 것이다. 당시의 공동 식사는 중세 사람들이 언제나 공동체에 소속되어 있다는 확신을 얻을 수 있는 상징이었던 것이다.

〈보기〉

ㄱ. 개별 집단에서 각기 이루어지는 공동 식사는 집단 간의 배타적인 경계를 강화시켜 주는 역할을 한다.
ㄴ. 일반적으로 공동 식사는 성스러운 음식을 공유함으로써 새로운 종교가 창출되는 계기로 작용했다.
ㄷ. 공동 식사는 식사가 본질적으로 이타적인 행위임을 잘 보여 주는 사례이다.

① ㄱ
② ㄷ
③ ㄱ, ㄴ
④ ㄴ, ㄷ
⑤ ㄱ, ㄴ, ㄷ

10 다음 중 빈칸에 들어갈 내용으로 가장 적절한 것은?

> 일반적으로 물체, 객체를 의미하는 프랑스어 오브제(Objet)는 라틴어에서 유래된 단어로, 어원적으로는 앞으로 던져진 것을 의미한다. 미술에서 대개 인간이라는 '주체'와 대조적인 '객체'로서의 대상을 지칭할 때 사용되는 오브제가 미술사 전면에 나타나게 된 것은 입체주의 이후이다.
> 20세기 초 입체파 화가들이 화면에 나타나는 공간을 자연의 모방이 아닌 독립된 공간으로 인식하기 시작하면서 회화는 재현미술로서의 단순한 성격을 벗어나기 시작한다. 즉, '미술은 그 자체가 실재이다. 또한 그것은 객관세계의 계시 혹은 창조이지 그것의 반영이 아니다.'라는 세잔의 사고에 의하여 공간의 개방화가 시작된 것이다. 이는 평면에 실제 사물이 부착되는 콜라주 양식의 탄생과 함께 일상의 평범한 재료들이 회화와 자연스레 연결되는 예술과 비예술의 결합으로 차츰 변화하게 된다.
> 이러한 오브제의 변화는 다다이즘과 쉬르리얼리즘에서 '일용의 기성품과 자연물 등을 원래의 그 기능이나 있어야 할 장소에서 분리하고, 그대로 독립된 작품으로서 제시하여 일상적 의미와는 다른 상징적·환상적인 의미를 부여하는 것'으로 일반화된다. 그리고 동시에, 기존 입체주의에서 단순한 보조 수단에 머물렀던 오브제를 캔버스와 대리석의 대체하는 확실한 표현 방법으로 완성시켰다.
> 이후 오브제는 그저 예술가가 지칭하는 것만으로도 우리의 일상생활과 환경 그 자체가 곧 예술작품이 될 수 있음을 주장한다. ______________________ 거기에서 더 나아가 오브제는 일상의 오브제를 다양하게 전환시켜 다양성과 대중성을 내포하고, 오브제의 진정성과 상징성을 제거하는 팝아트에서 다시 한 번 새롭게 변화하기에 이른다.

① 무너진 베를린 장벽의 조각을 시내 한복판에 장식함으로써 예술과 비예술이 결합한 것이다.
② 화려하게 채색된 소변기를 통해 일상성에 환상적인 의미를 부여한 것이다.
③ 평범한 세면대일지라도 예술가에 의해 오브제로 정해진다면 일상성을 간직한 미술과 일치되는 것이다.
④ 폐타이어나 망가진 금관악기 등으로 제작된 자동차를 통해 일상의 비일상화를 나타낸 것이다.
⑤ 기존의 수프 통조림을 실크 스크린으로 동일하게 인쇄하여 손쉽게 대량생산되는 일상성을 풍자하는 것이다.

11 다음 글의 밑줄 친 ㉠~㉤ 중 맞춤법상 옳지 않은 것은?

> 최근 우리나라를 넘어서 세계적인 겨울축제로 ㉠ <u>자리매김한</u> '화천산천어축제'가 올해도 어김없이 첫날부터 ㉡ <u>북적였다</u>. 축제가 열리는 장소인 강원도 화천군 화천읍 화천천 얼음벌판은 축제 시작일 이른 아침부터 두둑한 복장으로 중무장한 사람들로 ㉢ <u>북새통</u>을 이루기 시작했고, 이곳저곳에서 산천어를 낚는 사람들의 환호성이 끊이질 않고 있다. 또한 세계적인 축제답게 많은 외국인 관광객들도 잇달아 ㉣ <u>낚싯대</u>를 늘어뜨리고 있다.
> 이 축제가 이처럼 전 세계적으로 유명세를 타기 시작한 건 지난 2009년 미국의 유명잡지인 'TIME'지에 축제 사진이 실리면서부터였다. 이후 미국 채널인 'CNN'이 겨울철 7대 ㉤ <u>불가사이한</u> 축제라며 이 축제를 언급했고 이후 지금까지 매년 100만 명이 찾는 유명 축제로 그 명성을 계속 유지하고 있다.

① ㉠
② ㉡
③ ㉢
④ ㉣
⑤ ㉤

12 다음 중 문장 (가) ~ (마)를 논리적 순서대로 바르게 나열한 것은?

(가) 그렇기 때문에 남녀 고용 평등의 확대를 위해 채용 목표제를 강화할 필요가 있다.
(나) 우리나라 대졸 이상 여성의 고용 비율은 OECD 국가 중 최하위인데 이는 채용 과정에서 여성이 부당한 차별을 받는 경우가 많다는 것을 보여준다.
(다) 우리나라 남녀 전체의 평균 고용 비율 격차는 31.8%p로 남성에 비해 여성의 고용 비율이 현저히 낮다.
(라) 강화된 법규가 준수될 수 있도록 정부의 계도와 감독 기능을 강화해야 할 것이다.
(마) 고용 시 여성에게 일정 비율을 할애하는 것은 남성에 대한 역차별이라는 주장이 있기는 하지만 남녀 고용 평등이 어느 정도 실현될 때까지 여성에 대한 배려는 불가피하다.

① (다) – (가) – (마) – (나) – (라)
② (다) – (나) – (라) – (가) – (마)
③ (라) – (가) – (나) – (다) – (마)
④ (라) – (나) – (마) – (다) – (가)
⑤ (라) – (다) – (가) – (나) – (마)

13 다음 〈보기〉의 ㉠ ~ ㉥ 중 밑줄 친 부분의 의미가 서로 비슷한 것을 모두 고르면?

〈보기〉

㉠ 다른 사람을 배려하는 윤아의 모습이 참 <u>예뻐</u> 보였다.
㉡ 여기저기 눈치를 살피는 그의 모습이 도무지 <u>미쁘게</u> 보이지 않는다.
㉢ 주어진 모든 일에 성실한 민우는 정말 <u>믿음직해</u> 보인다.
㉣ 크게 숨을 들이마시고, 마음을 <u>굳세게</u> 먹은 채 시험장으로 들어섰다.
㉤ 지원은 눈썰미 좋고 손끝이 <u>야무지기로</u> 디자이너들 사이에서 유명하였다.
㉥ 얼핏 보기에 <u>미약해</u> 보이는 힘도 모이면 세상을 바꿀 수 있다.

① ㉠, ㉡, ㉢
② ㉠, ㉢, ㉣
③ ㉡, ㉢, ㉤
④ ㉢, ㉤, ㉥
⑤ ㉣, ㉤, ㉥

14 다음 글의 밑줄 친 ㉠의 내용으로 가장 적절한 것은?

2024년 7월 2일이 출산 예정일이었던 갑은 2024년 6월 28일 아이를 출산하여, 2024년 7월 10일에 K구 건강관리센터 산모·신생아 건강관리 서비스를 신청하였다. 2024년 1월 1일에 K구에 주민등록이 된 이후 갑은 주민등록지를 변경하지 않았으며, 실제로 K구에 거주하였다. 갑의 신청을 검토한 K구는 K구 산모·신생아 건강관리 지원에 관한 조례(이하 "조례"라 한다)와 K구 건강관리센터 운영규정(이하 "운영규정"이라 한다)이 불일치한다는 문제를 발견하였다. 이에 ㉠ 운영규정과 조례 중 무엇도 위반하지 않고 갑이 30만 원 이하의 본인 부담금만으로 해당 서비스를 이용할 수 있도록 조례 또는 운영규정을 일부 개정하였다.

K구 산모·신생아 건강관리 지원에 관한 조례

산모·신생아 건강관리 지원(제8조)

① 구청장은 출산 예정일 또는 출산일을 기준으로 6개월 전부터 계속하여 K구에 주민등록을 두고 있는 산모와 출산 예정일 또는 출산일을 기준으로 1년 전부터 계속하여 K구를 국내 체류지로 하여 외국인 등록을 하고 K구에 체류하는 외국인 산모에게 산모·신생아 건강관리 서비스를 제공할 수 있다.

② 구청장은 제1항에 따른 서비스의 본인 부담금을 이용금액 기준에 따라 30만 원 한도 내에서 서비스 수급자에게 부과할 수 있다.

K구 건강관리센터 운영규정

산모·신생아 건강관리 지원(제21조)

① 다음 각 호의 어느 하나에 해당하는 사람은 산모·신생아 건강관리 서비스를 이용할 수 있다.

1. 출산일을 기준으로 6개월 전부터 계속하여 K구에 주민등록을 두고 실제로 K구에 거주하고 있는 산모
2. 출산일을 기준으로 6개월 전부터 K구를 국내 체류지로 하여 외국인 등록을 하고 실제로 K구에 체류하고 있는 외국인 산모

② 제1항에 따른 서비스를 이용하는 경우 서비스 수급자에게 본인 부담금이 부과될 수 있다. 그 산정은 K구 산모·신생아 건강관리 지원에 관한 조례의 기준에 따른다.

① 운영규정 제21조 제3항과 조례 제8조 제3항으로 '신청일은 출산일 기준 10일을 경과할 수 없다.'를 신설한다.
② 운영규정 제21조 제1항의 '실제로 K구에 거주하고'와 '실제로 K구에 체류하고'를 삭제한다.
③ 운영규정 제21조 제2항의 '본인 부담금'을 '30만 원 이하의 본인 부담금'으로 개정한다.
④ 운영규정 제21조 제1항의 '출산일'을 모두 '출산 예정일 또는 출산일'로 개정한다.
⑤ 조례 제8조 제1항의 '1년'을 '6개월'로 개정한다.

15 다음 글을 읽고 알 수 있는 내용으로 적절하지 않은 것은?

> 인간의 사유는 특정한 기준을 바탕으로 다른 것과의 차이를 인식하는 것이라 할 수 있다. 이때의 기준을 이루는 근간(根幹)은 당연히 현실 세계의 경험과 인식이다. 하지만 인간은 현실적 경험으로 인식되지 않는 대상을 사유하기도 하는데, 그중 하나가 신화적 사유이며, 이는 상상력의 산물이다.
> 상상력은 통념(通念)상 현실과 대립되는 위치에 속한다. 또한, 현대 문명에서 상상력은 과학적·합리적 사고와 반대되는 사유 체계로 간주되기도 한다. 그러나 신화적 사유를 떠받치고 있는 상상력은 '현실적 – 비현실적', '논리적 – 비논리적', '합리적 – 비합리적' 등과 같은 단순한 양항 체계 속으로 환원될 수 없다.
> 초기 인류학에서는 근대 문명과 대비시켜 신화적 사유를 미개한 존재들의 미숙한 단계의 사고로 간주(看做)했었다. 이러한 입장을 대표하는 레비브륄에 따르면 미개인은 논리 이전의 사고방식과 비현실적 감각을 가진 존재이다. 그러나 신화 연구에 적지 않은 영향을 끼쳤고 오늘날에도 여전히 유효한 레비스트로스의 논의에 따르면 미개인과 문명인의 사고방식은 사물을 분류하는 방식과 주된 관심 영역 등이 다를 뿐, 어느 것이 더 합리적이거나 논리적이라고 할 수는 없다. 또한, 그것은 세계를 이해하는 두 가지의 서로 다른 방식 혹은 태도일 뿐이다. 신화적 사유를 비롯한 이른바 미개인의 사고방식을 가리키는 레비스트로스가 말하는 '야생의 사고'는 이러한 사고방식이 근대인 혹은 문명인 못지않게 질서와 체계에 민감하고 그 나름의 현실적, 논리적, 합리적 기반을 갖추고 있음을 함축하는 개념이다.
> 레비스트로스의 '야생의 사고'는 신화시대와 신화적 사유를 근대적 문명에 입각한 발전론적 시각이 아닌 상대주의적 시각으로 바라보았다는 점에서 의미가 크다. 그러나 그가 신화 자체의 사유 방식이나 특성을 특정 시대의 것으로 한정(限定)하는 오류를 범하고 있다는 점에 유의해야 한다. 과거 신화시대에 생겨난 신화적 사유는 신화가 재현되고 재생되는 한 여전히 시간과 공간을 뛰어넘어 현재화되고 있기 때문이다.
> 따라서 신화적 사유는 현실적·경험적 차원의 '진실'이나 '비진실'로 구분될 수 없다. 신화는 허구적이거나 진실한 것 모두를 '재료'로 사용할 수 있으며, 이러한 재료들은 신화적 사유 고유의 규칙과 체계에 따라 배열된다. 그러므로 신화 텍스트에서 이러한 재료들의 구성 원리를 밝히는 것은 그 신화에 반영된 신화적 사유 체계를 밝히는 것이라 할 수 있다. 또한, 이는 신화를 공유하고 전승(傳承)해 왔던 집단의 원형적 사유 체계에 접근하는 작업이라고도 할 수 있다.

① 신화적 사유는 그 고유의 규칙과 체계를 갖고 있다.
② 신화적 사유는 상상력의 산물이라 할 수 있다.
③ 신화적 사유는 특정 시대의 사유 특성에 한정된다.
④ 신화적 상상력은 상상력에 대한 통념적 인식과 차이가 있다.
⑤ 신화적 사유에 대한 레비스트로스의 논의는 의의와 한계가 있다.

16 다음은 루마니아, 불가리아, 세르비아, 체코, 헝가리 5개국의 GDP 대비 산업 생산액 비중에 대한 자료이다. 〈조건〉을 참고하여 B, E에 해당하는 국가를 순서대로 바르게 나열한 것은?

〈국가별 GDP 대비 산업 생산액 비중〉

(단위 : %)

국가 \ 산업	농업	제조업	서비스업	합계
A	14	54	32	100
B	5	35	60	100
C	4	36	60	100
D	3	29	68	100
E	1	25	74	100

〈조건〉

- 세르비아와 루마니아 각국의 GDP 대비 제조업 생산액 비중을 합하면 헝가리의 GDP 대비 제조업 생산액 비중과 같다.
- 세르비아와 불가리아 각국의 GDP 대비 농업 생산액 비중을 합하면 체코의 GDP 대비 농업 생산액 비중과 같다.

	B	E
①	체코	세르비아
②	세르비아	불가리아
③	불가리아	세르비아
④	불가리아	루마니아
⑤	체코	루마니아

17 4%의 소금물이 들어있는 컵에 10%의 소금물을 넣었더니, 8%의 소금물 600g이 만들어졌다. 이때, 처음 컵에 들어있던 4%의 소금물의 양은?

① 160g
② 180g
③ 200g
④ 220g
⑤ 240g

18 다음은 지역별 전력 최종에너지 소비량 변화에 대한 자료이다. 〈보기〉 중 이에 대한 설명으로 옳지 않은 것은?

〈지역별 전력 최종에너지 소비량〉

구분	2014년		2024년		연평균 증가율(%)
	소비량(천 TOE)	비중(%)	소비량(천 TOE)	비중(%)	
전국	28,588	100.0	41,594	100.0	3.8
서울	3,485	12.2	3,903	9.4	1.1
부산	1,427	5.0	1,720	4.1	1.9
대구	1,063	3.7	1,286	3.1	1.9
인천	1,562	5.5	1,996	4.8	2.5
광주	534	1.9	717	1.7	3.0
대전	624	2.2	790	1.9	2.4
울산	1,793	6.3	2,605	6.3	3.8
세종	–	–	227	0.5	–
경기	5,913	20.7	9,034	21.7	4.3
강원	1,065	3.7	1,394	3.4	2.7
충북	1,244	4.4	1,974	4.7	4.7
충남	1,931	6.8	4,067	9.8	7.7
전북	1,169	4.1	1,899	4.6	5.0
전남	1,617	5.7	2,807	6.7	5.7
경북	2,852	10.0	3,866	9.3	3.1
경남	2,072	7.2	2,913	7.0	3.5
제주	238	0.8	381	0.9	4.8

〈보기〉

전력은 모든 지역에서 소비가 증가하였다. 특히 ㉠ 충청남도가 7.7%로 가장 높은 상승세를 나타냈으며, 이어서 ㉡ 전라도가 5%대의 연평균 증가율을 보이며 뒤를 이었다. 반면에 ㉢ 서울과 달리 부산 및 인천 지역은 증가율이 상대적으로 낮은 편인 것으로 나타났다.
인구가 가장 많은 경기도는 20%대의 비중을 유지하면서 지속해서 가장 높은 수준의 전력을 소비하는 지역으로 나타났으며, ㉣ 2014년 두 번째로 많은 전력을 소비했던 서울은 충청남도에 밀려 2024년에는 세 번째가 되었다. 한편, ㉤ 전국 에너지 소비량은 10년 사이 천만 TOE 이상의 증가를 나타냈다.

① ㉠
② ㉡
③ ㉢
④ ㉣
⑤ ㉤

19 형과 동생의 나이는 두 자릿수이고, 형제 나이에 각 십의 자리 숫자끼리 더하면 5, 일의 자리 숫자를 더하면 11이 된다. 동생 나이의 일의 자리 숫자가 형 나이의 일의 자리 숫자보다 크고 형과 동생의 나이 차이가 최소일 때, 동생의 나이는 몇 세인가?

① 26세
② 27세
③ 28세
④ 29세
⑤ 30세

20 다음은 K헬스장의 2024년 4분기 프로그램 회원 수와 2025년 1월 예상 회원 수에 대한 자료이다. 〈조건〉을 토대로 방정식 $2a+b=c+d$가 성립할 때, b에 해당하는 회원 수는 몇 명인가?

〈K헬스장 운동 프로그램 회원 현황〉

(단위 : 명)

구분	2024년 10월	2024년 11월	2024년 12월	2025년 1월
요가	50	a	b	
G.X	90	98	c	
필라테스	106	110	126	d

〈조건〉

- 2024년 11월 요가 회원은 전월 대비 20% 증가했다.
- 2024년 4분기 필라테스 총 회원 수는 G.X 총 회원 수보다 37명이 더 많다.
- 2025년 1월 필라테스의 예상 회원 수는 2024년 4분기 필라테스의 월평균 회원 수일 것이다.

① 110명
② 111명
③ 112명
④ 113명
⑤ 114명

21 다음은 공항철도를 이용한 월별 여객 수송실적이다. 자료의 빈칸 (A) ~ (C)에 들어갈 수로 옳은 것은?

〈공항철도 이용 여객 현황〉

(단위 : 명)

구분	수송인원	승차인원	유입인원
1월	209,807	114,522	95,285
2월	208,645	117,450	(A)
3월	225,956	133,980	91,976
4월	257,988	152,370	105,618
5월	266,300	187,329	78,971
6월	(B)	189,243	89,721
7월	328,450	214,761	113,689
8월	327,020	209,875	117,145
9월	338,115	(C)	89,209
10월	326,307	219,077	107,230

※ 유입인원은 환승한 인원임

※ (수송인원)=(승차인원)+(유입인원)

	(A)	(B)	(C)
①	101,195	278,884	243,909
②	101,195	268,785	243,909
③	91,195	268,785	248,906
④	91,195	278,964	248,906
⑤	90,095	278,964	249,902

22 다음은 K시의 어느 한 주간 최고기온과 최저기온을 나타낸 자료이다. 일주일 중 일교차가 가장 큰 요일은?

구분	월요일	화요일	수요일	목요일	금요일	토요일	일요일
최고기온(℃)	10.7	12.3	11.4	6.6	10.4	12.7	10.1
최저기온(℃)	−1.8	−1.3	2.0	−1.1	−3.1	0.1	−1.5

① 월요일
② 화요일
③ 금요일
④ 토요일
⑤ 일요일

23 다음은 A～J지역의 지역발전 지표에 대한 자료이다. 〈조건〉을 토대로 (가)～(라)에 들어갈 수 있는 값을 순서대로 바르게 나열한 것은?

〈A～J지역의 지역발전 지표〉

(단위 : %, 개)

지표 / 지역	재정 자립도	시가화 면적 비율	10만 명당 문화시설 수	10만 명당 체육시설 수	주택 노후화율	주택 보급률	도로 포장률
A	83.8	61.2	4.1	111.1	17.6	105.9	92.0
B	58.5	24.8	3.1	(다)	22.8	93.6	98.3
C	65.7	35.7	3.5	103.4	13.5	91.2	97.4
D	48.3	25.3	4.3	128.0	15.8	96.6	100.0
E	(가)	20.7	3.7	133.8	12.2	100.3	99.0
F	69.5	22.6	4.1	114.0	8.5	91.0	98.1
G	37.1	22.9	7.7	110.2	20.5	103.8	91.7
H	38.7	28.8	7.8	102.5	19.9	(라)	92.5
I	26.1	(나)	6.9	119.2	33.7	102.5	89.6
J	32.6	21.3	7.5	113.0	26.9	106.1	87.9

〈조건〉

- 재정 자립도가 E보다 높은 지역은 A, C, F이다.
- 시가화 면적 비율이 가장 낮은 지역은 주택노후화율이 가장 높은 지역이다.
- 10만 명당 문화시설 수가 가장 적은 지역은 10만 명당 체육시설 수가 네 번째로 많은 지역이다.
- 주택보급률이 도로포장률보다 낮은 지역은 B, C, D, F이다.

	(가)	(나)	(다)	(라)
①	58.6	20.9	100.9	92.9
②	60.8	19.8	102.4	92.5
③	63.5	20.1	115.7	92.0
④	65.2	20.3	117.1	92.6
⑤	65.8	20.6	118.7	93.7

24 다음 글을 근거로 판단할 때, 甲이 구매해야 할 재료와 그 양으로 옳은 것은?

甲은 아내, 아들과 함께 짬뽕을 만들어 먹기로 했다. 짬뽕요리에 필요한 재료를 사기 위해 근처 전통시장에 들른 甲은 아래 〈조건〉을 만족하도록 재료를 모두 구매한다. 다만 짬뽕요리에 필요한 각 재료의 절반 이상이 냉장고에 있으면 그 재료는 구매하지 않는다.

〈조건〉

- 甲과 아내는 각각 성인 1인분, 아들은 성인 0.5인분을 먹는다.
- 매운 음식을 잘 먹지 못하는 아내를 고려하여 '고추'라는 단어가 들어간 재료는 모두 절반만 넣는다.
- 아들은 성인 1인분의 새우를 먹는다.

〈냉장고에 있는 재료〉

면 200g, 오징어 240g, 돼지고기 100g, 양파 100g, 청양고추 15g, 고추기름 100ml, 대파 10cm, 간장 80ml, 마늘 5g

〈짬뽕요리 재료(성인 1인분 기준)〉

면 200g, 해삼 40g, 소라 30g, 오징어 60g, 돼지고기 90g, 새우 40g, 양파 60g, 양송이버섯 50g, 죽순 40g, 고추기름 20ml, 건고추 8g, 청양고추 10g, 대파 10cm, 마늘 10g, 청주 15ml

① 면 200g
② 양파 50g
③ 새우 100g
④ 건고추 7g
⑤ 돼지고기 125g

25 다음은 K공사에서 KTX 부정승차 적발 건수를 조사한 자료이다. 2018 ~ 2023년의 KTX 부정승차 평균 적발 건수는 70,000건, 2019 ~ 2024년의 평균은 65,000건이라고 할 때, 2024년 부정승차 적발 건수와 2018년 부정승차 적발 건수의 차이는 얼마인가?

〈KTX 부정승차 적발 건수〉

(단위 : 천 건)

구분	2018년	2019년	2020년	2021년	2022년	2023년
부정승차 적발 건수		65	70	82	62	67

① 32,000건
② 31,000건
③ 30,000건
④ 29,000건
⑤ 28,000건

26 다음은 K사의 상업용 무인기 국내 시장 판매량 및 수출입량과 매출액에 대한 자료이다. 〈보기〉에서 자료에 대한 설명으로 옳은 것을 모두 고르면?(단, 소수점 둘째 자리에서 반올림한다)

〈상업용 무인기 국내 시장 판매량〉

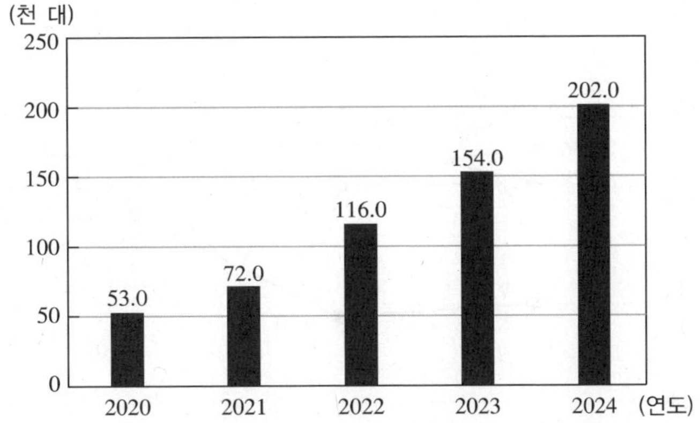

〈상업용 무인기 수출입량〉

(단위 : 천 대)

구분	2020년	2021년	2022년	2023년	2024년
수출량	1.2	2.5	18.0	67.0	240.0
수입량	1.1	2.0	3.5	4.2	5.0

※ 수출량은 국내 시장 판매량에 포함되지 않음

※ 수입량은 당해 연도 국내 시장에서 모두 판매됨

〈K사의 상업용 무인기 매출액〉

(단위 : 백만 달러)

구분	2020년	2021년	2022년	2023년	2024년
매출액	4.3	43.0	304.4	1,203.1	4,348.4

〈보기〉

ㄱ. 2024년 상업용 무인기의 국내 시장 판매량 대비 수입량의 비율은 3.0% 이하이다.

ㄴ. 2021 ~ 2024년 상업용 무인기 국내 시장 판매량의 전년 대비 증가율이 가장 큰 해는 2022년이다.

ㄷ. 2021 ~ 2024년 상업용 무인기 수입량의 전년 대비 증가율이 가장 작은 해에는 상업용 무인기 수출량의 전년 대비 증가율이 가장 크다.

ㄹ. 2022년 상업용 무인기 수출량의 전년 대비 증가율과 2022년 K사의 상업용 무인기 매출액의 전년 대비 증가율의 차이는 30% 이하이다.

① ㄱ, ㄴ

② ㄷ, ㄹ

③ ㄱ, ㄴ, ㄷ

④ ㄱ, ㄴ, ㄹ

⑤ ㄴ, ㄷ, ㄹ

27 다음은 K공사의 최근 4년간 청렴도 추세를 나타낸 그래프이다. 이에 대한 설명으로 옳지 않은 것은?(단, 소수점 둘째 자리에서 반올림한다)

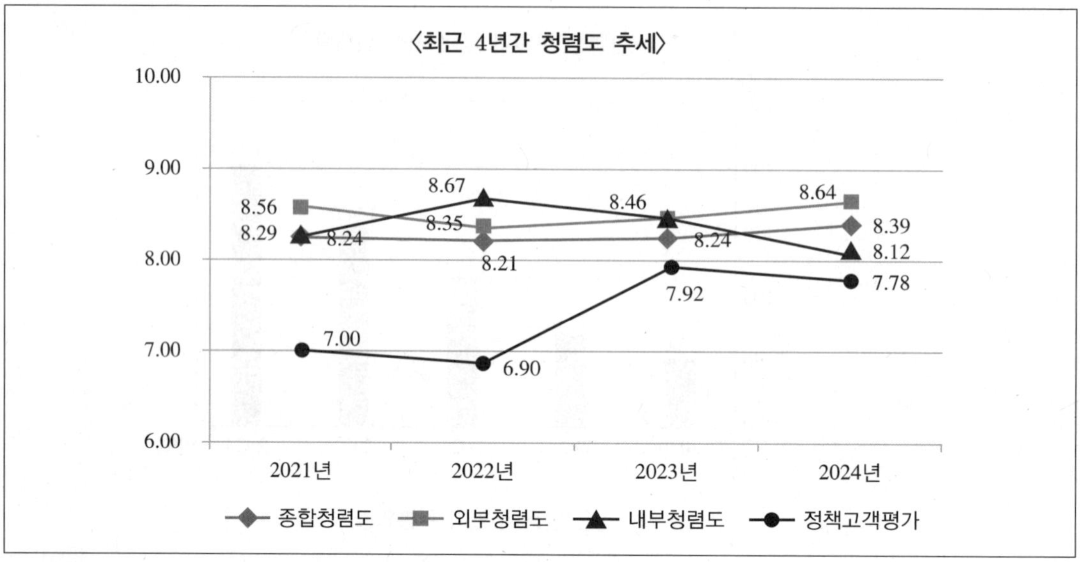

① 최근 4년간 내부청렴도의 평균은 외부청렴도 평균보다 낮다.

② 2022 ~ 2024년 외부청렴도와 종합청렴도의 증감추이는 같다.

③ 정책고객평가에서 전년 대비 가장 높은 비율의 변화가 있던 것은 2023년이다.

④ 전년 대비 가장 크게 하락한 항목은 2023년의 내부청렴도이다.

⑤ 내부청렴도와 정책고객평가는 2024년에 하락하였다.

28 반도체 부품을 만드는 어느 공장에는 구형기계와 신형기계, 두 종류의 기계가 있다. 구형기계 3대와 신형기계 5대를 가동했을 때는 1시간에 부품을 4,200개, 구형기계 5대와 신형기계 3대를 가동했을 때는 1시간에 부품을 3,000개를 만들 수 있다. 구형기계와 신형기계 각각 1대씩 가동했을 때는 1시간에 몇 개의 부품을 만들 수 있는가?

① 900개
② 1,000개
③ 1,100개
④ 1,200개
⑤ 1,300개

29 다음과 같이 일정한 규칙으로 수를 나열할 때 빈칸에 들어갈 수로 옳은 것은?

2	12	32	72	152	312	632	(　)

① 1,252
② 1,262
③ 1,264
④ 1,272
⑤ 2,280

30 다음은 K국의 반려동물 사료 유형별 특허 출원 건수에 대한 자료이다. 〈보기〉 중 옳은 것을 모두 고르면?

〈반려동물 사료 유형별 특허 출원 건수〉

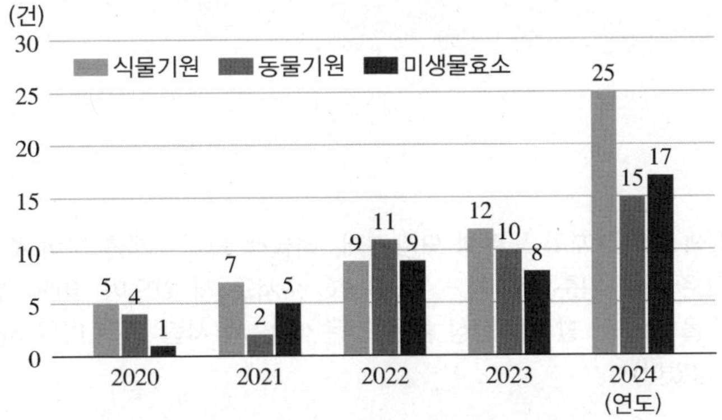

※ 반려동물 사료 유형은 식물기원, 동물기원, 미생물효소로만 구분함

〈보기〉

ㄱ. 2020～2024년 동안의 특허 출원 건수 합이 가장 작은 사료 유형은 미생물효소이다.
ㄴ. 연도별 전체 특허 출원 건수 대비 각 사료 유형의 특허 출원 건수 비율은 식물기원이 매년 가장 높다.
ㄷ. 2024년 특허 출원 건수의 전년 대비 증가율이 가장 높은 사료 유형은 식물기원이다.

① ㄱ
② ㄷ
③ ㄱ, ㄴ
④ ㄱ, ㄷ
⑤ ㄴ, ㄷ

31 K부서는 회식 메뉴를 선정하려고 한다. 〈조건〉에 따라 주문할 메뉴를 선택한다고 할 때, 다음 중 반드시 주문할 메뉴를 모두 고르면?

〈조건〉

- 삼선짬뽕은 반드시 주문한다.
- 양장피와 탕수육 중 하나는 반드시 주문하여야 한다.
- 자장면을 주문하는 경우, 탕수육은 주문하지 않는다.
- 자장면을 주문하지 않는 경우에만 만두를 주문한다.
- 양장피를 주문하지 않으면, 팔보채를 주문하지 않는다.
- 팔보채를 주문하지 않으면, 삼선짬뽕을 주문하지 않는다.

① 삼선짬뽕, 자장면, 양장피
② 삼선짬뽕, 탕수육, 양장피
③ 삼선짬뽕, 팔보채, 양장피
④ 삼선짬뽕, 탕수육, 만두
⑤ 삼선짬뽕, 탕수육, 양장피, 자장면

32 A～C에게 분홍색 모자 1개와 노란색 모자 1개, 하늘색 모자 2개를 보여 주고 눈을 감게 한 후 모자를 씌웠다. 세 사람은 벽을 기준으로 벽－A－B－C 순서로 서 있으며, 이때 앞에 있는 사람의 모자만 볼 수 있다. 〈조건〉을 토대로 할 때, 항상 옳은 것은?(단, 세 사람 모두 다른 사람의 말을 들을 수 있으며, 거짓말은 하지 않았다)

〈조건〉

C : 내 모자 색깔이 뭔지 모르겠어.
B : 음, 나도 내 모자가 무슨 색인지 도무지 모르겠다.
A : 아, 난 알겠다! 내 모자 색깔이 뭔지.

① A의 모자는 하늘색이다.
② A는 C의 말만 듣고도 자신의 모자 색깔을 알 수 있다.
③ B의 모자는 하늘색이다.
④ B의 모자는 빨간색이다.
⑤ C의 모자는 하늘색이 아니다.

33 A씨는 점심식사 중 식당에 있는 TV에서 정부의 정책에 대한 뉴스가 나오는 것을 보았다. 함께 점심을 먹는 동료들과 뉴스를 보고 나눈 대화의 내용으로 적절하지 않은 것은?

〈뉴스〉

앵커 : 저소득층에게 법률서비스를 제공하는 정책을 구상 중입니다. 정부는 무료로 법률자문을 하겠다고 자원하는 변호사를 활용하는 자원봉사제도, 정부에서 법률 구조공단 등의 기관을 신설하고 변호사를 유급으로 고용하여 법률서비스를 제공하는 유급법률구조제도, 정부가 법률서비스의 비용을 대신 지불하는 법률보호제도 등의 세 가지 정책대안 중 하나를 선택할 계획입니다.

이 정책대안을 비교하는 데 고려해야 할 정책목표는 비용저렴성, 접근용이성, 정치적 실현가능성, 법률서비스의 전문성입니다. 정책대안과 정책목표의 관계는 화면으로 보여드립니다. 각 대안이 정책목표를 달성하는 데 유리한 경우는 (+)로, 불리한 경우는 (−)로 표시하였으며, 유·불리 정도는 같습니다. 정책목표에 대한 가중치의 경우, '0'은 해당 정책목표를 무시하는 것을, '1'은 해당 정책목표를 고려하는 것을 의미합니다.

〈정책대안과 정책목표의 상관관계〉

정책목표	가중치		정책대안		
	A안	B안	자원봉사제도	유급법률구조제도	법률보호제도
비용저렴성	0	0	+	−	−
접근용이성	1	0	−	+	−
정치적 실현가능성	0	0	+	−	+
전문성	1	1	−	+	−

① 아마도 전문성 면에서는 유급법률구조제도가 자원봉사제도보다 더 좋은 정책 대안으로 평가받게 되겠군.
② A안에 가중치를 적용할 경우 유급법률구조제도가 가장 적절한 정책대안으로 평가받게 되지 않을까?
③ 반대로 B안에 가중치를 적용할 경우 자원봉사제도가 가장 적절한 정책대안으로 평가받게 될 것 같아.
④ A안과 B안 중 어떤 것을 적용하더라도 정책대안 비교의 결과는 달라지지 않을 것으로 보여.
⑤ 비용저렴성을 달성하기에 가장 유리한 정책대안은 자원봉사제도로군.

34 K공단 기획팀은 신입사원 입사로 인해 자리 배치를 바꾸려고 한다. 다음 자리 배치표와 〈조건〉을 참고하여 자리를 배치하였을 때, 배치된 자리와 직원의 연결로 옳은 것은?

〈자리 배치표〉

출입문				
1 – 신입사원	2	3	4	5
6	7	8 – A사원	9	10

• 기획팀 팀원 : A사원, B부장, C대리, D과장, E차장, F대리, G과장

〈조건〉

• B부장은 출입문과 가장 먼 자리에 앉는다.
• C대리와 D과장은 마주보고 앉는다.
• E차장은 B부장과 마주보거나 B부장의 옆자리에 앉는다.
• C대리는 A사원 옆자리에 앉는다.
• E차장 옆자리에는 아무도 앉지 않는다.
• F대리와 마주보는 자리에는 아무도 앉지 않는다.
• D과장과 G과장은 옆자리 또는 마주보고 앉지 않는다.
• 빈자리는 2자리이며 옆자리 또는 마주보는 자리이다.

① 2 – G과장
② 3 – B부장
③ 5 – E차장
④ 6 – F대리
⑤ 9 – C대리

35 최근 라면시장이 3년 만에 마이너스 성장한 것으로 나타남에 따라 K라면회사에 근무하는 P대리는 신제품 개발 이전 라면 시장에 대한 환경 분석과 관련된 보고서를 제출하라는 과제를 받았다. 다음 P대리가 작성한 SWOT 분석 중 기회요인에 작성될 수 있는 내용이 아닌 것은 무엇인가?

〈SWOT 분석표〉

강점(Strength)	약점(Weakness)
• 식품그룹으로서의 시너지 효과 • 그룹 내 위상, 역할 강화 • A제품의 성공적인 개발 경험	• 유통업체의 영향력 확대 • 과도한 신제품 개발 • 신상품의 단명 • 유사상품의 영역침범 • 경쟁사의 공격적인 마케팅 대응 부족 • 원재료의 절대적 수입 비중
기회(Opportunity)	**위협(Threat)**
	• 저출산, 고령화로 취식인구 감소 • 소득증가 • 언론, 소비단체의 부정적인 이미지 이슈화 • 정보의 관리, 감독 강화

① 1인 가구의 증대(간편식, 편의식)

② 조미료에 대한 부정적인 인식 개선

③ 1인 미디어 라면 먹방의 유행

④ 난공불락의 N사

⑤ 세계화로 인한 식품 시장의 확대

36 다음 글과 상황을 근거로 판단할 때, 〈보기〉에서 옳은 설명을 모두 고르면?

K국 사람들은 아래와 같이 한 손으로 1부터 10까지의 숫자를 표현한다.

숫자	1	2	3	4	5
펼친 손가락 개수	1개	2개	3개	4개	5개
펼친 손가락 모양					
숫자	**6**	**7**	**8**	**9**	**10**
펼친 손가락 개수	2개	3개	2개	1개	2개
펼친 손가락 모양					

〈상황〉

K국에 출장을 간 갑은 K국의 언어를 하지 못하여 물건을 살 때 상인의 손가락을 보고 물건의 가격을 추측한다. K국 사람의 숫자 표현법을 제대로 이해하지 못한 갑은 상인이 금액을 표현하기 위해 펼친 손가락 1개당 1원씩 돈을 지불하려고 한다(단, 갑은 하나의 물건을 구매하며, 물건의 가격은 최소 1원부터 최대 10원까지라고 가정한다).

〈보기〉

ㄱ. 물건의 가격과 갑이 지불하려는 금액이 일치했다면, 물건의 가격은 5원 이하이다.
ㄴ. 상인이 손가락 3개를 펼쳤다면, 물건의 가격은 최대 7원이다.
ㄷ. 물건의 가격과 갑이 지불하려는 금액이 8원만큼 차이가 난다면, 물건의 가격은 9원이거나 10원이다.
ㄹ. 갑이 물건의 가격을 초과하는 금액을 지불하려는 경우가 발생할 수 있다.

① ㄱ, ㄴ
② ㄷ, ㄹ
③ ㄱ, ㄴ, ㄷ
④ ㄱ, ㄷ, ㄹ
⑤ ㄱ, ㄴ, ㄷ, ㄹ

37 월요일부터 금요일까지 진료를 하는 의사는 〈조건〉에 따라 진료일을 정한다. 의사가 목요일에 진료를 하지 않았다면, 월요일부터 금요일 중 진료한 날은 총 며칠인가?

〈조건〉

- 월요일에 진료를 하면 수요일에는 진료를 하지 않는다.
- 월요일에 진료를 하지 않으면 화요일이나 목요일에 진료를 한다.
- 화요일에 진료를 하면 금요일에는 진료를 하지 않는다.
- 수요일에 진료를 하지 않으면 목요일 또는 금요일에 진료를 한다.

① 0일
② 1일
③ 2일
④ 3일
⑤ 4일

38 다음 글의 내용이 참일 때, 〈보기〉 중 반드시 참인 것을 모두 고르면?

K기술원 해수자원화기술 연구센터는 세계 최초로 해수전지 원천 기술을 개발한 바 있다. 연구센터는 해수전지 상용화를 위한 학술대회를 열었는데 학술대회로 연구원들이 자리를 비운 사이 누군가 해수전지 상용화를 위한 핵심 기술이 들어 있는 기밀 자료를 훔쳐 갔다. 경찰은 수사 끝에 바다, 다은, 은경, 경아를 용의자로 지목해 학술대회 당일의 상황을 물으며 이들을 심문했는데 이들의 답변은 다음과 같았다.

바다 : 학술대회에서 발표된 상용화 아이디어 중 적어도 하나는 학술대회에 참석한 모든 사람들의 관심을 받았어요. 다은은 범인이 아니에요.
다은 : 학술대회에 참석한 사람들은 누구나 학술대회에서 발표된 하나 이상의 상용화 아이디어에 관심을 가졌어요. 범인은 은경이거나 경아예요.
은경 : 학술대회에 참석한 몇몇 사람은 학술대회에서 발표된 상용화 아이디어 중 적어도 하나에 관심이 있었어요. 경아는 범인이 아니에요.
경아 : 학술대회에 참석한 모든 사람들이 어떤 상용화 아이디어에도 관심이 없었어요. 범인은 바다예요.

수사 결과 이들은 각각 참만을 말하거나 거짓만을 말한 것으로 드러났다. 그리고 네 명 중 한 명만 범인이었다는 것이 밝혀졌다.

〈보기〉

ㄱ. 바다와 은경의 말이 모두 참일 수 있다.
ㄴ. 다은과 은경의 말이 모두 참인 것은 가능하지 않다.
ㄷ. 용의자 중 거짓말한 사람이 단 한 명이면, 은경이 범인이다.

① ㄱ
② ㄴ
③ ㄱ, ㄷ
④ ㄴ, ㄷ
⑤ ㄱ, ㄴ, ㄷ

39 A대리는 사내 체육대회의 추첨에서 당첨된 직원들에게 나누어 줄 경품을 선정하고 있다. 〈조건〉의 명제가 다음과 같을 때, 다음 중 항상 참인 것은?

〈조건〉

- A대리는 펜, 노트, 가습기, 머그컵, 태블릿PC, 컵받침 중 3종류의 경품을 선정한다.
- 머그컵을 선정하면 노트는 경품에 포함하지 않는다.
- 노트는 반드시 경품에 포함된다.
- 태블릿PC를 선정하면, 머그컵을 선정한다.
- 태블릿PC를 선정하지 않으면, 가습기는 선정되고 컵받침은 선정되지 않는다.

① 가습기는 경품으로 선정되지 않는다.
② 머그컵과 가습기 모두 경품으로 선정된다.
③ 컵받침은 경품으로 선정된다.
④ 펜은 경품으로 선정된다.
⑤ 태블릿PC는 경품으로 선정된다.

40 업무수행과정에서 발생하는 문제를 발생형, 탐색형, 설정형의 세 가지 문제 유형으로 분류할 때, 다음 중 탐색형 문제에 해당하는 것은?

① 판매된 제품에서 이물질이 발생했다는 고객의 클레임이 발생하였다.
② 국내 생산 공장을 해외로 이전할 경우 발생할 수 있는 문제들을 파악하여 보고해야 한다.
③ 대외경쟁력과 성장률을 강화하기 위해서는 생산성을 15% 이상 향상시켜야 한다.
④ 공장의 생산 설비 오작동으로 인해 제품의 발주량을 미처 채우지 못하였다.
⑤ 향후 5년간 시장의 흐름을 예측한 후 자사의 새로운 성장 목표를 설정하기로 하였다.

41 다음은 K손해보험 보험금 청구 절차 안내문이다. 이를 토대로 고객들의 질문에 답변할 때, 적절하지 않은 것은?

〈보험금 청구 절차 안내문〉

단계	구분	내용
Step 1	사고 접수 및 보험금청구	피보험자, 가해자, 피해자가 사고발생 통보 및 보험금 청구를 합니다. 접수는 가까운 영업점에 관련 서류를 제출합니다.
Step 2	보상팀 및 보상담당자 지정	보상처리 담당자가 지정되어 고객님께 담당자의 성명, 연락처를 SMS로 전송해 드립니다. 자세한 보상관련 문의사항은 보상처리 담당자에게 문의하시면 됩니다.
Step 3	손해사정사법인 (현장확인자)	보험금 지급여부 결정을 위해 사고현장조사를 합니다. (병원 공인된 손해사정법인에게 조사업무를 위탁할 수 있음)
Step 4	보험금 심사 (심사자)	보험금 지급여부를 심사합니다.
Step 5	보험금 심사팀	보험금 지급여부가 결정되면 피보험자 예금통장에 보험금이 입금됩니다.

※ 3만 원 초과 10만 원 이하 소액통원의료비를 청구할 경우, 보험금 청구서와 병원영수증, 질병분류기호(질병명)가 기재된 처방전만으로 접수가 가능함

※ 의료기관에서 환자가 요구할 경우 처방전 발급 시 질병분류기호(질병명)가 기재된 처방전 2부 발급이 가능함

※ 온라인 접수 절차는 K손해보험 홈페이지에서 확인할 수 있음

① Q : 자전거를 타다가 팔을 다쳐서 병원비가 56,000원이 나왔습니다. 보험금을 청구하려고 하는데 제출할 서류는 어떻게 되나요?

A : 고객님의 의료비는 10만 원이 넘지 않는 관계로 보험금 청구서와 병원영수증, 진단서가 필요합니다.

② Q : 사고를 낸 당사자도 보험금을 청구할 수 있나요?

A : 네, 고객님. 사고의 가해자와 피해자 모두 보험금을 청구하실 수 있습니다.

③ Q : 사고 접수는 인터넷으로 접수가 가능한가요?

A : 네, 가능합니다. 자세한 접수 절차는 K손해보험 홈페이지에서 확인하실 수 있습니다.

④ Q : 질병분류기호가 기재된 처방전은 어떻게 발급하나요?

A : 처방전 발급 시 해당 의료기관에 질병분류기호를 포함해달라고 요청하시면 됩니다.

⑤ Q : 보험금은 언제쯤 지급받을 수 있을까요?

A : 보험금은 사고가 접수된 후에 사고현장을 조사하여 보험금 지급 여부를 심사한 다음 지급됩니다. 고객님마다 개인차가 있을 수 있으니 보다 정확한 사항은 보상 처리 담당자에게 문의 바랍니다.

42 A～E 다섯 명은 직장에서 상여금을 받았다. 상여금은 순서와 관계없이 각각 25만 원, 50만 원, 75만 원, 100만 원, 125만 원이다. 다음 〈조건〉을 근거로 판단할 때, 옳지 않은 것은?

〈조건〉

- A의 상여금은 다섯 사람 상여금의 평균이다.
- B의 상여금은 C, D보다 적다.
- C의 상여금은 어떤 이 상여금의 두 배이다.
- D의 상여금은 E보다 적다.

① A의 상여금은 A를 제외한 나머지 네 명의 평균과 같다.
② A의 상여금은 반드시 B보다 많다.
③ C의 상여금은 두 번째로 많거나 두 번째로 적다.
④ C의 상여금이 A보다 많다면, B의 상여금은 C의 50%일 것이다.
⑤ C의 상여금이 D보다 적다면, D의 상여금은 E의 80%일 것이다.

43 다음 글과 대화를 근거로 판단할 때, 빈칸 ㉠에 들어갈 내용으로 가장 적절한 것은?

정은 다음과 같은 사실을 알고 있다.

- 이번 주 개업한 K식당은 평일 '점심(12시)'과 '저녁(18시)'으로만 구분해 운영되며, 해당 시각 이전에 예약할 수 있다.
- 갑～병은 K식당에 이번 주 월요일부터 수요일까지 서로 겹치지 않게 예약하고 각자 한 번씩 다녀왔다.

〈대화〉

갑 : 나는 이번 주 을의 방문 후기를 보고 예약했어. 음식이 정말 훌륭하더라!
을 : 그렇지? 나도 나중에 들었는데 병은 점심 할인도 받았대. 나도 다음에는 점심에 가야겠어.
병 : 월요일은 개업일이라 사람이 많을 것 같아서 피했어. ____________㉠____________
정 : 너희 모두의 말을 다 들어보니, 각자 식당에 언제 갔는지를 정확하게 알겠다!

① 을이 다녀온 바로 다음 날 점심을 먹었지.
② 갑이 먼저 점심 할인을 받고 나에게 알려준 거야.
③ 갑이 우리 중 가장 늦게 갔었구나.
④ 월요일에 갔던 사람은 아무도 없구나.
⑤ 같이 가려고 했더니 이미 다들 먼저 다녀왔더군.

44 다음은 K구청의 민원사무처리규정 일부이다. 이를 참고하여 A ~ C씨가 요청한 민원이 처리·완료되는 시점을 각각 바르게 구한 것은?

■ 민원사무처리기본표(일부)

소관별	민원명	처리기간(일)	수수료(원)
공통	진정, 단순질의, 건의	7	없음
	법정질의	14	없음
주민복지	가족, 종중, 법인묘지설치허가	7 ~ 30	없음
	개인묘지설치(변경)신고	5	없음
	납골시설(납골묘, 납골탑)설치신고	7 ~ 21	없음
종합민원실	토지(임야)대장등본	즉시	500
	지적(임야)도등본	즉시	700
	토지이용계획확인서	1	1,000
	등록사항 정정	3	없음
	토지거래계약허가	15	없음
	부동산중개사무소 등록	7	개인 : 20,000 / 법인 : 3,000
	토지(임야)분할측량	7	별도

■ 민원사무처리기간 산정방식(단, 1일 근무시간은 8시간으로 한다)

- 민원사무처리기간을 "즉시"로 정한 경우
  - 정당한 사유가 없으면 접수 후 3근무시간 내에 처리하여야 한다.
- 민원사무처리기간을 "5일" 이하로 정한 경우
  - 민원 접수 시각부터 "시간" 단위로 계산한다.
  - 토요일과 공휴일은 산입하지 않는다.
- 민원사무처리기간을 "6일" 이상으로 정한 경우
  - 초일을 산입하여 "일" 단위로 계산한다.
  - 토요일은 산입하되, 공휴일은 산입하지 않는다.
- 신청서의 보완이 필요한 기간은 처리기간에 포함되지 않는다.

[4월 29일(금) 민원실 민원접수 현황]

01. 오전 10시 / A씨 / 부동산중개사무소 개점으로 인한 등록신청서 제출
02. 오후 12시 / B씨 / 토지의 소유권을 이전하는 계약을 체결하고자 허가서 제출
03. 오후 14시 / C씨 / 토지대장에서 잘못된 부분이 있어 정정요청서 제출

※ 공휴일 : 5/5 어린이날, 5/6 임시공휴일, 5/14 석가탄신일

	A씨	B씨	C씨
①	5/9(월)	5/19(목)	5/4(수) 10시
②	5/9(월)	5/19(목)	5/4(수) 14시
③	5/9(월)	5/23(월)	5/10(월) 14시
④	5/10(화)	5/19(목)	5/3(화) 14시
⑤	5/10(화)	5/23(월)	5/4(수) 14시

45 다음은 건강생활실천지원금제에 대한 자료이다. 〈보기〉의 신청자 중 예방형과 관리형에 해당하는 사람을 바르게 분류한 것은?

〈건강생활실천지원금제〉

- 사업설명 : 참여자 스스로 실천한 건강생활 노력 및 건강개선 결과에 따라 지원금을 지급하는 제도
- 시범지역

지역	예방형	관리형
서울	노원구	중랑구
경기·인천	안산시, 부천시	인천 부평구, 남양주시, 고양일산(동구, 서구)
충청권	대전 대덕구, 충주시, 충남 청양군(부여군)	대전 동구
전라권	광주 광산구, 전남 완도군, 전주시(완주군)	광주 서구, 순천시
경상권	부산 중구, 대구 남구, 김해시, 대구 달성군	대구 동구, 부산 북구
강원·제주권	원주시, 제주시	원주시

- 참여대상 : 주민등록상 주소지가 시범지역에 해당되는 사람 중 아래에 해당하는 사람

구분	조건
예방형	만 20 ~ 64세인 건강보험 가입자(피부양자 포함) 중 국민건강보험공단에서 주관하는 일반건강검진 결과 건강관리가 필요한 사람*
관리형	고혈압·당뇨병 환자

*건강관리가 필요한 사람 : 다음에 모두 해당하거나 ①, ② 또는 ①, ③에 해당하는 사람

① 체질량지수(BMI) 25kg/m^2 이상

② 수축기 혈압 120mmHg 이상 또는 이완기 혈압 80mmHg 이상

③ 공복혈당 100mg/dL 이상

〈조건〉

신청자	주민등록상 주소지	체질량지수	수축기 혈압 / 이완기 혈압	공복혈당	기저질환
A	서울 강북구	22kg/m^2	117mmHg / 78mmHg	128mg/dL	-
B	서울 중랑구	28kg/m^2	125mmHg / 85mmHg	95mg/dL	-
C	경기 안산시	26kg/m^2	142mmHg / 92mmHg	99mg/dL	고혈압
D	인천 부평구	23kg/m^2	145mmHg / 95mmHg	107mg/dL	고혈압
E	광주 광산구	28kg/m^2	119mmHg / 78mmHg	135mg/dL	당뇨병
F	광주 북구	26kg/m^2	116mmHg / 89mmHg	144mg/dL	당뇨병
G	부산 북구	27kg/m^2	118mmHg / 75mmHg	132mg/dL	당뇨병
H	강원 철원군	28kg/m^2	143mmHg / 96mmHg	115mg/dL	고혈압
I	제주 제주시	24kg/m^2	129mmHg / 83mmHg	108mg/dL	-

※ 모든 신청자는 만 20 ~ 64세이며, 건강보험에 가입하였음

	예방형	관리형
①	A, E	C, D
②	B, E	F, I
③	C, E	D, G
④	F, I	C, H
⑤	F, H	G, I

46 K공사 B과장이 내년에 해외근무 신청을 하기 위해서는 의무 교육이수 기준을 만족해야 한다. B과장이 지금까지 글로벌 경영교육 17시간, 해외사무영어교육 50시간, 국제회계교육 24시간을 이수하였다면, 의무 교육이수 기준에 미달인 과목과 그 과목의 부족한 점수는 몇 점인가?

〈의무 교육이수 기준〉

(단위 : 점)

구분	글로벌 경영	해외사무영어	국제회계
이수 완료 점수	15	60	20
시간당 점수	1	1	2

※ 초과 이수 시간은 시간당 0.2점으로 환산하여 해외사무영어 점수에 통합함

	과목	점수
①	해외사무영어	6.8점
②	해외사무영어	7.0점
③	글로벌경영	7.0점
④	국제회계	6.8점
⑤	국제회계	5.8점

47 자동차 부품을 생산하는 K기업은 반자동 라인과 자동 라인을 하나씩 보유하고 있다. 최근 일본의 자동차 회사와 수출계약을 체결하여 자동차 부품 34,500개를 납품하였다. K기업의 생산조건을 고려할 때, 일본에 납품할 부품을 생산하는 데 소요된 시간은 얼마인가?

〈자동차 부품 생산조건〉

- 반자동 라인은 4시간에 300개의 부품을 생산하며, 그중 20%는 불량품이다.
- 자동 라인은 3시간에 400개의 부품을 생산하며, 그중 10%는 불량품이다.
- 반자동 라인은 8시간마다 2시간씩 생산을 중단한다.
- 자동 라인은 9시간마다 3시간씩 생산을 중단한다.
- 불량 부품은 생산 후 폐기하고 정상인 부품만 납품한다.

① 230시간
② 240시간
③ 250시간
④ 260시간
⑤ 270시간

48 A고객은 K기업의 A/S 서비스를 이용했다. 제품 A/S 안내문과 서비스 이용내역이 다음과 같을 때, A고객이 지불한 A/S 서비스 비용은 얼마인가?

〈제품 A/S 안내문〉

1. 제품의 품질보증기간은 구입일로부터 1년입니다. 품질보증기간 중 A/S 서비스를 받는 경우 무료 A/S를 제공합니다. 품질보증기간 경과 후 A/S 서비스 비용은 소비자가 부담해야 합니다.
2. A/S 서비스 제공 시 수리비가 발생합니다(수리비 : 2만 원).
3. 부품 교체 시에는 수리비 외에도 부품비가 추가 발생합니다.
4. A/S 센터는 주중 오전 9시부터 오후 6시까지 운영하며, 토요일에는 오전 9시부터 오후 1시까지 운영합니다. 일요일 및 공휴일에는 A/S 서비스를 제공하지 않습니다.
5. 출장 A/S 서비스를 이용하는 경우 출장비가 별도로 발생합니다. A/S 센터 운영시간 내 출장 시 출장비 2만 원, 운영시간 외 출장 시 출장비 3만 원을 별도로 부과합니다.

〈A/S 서비스 이용내역〉

- 고객명 : A
- 제품명 : P기기
- 제품 구입일자 : 2024년 4월 6일 화요일
- A/S 서비스 제공 일시 : 2025년 4월 9일 토요일 오후 3시
- 서비스 내용 : P기기 전면부 파손으로 부품 일부 교체(부품비 : 5만 원), 출장 서비스 이용

① 무료
② 5만 원
③ 10만 원
④ 15만 원
⑤ 20만 원

49 A팀장은 4월 11일부터 4월 14일까지 대전에서 열리는 포럼에 참석할 예정이다. 포럼의 모든 프로그램에 참여하기 위해서는 포럼 개최기간 동안 차량으로 이동해야 한다. A팀장이 〈조건〉에 따라 아래 렌탈업체 중 한 곳을 통해 차량을 렌트하고자 할 때, 다음 중 A팀장이 이용할 렌탈업체와 포럼 개최기간 동안 지불할 총 렌트비용을 순서대로 바르게 나열한 것은?

〈예약사이트별 예약 정보〉

렌탈업체	가격(원/1일)	할인행사
부릉이렌탈	35,000	할인기간 동안 렌트 시, 1일당 10% 할인 (할인기간 : 4월 7일～4월 12일)
편한여행	39,000	3일 이상 이용 시 10% 할인 쿠폰 1개 제공
렌트여기	36,000	멤버십 가입 시 1일당 20% 할인 (멤버십 가입비 15,000원)
싸다렌탈	40,500	2일 이상 렌트 시 10,000원 할인

〈조건〉

- A팀장은 포럼의 모든 프로그램에 참여하고자 한다.
- A팀장은 포럼 첫날부터 마지막 날까지 모두 차량을 렌트하여야 한다.
- A팀장은 총 렌트비용을 최소화하고자 한다.
- 한 업체에서만 렌트할 수 있다.

	렌탈업체	총 렌트비용
①	부릉이렌탈	130,000원
②	편한여행	140,400원
③	렌트여기	130,200원
④	렌트여기	140,400원
⑤	싸다렌탈	152,000원

50 K하수처리장은 오수 1탱크를 정수로 정화하는 데 A ~ E 5가지 공정을 거친다고 한다. 공정당 소요 시간이 다음과 같을 때 30탱크 분량의 오수를 정화하는 데 걸린 최소 시간은?(단, 공정별 걸린 시간에는 정비시간이 포함되어 있다)

〈K하수처리장 공정별 소요시간〉

공정	A	B	C	D	E
걸린 시간	4시간	6시간	5시간	4시간	6시간

① 181시간
② 187시간
③ 193시간
④ 199시간
⑤ 205시간

51 K공단은 C형 폐수의 정화에 대한 연구를 하고자 한다. 폐수에 대한 정화공정 및 실험 내용에 대한 정보를 근거로 할 때, 다음의 실험을 거친 폐수에 포함된 P균과 Q균의 양을 순서대로 바르게 나열한 것은?(단, 소수점 둘째 자리에서 반올림한다)

〈C형 폐수에 대한 정보〉

- C형 폐수 1L당 P균이 400mL, Q균이 200mL 포함되어 있다.
- 각 정화공정에 따른 P균과 Q균의 세균수 변화는 다음과 같다.

구분	P균	Q균
공정 1(150℃ 이상의 온도로 가열)	40% 감소	30% 증식
공정 2(3단 여과기로 물리적 여과)	2/5로 감소	1/3로 감소
공정 3(A형 정화제 투입)	20% 감소	50% 감소

〈실험 내용〉

- 3L의 폐수를 준비하여 다음의 순서로 정화공정을 거친다.
  공정 1 → 공정 2 → 공정 3 → 공정 2

	P균	Q균
①	30.7mL	14.4mL
②	92.2mL	43.3mL
③	92.2mL	130mL
④	230.4mL	43.3mL
⑤	230.4mL	130mL

52 K공사는 구내식당 기자재의 납품업체를 선정하고자 한다. 각 입찰업체에 대한 정보는 아래와 같다고 한다. 선정조건에 따라 업체를 선정할 때, 다음 중 선정될 업체는?

〈선정 조건〉

• 선정 방식
선정점수가 가장 높은 업체를 선정한다. 선정점수는 납품품질 점수, 가격경쟁력 점수, 직원규모 점수에 가중치를 반영해 합산한 값을 의미한다. 선정점수가 가장 높은 업체가 2개 이상일 경우, 가격경쟁력 점수가 더 높은 업체를 선정한다.

• 납품품질 점수
업체별 납품품질 등급에 따라 다음 기준과 같이 점수를 부여한다.

구분	최상	상	중	하	최하
점수	100점	90점	80점	70점	60점

• 가격경쟁력
업체별 납품가격 총액 수준에 따라 다음 기준과 같이 점수를 부여한다.

구분	2억 원 미만	2억 원 이상 2억 5천만 원 미만	2억 5천만 원 이상 3억 원 미만	3억 원 이상
점수	100점	90점	80점	70점

• 직원규모
업체별 직원규모에 따라 다음 기준과 같이 점수를 부여한다.

구분	50명 미만	50명 이상 100명 미만	100명 이상 200명 미만	200명 이상
점수	70점	80점	90점	100점

• 가중치
납품품질 점수, 가격경쟁력 점수, 직원규모 점수는 다음 기준에 따라 각각 가중치를 부여한다.

구분	납품품질 점수	가격경쟁력 점수	직원규모 점수	합계
가중치	40	30	30	100

〈입찰업체 정보〉

구분	납품품질	납품가격 총액(원)	직원규모(명)
A업체	상	2억	125
B업체	중	1억 7,000만	141
C업체	하	1억 9,500만	91
D업체	최상	3억 2,000만	98
E업체	상	2억 6천만	210

① A업체
② B업체
③ C업체
④ D업체
⑤ E업체

※ D사원은 해외에서 열리는 세미나 참석을 위해 호텔을 예약하였다. 다음 자료를 토대로 이어지는 질문에 답하시오. **[53~54]**

• 출장일 : 2025년 4월 16일(수) ~ 20일(일)

〈호텔 숙박가격〉

구분	평일(일 ~ 목)	주말(금 ~ 토)
가격	USD 120	USD 150

〈유의사항〉

• 호텔 숙박을 원하실 경우 총숙박비의 20%에 해당하는 금액을 예치금으로 지불하셔야 합니다.
• 개인사정으로 호텔 예약을 취소 또는 변경하실 때는 숙박 예정일 4일 전까지는 전액 환불이 가능하지만, 그 이후로는 하루에 20%씩 취소 수수료가 부과됩니다. 노쇼(No-Show)의 경우와 체크인 당일 취소를 하실 경우에는 환불이 불가하오니, 이점 유의해 주시기 바랍니다.

53 D사원이 호텔에 지불한 예치금은 얼마인가?

① USD 105
② USD 108
③ USD 110
④ USD 120
⑤ USD 132

54 D사원은 회사 사정으로 다른 곳으로 급하게 출장을 가게 되어 D사원은 예약해 두었던 호텔을 취소하게 됐다. 이때, D사원이 호텔 규정에 따라 받을 수 있는 환불금액은?(단, D사원의 출장 출발일은 호텔 체크인 당일이었다)

① USD 108
② USD 222
③ USD 330
④ USD 432
⑤ 환불 불가능

55 스캐너 구매를 담당하고 있는 J대리는 사내 설문조사를 통해 부서별로 필요한 스캐너 기능을 확인하였다. 다음 〈조건〉을 참고하였을 때, 구매할 스캐너의 순위는?

K공사는 2025년 초에 회사 내의 스캐너 15개를 교체하려고 계획하고 있다.

구분	Q스캐너	T스캐너	G스캐너
제조사	미국 B회사	한국 C회사	독일 D회사
가격	18만 원	22만 원	28만 원
스캔 속도	40장/분	60장/분	80장/분
주요 특징	• 양면 스캔 가능 • 50매 연속 스캔 • 소비전력 절약 모드 지원 • 카드 스캔 가능 • 백지 Skip 기능 • 기울기 자동 보정 • A/S 1년 보장	• 양면 스캔 가능 • 타 제품보다 전력소모 60% 절감 • 다양한 소프트웨어 지원 • PDF 문서 활용 가능 • 기울기 자동 보정 • A/S 1년 보장	• 양면 스캔 가능 • 빠른 스캔 속도 • 다양한 크기 스캔 • 100매 연속 스캔 • 이중급지 방지 장치 • 백지 Skip 기능 • 기울기 자동 보정 • A/S 3년 보장

〈조건〉

- 양면 스캔 가능 여부
- 50매 이상 연속 스캔 가능 여부
- 예산 420만 원까지 가능
- 카드 크기부터 계약서 크기까지 스캔 지원
- A/S 1년 이상 보장
- 기울기 자동 보정 여부

① T스캐너 – Q스캐너 – G스캐너
② G스캐너 – Q스캐너 – T스캐너
③ G스캐너 – T스캐너 – Q스캐너
④ Q스캐너 – G스캐너 – T스캐너
⑤ Q스캐너 – T스캐너 – G스캐너

56 다음 평가기준을 토대로 평가대상기관 A ~ D 중 최종순위 최상위기관과 최하위기관을 바르게 나열한 것은?

〈공공시설물 내진보강대책 추진실적 평가기준〉

■ **평가요소 및 점수부여**

- $(\text{내진성능평가 지수}) = \dfrac{(\text{내진성능평가 실적 건수})}{(\text{내진보강대상 건수})} \times 100$
- $(\text{내진보강공사 지수}) = \dfrac{(\text{내진보강공사 실적 건수})}{(\text{내진보강대상 건수})} \times 100$
- 산출된 지수 값에 따른 점수는 아래 표와 같이 부여한다.

구분	지수 값 최상위 1개 기관	지수 값 중위 2개 기관	지수 값 최하위 1개 기관
내진성능평가 점수	5점	3점	1점
내진보강공사 점수	5점	3점	1점

■ **최종순위 결정**

- 내진성능평가 점수와 내진보강공사 점수의 합이 큰 기관에 높은 순위를 부여한다.
- 합산 점수가 동점인 경우에는 내진보강대상 건수가 많은 기관을 높은 순위로 정한다.

〈평가대상기관의 실적 건수〉

(단위 : 건)

구분	A기관	B기관	C기관	D기관
내진성능평가	82	72	72	83
내진보강공사	91	76	81	96
내진보강대상	100	80	90	100

	최상위기관	최하위기관
①	A기관	B기관
②	B기관	C기관
③	B기관	D기관
④	C기관	D기관
⑤	D기관	C기관

57 예산을 직접비용과 간접비용으로 구분한다고 할 때, 다음 〈보기〉에서 직접비용과 간접비용에 해당하는 것을 바르게 구분한 것을 모두 고르면?

〈보기〉

㉠ 재료비	㉡ 원료와 장비 구입비
㉢ 광고비	㉣ 보험료
㉤ 인건비	㉥ 출장비

	직접비용	간접비용
①	㉠, ㉡, ㉤	㉢, ㉣, ㉥
②	㉠, ㉡, ㉥	㉢, ㉣, ㉤
③	㉠, ㉡, ㉢, ㉣	㉤, ㉥
④	㉠, ㉡, ㉣, ㉥	㉢, ㉤
⑤	㉠, ㉡, ㉤, ㉥	㉢, ㉣

58 K회사는 해외지사와 화상 회의를 1시간 동안 하기로 하였다. 모든 지사의 업무시간은 오전 9시부터 오후 6시까지이며, 점심시간은 낮 12시부터 오후 1시까지이다. 〈조건〉이 다음과 같을 때, 회의가 가능한 시간은 언제인가?(단, 회의가 가능한 시간은 서울 기준이다)

〈조건〉

- 헝가리는 서울보다 7시간 느리고, 현지시간으로 오전 10시부터 2시간 동안 외부출장이 있다.
- 호주는 서울보다 1시간 빠르고, 현지시간으로 오후 2시부터 3시간 동안 회의가 있다.
- 베이징은 서울보다 1시간 느리다.
- 헝가리와 호주는 서머타임 +1시간을 적용한다.

① 오전 10시 ~ 오전 11시
② 오전 11시 ~ 낮 12시
③ 오후 1시 ~ 오후 2시
④ 오후 2시 ~ 오후 3시
⑤ 오후 3시 ~ 오후 4시

59 다음은 주당배당금 및 배당수익률 산출식에 대한 정보이다. 정보를 참고해 배당금이 많은 사람부터 적은 사람의 순서대로 바르게 나열한 것은?(단, 빈칸은 일부분이 누락된 부분이다)

〈개인별 투자 현황〉

구분	투자한 회사의 당기순이익	투자한 회사의 주가	투자한 회사의 배당수익률	투자한 회사의 발행주식 수
정현	20억 원	20,000원		10만 주
현수		30,000원	10%	80만 주
수희	40억 원	100,000원		10만 주
희진		60,000원	20%	20만 주
진경	20억 원	40,000원		20만 주

〈정보〉

- 주당배당금(DPS; Dividend Per Share) : 배당금 총액을 주식 수로 나누는 방식
  =(배당금 총액)÷(발행주식 수)
- 배당수익률(DYR; Dividend Yield Ratio) : 주당배당금을 주가로 나눈 백분율 값
  =(주당배당금)÷(주가)×100
- 배당금 총액은 통상 당기순이익의 20%이며, 배당금은 주당배당금의 100배이다.

① 진경> 현수> 정현> 수희> 희진
② 희진> 정현> 수희> 현수> 진경
③ 진경> 수희> 현수> 정현> 희진
④ 희진> 수희> 정현> 현수> 진경
⑤ 수희> 희진> 현수> 정현> 진경

60 K기업의 1～3년 차 근무를 마친 A～E 다섯 명의 사원들은 인사이동 시기를 맞아 근무지를 이동해야 한다. 근무지 이동 규정과 각 사원들이 근무지 이동을 신청한 내용이 다음과 같을 때, 이에 대한 설명으로 옳지 않은 것은?

〈근무지 이동 규정〉

- 수도권 지역은 여의도, 종로, 영등포이고, 지방 지역은 광주, 제주, 대구이다.
- 2번 이상 같은 지역(예 여의도 → 여의도 ×)을 신청할 수 없다.
- 3년 연속 같은 수도권 지역이나 지방 지역을 신청할 수 없다.
- 2, 3년 차보다 1년 차 신입 및 1년 차 근무를 마친 직원이 신청한 내용이 우선된다.
- 1년 차 신입은 전년도 평가 점수를 100점으로 한다.
- 직원 A～E는 서로 다른 곳에 배치된다.
- 같은 지역으로의 이동을 신청한 경우 전년도 평가 점수가 더 높은 사람이 우선하여 이동한다.
- 규정에 부합하지 않게 이동 신청을 한 경우, 신청한 곳에 배정받을 수 없다.

〈근무지 이동 신청〉

직원	1년 차 근무지	2년 차 근무지	3년 차 근무지	신청지	전년도 평가
A	대구	–	–	종로	–
B	여의도	광주	–	영등포	92
C	종로	대구	여의도	미정	88
D	영등포	종로	–	여의도	91
E	광주	영등포	제주	영등포	89

① B는 영등포로 이동하게 될 것이다.

② C는 지방 지역으로 이동하고, E는 여의도로 이동하게 될 것이다.

③ A는 대구를 1년 차 근무지로 신청하였을 것이다.

④ D는 자신의 신청지로 이동하게 될 것이다.

⑤ C가 제주로 이동한다면, D는 광주나 대구로 이동하게 된다.

합격의공식
시대
에듀
www.sdedu.co.kr

제4회 NCS 핵심영역

영역분리형 모의고사

www.sdedu.co.kr

〈문항 및 시험시간〉

평가영역	문항 수	시험시간	모바일 OMR 답안분석
의사소통능력+수리능력+ 문제해결능력+자원관리능력	60문항	60분	

NCS 핵심영역 최종모의고사

제4회 모의고사

문항 수 : 60문항
시험시간 : 60분

제1영역 의사소통능력

01 다음 글의 빈칸에 들어갈 내용으로 가장 적절한 것은?

> 무엇보다도 전통은 문화적 개념이다. 문화는 복합 생성을 그 본질로 한다. 그 복합은 질적으로 유사한 것끼리는 짧은 시간에 무리 없이 융합되지만, 이질적일수록 그 혼융의 역사적 기간과 길항이 오래 걸리는 것은 사실이다. 그러나 이질적인 전통이 그 주류에 있어서 교체가 더디다 해서 전통 자체를 단절된 것으로 볼 수는 없다. 오늘날 이미 하나의 문화적 전통을 이룬 서구의 전통도 희랍・로마 이래 장구한 역사로서 헬레니즘과 히브리즘의 이질적 전통이 융합된 것임은 이미 다 아는 상식 아닌가.
> 지금은 끊어졌다는 우리의 고대 이래의 전통도 알고 보면 샤머니즘에, 선교에, 불교에, 도교에, 유교에 실학파를 통해 받아들인 천주교적 전통까지 혼합된 것이고, 그것들 사이에는 유사한 것도 있었지만 상당히 이질적인 것이 교차하여 겯고 튼 끝에 이루어진 전통이며, 그것은 어느 것이나 '우리화'시켜 받아들임으로써 우리의 전통이 되었던 것이다. 이런 의미에서 보자면 오늘날 일시적 전통의 혼미를 전통의 단절로 속단하고 이를 전통 부정의 논거로 삼는 것은 허망된 논리이다. ________________________
> 그러므로 전통의 혼미란 곧 주체 의식의 혼미란 뜻에 지나지 않는다. 전통 탐구의 현대적 의의는 바로 문화의 기본적 주체 의식의 각성과 시대적 가치관의 검토, 이 양자의 관계에 대한 탐구의 요구이다.

① 끊어지고 바뀌고 붙고 녹는 것을 계속하면서도 그것을 일관하는 것이 전통이다.
② 전통은 물론 과거로부터 이어 온 것을 말한다.
③ 전통은 대체로 그 사회 및 사회의 구성원인 개인의 몸에 배어 있는 것이다.
④ 우리 민족 문화의 전통은 부단한 창조 활동 속에서 이어 온 것이다.
⑤ 전통은 우리의 현실에 작용하는 경우가 있다.

02 다음 글의 내용으로 적절하지 않은 것은?

> 어떤 사회 현상이 나타나는 경우 그러한 현상은 '제도'의 탓일까, 아니면 '문화'의 탓일까? 이 논쟁은 정치학을 비롯한 모든 사회과학에서 두루 다루는 주제이다. 정치학에서 제도주의자들은 보다 선진화된 사회를 만들기 위해서 제도의 정비가 중요하다고 주장한다. 하지만 문화주의자들은 실제적인 '운용의 묘'를 살리는 문화가 제도의 정비보다 중요하다고 주장한다.
>
> 문화주의자들은 문화를 가치, 신념, 인식 등의 총체로서 정치적 행동과 행위를 특정한 방향으로 움직여 일정한 행동 양식을 만들어 내는 것으로 정의한다. 이러한 문화에 대한 정의를 바탕으로 이들은 국민이 정부에게 하는 정치적 요구인 투입과 정부가 생산하는 정책인 산출을 기반으로 정치 문화를 편협형, 신민형, 참여형의 세 가지로 유형화하였다.
>
> 편협형 정치 문화는 투입과 산출에 대한 개념이 모두 존재하지 않는 정치 문화이다. 투입이 없으며, 정부도 산출에 대한 개념이 없어서 적극적 참여자로서의 자아가 있을 수 없다. 사실상 정치 체계에 대한 인식이 국민들에게 존재할 수 없는 사회이다. 샤머니즘에 의한 신정 정치, 부족 또는 지역 사회 등 전통적인 원시 사회가 이에 해당한다.
>
> 다음으로 신민형 정치 문화는 투입이 존재하지 않으며, 적극적 참여자로서의 자아가 형성되지 못한 사회이다. 이런 상황에서 산출이 존재한다는 의미는 국민이 정부가 해주는 대로 받는다는 것을 의미한다. 이들 국민은 정부에 복종하는 성향이 강하다. 하지만 편협형 정치 문화와 달리 이들 국민은 정치 체계에 대한 최소한의 인식은 있는 상태이다. 일반적으로 독재 국가의 정치 체계가 이에 해당한다.
>
> 마지막으로 참여형 정치 문화는 국민들이 자신들의 요구 사항을 표출할 줄도 알고, 정부는 그러한 국민들의 요구에 응답하는 사회이다. 따라서 국민들은 적극적인 참여자로서의 자아가 형성되어 있으며, 그러한 적극적 참여자들로 형성된 정치 체계가 존재하는 사회이다. 이는 선진 민주주의 사회로서 현대의 바람직한 민주주의 사회상이다.
>
> 정치 문화 유형 연구는 어떤 사회가 민주주의를 제대로 구현하기 위해서 우선적으로 필요한 것이 무엇인가 하는 질문에 대한 답을 제시하고 있다. 문화주의자들은 국가를 특정 제도의 장단점에 의해서가 아니라 국가의 구성 요소들이 민주주의라는 보편적인 목적을 위해 얼마나 잘 기능하고 있는가를 기준으로 평가하고 있는 것이다.

① 문화주의자들은 정치 문화를 편협형, 신민형, 참여형으로 나눈다.
② 편협형 정치 문화는 투입과 산출에 대한 개념이 없다.
③ 참여형 정치 문화는 국민과 정부가 소통하는 사회이다.
④ 신민형 정치 문화는 투입은 존재하지 않으며 산출은 존재하는 사회이다.
⑤ 독재 국가의 정치 체계는 편협형 정치 문화에 해당한다.

03 다음 〈보기〉 중 직업생활에서의 의사소통에 대하여 잘못 설명한 직원을 모두 고르면?

〈보기〉

김대리 : 직장 내에서의 의사소통은 정보 전달이 핵심이야. 감정이 반영된 의사소통은 조직의 목표 달성을 저해할 수 있어.

최주임 : 정확한 의사소통을 위해서는 참여자들이 공통적으로 공유할 수 있는 의미를 형성해 내야 합니다.

박사원 : 단순 의사의 전달뿐만 아니라, 각자의 경험에 대한 상호 교류를 포함하는 것도 의사소통의 범위에 포함된다고 생각합니다.

① 김대리
② 최주임
③ 김대리, 최주임
④ 김대리, 박사원
⑤ 김대리, 최주임, 박사원

04 다음 글의 내용으로 적절하지 않은 것은?

생성 예술은 사이버네틱스와 시스템이론을 이용한 현대예술 형식이다. 생성 예술은 본질적으로 '작품'이란 완성된 최종적 결과물이어야 한다는 전통적 예술 관념에 저항한다. 생성 예술에서 작가는 생물 발생과 진화의 생성 시스템에 내재된 창발(創發), 진화, 자기 조직화의 개념을 창작에 직·간접적으로 반영한다. 생성 예술은 인공적이거나 자연적인 시스템을 사용한다. 때문에 생성 예술의 작가는 직접 작품을 완성하는 것보다 과정으로서의 작품을 창작하기 위한 시스템의 설계에 더 큰 관심을 둔다. 일단 작가가 생성 시스템을 설계하면, 그 시스템의 작동에 따라 작품은 스스로 만들어진다. 생성 예술에서는 작품이 자동적으로 만들어져 가는 과정 자체가 창작활동의 핵심적 요소이다. 생성 예술의 작가는 작품이 창작되는 전 과정을 모두 예상하기는 힘들며, 생성 예술 작품은 작가의 성향이나 의도가 아닌 창작 과정에 주어지는 조건으로부터 많은 영향을 받는다.

생성 예술에서 작품이 만들어지는 과정은 작가가 설계한 생성 시스템에서 시작되지만, 그것이 작동하면 스스로 작품 요소가 선택되고, 선택된 작품 요소들이 혼성·개선되면서 창발적으로 새로운 작품 요소를 만들어 낸다. 이런 과정은 흡사 생명체가 발생하고 진화하는 과정과 유사하다. 생성 예술은 예상치 못하게 끊임없이 변하는 과정을 통해 예술작품을 만들어 간다. 이러한 과정 자체는 무작위적인 우연의 연속이다. 이처럼 창작 과정에서 무작위적 우연이 배제될 수 없기 때문에 생성 예술에서 작가 개인의 미학적 의도를 해석해 낼 수 없다.

① 생성 예술에서는 무작위적 우연이 개입되어 작품을 만들어 간다.
② 생성 예술에서는 완성된 최종 결과물이 곧 작가의 창작의도이다.
③ 생성 예술에서는 작품의 완성보다 작품이 만들어지는 과정이 창작활동의 핵심으로 이해된다.
④ 생성 예술에서 작품 요소가 선택되고 혼성·개선되는 과정 중간에 작가는 직접 개입하지 않는다.
⑤ 생성 예술에서 작가가 시스템을 설계하면, 그 시스템은 생명체가 발생하고 진화하는 것처럼 스스로 작품을 조직해 나간다.

05 다음 글의 밑줄 친 ㉠~㉤ 중 단어의 사용이 적절하지 않은 것은?

보건복지부는 포용적 사회보장의 기반 마련을 위해 복지 대상자를 중심에 두고 필요한 정보를 연계·통합한 '차세대 사회보장 정보 시스템' ㉠ 창안(創案) 계획을 발표했다. 이에 포괄적 사회보장 지원을 원하는 국민은 누구나 '복지 멤버십'의 회원으로 등록할 수 있다. 등록 시 조사에 동의한 가구·소득·재산 정보를 토대로 사회보장 급여·서비스의 지원 기준에 맞춰 정보 시스템이 우선 대상자를 ㉡ 판정(判定)한다. 임신, 출산, 입학, 실직, 퇴직, 중대 질병·장애 발생, 입원 등 경제 상황 변동에 따른 사회보장 정보를 제공한다. 보건복지부 관계자는 "안내를 받은 국민이 사회보장 급여와 서비스를 편리하게 신청할 수 있도록 하여 복지 ㉢ 사각지대(寫角地帶)를 해소하고, 정책 개선 체감도를 높이고자 한다."라고 말했다.
빅데이터를 활용한 시스템도 도입한다. 기존에 단전·단수 정보나 건강 보험료 체납 정보 등의 빅데이터 정보를 활용했지만, 앞으로는 단순 빈곤을 넘어 고립, 관계 단절, 정신적·인지적 문제가 있는 경우까지 발굴할 수 있는 방안을 연구하고, 이에 대한 사회적 논의를 신중히 진행할 예정이다. 이를 위해 정부는 보건·복지 콜센터 상담사나 민간 복지 기관 ㉣ 종사자(從事者) 등 다양한 인적 안전망을 통해 들어오는 위기 정보를 체계적으로 관리하여 빅데이터 분석에 활용할 계획이다. 또한 고용 위기 등 기초자치단체에서 지역 특성을 고려해 자체적으로 위기 가구를 분석하고, 원룸·고시원·판자촌 등 주민 등록 정보 관리가 어려운 지역은 위기 징표가 ㉤ 밀집(密集)된 곳의 위치 정보를 제공할 계획이다.

① ㉠
② ㉡
③ ㉢
④ ㉣
⑤ ㉤

06 다음 글의 밑줄 친 ㉠, ㉡의 관계와 비슷한 것은?

이번에 치러진 선거는 치명적인 ㉠ 맹점이 있다. 민주주의의 핵심인 선거에서 사람의 신원을 확인하지 않는 것이 가능한가? 그 나라 국민들이 직접 대표를 뽑는 것이 선거의 핵심인데, 신원 확인을 하지 않고서 ㉡ 무결한 선거가 가능하다는 말인가?

① 반편이라고 괄시를 받던 온달이 장군이 되어 전공을 세우자 어디를 가든 후대를 받았다.
② 지난달 과소비로 인해 당분간 긴축 생활을 해야 할 필요가 있으므로 불필요한 돈부터 절약해 보자.
③ 기계를 다루기 전에는 반드시 사용상의 유의 사항을 확인하고, 항상 안전 수칙을 유념해야 합니다.
④ 얼마 전 미인 대회에서 여러 후보를 제치고 선발된 그녀는 이번에 새로 출시된 화장품의 광고 모델로 발탁되었다.
⑤ 불공정한 계약 내용을 수정하지 않을 경우 법적 조치를 취할 예정이라고 하니, 이에 대한 대처 방안을 마련해야 합니다.

※ 다음 글을 읽고 이어지는 질문에 답하시오. [7~8]

아도르노는 문화산업론을 통해서 대중문화의 이데올로기를 비판하였다. 그는 지배 관계를 은폐하거나 정당화하는 허위의식을 이데올로기로 보고, 대중문화를 지배 계급의 이데올로기를 전파하는 대중 조작 수단으로, 대중을 이에 기만당하는 문화적 바보로 평가하였다. 또한 그는 대중문화 산물의 내용과 형식이 표준화·도식화되어 더 이상 예술인 척할 필요조차 없게 되었다고 주장했다.

그러나 그의 이론은 구체적 비평 방법론의 결여와 대중문화에 대한 극단적 부정이라는 한계를 보여 주었고, 이후의 연구는 대중문화 텍스트의 의미화 방식을 규명하거나 대중문화의 새로운 가능성을 찾는 두 방향으로 발전하였다. 전자는 알튀세를 수용한 스크린 학파이며 후자는 수용자로 초점을 전환한 피스크이다.

초기 스크린 학파는 주체가 이데올로기 효과로 구성된다는 알튀세의 관점에서 허위의식으로서의 이데올로기 개념을 비판하고 어떻게 특정 이데올로기가 대중문화 텍스트를 통해 주체 구성에 관여하는지를 분석했다. 이들은 이데올로기를 개인들이 자신의 물질적 상황을 해석하고 경험하는 개념틀로 규정하고, 그것이 개인을 자율적 행위자로 오인하게 하여 지배적 가치를 스스로 내면화하는 주체로 만든다고 했다. 특히 그들은 텍스트의 특정 형식이나 장치를 통해 대중문화 텍스트의 관점을 자명한 진리와 동일시하게 하는 이데올로기 효과를 분석했다. 그러나 그 분석은 텍스트의 지배적 의미가 수용되는 기제의 해명에 집중되어, 텍스트가 규정하는 의미에 반하는 수용자의 다양한 해석 가능성은 충분히 설명하지 못했다.

이 맥락에서 피스크의 수용자 중심적 대중문화 연구가 등장한다. 그는 수용자의 의미 생산을 강조하여 정치 미학에서 대중 미학으로 초점을 전환했다. 그는 대중을 사회적 이해관계에 따라 다양한 주체 위치에서 유동하는 행위자로 본다. 상업적으로 제작된 대중문화 텍스트는 그 자체로 대중문화가 아니라 그것을 이루는 자원일 뿐이며, 그 자원의 소비 과정에서 대중이 자신의 이해에 따라 새로운 의미와 저항적·도피적 쾌락을 생산할 때 비로소 대중문화가 완성된다. 피스크는 지배적·교섭적·대항적 해석의 구분을 통해 대안적 의미 해석 가능성을 시사했던 홀을 비판하면서, 그조차 텍스트의 지배적 의미를 그대로 수용하는 선호된 해석을 인정했다고 지적한다. 그 대신 그는 텍스트가 규정한 의미를 벗어나는 대중들의 게릴라 전술을 강조했던 드 세르토에 의거하여, 대중문화는 제공된 자원을 활용하는 과정에서 그 힘에 복종하지 않는 약자의 창조성을 특징으로 한다고 주장한다.

피스크는 대중문화를 판별하는 대중의 행위를 아도르노식의 미학적 판별과 구별한다. 텍스트 자체의 특질에 집중하는 미학적 판별과 달리, 대중적 판별은 일상에서의 적절성과 기호학적 생산성, 소비 양식의 유연성을 중시한다. 대중문화 텍스트는 대중들 각자의 상황에 적절하게 기능하는, 다양한 의미 생산 가능성이 중요하다. 따라서 텍스트의 구조에서 텍스트를 읽어 내는 실천 행위로, "무엇을 읽고 있는가?"에서 "어떻게 읽고 있는가?"로 문제의식을 전환해야 한다는 것이다. 피스크는 대중문화가 일상의 진보적 변화를 위한 것이지만, 이를 토대로 해서 이후의 급진적 정치 변혁도 가능해진다고 주장한다.

그러나 피스크는 대중적 쾌락의 가치를 지나치게 높이 평가하고 사회적 생산 체계를 간과했다는 비판을 받았다. 켈러에 따르면, 수용자 중심주의는 일면적인 텍스트 결정주의를 극복했지만 대중적 쾌락과 대중문화를 찬양하는 문화적 대중주의로 전락했다.

07 **다음 중 윗글을 읽고 이해한 내용으로 가장 적절한 것은?**

① 아도르노는 대중문화 산물에 대한 질적 가치 판단을 통해 그것이 예술로서의 지위를 가지지 않는다고 간주했다.

② 알튀세의 이데올로기론을 수용한 대중문화 연구는 텍스트가 수용자에게 미치는 일면적 규정을 강조하는 시각을 지양하였다.

③ 피스크는 대중문화의 긍정적 의미가 대중 스스로 자신의 문화 자원을 직접 만들어 낸다는 점에 있다고 생각했다.

④ 홀은 텍스트의 내적 의미가 선호된 해석을 가능하게 한다고 주장함으로써 수용자 중심적 연구의 관점을 보여 주었다.

⑤ 정치 미학에서 대중 미학으로의 발전은 대중문화를 이른바 게릴라 전술로 보는 시각을 극복할 수 있었다.

08 **다음 중 윗글을 토대로 할 때, 〈보기〉에 대한 각 입장의 평가로 적절하지 않은 것은?**

〈보기〉

> 큰 인기를 얻었던 뮤직 비디오 〈Open Your Heart〉에서 마돈나는 쇼무대에서 춤추는 스트립 댄서 역할로 등장하였다. 그러나 그녀는 유혹적인 춤을 추는 대신에 카메라를 정면으로 응시하며 힘이 넘치는 춤을 추면서 남성의 훔쳐보는 시선을 조롱한다. 이 비디오는 몇몇 남성에게는 관음증적 쾌락의 대상으로, 소녀 팬들에게는 자신의 섹슈얼리티를 적극적으로 표출하는 강한 여성의 이미지로, 일부 사람들에게는 여성 신체를 상품화하는 성차별적 이미지로 받아들여졌다.

① 아도르노는 마돈나의 뮤직 비디오에서 수용자가 얻는 쾌락이 현실의 문제를 회피하게 만드는 기만적인 즐거움이라고 설명했을 것이다.

② 초기 스크린 학파는 마돈나의 뮤직 비디오에서 텍스트의 형식이 다층적인 기호학적 의미를 생산한다는 점을 높게 평가했을 것이다.

③ 피스크는 모순적 이미지들로 구성된 마돈나의 뮤직 비디오가 서로 다른 사회적 위치에 있는 수용자들에게 다른 의미로 해석된 점에 주목했을 것이다.

④ 피스크는 마돈나의 뮤직 비디오가 갖는 의의를 수용자가 대중문화 자원의 지배적 이데올로기로부터 벗어날 수 있는 가능성에서 찾았을 것이다.

⑤ 켈러는 마돈나의 뮤직 비디오에서 수용자들이 느끼는 쾌락이 대중문화에 대한 경험과 문화 산업의 기획에 의해 만들어진 결과라고 분석했을 것이다.

※ 다음을 읽고 이어지는 질문에 답하시오. [9~10]

리튬은 원자번호 3번으로 알칼리 금속이다. 리튬은 아르헨티나와 칠레 등 남미와 호주에서 대부분 생산된다. 소금호수로 불리는 염호에서 리튬을 채굴하는 것이다. 리튬을 비롯한 알칼리 금속은 쉽게 전자를 잃어버리고 양이온이 되는 특성이 있다. 전자를 잃은 리튬은 리튬이온(Li+) 상태로 존재한다.

리튬의 가장 큰 장점은 가볍다는 점이다. 스마트폰이나 노트북 등 이동형 기기가 등장할 수 있었던 이유다. 이동형 기기에 전원을 공급하는 전지가 무겁다면 들고 다니기 쉽지 않다. 경량화를 통해 에너지 효율을 추구하는 전기차도 마찬가지다. 또 양이온 중 수소를 제외하면 이동 속도가 가장 빠르다. 리튬이온의 이동 속도가 빠르면 더 큰 전기에너지를 내는 전지로 만들 수 있기 때문에 리튬이온전지 같은 성능을 내는 2차 전지는 현재로서는 없다고 할 수 있다.

리튬이온전지는 양극과 음극, 그리고 전지 내부를 채우는 전해질로 구성된다. 액체로 구성된 전해질은 리튬이온이 이동하는 경로 역할을 한다. 일반적으로 리튬이온전지의 음극에는 흑연을, 양극에는 금속산화물을 쓴다.

충전은 외부에서 전기에너지를 가해 리튬이온을 음극재인 흑연으로 이동시키는 과정이며, 방전은 음극에 모인 리튬이온이 양극으로 이동하는 과정을 말한다. 양극재로 쓰이는 금속산화물에는 보통 리튬코발트산화물이 쓰인다. 충전 과정을 통해 음극에 삽입돼 있던 리튬이온이 빠져나와 전해질을 통해 양극으로 이동한다. 이때 리튬이온이 잃은 전자가 외부 도선을 통해 양극으로 이동하게 되는데, 이 과정에서 전기에너지가 만들어진다. 리튬이온이 전부 양극으로 이동하면 방전상태가 된다. 다시 외부에서 전기에너지를 가하면 리튬이온이 음극으로 모이면서 충전된다. 이 같은 충·방전 과정을 반복하며 전기차나 스마트폰, 노트북 등에 전원을 공급하는 역할을 하는 것이다.

리튬이온전지와 같은 2차 전지 기술의 발달로 전기차 대중화를 바라보고 있다. 하지만 전기차에 집어넣을 수 있는 2차 전지의 양을 무작정 늘리기는 어렵다. 전지의 양이 많아지면 무게가 그만큼 무거워져 에너지 효율이 낮아지기 때문이다. 크게 무거운 일반 내연기관차가 경차보다 단위 연료(가솔린, 디젤)당 주행거리를 의미하는 연비가 떨어지는 것과 같은 이치다.

전기차를 움직이는 리튬이온전지의 용량 단위는 보통 킬로와트시(kWh)를 쓴다. 이때 와트는 전기에너지 양을 나타내는 일반적인 단위로 1볼트(V)의 전압을 가해 1암페어(A)의 전류를 내는 양을 말한다. 와트시(Wh)는 1시간 동안 소모할 수 있는 에너지의 양을 의미한다. 1시간 동안 1W의 전력량을 소모하면 1Wh가 된다.

전지의 용량은 전기차를 선택하는 핵심 요소인 완전 충전 시 주행거리와 연결된다. 테슬라 모델3 스탠더드 버전의 경우 공개된 자료에 따르면 1kWh당 6.1km를 주행할 수 있다. 이를 기준으로 50킬로와트시의 전지 용량을 곱하게 되면 약 300km를 주행하는 것으로 계산된다. 물론 운전자의 주행 습관이나 기온, 도로 등 주행 환경에 따라 주행거리는 달라진다.

보편적으로 쓰이는 2차 전지인 리튬이온전지의 성능을 개선하려는 연구 노력도 이어지고 있다. 대표적인 것이 양극에 쓰이는 금속산화물을 개선하는 것이다. 현재 리튬이온전지 양극재는 리튬에 니켈, 코발트, 망간, 알루미늄을 섞은 금속산화물이 쓰인다. 리튬이온전지 제조사마다 쓰이는 성분이 조금씩 다른데 각 재료의 함유량에 따라 성능이 달라지기 때문이다. 특히 충·방전을 많이 하면 전지 용량이 감소하는 현상과 리튬이온을 양극에 잘 붙들 수 있는 소재 조성과 구조를 개선하는 연구가 이뤄지고 있다.

09 다음 〈보기〉 중 윗글의 내용을 바르게 파악한 사람을 모두 고르면?

〈보기〉

A : 리튬의 장점은 가볍다는 것이며, 양이온 중에서도 이동 속도가 가장 빨라.
B : 리튬이온은 충전 과정을 통해 전지의 양극에 모이게 된다.
C : 내연기관차는 무게가 무겁기 때문에 에너지 효율이 그만큼 떨어진다.
D : 테슬라 모델3 스탠더드 버전이 20kWh로 달리면 약 20km를 주행하게 된다.
E : 전지의 충전과 방전이 계속되면 전지 용량이 줄어들게 된다.

① A, B
② B, C
③ C, D
④ D, E
⑤ C, E

10 다음 중 윗글의 주된 서술 방식으로 가장 적절한 것은?

① 대상이 지닌 문제점을 파악하고 이를 해결하기 위한 방안을 제시하고 있다.
② 대상과 관련된 논쟁을 비유적인 표현을 통해 묘사하고 있다.
③ 구체적인 예시를 통해 대상의 특징을 설명하고 있다.
④ 시간의 흐름에 따른 대상의 변화를 설명하고 있다.
⑤ 대상을 여러 측면에서 분석하고 현황을 소개하고 있다.

11 甲과 乙의 주장을 도출할 수 있는 질문으로 가장 적절한 것은?

> 甲 : 유권자들의 투표율이 낮아 기존의 단순 다수제를 통해 선출된 회장의 대표성에 대해 논란이 제기되고 있다. 결선 투표제는 과반의 득표자가 없을 때, 다수표를 얻은 사람들을 후보자로 올려 과반의 득표로 선출하는 방식이다. 이를 도입하면 선거에 대한 관심이 고조되고 투표율이 높아져 대표성을 인정받는 회장이 선출될 것으로 기대된다. 또한, 1차 투표와 결선 투표를 거치면서 서로 다른 의사가 수렴되므로 후보자의 자질과 능력도 향상될 것이다.
>
> 乙 : 단순 다수제는 후보자 중 최다 득표자가 당선되는 방식이다. 회장 선거의 투표율을 높여야 하는 것에는 공감하지만, 甲의 의견에 따른다고 해서 이 문제가 해결된다고 생각하지 않는다. 단순 다수제는 투표권을 한 번만 행사할 수 있기 때문에 후보자를 더 신중하게 결정하게 되는 민주적 절차이다. 무엇보다 甲의 의견에 따를 경우 유권자들은 시간을 따로 내야 하고, 투표소도 다시 설치해야 하는 등 시간과 비용의 측면에서 비효율적이다.

① 회장 선거의 투표율을 높이기 위한 방법은 무엇인가?
② 회장 선거에 결선 투표제를 도입해야 하는가?
③ 이번 선거를 통해 선출된 회장이 모두를 대표할 수 있는가?
④ 이번 선거에서 투표하지 않은 유권자들에게 불이익을 줘야 하는가?
⑤ 결선 투표제를 통한 대표 선출이 과연 민주적인가?

12 다음 중 밑줄 친 부분을 설명하기 위한 예시로 가장 적절한 것은?

> "이산화탄소가 물에 녹는 현상은 물리 변화인가, 화학 변화인가?", "진한 황산을 물에 희석하여 묽은 황산으로 만드는 과정은 물리 변화인가, 화학 변화인가?" 이러한 질문을 받으면 대다수의 사람은 물리 변화라고 답하겠지만, 안타깝게도 정답은 화학 변화이다. 우리는 흔히 물리 변화의 정의를 '물질의 성질은 변하지 않고, 그 상태나 모양만이 변하는 현상'으로, <u>화학 변화</u>의 경우는 '어떤 물질이 원래의 성질과는 전혀 다른 새로운 물질로 변하는 현상'이라고 알고 있다. 하지만 정작 '물질의 성질'이 무엇을 의미하는지에 대해서는 정확하게 알고 있지 못하다.

① 진흙에 물이 섞여 진흙탕이 되었다.
② 색종이를 접어 종이비행기를 만들었다.
③ 찬물과 더운물이 섞여 미지근하게 되었다.
④ 포도를 병에 넣어 두었더니 포도주가 되었다.
⑤ 흰색과 검은색 물감을 섞어 회색 물감을 만들었다.

13 다음 글을 통해 추론할 수 없는 것은?

제약 연구원이란 제약 회사에서 약을 만드는 과정에 참여하는 사람을 말한다. 제약 연구원은 이러한 모든 단계에 참여하지만, 특히 신약 개발 단계와 임상 시험 단계에서 가장 중점적인 역할을 한다. 일반적으로 약을 만드는 과정은 새로운 약품을 개발하는 신약 개발 단계, 임상 시험을 통해 개발된 신약의 약효를 확인하는 임상 시험 단계, 식약처에 신약이 판매될 수 있도록 허가를 요청하는 약품 허가 요청 단계, 마지막으로 의료진과 환자를 대상으로 신약에 대해 홍보하는 영업 및 마케팅의 단계로 나눈다.

제약 연구원이 되기 위해서는 일반적으로 약학을 전공해야 한다고 생각하기 쉽지만, 약학 전공자 이외에도 생명 공학, 화학 공학, 유전 공학 전공자들이 제약 연구원으로 활발하게 참여하고 있다. 만일 신약 개발의 전문가가 되고 싶다면 해당 분야에서 오랫동안 연구한 경험이 필요하기 때문에 대학원에서 석사나 박사 학위를 취득하는 것이 유리하다.

제약 연구원이 되기 위해서는 전문적인 지식도 중요하지만, 사람의 생명과 관련된 일인 만큼, 무엇보다도 꼼꼼함과 신중함, 책임 의식이 필요하다. 또한 제약 회사라는 공동체 안에서 일을 하는 것이므로 원만한 일의 진행을 위해서 의사소통능력도 필수적으로 요구된다. 오늘날 제약 분야가 빠르게 성장하고 있다는 점을 고려할 때, 일에 대한 도전 의식, 호기심과 탐구심 등도 제약 연구원에게 필요한 능력으로 꼽을 수 있다.

① 제약 연구원은 약품 허가 요청 단계에 참여한다.
② 제약 연구원과 관련된 정보가 부족하다면 약학을 전공해야만 제약 연구원이 될 수 있다고 생각할 수 있다.
③ 생명이나 유전 공학 전공자도 제약 연구원으로 일할 수 있다.
④ 신약 개발 전문가가 되려면 반드시 석사나 박사를 취득해야 한다.
⑤ 오늘날 제약 연구원에게 요구되는 능력이 많아졌다.

14 다음 글의 밑줄 친 ㉠～㉤을 바꾼 내용으로 적절하지 않은 것은?

산등성이가 검은 바위로 끊기고 산봉우리가 여기저기 솟아 있어서 이들 산은 때로 ㉠ <u>황량하고</u> 접근할 수 없는 것처럼 험준해 보인다. 산봉우리들은 분홍빛의 투명한 자수정으로 빛나고, 그 그림자는 짙은 코발트 빛을 띠며 내려앉고, 하늘은 푸른 금빛을 띤다. 서울 인근의 풍광은 이른 봄에도 아름답다. 이따금 녹색의 연무가 산자락을 ㉡ <u>휘감고</u>, 산등성이는 연보랏빛 진달래로 물들고, 불그레한 자두와 화사한 벚꽃, 그리고 ㉢ <u>흐드러지게</u> 핀 복숭아꽃이 예상치 못한 곳에서 나타난다.

서울처럼 인근에 아름다운 산책로와 마찻길이 있고 외곽 지대로 조금만 나가더라도 한적한 숲이 펼쳐져 있는 도시는 동양에서는 거의 찾아볼 수 없다. 또 한 가지 덧붙여 말한다면, 서울만큼 안전한 도시는 없다는 것이다. 내가 직접 경험한 바이지만, 이곳에서는 여자들이 유럽에서처럼 누군가를 ㉣ <u>대동하지</u> 않고도 성 밖의 어느 곳이든 아무런 ㉤ <u>성가신</u> 일을 겪지 않고 나다닐 수 있다.

① ㉠ : 경사가 급하고
② ㉡ : 둘러 감고
③ ㉢ : 탐스럽게
④ ㉣ : 데리고 가지
⑤ ㉤ : 번거로운

15 다음 글의 빈칸에 들어갈 내용으로 가장 적절한 것은?

어떤 사람이 오존층을 파괴하는 냉각제를 사용하는 경우를 고려해 보자. 오존층 파괴로 인해 무수히 많은 사람이 해악을 입었다고 하더라도, 이 한 사람의 행위가 어떤 특정 개인에게 미친 해악은 매우 미미하다고 말할 수 있을 것이다. 이때 그 사람은 그다지 죄책감을 느끼지 않을 수 있고, 자신에게 도덕적 책임이 있다는 것을 쉽게 인정하지 않을 수 있다. 이는 다음과 같은 사례를 통해 잘 설명된다.

〈사례〉

가난한 마을에 갑훈을 포함한 산적 100명이 들이닥쳐 약탈을 저질렀다. 을훈을 포함한 주민 100명에게는 각각 콩 100알씩이 있었는데 산적들은 각자 주민 한 명을 맡아 그 사람의 콩을 몽땅 빼앗았다. 그 결과 모든 주민이 굶주리게 되었다. 이때 갑훈이 콩을 빼앗은 상대가 을훈이었다. 각자가 특정 개인에게 큰 해악을 입혔다는 사실에 죄책감을 느낀 산적들은 두 번째 약탈에서는 방법을 바꾸기로 하였다. 갑훈을 포함한 산적 100명은 이번에는 각자가 을훈을 포함한 모든 주민 100명에게서 각각 콩 한 알씩만 빼앗기로 했다. 콩 한 알의 손실은 미미한 해악에 지나지 않으므로 이번에는 어떤 산적도 특정 주민에게 큰 고통을 준 것은 아니었다. 결과적으로 모든 주민은 이번에도 굶주리게 되었지만, 산적들은 별로 죄책감을 느끼지 않았다.

하지만 이른바 '공범 원리'를 받아들이는 사람들은, 타인의 악행에 가담한 경우 결과에 얼마나 영향을 주었는지와 무관하게 도덕적 책임이 있다고 주장한다. 냉각제의 집단적 사용에서 한 사람의 가담 여부가 특정 개인에게 단지 미미한 해악만을 보탠 것이라서 별로 죄책감이 느껴지지 않는다고 하더라도, 그 사람은 단지 그 해악의 공범이라는 이유만으로 그에 따른 도덕적 책임을 져야 한다는 것이다. 그러므로 '공범 원리'에 따른다면, ______________________________

① 갑훈은 두 번째 저지른 약탈 행위에 대해서 더 큰 죄책감을 느껴야 한다.
② 전체 해악의 크기가 커질수록 해악에 가담한 사람들의 도덕적 책임도 커진다.
③ 첫 번째 약탈과 두 번째 약탈에서 갑훈이 을훈에게 입힌 해악에는 차이가 없다.
④ 갑훈에게 도덕적 책임이 있다는 점에서 첫 번째 약탈과 두 번째 약탈은 차이가 없다.
⑤ 두 차례 약탈에서 갑훈이 빼앗은 전체 콩알의 수가 같기 때문에 갑훈이 져야 할 도덕적 책임에는 차이가 없다.

16 다음은 연도별 회식참여율에 대한 자료이다. 이에 대한 설명으로 옳지 않은 것은?

〈연도별 회식참여율〉

(단위 : %)

구분		2004년	2014년	2024년
성별	남성	88	61	44
	여성	72	55	34
연령대별	20대	94	68	32
	30대	81	63	34
	40대	77	58	47
	50대	86	54	51
직급별	사원	91	75	51
	대리	88	64	38
	과장	74	55	42
	부장	76	54	48
지역별	수도권	91	63	41
	수도권 외	84	58	44

① 20대의 2024년 회식참여율은 2014년 대비 36%p 감소하였다.

② 2004년과 2014년의 회식참여율 차이가 가장 큰 직급은 대리이다.

③ 2024년 남성과 여성의 회식참여율 차이는 2004년 대비 37.5%p 감소하였다.

④ 조사연도에서 수도권 지역과 수도권 외 지역의 회식참여율의 차이는 감소하고 있다.

⑤ 2004년에는 연령대가 올라갈수록 회식참여율이 감소하는 반면, 2024년에는 연령대가 올라갈수록 회식참여율이 증가하고 있다.

17 승헌이는 베트남 여행을 위해 인천국제공항에서 환전하기로 하였다. 다음은 K환전소에서 당일 환율 및 수수료를 나타낸 자료이다. 승헌이가 한국 돈으로 베트남 현금 1,670만 동을 환전한다고 할 때, 수수료까지 포함하여 필요한 돈은 얼마인가?(단, 모든 계산 과정에서 계산 값은 일의 자리에서 버림한다)

〈K환전소 환율 및 수수료〉

- 베트남 환율 : 483원/만 동
- 수수료 : 0.5%
- 우대 사항
  - 50만 원 이상 환전 시 70만 원까지 수수료 0.4%로 인하 적용
  - 100만 원 이상 환전 시 총금액 수수료 0.4%로 인하 적용

① 808,840원
② 808,940원
③ 809,840원
④ 809,940원
⑤ 810,040원

18 농도가 다른 두 소금물 A와 B를 각각 100g씩 섞으면 10%의 소금물이 되고, 소금물 A 100g과 소금물 B 300g을 섞으면 9%의 소금물이 된다. 이때 소금물 A의 농도는?

① 10%
② 12%
③ 14%
④ 16%
⑤ 18%

19 다음은 지난해 주요 판매처에서 판매된 품목별 매출에 대한 자료이다. 이에 대한 설명으로 옳지 않은 것을 〈보기〉에서 모두 고르면?

〈주요 판매처 품목별 매출〉

(단위 : 억 원)

구분	국산품			외국산품	합계
	중소 / 중견	대기업	소계		
화장품	9,003	26,283	35,286	27,447	62,733
가방류	2,331	1,801	4,132	13,224	17,356
인·홍삼류	725	2,148	2,873	26	2,899
담배	651	861	1,512	4,423	5,935
식품류	1,203	177	1,380	533	1,913
귀금속류	894	49	943	4,871	5,814
전자제품류	609	103	712	1,149	1,861
안경류	412	89	501	2,244	2,745
기타	469	29	498	579	1,077
의류	195	105	300	2,608	2,908
민예품류	231	1	232	32	264
향수	133	3	136	3,239	3,375
시계	101	0	101	9,258	9,359
주류	82	4	86	3,210	3,296
신발류	24	1	25	1,197	1,222
합계	17,063	31,654	48,717	74,040	122,757

〈보기〉

㉠ 각 품목 중 외국산품의 비중이 가장 높은 제품은 시계이다.
㉡ 대기업 비중이 가장 높은 제품은 인·홍삼류이다.
㉢ 전체 합계 대비 화장품 품목의 비율은 국산품 전체 합계 대비 국산 화장품의 비율보다 높다.
㉣ 전체 합계 대비 가방류 품목의 비율은 외국산품 전체 합계 대비 외국산 가방류의 비율보다 높다.

① ㉠, ㉡
② ㉠, ㉢
③ ㉡, ㉢
④ ㉡, ㉣
⑤ ㉢, ㉣

20 K부서에서는 연말 부서 성과급을 직원들에게 나누어 주려고 한다. 한 사람에게 50만 원씩 주면 100만 원이 남고, 60만 원씩 주면 500만 원이 부족하다고 할 때, 직원은 모두 몇 명인가?

① 50명
② 60명
③ 70명
④ 80명
⑤ 90명

21 일정한 규칙으로 수를 나열할 때 B−A의 값은?

A	15	10	13	20	15	18	25	B	23

① 8
② 10
③ 12
④ 13
⑤ 15

22 K유통회사는 LED전구를 수입하여 국내에 판매할 계획을 세우고 있다. 다음 자료는 동급의 LED전구를 생산하는 해외업체들의 가격정보이다. 판매단가의 가격경쟁력이 가장 높은 기업은?

구분	A기업	B기업	C기업	D기업	E기업
판매단가(개당)	8 USD	50 CNY	270 TWD	30 AED	550 INR
교환비율*	1	6	35	3	70

*USD를 기준으로 다른 화폐와 교환할 수 있는 비율

① A기업
② B기업
③ C기업
④ D기업
⑤ E기업

23 다음은 6개국의 국방비와 연구개발 투자 현황을 나타낸 자료이다. 〈조건〉을 참고하여 자료의 A ~ E에 해당하는 국가를 바르게 나열한 것은?

〈6개국 국방비와 연구개발 투자 현황〉

국가 \ 구분 / 연도	국민1인당 국방비($)		국방비(백만 $)		연구개발비(백만 $)		연구개발 비율(%)	
	2023년	2024년	2023년	2024년	2023년	2024년	2023년	2024년
미국	1,078	1,128	287,300	296,200	38,700	40,800	13.5	13.8
A	357	310	4,560	4,040	108	90	2.4	2.2
B	358	440	140,850	218,940	15,600	21,894	11.1	10.0
C	601	583	33,890	32,608	4,026	3,986	11.9	12.2
D	575	553	26,538	24,257	3,053	3,145	11.5	13.0
E	341	328	22,871	20,154	1,299	1,286	5.7	6.4

〈조건〉

- 영국과 프랑스는 2023년에 비해 2024년에 국민 1인당 국방비가 감소하였으나, 연구개발 비율은 증가하였다.
- 러시아와 미국은 2023년에 비해 2024년에 국방비와 연구개발비 모두 증가하였다.
- 스위스와 독일은 연구개발 비율이 다른 네 개 국가들보다 낮다.
- 영국과 독일은 2023년에 비해 2024년에 연구개발비는 감소했으나, 연구개발 비율은 증가하였다.

	A	B	C	D	E
①	독일	러시아	프랑스	영국	스위스
②	스위스	러시아	프랑스	영국	독일
③	러시아	독일	프랑스	영국	스위스
④	스위스	러시아	영국	프랑스	독일
⑤	러시아	스위스	영국	프랑스	독일

24 K은행은 다년간의 고객 신용등급 변화를 분석한 확률 자료를 통해 고객의 신용등급 변화를 예측하는 데 활용하고 있다. 2023년에 Y대리가 관리하는 고객의 신용등급이 B등급일 때, 2025년에도 B등급일 확률은?

〈고객 신용등급 변화 확률〉

구분		t+1년			
		A	B	C	D
t년	A	0.70	0.20	0.08	0.02
	B	0.14	0.65	0.16	0.05
	C	0.05	0.15	0.55	0.25

※ 고객 신용등급은 매년 1월 1일 0시에 연 1회 산정되며, A등급이 가장 높고 B등급 – C등급 – D등급 순서임
※ 한 번 D등급이 되면 고객 신용등급은 5년 동안 D등급을 유지함
※ 고객 신용등급 변화 확률은 매년 동일함

① 약 40%
② 약 42%
③ 약 47%
④ 약 49%
⑤ 약 52%

25 다음 자료는 특정 기업 47개를 대상으로 제품 전략, 기술 개발 종류 및 기업형태별 기업 수에 대해 조사한 결과이다. 이에 대한 설명으로 옳은 것은?

〈제품 전략, 기술 개발 종류 및 기업형태별 기업 수〉

(단위 : 개)

제품 전략	기술 개발 종류	기업형태	
		벤처기업	대기업
시장 견인	존속성 기술	3	9
	와해성 기술	7	8
기술 추동	존속성 기술	5	7
	와해성 기술	5	3

※ 각 기업은 한 가지 제품 전략을 취하고 한 가지 종류의 기술을 개발함

① 와해성 기술을 개발하는 기업 중에서 벤처기업의 비율이 대기업의 비율보다 낮다.
② 대기업 중에는 시장 견인 전략을 취하는 비율이 기술 추동 전략을 취하는 비율보다 낮다.
③ 존속성 기술을 개발하는 기업의 비율이 와해성 기술을 개발하는 기업의 비율보다 높다.
④ 벤처기업 중에는 기술 추동 전략을 취하는 비율이 시장 견인 전략을 취하는 비율보다 높다.
⑤ 기술 추동 전략을 취하는 기업 중에는 존속성 기술을 개발하는 비율이 와해성 기술을 개발하는 비율보다 낮다.

26 다음은 K국의 월별 최대전력 수요와 전력수급 현황에 대한 자료이다. 이에 대한 설명으로 옳은 것은?

〈K국의 월별 최대전력 수요〉

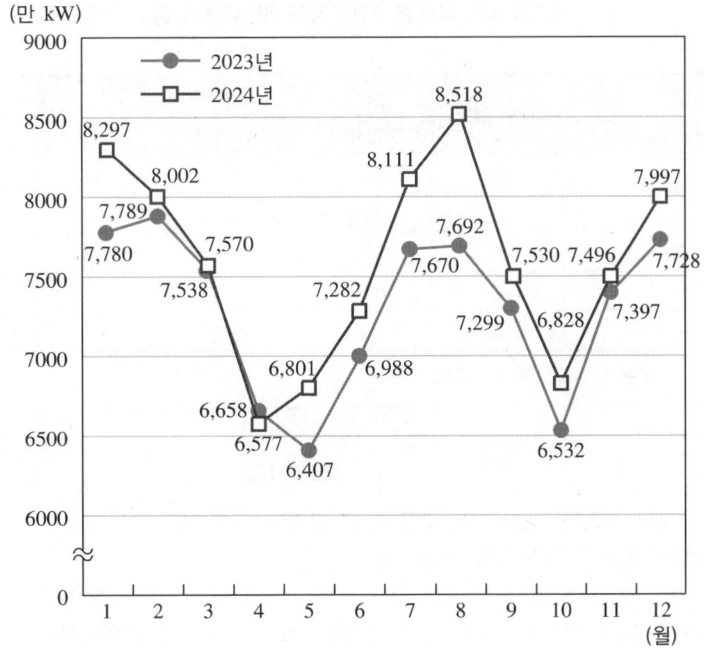

〈K국의 전력수급 현황〉

(단위 : 만 kW)

구분 \ 시기	2023년 2월	2024년 8월
최대전력 수요	7,879	8,518
전력공급 능력	8,793	9,240

※ (공급예비력)=(전력공급 능력)−(최대전력 수요)

※ $[\text{공급예비율}(\%)]=\frac{(\text{공급예비력})}{(\text{최대전력 수요})}\times 100$

① 공급예비력은 2023년 2월이 2024년 8월보다 작다.

② 공급예비율은 2023년 2월이 2024년 8월보다 작다.

③ 2024년 1～12월 동안 최대전력 수요의 월별 증감 방향은 2023년과 동일하다.

④ 2024년 최대전력 수요의 전년 동월 대비 증가율이 가장 높은 달은 1월이다.

⑤ 해당 연도 1～12월 중 최대전력 수요가 가장 큰 달과 가장 작은 달의 최대전력 수요 차이는 2023년이 2024년보다 작다.

27 다음은 콘크리트 유형별 기준 강도 및 시험체 강도 판정 결과에 대한 자료이다. 이를 참고하여 (가) ~ (다)에 해당하는 강도 판정 결과를 순서대로 바르게 나열한 것은?

〈콘크리트 유형별 기준 강도 및 시험체 강도 판정 결과〉

(단위 : MPa)

구분 콘크리트 유형	기준 강도	시험체 강도				강도 판정결과
		시험체 1	시험체 2	시험체 3	평균	
A	24	22.8	29.0	20.8	(　)	(가)
B	27	26.1	25.0	28.1	(　)	불합격
C	35	36.9	36.8	31.6	(　)	(나)
D	40	36.4	36.3	47.6	40.1	합격
E	45	40.3	49.4	46.8	(　)	(다)

※ 강도 판정 결과는 '합격'과 '불합격'으로 구분됨

〈판정기준〉

다음 조건을 모두 만족하는 경우에만 강도 판정 결과가 '합격'이다.

- 시험체 강도의 평균은 기준 강도 이상이어야 한다.
- 기준 강도가 35MPa 초과인 경우에는 각 시험체 강도가 모두 기준 강도의 90% 이상이어야 한다.
- 기준 강도가 35MPa 이하인 경우에는 각 시험체 강도가 모두 기준 강도에서 3.5MPa을 뺀 값 이상이어야 한다.

	(가)	(나)	(다)
①	합격	합격	합격
②	합격	합격	불합격
③	합격	불합격	불합격
④	불합격	합격	합격
⑤	불합격	합격	불합격

28 다음은 국내 신규 박사학위 취득자 분포에 대한 자료이다. 이에 대한 설명으로 옳은 것을 〈보기〉에서 모두 고르면?

〈연령별 박사학위 취득자 분포〉

(단위 : 명)

구분	남성	여성
30세 미만	196	141
30세 이상 35세 미만	1,811	825
35세 이상 40세 미만	1,244	652
40세 이상 45세 미만	783	465
45세 이상 50세 미만	577	417
50세 이상	1,119	466
합계	5,730	2,966

〈전공계열별 박사학위 취득자 분포〉

(단위 : 명)

구분	남성	여성
인문계열	357	368
사회계열	1,024	649
공학계열	2,441	332
자연계열	891	513
의약계열	581	537
교육·사범계열	172	304
예술·체육계열	266	260
합계	5,732	2,963

〈보기〉

㉠ 남성 박사학위 취득자 중 50세 이상이 차지하는 비율은 여성 박사학위 취득자 중 50세 이상이 차지하는 비율보다 높다.

㉡ 전공계열별 박사학위 취득자 중 여성보다 남성의 비율이 높은 순위는 1위가 공학계열, 2위가 사회계열, 3위가 자연계열 순서이다.

㉢ 남성의 연령별 박사학위 취득자 수가 많은 순서와 여성의 연령대별 박사학위 취득자 수가 많은 순서는 같다.

㉣ 연령대가 올라갈수록 남녀 박사학위 취득자 수의 차이는 점점 커지고 있다.

① ㉠, ㉡　　② ㉠, ㉢
③ ㉠, ㉣　　④ ㉡, ㉢
⑤ ㉡, ㉣

29 다음은 물질 1～4에 대한 측정 결과이다. 자료에 대한 설명으로 옳지 않은 것은?

■ 물질 1 측정 결과

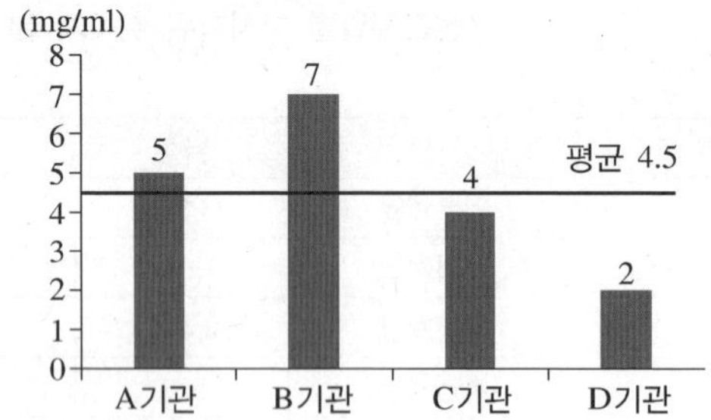

■ 물질 2 측정 결과

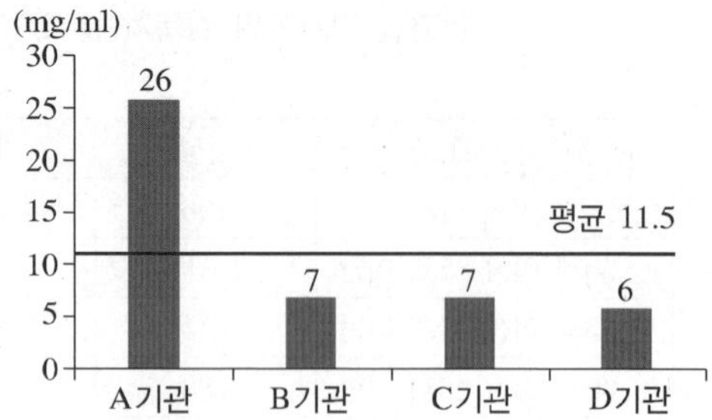

■ 물질 3 측정 결과

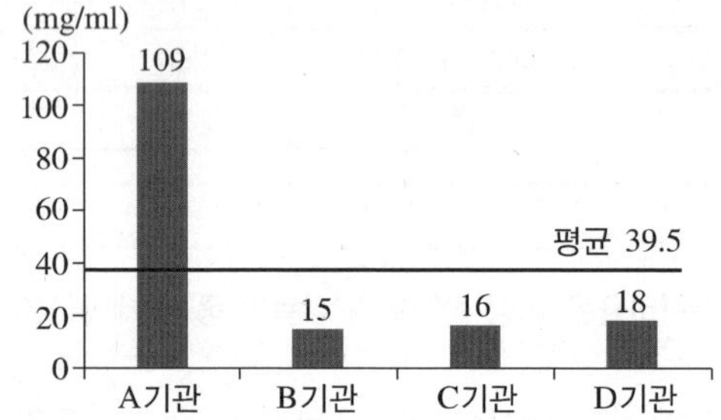

■ 물질 4 측정 결과

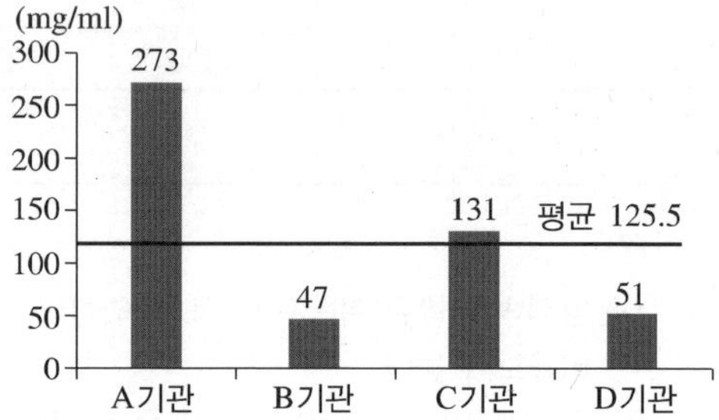

※ 유효농도 : 각 실험기관에서 측정한 농도의 평균

※ (실험오차)=|(측정 결과)−(유효농도)|

※ [실험오차율(%)]= $\frac{\text{(실험오차)}}{\text{(유효농도)}}\times 100$

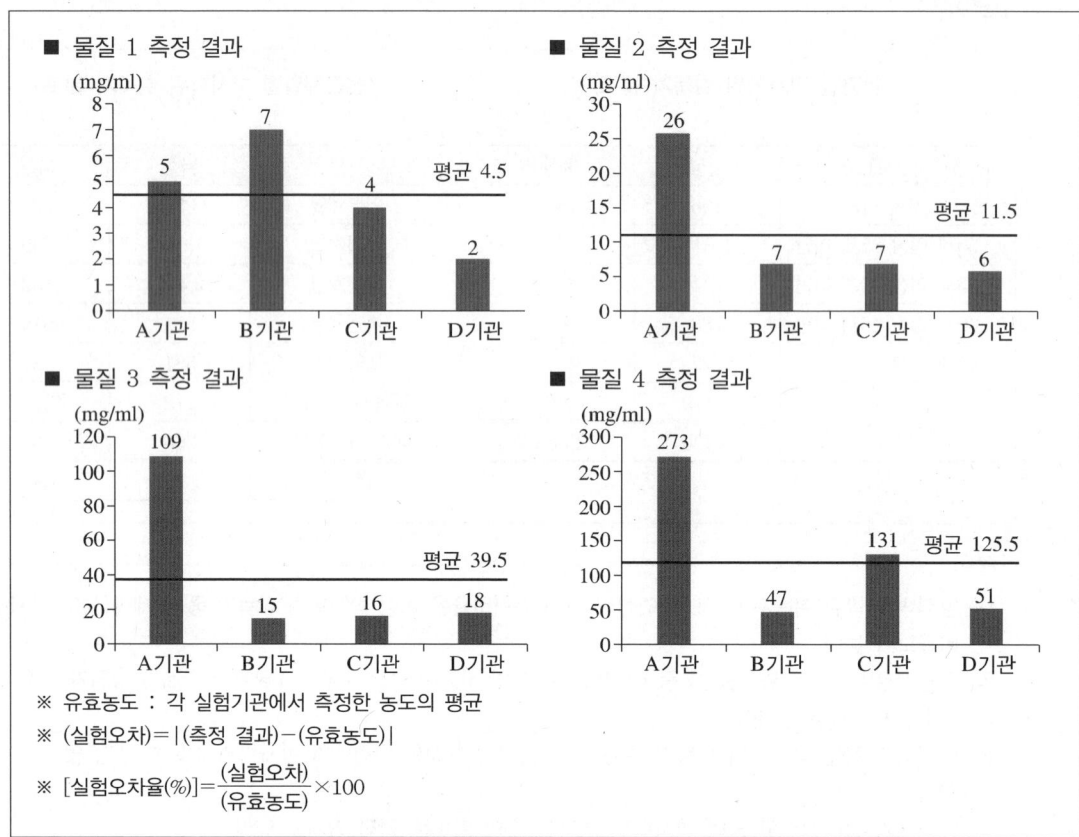

① 물질 1에 대한 B기관과 D기관의 실험오차율은 동일하다.

② 물질 3에 대한 실험오차율은 A기관이 가장 크다.

③ 물질 1에 대한 B기관의 실험오차율은 물질 2에 대한 A기관의 실험오차율보다 작다.

④ 물질 2에 대한 A기관의 실험오차율은 물질 2에 대한 B, C, D기관의 실험오차율 합보다 크다.

⑤ A기관의 실험 결과를 제외하면, 4개 물질의 유효농도 값은 제외하기 이전보다 작아진다.

30 다음은 K시 5개 구 주민의 돼지고기 소비량에 대한 자료이다. 〈조건〉을 참고하여 변동계수가 3번째로 큰 구를 바르게 구한 것은?

〈5개 구 주민의 돼지고기 소비량 통계〉

(단위 : kg)

구분	평균(1인당 소비량)	표준편차
A구	(　)	5.0
B구	(　)	4.0
C구	30.0	6.0
D구	12.0	4.0
E구	(　)	8.0

※ $[\text{변동계수}(\%)] = \frac{(\text{표준편차})}{(\text{평균})} \times 100$

〈조건〉

- A구의 1인당 소비량과 B구의 1인당 소비량을 합하면 C구의 1인당 소비량과 같다.
- A구의 1인당 소비량과 D구의 1인당 소비량을 합하면 E구의 1인당 소비량의 2배와 같다.
- E구의 1인당 소비량은 B구의 1인당 소비량보다 6.0kg 더 많다.

① A구
② B구
③ C구
④ D구
⑤ E구

31 K공사의 기획팀 B팀장은 C사원에게 K공사에 대한 마케팅 전략 보고서를 요청하였다. C사원이 B팀장에게 제출한 SWOT 분석이 다음과 같을 때, 다음 ㉠~㉤ 중 SWOT 분석에 들어갈 내용으로 적절하지 않은 것은?

강점(Strength)	• 새롭고 혁신적인 서비스 • ㉠ 직원들에게 가치를 더하는 공사의 다양한 측면 • 특화된 마케팅 전문 지식
약점(Weakness)	• 낮은 품질의 서비스 • ㉡ 경쟁자의 시장 철수로 인한 시장 진입 가능성
기회(Opportunity)	• ㉢ 합작회사를 통한 전략적 협력 구축 가능성 • 글로벌 시장으로의 접근성 향상
위협(Threat)	• ㉣ 주력 시장에 나타난 신규 경쟁자 • ㉤ 경쟁 기업의 혁신적 서비스 개발 • 경쟁 기업과의 가격 전쟁

① ㉠
② ㉡
③ ㉢
④ ㉣
⑤ ㉤

32 세 상품 A~C에 대한 선호도 조사를 실시했다. 조사에 응한 사람이 가장 좋아하는 상품부터 1~3순위를 부여하여 조사의 결과가 다음 〈조건〉과 같이 나왔을 때, C에 3순위를 부여한 사람의 수는?(단, 두 상품에 같은 순위를 표시할 수는 없다)

〈조건〉

• 조사에 응한 사람은 20명이다.
• A를 B보다 선호한 사람은 11명이다.
• B를 C보다 선호한 사람은 14명이다.
• C를 A보다 선호한 사람은 6명이다.
• C에 1순위를 부여한 사람은 없다.

① 4명
② 5명
③ 6명
④ 7명
⑤ 8명

33 다음 글의 내용이 참일 때, 반드시 채택되는 업체의 수는?

> K기업에서는 신제품에 들어갈 부품을 조달할 업체를 채택하려고 한다. 예비 후보로 A～E 총 다섯 개의 업체들이 선정되었으며, 그 외에 다른 업체가 채택될 가능성은 없다. 각각의 업체에 대해 K기업은 채택하거나 채택하지 않거나 어느 하나의 결정만을 내린다.
> 기업 내부방침에 따라, 일정 규모 이상의 중견기업인 A가 채택되면 소기업인 B도 채택된다. A가 채택되지 않으면 D와 E 역시 채택되지 않는다. 그리고 K기업의 생산공장과 동일한 단지에 속한 업체인 B가 채택된다면, 같은 단지의 업체인 C가 채택되거나 혹은 타지역 업체인 A는 채택되지 않는다. 마지막으로 부품 공급위험을 분산하기 위해 D가 채택되지 않는다면, A는 채택되지만 C는 채택되지 않는다.

① 1곳
② 2곳
③ 3곳
④ 4곳
⑤ 5곳

34 다음은 문제의 유형에 대한 설명이다. 이를 참고할 때 〈보기〉의 문제유형을 바르게 구분한 것은?

> 업무수행 과정 중 발생한 문제를 효과적으로 해결하기 위해서는 문제의 유형을 파악하는 것이 우선시되어야 하며, 이러한 문제의 유형은 발생형 문제, 탐색형 문제, 설정형 문제의 세 가지로 분류할 수 있다.

〈보기〉

> ㄱ. 지속되는 경기 악화에 따라 새로운 신약 개발에 사용되는 원료 중 일부의 단가가 상승할 것으로 예상되어 다른 공급처를 물색할 필요성이 대두되고 있다.
> ㄴ. 새로운 신약 개발과정 중에서의 임상시험 중 임상시험자의 다수가 부작용을 보이고 있어 신약 개발이 전면 중단되었다.
> ㄷ. 현재는 신약개발이 주 업무인 제약회사이지만, 매년 새로운 감염병이 발생하고 있는 현 실정에 진단키트 개발도 추진한다면, 회사의 성장가능성은 더 커질 것으로 보고 있다.

	발생형 문제	탐색형 문제	설정형 문제
①	ㄱ	ㄴ	ㄷ
②	ㄱ	ㄷ	ㄴ
③	ㄴ	ㄱ	ㄷ
④	ㄴ	ㄷ	ㄱ
⑤	ㄷ	ㄴ	ㄱ

35 다음은 K국 A ~ E지역의 산사태 위험인자 현황에 대한 자료이다. 평가 방법을 토대로 산사태 위험 점수가 가장 높은 지역과 가장 낮은 지역을 바르게 나열한 것은?

〈A ~ E지역의 산사태 위험인자 현황〉

위험인자 \ 지역	A	B	C	D	E
경사길이(m)	180	220	150	80	40
모암	화성암	퇴적암	변성암 (편마암)	변성암 (천매암)	변성암 (편마암)
경사위치	중하부	중상부	중하부	상부	중상부
사면형	상승사면	복합사면	하강사면	복합사면	평형사면
토심(cm)	160	120	70	110	80
경사도(°)	30	20	25	35	55

〈평가 방법〉

• 산사태 위험인자의 평가점수는 다음과 같다.

위험인자 \ 평가점수	0점	10점	20점	30점
경사길이(m)	50 미만	50 이상 100 미만	100 이상 200 미만	200 이상
모암	퇴적암	화성암	변성암 (천매암)	변성암 (편마암)
경사위치	하부	중하부	중상부	상부
사면형	상승사면	평형사면	하강사면	복합사면
토심(cm)	20 미만	20 이상 100 미만	100 이상 150 미만	150 이상
경사도(°)	40 이상	30 이상 40 미만	25 이상 30 미만	25 미만

• 개별 지역의 산사태 위험 점수는 6개 위험인자에 대한 평가점수의 합이다.

	가장 높은 지역	가장 낮은 지역
①	B	A
②	B	E
③	D	A
④	D	C
⑤	D	E

36 안전본부 사고분석 개선처에 근무하는 B대리는 혁신우수 연구대회에 출전하여 첨단 장비를 활용한 차종별 보행자 사고 모형 개발을 발표했다. SWOT 분석을 통해 추진방향을 도출하기 위해 다음과 같이 분석 결과를 작성했을 때, 주어진 분석 결과에 대응하는 전략과 그 내용의 연결이 바르지 않은 것은?

〈SWOT 분석〉

강점(Strength)	약점(Weakness)
10년 이상 지속적인 교육과 연구로 신기술 개발을 위한 인프라 구축	보행자 사고 모형 개발을 위한 예산 및 실차 실험을 위한 연구소 부재
기회(Opportunity)	**위협(Threat)**
첨단 과학장비(3D스캐너, MADYMO) 도입으로 정밀 시뮬레이션 분석 가능	교통사고에 대한 국민의 관심과 분석수준 향상으로 공단의 사고분석 질적 제고 필요

① WT전략 : 신기술 개발을 위한 연구대회를 개최해 인프라를 더욱 탄탄히 구축한다.
② WO전략 : 실차 실험 대신 과학장비를 통한 시뮬레이션 연구로 모형을 개발한다.
③ WT전략 : 보행자 사고 실험을 위한 연구소를 만들어 사고 분석 데이터를 축적한다.
④ SO전략 : 과학장비를 통한 정밀 시뮬레이션 분석을 토대로 국내 차량의 전면부 형상을 취득하고 보행자사고를 분석해 신기술 개발에 도움을 준다.
⑤ ST전략 : 지속적 교육과 연구로 쌓아온 데이터를 바탕으로 사고분석 프로그램 신기술 개발을 통해 사고분석 질적 향상에 기여한다.

37 K공사는 지하철 미세먼지 정화설비 A ~ F 중 일부를 도입하고자 한다. 설비의 호환성에 따른 도입 규칙이 아래와 같을 때, 다음 중 공사에서 도입할 설비만으로 묶인 것은?

〈호환성에 따른 도입 규칙〉

- A는 반드시 도입한다.
- B를 도입하지 않으면 D를 도입한다.
- E를 도입하면 A를 도입하지 않는다.
- F, E, B 중 적어도 두 개는 반드시 도입한다.
- E를 도입하지 않고, F를 도입하면 C는 도입하지 않는다.
- 최대한 많은 설비를 도입한다.

① A, C, E
② A, B, F
③ A, B, C, E
④ A, B, D, F
⑤ A, C, D, E, F

38 다음 자료와 상황을 토대로 P씨가 취해야 할 조치로 가장 적절한 것은?

〈K공사의 AMI*를 이용한 사회안전망 시스템 구성도〉

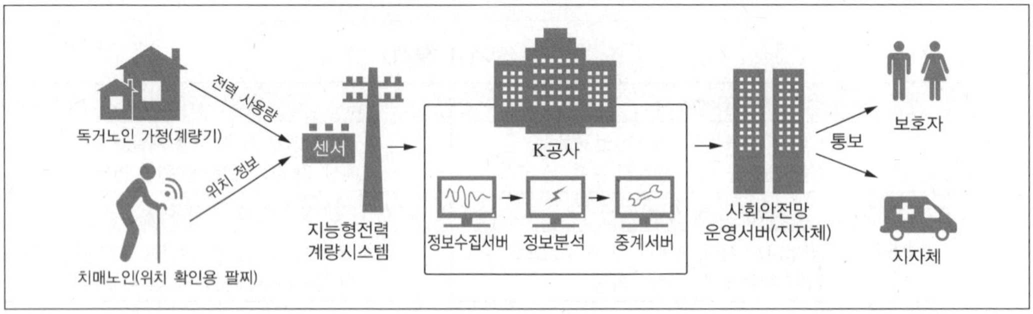

AMI 2024년까지 전국으로 확대
웨어러블 기기를 찬 치매환자
전봇대에 설치된 센서가 감지
일정 거리 벗어나면 보호자에 연락

K공사, 하반기 본격 서비스
전력 사용 패턴 분석
독거노인 신변 이상도 확인

AMI(원격 검침 시스템)
통신을 이용해 전기 사용량을
원격으로 측정하고 전력 수요·
공급 정보를 실시간으로 파악해
전력망 효율을 올리는 시스템

*AMI : Advanced Metering Infrastructure

〈상황〉

나주시에서 사회복지사로 근무하고 있는 P씨는 독거노인을 관리하는 업무를 맡고 있다. P씨의 주된 업무는 마을을 돌며 독거노인과 말동무를 해 주며 건강 상태를 체크하여 수시로 필요한 조치들을 하는 것이다. 그리고 작년부터 새로운 업무 하나가 추가되었다. 그것은 K공사에서 제공하는 원격 검침 시스템(AMI)에 표시되는 독거노인의 전력량을 체크하여 안전을 확인하는 업무다. 따라서 P씨는 출근하자마자 독거노인들의 전력 사용량과 패턴을 수시로 모니터링하며 변동사항을 기록한다.
P씨는 자신이 관리하는 어느 독거노인의 전력 사용량이 전날 오후부터 현저히 떨어져 있는 것을 발견했다. 확인 차 수차례 전화를 걸어보았지만, 연락이 닿지 않고 있다.

① 이상하지만 좀 더 상황을 지켜보기로 한다.
② 즉시 가까운 경찰서와 소방서에 신고하고 다른 업무를 본다.
③ 상사에게 보고 후 현장으로 출발하여 확인하고, 이상 시 119에 신고한다.
④ K공사에 전화를 걸어 기기 이상을 체크한다.
⑤ 전력 사용량을 계속 주시하면서 이전에 발생한 유사한 사례를 확인한다.

39 다음 〈조건〉을 근거로 판단할 때, 아기 돼지 삼형제에 해당하는 집을 순서대로 바르게 나열한 것은?

〈조건〉

- 아기 돼지 삼형제는 엄마 돼지로부터 독립하여 벽돌집, 나무집, 지푸라기집 중 각각 다른 한 채씩을 선택하여 짓는다.
- 벽돌집을 지을 때에는 벽돌만 필요하지만, 나무집은 나무와 지지대가, 지푸라기집은 지푸라기와 지지대가 재료로 필요하다. 지지대에 소요되는 비용은 집의 면적과 상관없이 나무집의 경우 20만 원, 지푸라기집의 경우 5만 원이다.
- 재료의 1개당 가격 및 집의 면적 $1m^2$당 필요 개수는 다음과 같다.

구분	벽돌	나무	지푸라기
1개당 가격(원)	6,000	3,000	1,000
$1m^2$당 필요 개수(개)	15	20	30

- 첫째 돼지 집의 면적은 둘째 돼지 집의 2배이고, 셋째 돼지 집의 3배이다. 삼형제 집 면적의 총합은 $11m^2$이다.
- 모두 집을 짓고 나니, 둘째 돼지 집을 짓는 재료 비용이 가장 많이 들었다.

	첫째	둘째	셋째
①	벽돌집	나무집	지푸라기집
②	벽돌집	지푸라기집	나무집
③	나무집	벽돌집	지푸라기집
④	지푸라기집	벽돌집	나무집
⑤	지푸라기집	나무집	벽돌집

40 다음 〈보기〉의 A ~ E 중 창의적 사고에 대해 잘못 설명한 사람을 모두 고르면?

〈보기〉

A : 창의적 사고는 아무것도 없는 무에서 유를 만들어 내는 것이다.
B : 창의적 사고는 끊임없이 참신한 아이디어를 산출하는 힘이다.
C : 우리는 매일매일 끊임없이 창의적 사고를 계속하고 있다.
D : 필요한 물건을 싸게 사기 위해서 하는 많은 생각들은 창의적 사고에 해당하지 않는다.
E : 창의적 사고를 대단하게 여기는 사람들의 편견과 달리 창의적 사고는 누구에게나 존재한다.

① A, C
② A, D
③ C, D
④ C, E
⑤ D, E

41 다음 〈조건〉에서 기존의 승점제와 새로운 승점제를 적용할 때, K팀의 순위를 기존의 승점제와 새로운 승점제의 순서대로 바르게 나열한 것은?

〈조건〉

• 대회에 참가하는 팀은 총 13팀이다.
• 각 팀은 다른 모든 팀과 한 번씩 경기를 한다.
• K팀의 최종성적은 5승 7패이다.
• K팀과의 경기를 제외한 12팀 간의 경기는 모두 무승부이다.
• 기존의 승점제는 승리 시 2점, 무승부 시 1점, 패배 시 0점을 부여한다.
• 새로운 승점제는 승리 시 3점, 무승부 시 1점, 패배 시 0점을 부여한다.

	기존의 승점제	새로운 승점제
①	8위	1위
②	8위	8위
③	13위	1위
④	13위	5위
⑤	13위	13위

42 **약국에 희경, 은정, 소미, 정선 4명의 손님이 방문하였다. 약사는 이들로부터 처방전을 받아 A ~ D 네 봉지의 약을 조제하였다. 다음 〈조건〉이 참일 때, 옳은 것은?**

〈조건〉

- 방문한 손님들의 병명은 몸살, 배탈, 치통, 피부병이다.
- 은정이의 약은 B에 해당하고, 은정이는 몸살이나 배탈 환자가 아니다.
- A는 배탈 환자에 사용되는 약이 아니다.
- D는 연고를 포함하고 있는데, 이 연고는 피부병에만 사용된다.
- 희경이는 임산부이고, A와 D에는 임산부가 먹어서는 안 되는 약품이 사용되었다.
- 소미는 몸살 환자가 아니다.

① 은정이는 피부병에 걸렸다.
② 정선이는 몸살이 났고, 이에 해당하는 약은 C이다.
③ 소미는 치통 환자이다.
④ 희경이는 배탈이 났다.
⑤ 소미가 처방받은 약은 A이다.

43 **K공사의 A대리는 보고서 작성을 위한 방향을 구상 중이다. 〈조건〉의 명제가 모두 참일 때, 공장을 짓는다는 결론을 얻기 위해 빈칸에 필요한 명제는?**

〈조건〉

- 재고가 있다.
- 설비 투자를 늘리지 않는다면, 재고가 있지 않다.
- 건설 투자를 늘릴 때에만, 설비 투자를 늘린다.
- ________________________________

① 설비 투자를 늘린다.
② 건설 투자를 늘리지 않는다.
③ 재고가 있거나 설비 투자를 늘리지 않는다.
④ 건설 투자를 늘린다면, 공장을 짓는다.
⑤ 설비 투자를 늘리지 않을 때만, 공장을 짓는다.

44 애플리케이션을 개발 중인 K사는 올해 새로 개발 중인 애플리케이션에 대한 영향도를 평가하고자 한다. 애플리케이션 영향도 판단 기준이 다음과 같을 때, 〈보기〉에 제시된 애플리케이션에 대한 판단 (A), (B)의 영향도 값으로 옳은 것은?

〈애플리케이션 영향도 판단 기준〉

보정요소		판단기준	영향도
분산처리	애플리케이션이 구성요소 간에 데이터를 전송하는 정도	분산처리에 대한 요구사항이 명시되지 않음	0
		클라이언트/서버 및 웹 기반 애플리케이션과 같이 분산처리와 자료 전송이 온라인으로 수행됨	1
		애플리케이션상의 처리기능이 복수 개의 서버 또는 프로세서상에서 동적으로 상호수행됨	2
성능	응답시간 또는 처리율에 대한 사용자 요구 수준	성능에 대한 특별한 요구사항이나 활동이 명시되지 않으며, 기본적인 성능이 제공됨	0
		응답시간 또는 처리율이 피크타임 또는 모든 업무시간에 중요하고, 연동 시스템의 처리 마감시간에 대한 제한이 있음	1
		성능 요구사항을 만족하기 위해 설계 단계에서부터 성능 분석이 요구되거나, 설계·개발·구현 단계에서 성능 분석도구가 사용됨	2
신뢰성	장애 시 미치는 영향의 정도	신뢰성에 대한 요구사항이 명시되지 않으며, 기본적인 신뢰성이 제공됨	0
		고장 시 쉽게 복구가능한 수준의 약간 불편한 손실이 발생함	1
		고장 시 복구가 어려우며, 재정적 손실이 많이 발생하거나, 인명피해 위험이 있음	2
다중 사이트	상이한 하드웨어와 소프트웨어 환경을 지원하도록 개발되는 정도	설계 단계에서 하나의 설치 사이트에 대한 요구사항만 고려되며, 애플리케이션이 동일한 하드웨어 또는 소프트웨어 환경하에서만 운영되도록 설계됨	0
		설계 단계에서 하나 이상의 설치 사이트에 대한 요구사항만 고려되며, 애플리케이션이 유사한 하드웨어 또는 소프트웨어 환경하에서만 운영되도록 설계됨	1
		설계 단계에서 하나 이상의 설치 사이트에 대한 요구사항만 고려되며, 애플리케이션이 상이한 하드웨어 또는 소프트웨어 환경하에서만 운영되도록 설계됨	2

〈보기〉

(A) 애플리케이션의 응답시간에 대한 사용자 요구 수준을 볼 때, 기본적인 성능이 잘 제공되는 것으로 판단된다. 그러나 고장 시 불편한 손실이 발생되며, 다행히 쉽게 복구가 가능하다. 설계 단계에서 하나 이상의 설치 사이트에 대한 요구사항이 고려되며, 유사한 하드웨어나 소프트웨어 환경하에서만 운영되도록 설계되었다. 그리고 데이터를 전송하는 정도를 보면 분산처리에 대한 요구사항이 명시되지 않은 것으로 판단된다.

(B) 애플리케이션에서 발생할 수 있는 장애에 있어서는 기본적인 신뢰성이 제공된다. 응답시간 또는 처리율이 피크타임에 중요하며, 애플리케이션의 처리기능은 복수 개의 서버상에서 동적으로 상호수행된다. 그리고 이 애플리케이션은 동일한 소프트웨어 환경하에서만 운영되도록 설계되었다.

	(A)의 영향도	(B)의 영향도
①	2	1
②	3	2
③	2	3
④	3	4
⑤	2	5

45 A고객은 3일 후 떠날 3주간의 제주도 여행에 대비하여 가족 모두 여행자 보험에 가입하고자 K은행에 방문하였다. 이에 P사원이 A고객에게 여행자 보험 상품을 추천하고자 할 때, P사원의 설명으로 적절하지 않은 것은?(단, A고객 가족의 나이는 각각 만 14세, 17세, 45세, 51세, 75세이다)

〈K은행 여행자 보험〉

- 가입연령 : 만 1 ~ 79세(인터넷 가입 만 19 ~ 70세)
- 납입방법 : 일시납
- 납입기간 : 일시납
- 보험기간 : 2일 ~ 최대 1개월
- 보장내용

보장의 종류	보험금 지급사유	지급금액
상해사망 및 후유장해	– 여행 중 사고로 상해를 입고 그 직접적인 결과로 사망하거나 후유장해상태가 되었을 때	– 사망 시 가입금액 전액 지급 – 후유장해 시 장해정도에 따라 가입금액의 30 ~ 100% 지급
질병사망	– 여행 중 발생한 질병으로 사망 또는 장해지급률 80% 이상의 후유장해가 남았을 경우	– 가입금액 전액 지급
휴대품 손해	– 여행 중 우연한 사고로 휴대품이 도난 또는 파손되어 손해를 입은 경우	– 가입금액 한도 내에서 보상하되, 휴대품 1개 또는 1쌍에 대하여 20만 원 한도로 보상(단, 자기부담금 1만 원 공제)

- 유의사항
  - 보험계약 체결일 기준 만 15세 미만자의 경우 사망은 보장하지 않음
  - 보장금액과 상해, 질병 의료실비에 대한 보장내용은 홈페이지 참조

① 고객님, 가족 모두 가입하시려면 반드시 은행에 방문해 주셔야 합니다.

② 고객님, 만 14세 자녀의 경우 본 상품에 가입하셔도 사망보험금은 지급되지 않습니다.

③ 고객님, 여행 도중 귀중품을 분실하셨을 경우 분실물의 수량과 관계없이 최대 20만 원까지 보상해 드립니다.

④ 고객님, 후유장해 시 보험금은 장해정도에 따라 차등지급됩니다.

⑤ 고객님, 보험가입 시 보험금은 한 번만 납입하시면 됩니다.

46 K사는 상반기 신입사원 공개채용을 시행했다. 1차 서류전형과 인적성, 면접전형이 모두 끝나고 최종 면접자들의 점수를 확인하여 합격 점수 산출법에 따라 합격자를 선정하려고 한다. 총점이 80점 이상인 지원자가 합격한다고 할 때, 다음 중 합격자끼리 바르게 짝지어진 것은?

〈최종 면접 점수〉

구분	A	B	C	D	E
직업기초능력	75	65	60	68	90
의사소통능력	52	70	55	45	80
문제해결능력	44	55	50	50	49

〈합격 점수 산출법〉

• (직업기초능력)×0.6 • (의사소통능력)×0.3 • (문제해결능력)×0.4 • 총점 : 80점 이상

※ 과락 점수(미만) : 직업기초능력 60점, 의사소통능력 50점, 문제해결능력 45점

① A, C
② A, D
③ B, E
④ C, E
⑤ D, E

47 어느 버스회사에서 (가)시에서 (나)시를 연결하는 버스 노선을 개통하기 위해 새로운 버스를 구매하려고 한다. 다음 〈조건〉과 같이 노선을 운행하려고 할 때, 최소 몇 대의 버스를 구매해야 하며, 이때 필요한 운전사는 최소 몇 명인가?

〈조건〉

1) 새 노선의 왕복 시간 평균은 2시간이다(승하차 시간을 포함).
2) 배차시간은 15분 간격이다.
3) 운전사의 휴식시간은 매 왕복 후 30분씩이다.
4) 첫차는 05시 정각에, 막차는 23시에 (가)시를 출발한다.
5) 모든 차는 (가)시에 도착하자마자 (나)시로 곧바로 출발하는 것을 원칙으로 한다.
즉, (가)시에 도착하는 시간이 바로 (나)시로 출발하는 시간이다.
6) 모든 차는 (가)시에서 출발해서 (가)시로 복귀한다.

	버스	운전사
①	6대	8명
②	8대	10명
③	10대	12명
④	12대	14명
⑤	14대	16명

48 K사에 근무하는 L주임은 입사할 신입사원에게 지급할 볼펜과 스케줄러를 구매하기 위해 A～C 세 도매업체의 판매정보를 자료와 같이 정리하였다. 입사예정인 신입사원은 총 600명이고, 신입사원 1명당 볼펜과 스케줄러를 각각 1개씩 증정한다고 할 때, 가장 저렴하게 구매할 수 있는 업체와 구매가격을 바르게 나열한 것은?

〈세 업체의 상품가격표〉

업체명	품목	수량(1SET당)	가격(1SET당)
A도매업체	볼펜	150개	13만 원
	스케줄러	100권	25만 원
B도매업체	볼펜	200개	17만 원
	스케줄러	600권	135만 원
C도매업체	볼펜	100개	8만 원
	스케줄러	300권	65만 원

〈세 업체의 특가상품 정보〉

업체명	볼펜의 특가상품 구성	특가상품 구매 조건
A도매업체	300개 25.5만 원 or 350개 29만 원	스케줄러 150만 원 이상 구입
B도매업체	600개 48만 원 or 650개 50만 원	스케줄러 100만 원 이상 구입
C도매업체	300개 23.5만 원 or 350개 27만 원	스케줄러 120만 원 이상 구입

※ 특가상품 구매조건을 만족했을 때 볼펜을 특가로 구매할 수 있음
※ 각 물품은 묶음 단위로 판매가 가능하며, 개당 판매는 불가함
※ 업체별 특가상품은 둘 중 한 가지만 선택해 1회 구입 가능함

	도매업체	구매가격
①	A업체	183만 원
②	B업체	177.5만 원
③	B업체	183만 원
④	C업체	177.5만 원
⑤	C업체	183만 원

49 다음 중 시간 관리에 대해 바르게 이해한 사람은?

윤아 : 시간이 촉박하면 넉넉할 때보다 오히려 집중이 더 잘 되는 것 같아.
태현 : 시간 관리는 꼼꼼히 하면 너무 부담이 되니까 간단히 일정 체크만 해도 충분해.
지현 : 시간 관리가 중요하다고 해도, 막상 계획대로 진행하면 손해가 더 많았어.
성훈 : 창의적인 일을 할 때는 오히려 시간을 관리하는 것이 방해될 것 같아. 관리와 창의는 상대되는 개념이니까.

① 윤아
② 태현
③ 지현
④ 성훈
⑤ 없음

50 B씨는 정원이 12명이고 개인 회비가 1인당 20,000원인 모임의 총무이다. 정기 모임을 카페에서 열기로 했는데 음료를 1잔씩 주문하고 음료와 곁들일 디저트도 2인에 한 개씩 시킬 예정이다. 〈조건〉에 따라 가장 저렴하게 먹을 수 있는 방법으로 메뉴를 주문한 후 남는 돈은?(단, 2명은 커피를 마시지 못한다)

COFFEE		NON – COFFEE		DESSERT	
아메리카노	3,500원	그린티라테	4,500원	베이글	3,500원
카페라테	4,100원	밀크티라테	4,800원	치즈케이크	4,500원
카푸치노	4,300원	초코라테	5,300원	초코케이크	4,700원
카페모카	4,300원	곡물라테	5,500원	티라미수	5,500원

〈조건〉

- 10잔 이상의 음료 또는 디저트를 구매하면 4,500원 이하의 음료 2잔이 무료로 제공된다.
- 세트 메뉴로 음료와 디저트를 구매하면 해당 메뉴 금액의 10%가 할인된다.

① 175,000원
② 178,500원
③ 180,500원
④ 187,500원
⑤ 188,200원

51 K사는 사원들의 복지 증진을 위해 안마의자를 구매할 계획이다. K사의 평가 기준이 다음과 같을 때, 〈보기〉에서 구매할 안마의자는 무엇인가?

〈K사의 안마의자 구입 시 평가 기준〉

- 사원들이 자주 사용할 것으로 생각되니 A/S 기간이 2년 이상이어야 한다.
- 사무실 인테리어를 고려하여 안마의자의 컬러는 레드보다는 블랙이 적절한 것으로 보인다.
- 겨울철에도 이용할 경우를 위해 안마의자에 온열 기능이 있어야 한다.
- 안마의자의 구입 예산은 최대 2,500만 원이며, 가격이 예산 안에만 해당하면 모두 구매 가능하다.
- 안마의자의 프로그램 개수는 최소 10개 이상은 되어야 하며, 많으면 많을수록 좋다.

〈보기〉

구분	가격	컬러	A/S 기간	프로그램	옵션
A안마의자	2,200만 원	블랙	2년	12개	온열 기능
B안마의자	2,100만 원	레드	2년	13개	온열 기능
C안마의자	2,600만 원	블랙	3년	15개	–
D안마의자	2,400만 원	블랙	2년	13개	온열 기능

① A안마의자
② B안마의자
③ C안마의자
④ D안마의자
⑤ 없음

52 지게차의 평균 적재운반거리와 평균 공차이동거리는 각각 200m이고, 적재와 하역 시 소요되는 시간은 각각 30초이다. 지게차의 평균 속도가 6km/h일 때, 하역장에서 1분당 1회의 운반을 위해 필요한 지게차의 총 소요대수는?

① 4대
② 5대
③ 6대
④ 7대
⑤ 8대

※ 다음은 경쟁관계에 있는 K기업과 B기업이 각각의 제품을 광고할 때의 수익구조를 나타낸 자료이다. 이어지는 질문에 답하시오. **[53~54]**

〈제품별 수익구조〉

구분		B기업	
		M제품	H제품
K기업	M제품	(6, 1)	(−2, 8)
	H제품	(−2, 6)	(6, 4)

〈분기별 매출증감률〉

시기	M제품	H제품
1분기	0%	50%
2분기	−50%	0%
3분기	0%	−50%
4분기	50%	0%

※ 수익구조에서 괄호 안의 숫자는 각 기업의 홍보로 인한 월 수익(단위 : 억 원)을 의미함
※ 분기별 매출액 50% 증가 시 : 월 수익 50% 증가, 월 손해 50% 감소
※ 분기별 매출액 50% 감소 시 : 월 수익 50% 감소, 월 손해 50% 증가

53 1분기에 광고를 하는 경우, K기업과 B기업의 수익의 합이 가장 클 때와 작을 때의 합은?

① 18억 원
② 20억 원
③ 24억 원
④ 28억 원
⑤ 30억 원

54 K기업과 B기업이 3분기에 서로 수익이 가장 최소가 되는 제품의 광고를 피하기로 한 경우, 선택하지 말아야 하는 제품으로 바르게 연결된 것은?

	K기업	B기업
①	H제품	H제품
②	H제품	M제품
③	M제품	H제품
④	M제품	M제품
⑤	상관없음	

55 본점 해외사업팀에서 근무하는 A대리는 자택에서 출발하여 뉴욕에서 열리는 포럼에 참석한 후 자신의 사무실로 복귀하고자 한다. 이동경로에 따른 정보가 다음과 같을 때, A대리가 포럼 장소에 뉴욕에 도착할 일시로 옳은 것은?(단, 현지 시간을 기준을 구한다)

〈정보〉

- A대리는 인천국제공항에서 뉴욕행 항공편을 이용하여 뉴욕에 도착한 후, 현지 시간으로 4월 28일 오후 4시에 있는 포럼에 참석하고자 한다.
- A대리는 지체 없이 포럼 장소로 이동하며, 포럼 장소에 4월 28일 오후 3시 이후에서 포럼 시작 전에 도착하고자 한다.
- 인천국제공항에서 뉴욕으로 향하는 항공편 일정은 다음과 같으며, A대리는 주어진 항공편 중 하나에 탑승한다(인천 시간 기준).

항공편명	출발일	시간	도착일	시간
ZC4012	10월 27일	09:20	10월 27일	22:00
TY2980	10월 27일	17:20	10월 28일	06:30
QE9301	10월 28일	15:40	10월 29일	04:00
TI9381	10월 28일	20:20	10월 29일	09:00

- 뉴욕 시간은 인천 시간보다 13시간 빠르다.
- 뉴욕 공항에 도착한 후, 30분의 수속 시간이 소요된다.
- 포럼 장소는 뉴욕 공항에서 차량으로 10분 거리이며, A대리는 대기시간 없이 미리 렌트해 둔 차량으로 이동한다.

① 10월 28일 15:10
② 10월 28일 15:20
③ 10월 28일 15:30
④ 10월 28일 15:40
⑤ 10월 28일 15:50

56 글로벌 기업인 K공사는 외국 지사와 화상 회의를 진행하기로 하였다. 모든 국가는 오전 8시부터 오후 6시까지가 업무 시간이고 한국 현지 시각 기준으로 오후 4시부터 5시까지 회의를 진행한다고 할 때, 다음 중 회의에 참석할 수 없는 국가는?(단, 서머타임을 시행하는 국가는 +1:00을 반영한다)

국가	시차	국가	시차
파키스탄	−4:00	불가리아	−6:00
오스트레일리아	+1:00	영국	−9:00
싱가포르	−1:00	−	−

※ 오후 12시부터 1시까지는 점심시간이므로 회의를 진행하지 않음
※ 서머타임 시행 국가 : 영국

① 파키스탄
② 오스트레일리아
③ 싱가포르
④ 불가리아
⑤ 영국

57 K공사 인재개발원에 근무하고 있는 A대리는 〈조건〉에 따라 신입사원 교육을 위한 스크린을 구매하려고 한다. 다음 중 가장 적절한 제품은 무엇인가?

〈조건〉

- 조명도는 5,000lx 이상이어야 한다.
- 예산은 150만 원이다.
- 제품에 이상이 생겼을 때 A/S가 신속해야 한다.
- 위 조건을 모두 충족할 시, 가격이 저렴한 제품을 가장 우선으로 선정한다.

※ lux(럭스) : 조명이 밝은 정도를 말하는 조명도에 대한 실용단위로 기호는 lx임

	제품	가격(만 원)	조명도(lx)	특이사항
①	A	180	8,000	2년 무상 A/S 가능
②	B	120	6,000	해외직구(해외 A/S)
③	C	100	3,500	미사용 전시 제품
④	D	150	5,000	미사용 전시 제품
⑤	E	130	7,000	2년 무상 A/S 가능

58 K공사 직원 10명이 부산으로 1박 2일 세미나에 가려고 한다. 부산에는 목요일 점심 전에 도착하고, 다음 날 점심을 먹고 3시에 서울로 돌아오기로 계획했다. 다음은 호텔별 비용 현황과 호텔 선호도에 대한 자료이다. 아래 〈조건〉을 보고 남직원과 여직원에게 사용되는 출장비용은 각각 얼마인가?

〈호텔별 비용 현황〉

구분	P호텔		M호텔		H호텔		W호텔	
숙박비	평일	주말	평일	주말	평일	주말	평일	주말
	17만 원	30만 원	12만 원	23만원	15만 원	29만 원	15만 원	22만 원
식비	1만 원(중·석식, 조식은 숙박비에 포함)		7,000원(조·중식) 9,000원(석식)		8,000원(조·중·석식)		7,500원(조·중·석식)	
거리	20분		12분		30분		10분	
비고	1인실 또는 2인실 가능		1인실만 가능		2인실 이상 가능		2인실 이상 가능	

※ 거리는 역에서 호텔까지의 버스로 이동시간임

〈호텔 선호도〉

구분	P호텔	M호텔	H호텔	W호텔
남자	B	B	C	A
여자	A	B	B	C

※ A～C등급에서 A등급이 제일 높음

〈조건〉

- 방은 2인 1실로 사용한다.
- 남자는 6명, 여자는 4명이다.
- 남자와 여자 모두 식사를 한다.
- 남자는 선호도가 B등급 이상이고, 숙박비용과 식비가 저렴한 호텔로 정한다.
- 여자는 선호도가 B등급 이상이고, 역에서 거리가 가장 가까운 호텔로 정한다.

	남자	여자
①	540,000원	428,000원
②	630,000원	428,000원
③	630,000원	460,000원
④	690,000원	460,000원
⑤	690,000원	510,000원

59 독일인 A씨는 베를린에서 한국을 경유하여 일본으로 가는 비행기표를 구매하였다. A씨의 일정이 다음과 같을 때, A씨가 인천공항에 도착하는 한국시각과 A씨가 참여했을 환승투어를 바르게 짝지은 것은?(단, 제시된 조건 외에 고려하지 않는다)

〈A씨의 일정〉

한국행 출발시각 (독일시각 기준)	비행시간	인천공항 도착시각	일본행 출발시각 (한국시각 기준)
8월 2일 19:30	12시간 20분		8월 3일 19:30

※ 독일은 한국보다 8시간 느림
※ 비행 출발 1시간 전에는 공항에 도착해야 함

〈환승투어 코스 안내〉

구분	코스	소요 시간
엔터테인먼트	• 인천공항 → 파라다이스시티 아트테인먼트 → 인천공항	2시간
인천시티	• 인천공항 → 송도한옥마을 → 센트럴파크 → 인천공항 • 인천공항 → 송도한옥마을 → 트리플 스트리트 → 인천공항	2시간
산업	• 인천공항 → 광명동굴 → 인천공항	4시간
전통	• 인천공항 → 경복궁 → 인사동 → 인천공항	5시간
해안관광	• 인천공항 → 을왕리해변 또는 마시안해변 → 인천공항	1시간

	도착시각	환승투어
①	8월 2일 23:50	산업
②	8월 2일 15:50	엔터테인먼트
③	8월 3일 23:50	전통
④	8월 3일 15:50	인천시티
⑤	8월 3일 14:50	해안관광

60 K공단은 연말 시상식을 개최하여 한 해 동안 모범이 되거나 훌륭한 성과를 낸 직원을 독려하고자 한다. 시상 종류 및 인원, 상품에 대한 정보가 다음과 같을 때, 총 상품 구입비로 옳은 것은?

〈시상내역〉

상 종류	수상 인원	상품
사내선행상	5명	인당 금 도금 상패 1개, 식기 1세트
사회기여상	1명	인당 은 도금 상패 1개, 신형노트북 1대
연구공로상	2명	인당 금 도금 상패 1개, 안마의자 1개, 태블릿PC 1대
성과공로상	4명	인당 은 도금 상패 1개, 만년필 2개, 태블릿PC 1대
청렴모범상	2명	인당 동 상패 1개, 안마의자 1개

• 상패 제작비용
 – 금 도금 상패 : 개당 55,000원(5개 이상 주문 시 개당 가격 10% 할인)
 – 은 도금 상패 : 개당 42,000원(주문수량 4개당 1개 무료 제공)
 – 동 상패 : 개당 35,000원

• 물품 구입비용(개당)
 – 식기 세트 : 450,000원
 – 신형 노트북 : 1,500,000원
 – 태블릿PC : 600,000원
 – 만년필 : 100,000원
 – 안마의자 : 1,700,000원

① 14,085,000원
② 15,050,000원
③ 15,534,500원
④ 16,805,000원
⑤ 17,200,000원

합격의공식
시대
에듀
www.sdedu.co.kr

합격의공식
시대
에듀
www.sdedu.co.kr

합격의공식
시대
에듀
www.sdedu.co.kr

답안채점 • 성적분석 서비스

모바일 OMR

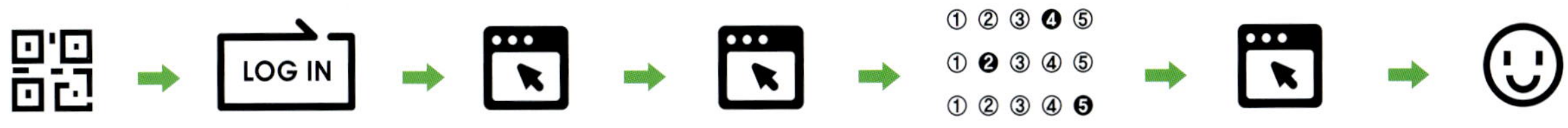

도서 내 모의고사 우측 상단에 위치한 QR코드 찍기 → 로그인 하기 → '시작하기' 클릭 → '응시하기' 클릭 → 나의 답안을 모바일 OMR 카드에 입력 → '성적분석 & 채점결과' 클릭 → 현재 내 실력 확인하기

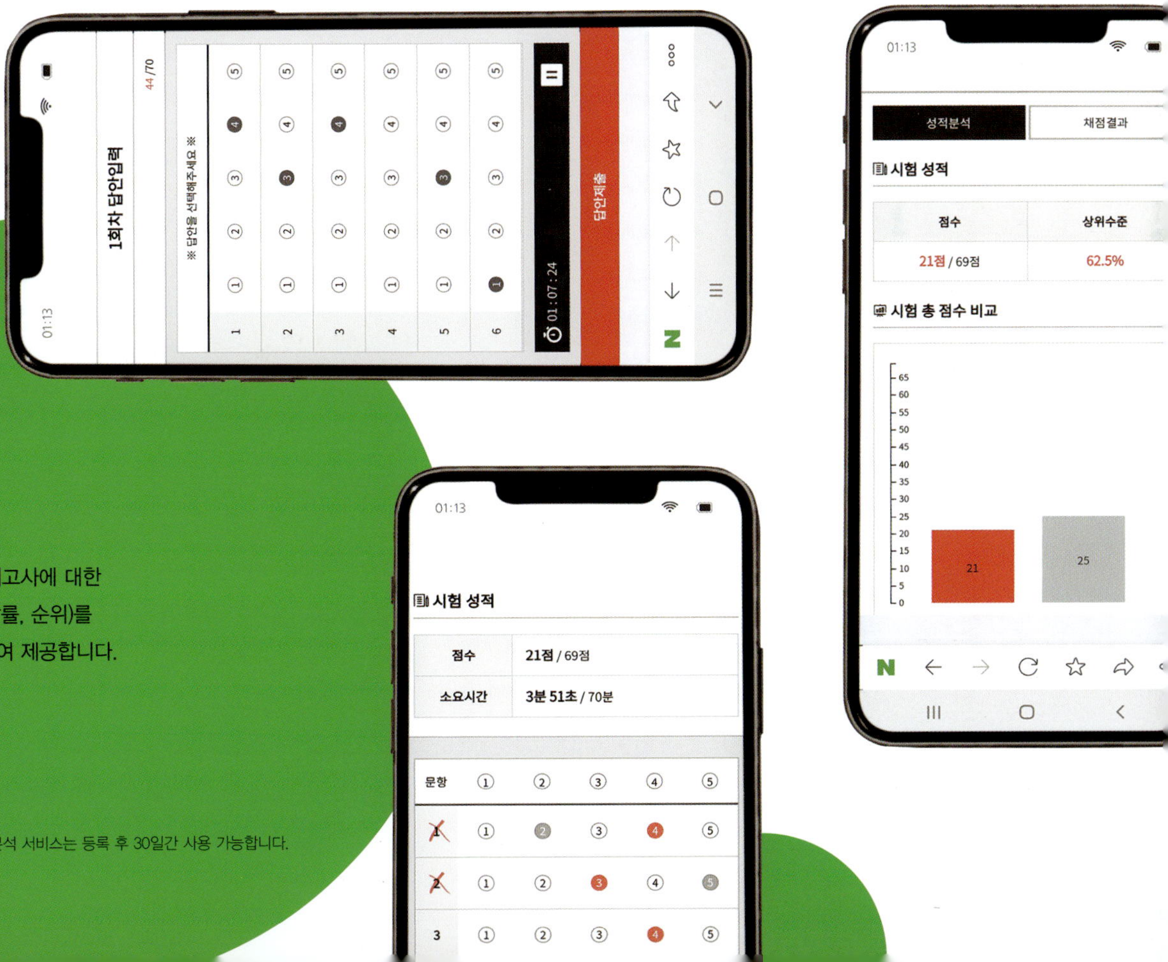

도서에 수록된 모의고사에 대한 객관적인 결과(정답률, 순위)를 종합적으로 분석하여 제공합니다.

※OMR 답안채점 / 성적분석 서비스는 등록 후 30일간 사용 가능합니다.

시대에듀

공기업 취업을 위한 NCS 직업기초능력평가 시리즈

NCS부터 전공까지 완벽 학습 "통합서" 시리즈

공기업 취업의 기초부터 차근차근! 취업의 문을 여는 **Master Key!**

NCS 영역 및 유형별 체계적 학습 "집중학습" 시리즈

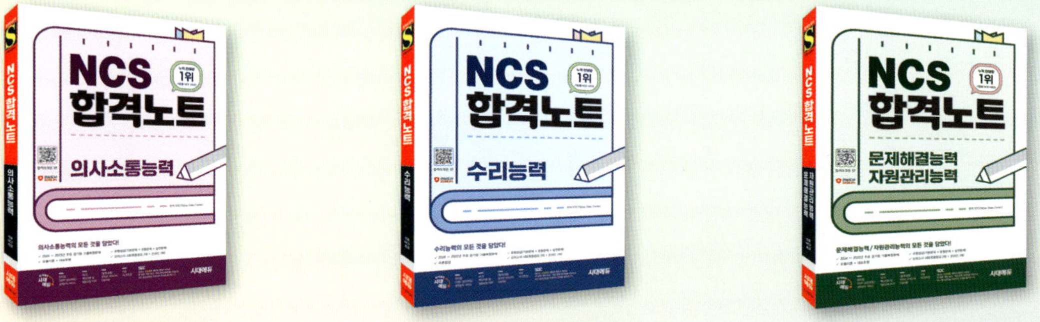

영역별 이론부터 유형별 모의고사까지! 단계별 학습을 통한 **Only Way!**

NCS 핵심영역

최종모의고사 10회분

편저 | SDC(Sidae Data Center)

정답 및 해설

1위
기업별 NCS 시리즈
누적 판매량

SDC

SDC는 시대에듀 데이터 센터의 약자로
약 30만 개의 NCS · 적성 문제 데이터를 바탕으로
최신 출제경향을 반영하여 문제를 출제합니다.

시대에듀

NCS 핵심영역

정답 및 해설

온라인 모의고사 무료쿠폰

쿠폰 번호		
	영역통합형(2회)	AMTY-00000-227E6
	영역분리형(2회)	AMTZ-00000-B5F44

[쿠폰 사용 안내]

1. **합격시대 홈페이지(www.sdedu.co.kr/pass_sidae_new)**에 접속합니다.
2. 회원가입 후 로그인합니다.
3. 홈페이지 우측 상단 '쿠폰 입력하고 모의고사 받자' 배너를 클릭합니다.
4. 쿠폰번호를 등록합니다.
5. 내강의실 > 모의고사 > 합격시대 모의고사 클릭 후 응시합니다.

※ 본 쿠폰은 등록 후 30일 이내에 사용 가능합니다.
※ 쿠폰 등록 및 응시는 윈도우 기반 PC에서만 가능합니다.
※ 모바일 및 macOS 운영체제에서는 서비스되지 않습니다.

무료NCS특강 쿠폰

쿠폰번호 : JKC-56358-18950

[쿠폰 사용 안내]

1. **시대에듀 홈페이지(www.sdedu.co.kr)**에 접속합니다.
2. 상단 카테고리 「이벤트」를 클릭합니다.
3. 「NCS 도서구매 특별혜택 이벤트」를 클릭한 후 쿠폰번호를 입력합니다.

시대에듀

끝까지 책임진다! 시대에듀!

QR코드를 통해 도서 출간 이후 발견된 오류나 개정법령, 변경된 시험 정보, 최신기출문제, 도서 업데이트 자료 등이 있는지 확인해 보세요! **시대에듀 합격 스마트 앱**을 통해서도 알려 드리고 있으니 구글 플레이나 앱 스토어에서 다운받아 사용하세요. 또한, 파본 도서인 경우에는 구입하신 곳에서 교환해 드립니다.

NCS 핵심영역 최종모의고사

2025년 상반기 기출복원 모의고사 정답 및 해설

01	02	03	04	05	06	07	08	09	10
②	③	⑤	③	③	④	⑤	②	④	④
11	12	13	14	15	16	17	18	19	20
②	③	①	⑤	④	⑤	③	①	③	③
21	22	23	24	25	26	27	28	29	30
③	④	③	②	②	①	①	②	②	④
31	32	33	34	35	36	37	38	39	40
①	③	②	②	③	②	③	③	④	③

01

정답 ②

마지막 문단을 보면 현재 AI 음성 합성 기술이 사람의 감정까지 담아 표현할 수 없다는 한계점이 존재한다고 했다. 따라서 현재는 AI 음성 합성 기술이 오디오북 제작에서 전문 성우의 역할을 대체할 수 있다고 보기는 어렵다.

오답분석

① 세 번째 문단을 통해 AI 음성 합성 기술이 비용과 시간 측면에서 전문 성우 녹음보다 효율적임을 알 수 있다.

③ 마지막 문단에서 문학 도서의 경우 AI 음성 합성 기술이 사람의 감정까지 담아 표현할 수 없는 반면, 비문학 도서들은 전문 성우가 반드시 필요하지는 않으므로 AI 음성 합성 기술로 제작이 가능하다고 하였다.

④·⑤ 두 번째 문단에서 전문 성우의 오디오북 녹음에는 많은 시간이 필요하며, 비용 또한 많이 들어 현실적인 한계에 부딪히고 있다고 하였다.

02

정답 ③

2024년 설날 노쇼 비율은 46%이지만, 이 중 19만 매가량이 재판매가 되지 않아 공석으로 운행되었다.

오답분석

① 첫 번째 문단에서 명절에 예매 경쟁률이 수십 배에 달하는 경우도 흔하다고 하였다.

② 세 번째 문단에서 노쇼 문제는 사회적 비용 증가로 연결되며, 이에 따른 비용이나 정책 변경은 국민의 부담으로 돌아올 것이라고 하였다.

④ 네 번째 문단에서 노쇼 문제를 해결하기 위해 코레일은 2025년부터 명절 특별수송기간에 출발 후 20분까지의 위약금을 기존 15%에서 30%로 상향 조정한다고 하였다.

⑤ 마지막 문단에서 노쇼 문제는 단순히 코레일의 노력만으로 해결될 수 없고, 근본적인 제도 개선과 국민 인식 변화가 함께 이루어져야 함을 이야기하고 있다.

03

정답 ⑤

선주는 문제점을 자신의 탓으로 돌리며 상대방에게 부탁을 하고 있다. 따라서 관용의 격률에 해당하는 사례이다.

오답분석

① 민재는 상대방을 칭찬하는 표현을 최대화해서 말하고 있다. 따라서 타인에 대한 비난은 최소화하고 칭찬은 최대화하여 말하는 표현법인 찬동의 격률에 해당하는 사례로 볼 수 있다.

② 지우는 문제점을 상대방의 탓으로 돌리며 상대방에게 부탁을 하고 있다. 따라서 관용의 격률에 해당하지 않는다.

③ 다예는 자신의 이익을 위해 상대방에게 부담을 주며 말하고 있다. 따라서 관용의 격률에 해당하지 않는다.

④ 동현은 상대에게 부담이 되는 표현은 최소화하면서 도움을 요청하고 있다. 따라서 상대방의 부담은 최소화하고 이익은 최대화하여 말하는 표현법인 요령의 격률에 해당하는 사례로 볼 수 있다.

04

정답 ③

셔틀버스 A ~ C가 동시에 도착하는 시간은 운행시간의 최소공배수이다. 각 버스의 운행시간을 소인수분해하면 다음과 같다.

- A : $12=2^2\times3$
- B : $16=2^4$
- C : $30=2\times3\times5$

∴ $2^4\times3\times5=240$분=4시간

따라서 오전 10시에서 4시간이 경과한 오후 2시에 동시에 K역에 도착한다.

05

정답 ③

KTX와 SRT를 모두 이용한 고객 수를 x명이라 하면 KTX만 이용한 고객은 $(36-x)$명, SRT만 이용한 고객은 $(42-x)$명이다. 즉, KTX와 SRT를 모두 이용한 고객 수는 다음과 같다.

$(36-x)+(42-x)+x=60$

$\rightarrow 78-x=60$

$\therefore x=18$

따라서 18명의 고객이 KTX와 SRT를 모두 이용하였으므로 SRT만 이용한 고객은 42−18=24명이다.

06

정답 ④

조사기간인 1 ~ 4월의 리뷰 수가 판매 건수이므로 월별 판매 건수와 반품 및 환불 건수를 계산하면 다음과 같다.

(단위 : 건)

구분	판매 건수	반품 건수	환불 건수
1월	1,000	1,000×0.03=30	1,000×0.02=20
2월	1,200	1,200×0.02=24	1,200×0.03=36
3월	1,500	1,500×0.04=60	1,500×0.01=15
4월	1,300	1,300×0.03=39	1,300×0.02=26
합계	5,000	153	97

따라서 반품 건수와 환불 건수의 총합은 153+97=250건이다.

07

정답 ⑤

A씨는 사고로 학생과 부딪힌 사건 하나만을 부풀려 젊은이들이 모두 조심성이 없으며 남을 배려하지 않는다고 주장하고 있다. 이는 특정한 사례 하나를 토대로 집단을 일반화하는 주장이므로 성급한 일반화의 오류에 해당한다.

오답분석

① 무지의 오류 : '외계인이 있다는 증거가 없으므로 외계인은 존재하지 않는다.'처럼 어떠한 주장이 증명되지 않았다고 해서 그 반대의 주장이 참이라고 주장하는 오류이다.

② 결합의 오류 : '머리카락 1개가 빠지면 대머리가 되지 않는다. 2개가 빠져도, 100개가 빠져도 그렇다. 따라서 1만 개가 빠져도 대머리가 되지 않는다.'처럼 하나의 사례에는 오류가 없지만, 여러 사례를 잘못 결합하여 발생하는 오류이다.

③ 애매성의 오류 : '여자는 남자보다 약하다. 따라서 여자는 오래 살지 못한다.'처럼 애매한 어휘의 사용으로 발생하는 오류이다.

④ 과대 해석의 오류 : '퇴근길에 조심하세요.'라는 말을 퇴근길에만 조심하라는 의미로 받아들이는 것처럼 문맥을 무시하고 과도하게 문구에만 집착하여 발생하는 오류이다.

08

정답 ②

ㄱ. 철도 이용객 수 증가는 외부환경요인인 법안에 의한 긍정적 효과이므로 기회에 해당한다.

ㄷ. 민간투자의 확대는 외부환경요인의 긍정적인 효과이므로 기회에 해당한다.

ㅂ. 기업 외부에서 발생한 공동 프로젝트에 참여하는 것은 기술혁신 등 긍정적인 측면이므로 기회에 해당한다.

오답분석

ㄴ. 내부환경요인인 운영 노하우는 기업 내부의 긍정적인 요소로 강점(Strength)에 해당한다.

ㄹ. 외부환경요인인 정부의 교통요금 동결 정책은 위협(Threat)에 해당한다.

ㅁ. 내부환경요인인 직원 수 부족으로 인한 저조한 고객 만족도는 약점(Weakness)에 해당한다.

09

정답 ④

ㄱ. A차장은 노인 이용자 대표와 논리적 토론을 통해 합리적 타협점을 찾고 있다. 이는 상이한 문화적 토양을 가지고 있는 구성원을 가정하여 서로의 생각을 직설적으로 주장하고 논쟁이나 협상을 통해 의견을 조정하는 하드 어프로치에 해당한다.

ㄴ. B센터장은 역할극과 브레인스토밍 기법을 통하여 직원들이 자발적으로 의견을 제시하고, 창의적인 해결방법을 도모할 수 있도록 촉진하고 있다. 이는 어떤 그룹이나 집단이 자발적으로 창의적인 문제해결을 할 수 있도록 촉진하는 퍼실리테이션에 해당한다.

ㄷ. D팀장은 C사원에게 실수에 대한 결과를 시사하여 실수를 줄일 수 있도록 넌지시 제안하였으며, 다른 팀원들에게도 C사원을 잘 도와줄 수 있도록 요청하였다. D팀장은 중재자로서 같은 문화적 토양을 가지고 있는 팀원들이 서로를 이해할 수 있도록 돕고, 권위와 공감에 의지하여 의견을 중재하고 있으므로 소프트 어프로치에 해당한다.

10

정답 ④

제시문은 원자력 발전소에서 방사성 물질의 차단과 외부 오염물질의 유입 방지를 위해 강력한 공기조화시스템이 필요하며, 이 시스템의 핵심 장치인 헤파필터에 대해 상세히 설명하고, 원자력 발전소에서 헤파필터의 역할과 중요성에 대해 서술하고 있다. 따라서 글의 주제로 가장 적절한 것은 '원자력 발전소에서의 헤파필터의 역할'이다.

11

정답 ②

'된서리'는 '늦가을에 아주 되게 내리는 서리'를 의미하며, 이런 특성으로 인해 모진 재앙이나 타격을 비유적으로 이르는 말이다. 따라서 가장 비슷한 어휘는 '어떤 일에서 크게 기를 꺾음. 또는 그로 인한 손해·손실'의 의미를 가진 '타격(打擊)'이다.

오답분석

① 타계(他界) : 인간계를 떠나서 다른 세계로 간다는 뜻으로, 사람의 죽음 특히 귀인(貴人)의 죽음을 이르는 말
③ 타점(打點) : 붓이나 펜 따위로 점을 찍음, 야구에서 안타 따위로 득점한 점수
④ 타락(墮落) : 올바른 길에서 벗어나 잘못된 길로 빠지는 일
⑤ 타산(打算) : 자신에게 도움이 되는지를 따져 헤아림

12

정답 ③

빈칸에 들어갈 단어의 대상은 앞의 '애민주의'이므로 '어떤 명목을 붙여 주의나 주장 또는 처지를 앞에 내세움'을 의미하는 '표방(標榜)'이 가장 적절한 단어이다.

오답분석

① 표징(表徵) : 겉으로 드러나는 특징이나 상징
② 표집(標集) : 사회 조사에서 모집단의 특성을 잘 반영할 수 있는 표본을 추출하는 방법
④ 표류(漂流) : 물 위에 떠서 정처 없이 흘러감
⑤ 표리(表裏) : 물체의 겉과 속 또는 안과 밖을 통틀어 이르는 말

13

정답 ①

메뉴별 손익분기점을 구하면 다음과 같으며 손익분기점을 넘기 위해서 필요한 판매량은 이보다 1단위 더 많아야 한다.

- 제육볶음 : 2,800,000÷(10,000−2,000)=350 → 351인분
- 오징어볶음 : 3,300,000÷(12,000−2,000)=330 → 331인분
- 돈가스 : 2,600,000÷(9,000−1,500)≒346.6 → 347인분
- 라면 : 1,800,000÷(6,000−800)≒346.2 → 347인분
- 고등어구이 : 3,100,000÷(11,000−2,000)≒344.4 → 345인분

따라서 손익분기점을 넘기 위해 가장 많이 판매해야 하는 메뉴는 제육볶음이다.

14

정답 ⑤

- 가영 : 기관에서만 제기하는 소송은 기관소송 및 권한쟁의이다. 따라서 80,000+191,000=271,000건이다.
- 나리 : 주어진 자료는 주요 소송 종류에 대한 것이므로 개인이 제기한 모든 민사소송 건수를 정확히 알 수 없다.
- 다솜 : 2021년에 기관이 제기한 헌법소원의 건수는 2,000−1,000=1,000건이며, 2022년에 기관이 제기한 헌법소원의 건수는 1,900−1,000=900건으로 전년 대비 감소했다.
- 라주 : 주어진 자료는 주요 소송 종류에 대한 것이므로 개인이 제기한 소송의 전체 건수는 알 수 없다.

따라서 모든 사람이 제시된 자료에 대해 잘못 설명하였다.

15

정답 ④

2022년부터 2024년까지 전체 소송 중 기관에서 제기한 기관소송 및 권한쟁의 소송의 비율은 다음과 같다.

- 2022년 : $\frac{20,000+40,000}{481,900}\times100≒12.45\%$
- 2023년 : $\frac{17,000+50,000}{509,500}\times100≒13.15\%$
- 2024년 : $\frac{16,000+53,000}{531,500}\times100≒12.98\%$

2024년의 경우 전년 대비 감소하였으므로 옳지 않은 내용이다.

오답분석

① J국의 전체 소송 건수는 2019년부터 2021년까지 증가하다가 2022년 감소한 뒤, 2022년부터 2024년까지 다시 증가하였다.
② 민사소송에서 사기가 차지하는 비율은 $\frac{250,000+140,000}{1,480,000}\times100≒26.35\%$이고, 형사소송에서 사기가 차지하는 비율은 $\frac{125,000+50,000}{710,000}\times100≒24.65\%$이다. 따라서 민사소송에서 차지하는 비율이 더 크다.
③ 기관에서만 제기한 소송은 기관소송과 권한쟁의 소송이며 매년 이들의 합은 다음과 같다.
- 2019년 : 5,000+3,000=8,000건
- 2020년 : 7,000+5,000=12,000건
- 2021년 : 15,000+40,000=55,000건
- 2022년 : 20,000+40,000=60,000건
- 2023년 : 17,000+50,000=67,000건
- 2024년 : 16,000+53,000=69,000건

따라서 기관에서만 제기하는 소송의 총합 건수는 매년 증가하였다.
⑤ 개인이 제기한 형사 소송에서 상해 대비 살인의 비율은 매년 절반으로 동일하다.

16

정답 ⑤

본회의 시간이 1시간이고, 전후 30분간 회의 준비 및 회의록 작성을 진행해야 하므로 모두 2시간이 필요하다. 제시된 조건에 따라 회의가 불가능한 시간을 표시하면 다음과 같다.

<table>
<tr><th colspan="2">9시</th><th colspan="2">10시</th><th colspan="2">11시</th><th colspan="2">12시</th><th colspan="2">13시</th></tr>
<tr><td></td><td></td><td>예약</td><td></td><td></td><td></td><td colspan="2">점심시간</td><td></td><td></td></tr>
<tr><th colspan="2">14시</th><th colspan="2">15시</th><th colspan="2">16시</th><th colspan="2">17시</th><td colspan="2" rowspan="2">–</td></tr>
<tr><td>예약</td><td></td><td colspan="2">외부일정</td><td></td><td></td><td></td><td></td></tr>
</table>

30분 간격으로 칸을 나누었으므로 회의를 진행하기 위해서는 총 4칸이 필요하다. 따라서 16시부터 회의 준비를 할 수 있으므로 본회의를 시작할 수 있는 가장 빠른 시각은 오후 4시 30분(=16시 30분)이다.

17

정답 ③

약술형에서 48점을 득점하여 과락이 된 D를 제외하고 나머지 4명의 필기시험 점수의 평균과 가점을 더한 값은 다음과 같다.

- A : {(85+52+61+57)÷4}+6=69.75점 → 불합격
- B : (75+71+67+81)÷4=73.5점 → 합격
- C : {(67+81+72+54)÷4}+2=70.5점 → 합격
- E : (66+82+58+78)÷4=71점 → 합격

따라서 J국가자격 필기시험에 합격한 사람은 B, C, E 3명이다.

18

정답 ①

A교수의 발표 주제는 사람이 제공하던 서비스를 인공지능 기술로 대체하자는 것이 아닌, 인공지능 기술이 건강보험 가입자의 데이터를 기반으로 가입자에게 필요한 맞춤형 서비스를 제공해 주는지에 대한 것이다. 따라서 제시된 자료의 내용과 일치하지 않는다.

오답분석

② B교수의 발표 주제는 sLLM(소형언어모델)을 사용한 고객 서비스의 향상과 공단 근로자의 업무 효율성을 증대 사례이므로 이에 대한 고객과 공단 근로자의 의견이 필요하다.

③ D교수의 발표 주제는 야간 인공조명이 인간의 건강에 미치는 영향에 대한 것이므로, 야간 인공조명을 받은 사람과 이를 받지 않은 사람과의 건강상의 차이에 대한 구분되는 수치가 필요하다.

④ F팀장의 발표 주제는 병원 내에서 발생하는 폐렴의 데이터 분석을 통해 감염관리 체계 마련이 필요함을 제시하는 것이므로, 병원 내 감염병에 대한 데이터 정보가 필요하다. 따라서 병원 내 어느 병동에서 어떠한 상황에서 발생하였는지, 또 어느 연령대에서 주로 발생하는지 등에 대한 데이터가 필요하다.

19

정답 ③

네 번째 문단에 따르면 천식 환자는 심장박동 및 호흡수를 증가시키는 운동은 발작을 일으킬 수 있으므로 피해야 하고, 건조하지 않고 심장 박동이나 호흡수가 급격히 증가하지 않는 수영과 같은 운동이 좋다고 하였다. 따라서 등산의 경우 가파른 오르막이나, 건조한 환경 등 천식 환자에게 좋지 않은 운동 환경일 가능성이 높다.

오답분석

① 세 번째 문단에 따르면 당뇨는 인슐린이 제 기능을 하지 못해 혈당을 낮추지 못하는 질환으로, 유산소 운동을 통해 혈당을 낮출 수 있다.

② 세 번째 문단에 따르면 당뇨 환자와 심장병 환자는 유산소 운동이 좋다고 하였으며, 특히 심장병 환자의 경우 규칙적인 유산소 운동은 심혈관계를 향상시킨다고 하였다.

④ 마지막 문단에 따르면 허리 통증 환자는 유산소 운동보다는 척추를 지지하는 근육을 발달시킬 수 있는 코어 운동이 도움이 된다고 하였다.

20

정답 ③

제시된 문단은 국민건강보험공단이 담배소송 변론에서 적극적으로 입장을 표명했다고 서술하고 있다. 그러므로 이어질 문단으로 공단의 주장이 포함된 (나) 문단 또는 (다) 문단이 와야 한다. 이 중 (다) 문단은 '마지막으로'로 시작하므로 글의 가장 마지막에 오는 것이 적절하다. 그러므로 첫 문단 뒤에 이어질 문단으로 가장 적절한 것은 (나) 문단이다. 다음 (가) 문단과 (라) 문단을 살펴보면, (가) 문단은 담배와 암 사이에는 인과관계가 있다는 주장, (라) 문단은 담배와 암 사이에 인과관계에 대한 뒷받침 자료로 제출한 증거의 목록에 대한 것이므로 (가) – (라) 순으로 이어져야 한다. 따라서 (나) – (가) – (라) – (다) 순으로 나열해야 한다.

21

정답 ③

제시된 자료는 7대 주요 범죄 현황이므로 한 해 전체 범죄 현황은 알 수 없다. 따라서 옳지 않은 설명이다.

오답분석

① 살인이 가장 많이 발생한 해는 1995년이며, 절도 역시 1995년에 가장 많이 발생하였다.

② K국 교도소의 잔여 형량별 복역자 수 자료를 통해 잔여 형량이 많을수록 복역자 수가 적음을 알 수 있다.

④ 잔여 형량이 1년 미만인 복역자의 수가 가장 많은 교도소는 F교도소이며, 전체 복역자 수 역시 F교도소가 가장 많다.

22

정답 ④

교도소별 잔여 형량이 1년 미만인 복역자 수 대비 3년 이상 5년 미만인 복역자 수의 비율은 다음과 같다.

- A : $\frac{400}{3,000}\times 100 ≒ 13.3\%$
- B : $\frac{400}{4,000}\times 100 = 10\%$
- C : $\frac{500}{5,000}\times 100 = 10\%$
- D : $\frac{600}{6,000}\times 100 = 10\%$
- E : $\frac{800}{7,000}\times 100 ≒ 11.43\%$
- F : $\frac{1,000}{8,000}\times 100 = 12.5\%$

A교도소가 가장 높으므로 옳지 않은 해석이다.

오답분석

① 1990년부터 1995년까지 전년 대비 살인 사건 발생 건수는 100건씩 일정하게 증가하고 있다. 그러나 기준이 되는 전년도의 수치가 점점 커지기 때문에 전년 대비 변화율은 점점 감소한다(1990년 20% 증가, 1991년 약 16.6% 증가 …).

② K국 전체 교도소 복역자 수는 5,300+5,700+7,800+10,000+10,300+11,600=50,700명이므로 D교도소에 복역하는 비율은 $\frac{10,000}{50,700}\times100 ≒ 19.72\%$이다. 따라서 20% 이하이다.

③ 1993년부터 1995년까지 7대 주요 범죄 중 절도가 차지하는 비율을 구하기 위해 연도별 7대 주요 범죄 발생 건수를 계산하면 다음과 같다.

- 1993년 : 900+3,000+10,000+10,000+20,000+3,000+1,000=47,900건
- 1994년 : 1,000+2,000+20,000+10,000+27,000+5,000+900=65,900건
- 1995년 : 1,100+3,500+17,000+9,000+34,000+2,000+1,100=67,700건

이 중 절도가 차지하는 비율을 계산하면 다음과 같다.

$\frac{20,000+27,000+34,000}{47,900+65,900+67,700}\times100$

→ $\frac{81,000}{181,500}\times100 ≒ 44.63\%$

따라서 절도가 차지하는 비율은 45% 이하이다.

23

정답 ③

계란 가격은 2024년 7월부터 9월까지 증가하다가, 10월부터 감소한 후 12월에 다시 증가 추세를 보이고 있으므로 옳지 않다.

오답분석

① • 2024년 8월 대비 9월 쌀 가격 증가율

: $\frac{1,970-1,083}{1,083}\times100 ≒ 81.90\%$

• 2024년 11월 대비 12월 무 가격 증가율

: $\frac{2,474-2,245}{2,245}\times100 ≒ 10.20\%$

따라서 2024년 8월 대비 9월 쌀 가격의 증가율이 2024년 11월 대비 12월 무 가격의 증가율보다 크다.

② 국산, 미국산, 호주산 소 가격 모두 2024년 7월부터 9월까지 증가하다가 10월에 감소하였다.

④ 쌀 가격은 2024년 7월 1,992원에서 8월 1,083원으로 감소했다가, 9월 1,970원으로 증가한 후 10월부터는 꾸준히 감소하고 있다.

24

정답 ②

제시된 식재료 가격의 2024년 12월 대비 2025년 1월 증감률을 계산하면 다음과 같다.

- 쌀 : $\frac{1,805-1,809}{1,809}\times100 ≒ -0.22\%$
- 양파 : $\frac{1,759-1,548}{1,548}\times100 ≒ 13.63\%$
- 무 : $\frac{2,543-2,474}{2,474}\times100 ≒ 2.78\%$
- 건멸치 : $\frac{25,200-25,320}{25,320}\times100 ≒ -0.47\%$

따라서 증감률이 가장 큰 재료는 양파이다.

25

정답 ②

신입사원 선발 조건에 따라 지원자에게 점수를 부여하면 다음과 같다.

(단위 : 점)

구분	학위 점수	어학시험 점수	면접 점수	총 인턴근무 기간	총점
A	18	20	30	18	86
B	25	17	24	18	84
C	18	17	24	18	77
D	30	14	18	12	74

따라서 최고득점자는 A이고, 최저득점자는 D이다.

26

정답 ①

A씨의 소규모 카페는 잘못된 위치 선정, 치열한 경쟁, 운영 경험 부족 등 여러 위기를 겪게 되었지만, A씨는 위기를 기회로 삼아 성공한 컨설팅 업체라는 좋은 결과를 얻었으므로 '화를 바꾸어 복이 되게 하다.'의 의미를 지닌 '전화위복(轉禍爲福)'이 가장 적절한 한자성어이다.

오답분석

② 사필귀정(事必歸正) : 모든 일은 반드시 바른길로 돌아감
③ 일취월장(日就月將) : 나날이 다달이 자라거나 발전함
④ 우공이산(愚公移山) : 어떤 일이든 끊임없이 노력하면 반드시 이루어짐

27

정답 ①

①의 '차원'은 '물리학적 구성 요소인 시간'을 의미한다. 반면 나머지는 '사물을 보거나 생각하는 처지, 또는 어떤 생각이나 의견 따위를 이루는 사상이나 학식의 수준'을 의미한다.

28

정답 ②

큐비트는 양자 중첩 특성을 가지고 있기 때문에 0과 1의 상태를 동시에 가진다. 반면 기존의 고전적 컴퓨터는 비트(Bit)를 통해 정보를 0과 1의 형태로 나타낸다.

오답분석

①·③ 큐비트는 측정하기 전에는 0과 1의 값을 동시에 지니지만, 측정과 동시에 하나의 값으로 확정된다.
④ 4개의 큐비트를 활용하면 $2^4=16$번의 상태를 동시에 표현할 수 있다.

29

정답 ②

SMR은 다양한 입지 조건에서 설치가 가능하여 전력망이 없는 지역이나 해상에서도 활용할 수 있다. 또한 크기가 작고 유연한 설계 덕분에 다양한 환경에서 활용이 가능하다.

오답분석

① SMR은 방사성 물질의 저장 및 관리 측면에서 유리하지만, 폐기물이 발생하지 않는다고는 서술되어 있지 않다.
③ SMR은 공장에서 모듈화된 기기를 제작하고, 현장으로 운송해 조립하는 방식이다.
④ 한국을 포함한 여러 국가가 SMR 개발에 적극적으로 나서고 있지만, 현재 기존 원전이 SMR로 전환되었는지는 확인할 수 없다.

30

정답 ④

J공사의 비밀번호 규칙을 정리하면 다음과 같다.

- 첫 번째와 아홉 번째 숫자 : 직원 종류별 코드(1 ~ 3)
- 두 번째 ~ 일곱 번째 숫자 : 입사 연, 월, 일(YYMMDD)
- 여덟 번째 문자 : 앞의 숫자를 모두 더하고 2를 뺀 값에 해당하는 알파벳 대문자

위의 규칙에 맞지 않는 비밀번호를 고르면 다음과 같다.

- 1942131S1 : 월 부분의 숫자가 21로 존재할 수 없다.
- 1241215N2 : 첫 번째와 아홉 번째 숫자가 동일하게 부여되지 않았다.
- 2210830P2 : 여덟 번째 문자가 2+2+1+0+8+3+0−2=14번째 알파벳인 N이 부여되어야 한다.
- 4200817T4 : 4는 없는 직원 종류별 코드이다.
- 2191229Z2 : 여덟 번째 문자가 2+1+9+1+2+2+9−2=24번째 알파벳인 X가 부여되어야 한다.

따라서 J공사 비밀번호 규칙에 맞지 않는 비밀번호는 모두 5개이다.

31

정답 ①

A씨는 고향 친구의 말끔한 정장을 보고, 부자일 확률보다 부자이면서 좋은 차도 끌고 다닐 확률이 높다고 생각하고 있다. 이는 두 사건(부자, 좋은 차 소유)이 동시에 일어날 확률이 실제로는 각 사건 중 하나가 단독으로 일어날 확률보다 항상 작거나 같음에도 불구하고, 두 사건이 동시에 일어날 확률이 더 높다고 잘못 판단하는 인지적 편향이다. 따라서 A씨의 사례는 결합의 오류(Conjunction Fallacy)에 해당한다.

오답분석

② 무지의 오류 : "담배가 암을 일으킨다는 확실한 증거가 없으므로 정부의 금연 정책은 잘못된 것이다."처럼 어떤 논리가 증명되지 않았다고 해서 그 반대의 주장이 참이라고 단정하는 오류이다.
③ 연역법의 오류 : "TV를 많이 보면 눈이 나빠진다.", "철수는 TV를 많이 보지 않는다.", "따라서 철수는 눈이 나빠지지 않는다."처럼 대전제와 주장이 잘못 연결되었지만, 삼단논법에 의하기 때문에 참이라고 단정하는 오류이다.
④ 과대해석의 오류 : "퇴근길에 조심하세요."라는 말을 퇴근길에만 조심하라는 의미로 받아들이는 것처럼 문맥을 무시하고 과도하게 문구에만 집착하여 발생하는 오류이다.

32

정답 ③

고속국도를 제외하면 본사와 이어지는 길은 A공장과 B공장밖에 없으므로 S대리는 A공장을 처음 방문하고 마지막으로 B공장을 방문하거나, B공장을 처음 방문하고 A공장을 마지막으로 방문해야 한다. 따라서 S대리는 A → D → C → E → B 순서로 방문하거나, 그 반대인 B → E → C → D → A 순서로 방문해야 한다. 두 경로의 길이는 같으므로 본사 → A → D → C → E → B → 본사의 이동거리를 구하면 8+14+12+20+10+16=80km이다.
따라서 S대리가 일반국도만을 이용하여 본사에서 출발해서 모든 부속 공장을 방문하고 본사로 돌아오는 최단거리는 80km이다.

33

정답 ②

고속국도를 이용한다면 본사에서 출발하거나 본사에 도착할 때, 반드시 E공장을 거쳐야 한다. 따라서 S대리는 E → B → C → D → A 또는 A → D → C → B → E 순서로 방문해야 한다. 두 경로의 길이는 같으므로 본사 → E → B → C → D → A → 본사의 이동거리를 구하면 20+10+8+12+14+8=72km이다. 따라서 S대리가 고속국도를 이용할 때의 최단거리는 고속국도를 이용하지 않을 때와 80−72=8km 차이가 난다.

34

정답 ②

맹아(萌芽)는 '풀이나 나무에 새로 돋아 나오는 싹, 사물의 시초가 되는 것'을 뜻하는 말이다.

오답분석

① 호도(糊塗) : 풀을 바른다는 뜻으로, 명확하게 결말을 내지 않고 일시적으로 감추거나 흐지부지 덮어 버림을 비유적으로 이르는 말
③ 무마(撫摩) : 분쟁이나 사건 따위를 어물어물 덮어 버림을 이르는 말
④ 은폐(隱蔽) : 덮어 감추거나 가리어 숨김을 이르는 말

35

정답 ③

③에 쓰인 '불이 붙었다'는 비유적으로 '어떤 일이나 감정 따위가 치솟기 시작함'을 의미한다.

오답분석

①·②·④ '물체에 불이 붙어 타기 시작하다.'의 의미로 사용되었다.

36

정답 ②

등변 사다리꼴의 가장자리(변)를 따라 2m 간격으로 의자를 배치하므로 둘레를 구해야 한다. 빗면의 길이를 xm이라고 하면, K고등학교의 운동장은 20m의 정사각형 공간에 양쪽의 밑변이 15m, 높이가 20m인 직각삼각형이 붙어있는 형태이므로 피타고라스 정리에 따라 빗변의 길이를 구하는 식은 다음과 같다.

$x^2=15^2+20^2=625$

$\therefore\ x=\sqrt{625}=25$

그러므로 K고등학교 운동장의 둘레는 20+25+50+25=120m이며, 2m 간격으로 의자를 배치하므로 120÷2=60개의 의자를 배치할 수 있다(시작점과 끝점이 같은 다각형이므로 1을 더하지 않음).

따라서 의자에 앉을 수 있는 학생의 수는 60명이다.

37

정답 ③

오답분석

① 2021년의 값이 서로 바뀌었다.

② 2024년 충주댐의 발전량 값이 잘못되었다.

④ 2023년 소양강댐의 발전량 값이 잘못되었다.

38

정답 ③

현대사회에서 기업은 일을 수행하는 데 소요되는 시간을 줄이기 위해 많은 노력을 기울이고 있다. 기업의 입장에서 작업 소요 시간의 단축으로 인해 볼 수 있는 효과는 다음과 같다.

- 생산성 향상 : 시간당 산출량이 증가하여 같은 시간 안에 더 많은 제품이나 서비스를 제공할 수 있으므로 노동 생산성이 향상된다.
- 가격 인상 : 일을 수행할 때 소요되는 시간을 단축함으로써 비용이 절감되고, 상대적으로 이익이 늘어남으로써 사실상 가격 인상 효과가 있다.
- 위험 감소 : 위험에 노출되는 시간을 줄이고, 계획적 작업 운영을 통해 불확실성이 감소하므로 위험이 감소하는 효과가 있다.
- 시장 점유율 증가 : 빠르고 효율적인 생산은 납기 준수 능력 향상, 원가 절감, 품질 유지로 이어지므로 고객 만족도를 높이고, 결과적으로 경쟁사보다 유리한 조건을 만들며 시장 점유율 확대에 기여한다.

따라서 정확한 예산 분배는 효율적인 예산관리를 통하여 기업이 얻을 수 있는 효과이다.

39

정답 ④

효율적이고 합리적인 인사관리 원칙

- 적재적소 배치의 원칙 : 해당 직무 수행에 가장 적합한 인재를 배치해야 한다.
- 공정 보상의 원칙 : 근로자의 인권을 존중하고 공헌도에 따라 노동의 대가를 공정하게 지급해야 한다.
- 공정 인사의 원칙 : 직무 배당, 승진, 상벌, 근무 성적의 평가, 임금 등을 공정하게 처리해야 한다.
- 종업원 안정의 원칙 : 직장에서 신분이 보장되고 계속해서 근무할 수 있다는 믿음을 갖게 하여 근로자가 안정된 회사 생활을 할 수 있도록 해야 한다.
- 창의력 계발의 원칙 : 근로자가 창의력을 발휘할 수 있도록 새로운 제안, 건의 등의 기회를 마련하고 적절한 보상을 하여 인센티브를 제공해야 한다.
- 단결의 원칙 : 직장 내에서 구성원들이 소외감을 갖지 않도록 배려하며 서로 유대감을 가지고 협동, 단결하는 체제를 이루도록 한다.

40

정답 ③

회전대응의 원칙은 입·출하의 빈도가 높은 품목은 출입구 가까운 곳에 보관하는 것으로, 활용빈도가 상대적으로 높은 물품을 가져다 쓰기 쉬운 위치에 먼저 보관하는 방식을 말한다.

오답분석

① 동일성의 원칙 : 같은 품종은 같은 장소에 보관하는 원칙이다.

② 유사성의 원칙 : 유사품은 인접한 장소에 보관하는 원칙이다.

④ 기호화의 원칙 : 바코드, QR코드 등 물품을 기호화하여 관리하는 원칙이다.

NCS 핵심영역 최종모의고사

2024년 기출복원 모의고사 정답 및 해설

01	02	03	04	05	06	07	08	09	10
③	④	⑤	③	②	③	③	①	④	①
11	12	13	14	15	16	17	18	19	20
②	②	①	⑤	⑤	②	④	③	①	④
21	22	23	24	25	26	27	28	29	30
③	③	②	④	③	②	②	④	②	②
31	32	33	34	35	36	37	38	39	40
②	④	③	②	③	③	③	③	①	②

01

정답 ③

제시된 시는 신라시대 6두품 출신의 문인인 최치원이 지은 「촉규화」이다. 최치원은 자신을 향기 날리는 탐스런 꽃송이에 비유하여 뛰어난 학식과 재능을 뽐내고 있지만, 수레와 말 탄 사람에 비유한 높은 지위의 사람들이 자신을 외면하는 현실을 한탄하고 있다.

02

정답 ④

네 번째 문단에서 백성들이 적지 않고, 토산품이 구비되어 있지만 이로운 물건이 세상에 나오지 않고, 그렇게 하는 방법을 모르기 때문에 경제를 윤택하게 하는 것 자체를 모른다고 하였다. 따라서 조선의 경제가 윤택하지 못한 이유를 부족한 생산량이 아니라 유통의 부재로 보고 있다.

오답분석

① 세 번째 문단에서 쓸모없는 물건을 사용하여 유용한 물건을 유통하고 거래하지 않는다면 유용한 물건들이 대부분 한 곳에 묶여서 고갈될 것이라고 하며 유통이 원활하지 않은 현실을 비판하고 있다.

② 세 번째 문단에서 옛날의 성인과 제왕은 유통의 중요성을 알고 있었기 때문에 주옥과 화폐 등의 물건을 조성하여 재물이 원활하게 유통될 수 있도록 노력했다고 하며 재물 유통을 위한 성현들의 노력을 제시하고 있다.

③ 여섯 번째 문단에서 재물을 우물에 비유하여 설명하고 있다. 재물의 소비를 하지 않으면 물을 길어내지 않는 우물처럼 말라버릴 것이며, 소비를 한다면 물을 퍼내는 우물처럼 물이 가득할 것이라며 재물에 대한 소비가 경제의 규모를 늘릴 것이라고 강조하고 있다.

⑤ 여섯 번째 문단에서 비단옷을 입지 않으면 비단을 짜는 사람과 베를 짜는 여인 등 관련 산업 자체가 황폐해질 것이라고 하고 있다. 따라서 산업의 발전을 위한 적당한 사치(소비)가 있어야 함을 제시하고 있다.

03

정답 ⑤

'말로는 친한 듯 하나 속으로는 해칠 생각이 있음'을 뜻하는 한자성어는 '口蜜腹劍(구밀복검)'이다.

- 刻舟求劍(각주구검) : 융통성 없이 현실에 맞지 않는 낡은 생각을 고집하는 어리석음

오답분석

① 水魚之交(수어지교) : 아주 친밀하여 떨어질 수 없는 사이
② 結草報恩(결초보은) : 죽은 뒤에라도 은혜를 잊지 않고 갚음
③ 靑出於藍(청출어람) : 제자나 후배가 스승이나 선배보다 나음
④ 指鹿爲馬(지록위마) : 윗사람을 농락하여 권세를 마음대로 함

04

정답 ③

③에서 '뿐이다'는 체언(명사, 대명사, 수사)인 '셋'을 수식하므로 조사로 사용되었다. 따라서 앞말과 붙여 써야 한다.

오답분석

① 종결어미 '-는지'는 앞말과 붙여 써야 한다.
② '만큼'은 용언(동사, 형용사)인 '애쓴'을 수식하므로 의존명사로 사용되었다. 따라서 앞말과 띄어 써야 한다.
④ '큰지'와 '작은지'는 모두 연결어미 '-ㄴ지'로 쓰였으므로 앞말과 붙여 써야 한다.
⑤ '-판'은 앞의 '씨름'과 합성어를 이루므로 붙여 써야 한다.

05

정답 ②

'채이다'는 '차이다'의 잘못된 표기이다. 따라서 '차였다'로 표기해야 한다.

- 차이다 : 주로 남녀 관계에서 일방적으로 관계가 끊기다.

오답분석

① 금세 : 지금 바로. '금시에'의 준말
③ 핼쑥하다 : 얼굴에 핏기가 없고 파리하다.
④ 낯설다 : 전에 본 기억이 없어 익숙하지 아니하다.
⑤ 곰곰이 : 여러모로 깊이 생각하는 모양

06

정답 ③

한자어에서 'ㄹ' 받침 뒤에 연결되는 'ㄷ, ㅅ, ㅈ'은 된소리로 발음되므로 [몰쌍식]으로 발음해야 한다.

오답분석

① · ④ 받침 'ㄴ'은 'ㄹ'의 앞이나 뒤에서 [ㄹ]로 발음하지만, 결단력, 공권력, 상견례 등에서는 [ㄴ]으로 발음한다.

② 받침 'ㄱ(ㄲ, ㅋ, ㄳ, ㄺ), ㄷ(ㅅ, ㅆ, ㅈ, ㅊ, ㅌ, ㅎ), ㅂ(ㅍ, ㄼ, ㄿ, ㅄ)'은 'ㄴ, ㅁ' 앞에서 [ㅇ, ㄴ, ㅁ]으로 발음한다.

⑤ 받침 'ㄷ, ㅌ(ㄾ)'이 조사나 접미사의 모음 'ㅣ'와 결합되는 경우에는 [ㅈ, ㅊ]으로 바꾸어서 뒤 음절 첫소리로 옮겨 발음한다.

07

정답 ③

첫 번째 조건에 따라 ①, ④는 70대 이상에서 도시의 여가생활 만족도(1.7점)가 같은 연령대의 농촌(ㄹ) 만족도(3.5점)보다 낮으므로 제외되고, 두 번째 조건에 따라 도시에서 10대의 여가생활 만족도는 농촌에서 10대(1.8점)의 2배보다 높으므로 1.8×2=3.6점을 초과해야 하나 ②는 도시에서 10대(ㄱ)의 여가생활 만족도가 3.5점이므로 제외된다. 또한, 세 번째 조건에 따라 ⑤는 도시에서 여가생활 만족도가 가장 높은 연령대인 40대(3.9점)보다 30대(ㄴ)가 4.0점으로 높으므로 제외된다.

따라서 마지막 조건까지 만족하는 것은 ③이다.

08

정답 ①

방사형 그래프는 여러 평가 항목에 대하여 중심이 같고 크기가 다양한 원 또는 다각형을 도입하여 구역을 나누고, 각 항목에 대한 도수 등을 부여하여 점을 찍은 후 그 점끼리 이어 생성된 다각형으로 자료를 분석할 수 있다. 따라서 방사형 그래프인 ①을 사용하면 항목별 균형을 쉽게 파악할 수 있다.

09

정답 ④

3월의 경우 K톨게이트를 통과한 영업용 승합차 수는 229천 대이고, 영업용 대형차 수는 139천 대이다.

139×2=278>229이므로 3월의 영업용 승합차 수는 영업용 대형차 수의 2배 미만이다.

따라서 모든 달에서 영업용 승합차 수는 영업용 대형차 수의 2배 이상이 아니므로 옳지 않은 설명이다.

오답분석

① 각 달의 전체 승용차 수와 전체 승합차 수의 합은 다음과 같다.

- 1월 : 3,807+3,125=6,932천 대
- 2월 : 3,555+2,708=6,263천 대
- 3월 : 4,063+2,973=7,036천 대
- 4월 : 4,017+3,308=7,325천 대
- 5월 : 4,228+2,670=6,898천 대
- 6월 : 4,053+2,893=6,946천 대
- 7월 : 3,908+2,958=6,866천 대
- 8월 : 4,193+3,123=7,316천 대
- 9월 : 4,245+3,170=7,415천 대
- 10월 : 3,977+3,073=7,050천 대
- 11월 : 3,953+2,993=6,946천 대
- 12월 : 3,877+3,040=6,917천 대

따라서 전체 승용차 수와 승합차 수의 합이 가장 많은 달은 9월이고, 가장 적은 달은 2월이다.

② 4월을 제외하고 K톨게이트를 통과한 비영업용 승합차 수는 월별 3,000천 대(=300만 대)를 넘지 않는다.

③ 모든 달에서 (영업용 대형차 수)×10≥(전체 대형차 수)이므로 영업용 대형차 수의 비율은 모든 달에서 전체 대형차 수의 10% 이상이다.

⑤ 승용차가 가장 많이 통과한 달은 9월이고, 이때 영업용 승용차 수의 비율은 9월 전체 승용차 수의 $\frac{140}{4,245}\times 100 \fallingdotseq 3.3\%$로 3% 이상이다.

10

정답 ①

865×865+865×270+135×138−405

=865×865+865×270+135×138−135×3

=865×(865+270)+135×(138−3)

=865×1,135+135×135

=865×(1,000+135)+135×135

=865×1,000+(865+135)×135

=865,000+135,000

=1,000,000

따라서 식을 계산하여 나온 수의 백의 자리는 0, 십의 자리는 0, 일의 자리는 0이다.

11

정답 ②

A반과 B반 모두 2번의 경기를 거쳐 결승에 만나는 경우는 다음과 같다.

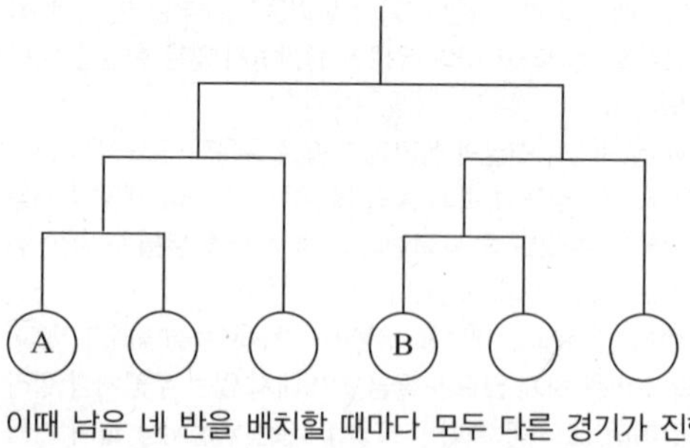

이때 남은 네 반을 배치할 때마다 모두 다른 경기가 진행되므로 구하고자 하는 경우의 수는 4!=24가지이다.

12

정답 ②

제시된 열차의 부산역 도착시간을 계산하면 다음과 같다.

- KTX

  8:00(서울역 출발) → 10:30(부산역 도착)
- ITX-청춘

  7:20(서울역 출발) → 8:00(대전역 도착) → 8:15(대전역 출발) → 11:05(부산역 도착)
- ITX-마음

  6:40(서울역 출발) → 7:20(대전역 도착) → 7:35(대전역 출발) → 8:15(울산역 도착) → 8:30(울산역 출발) → 11:00(부산역 도착)
- 새마을호

  6:30(서울역 출발) → 7:30(대전역 도착) → 7:40(ITX-마음 출발 대기) → 7:55(대전역 출발) → 8:55(울산역 도착) → 9:10(울산역 출발) → 10:10(동대구역 도착) → 10:25(동대구역 출발) → 11:55(부산역 도착)
- 무궁화호

  5:30(서울역 출발) → 6:50(대전역 도착) → 7:05(대전역 출발) → 8:25(울산역 도착) → 8:35(ITX-마음 출발 대기) → 8:50(울산역 출발) → 10:10(동대구역 도착) → 10:30(새마을호 출발 대기) → 10:45(동대구역 출발) → 12:25(부산역 도착)

따라서 가장 늦게 도착하는 열차는 무궁화호로, 12시 25분에 부산역에 도착한다.

오답분석

① ITX-청춘은 11시 5분에 부산역에 도착하고, ITX-마음은 11시에 부산역에 도착한다.

③ ITX-마음은 정차역인 대전역과 울산역에서 다른 열차와 시간이 겹치지 않는다.

④ 부산역에 가장 빨리 도착하는 열차는 KTX로, 10시 30분에 도착한다.

⑤ 무궁화호는 울산역에서 8시 15분에 도착한 ITX-마음으로 인해 8시 35분까지 대기하며, 동대구역에서 10시 10분에 도착한 새마을호로 인해 10시 30분까지 대기한다.

13

정답 ①

A과장과 팀원 1명은 7시 30분까지 사전 회의를 가져야 하므로 8시에 출발하는 KTX만 이용할 수 있다. 남은 팀원 3명은 11시 30분까지 부산역에 도착해야 하므로 10시 30분에 도착하는 KTX, 11시 5분에 도착하는 ITX-청춘, 11시에 도착하는 ITX-마음을 이용할 수 있는데 이 중 가장 저렴한 열차를 이용해야 하므로 ITX-마음을 이용한다.

따라서 KTX 2인, ITX-마음 3인의 요금을 계산하면 $(59,800\times2)+(42,600\times3)=119,600+127,800=247,400$원이다.

14

정답 ⑤

A는 B의 부정적인 의견들을 구조화하여 B가 그러한 논리를 가지게 된 궁극적 원인인 경쟁력 부족을 찾아내었고, 이러한 원인을 해소할 수 있는 방법을 찾아 자신의 계획을 재구축하여 B에게 설명하였다. 따라서 제시문에서 나타난 논리적 사고의 구성요소는 상대 논리의 구조화이다.

오답분석

① 설득 : 논증을 통해 나의 생각을 다른 사람에게 이해·공감시키고, 타인이 내가 원하는 행동을 하도록 하는 것이다.

② 구체적인 생각 : 상대가 말하는 것을 잘 알 수 없을 때, 이미지를 떠올리거나 숫자를 활용하는 등 구체적인 방법을 활용하여 생각하는 것이다.

③ 생각하는 습관 : 논리적 사고를 개발하기 위해 일상적인 모든 것에서 의문점을 가지고 그 원인을 생각해 보는 습관이다.

④ 타인에 대한 이해 : 나와 상대의 주장이 반대될 때, 상대의 주장 전부를 부정하지 않고 상대의 인격을 존중하는 것이다.

15

정답 ⑤

마지막 조건에 따라 C는 항상 두 번째에 도착하게 되고, 첫 번째 조건에 따라 A – B가 순서대로 도착했으므로 A, B는 첫 번째로 도착할 수 없다. 또한 두 번째 조건에 따라 D는 E보다 늦게 도착하므로 가능한 경우를 정리하면 다음과 같다.

구분	첫 번째	두 번째	세 번째	네 번째	다섯 번째
경우 1	E	C	A	B	D
경우 2	E	C	D	A	B

따라서 E는 항상 가장 먼저 도착한다.

16

정답 ②

전제 1의 전건(P)인 'TV를 오래 보면'은 후건(Q)인 '눈이 나빠진다.'가 성립하는 충분조건이며, 후건은 전건의 필요조건이 된다($P\rightarrow Q$). 그러나 삼단논법에서 단순히 전건을 부정한다고 해서 후건 또한 부정되지는 않는다($\sim P\rightarrow\sim Q$, 역의 오류). 철수가 TV를 오래 보지 않아도 눈이 나빠질 수 있는 가능성은 얼마든지 있기 때문이다. 이러한 형식적 오류를 '전건 부정의 오류'라고 한다.

오답분석

① 사개명사의 오류 : 삼단논법에서 개념이 4개일 때 성립하는 오류이다(A는 B이고, A와 C는 모두 D이다. 따라서 B는 C이다).

③ 후건 긍정의 오류 : 후건을 긍정한다고 전건 또한 긍정이라고 하는 오류이다($P\rightarrow Q$이므로 $Q\rightarrow P$이다. 이의 오류).

④ 선언지 긍정의 오류 : 어느 한 명제를 긍정하는 것이 필연적으로 다른 명제의 부정을 도출한다고 여기는 오류이다(A는 B와 C이므로 A가 B라면 반드시 C는 아니다. ∵ B와 C 둘 다 해당할 가능성이 있음).

⑤ 매개념 부주연의 오류 : 매개념(A)이 외연 전부(B)에 대하여 성립되지 않을 때 발생하는 오류이다(A는 B이고 C는 B이므로 A는 C이다).

17

정답 ④

2023년 8～12월의 전월 대비 상품수지 증가폭은 다음과 같다.

• 2023년 8월 : 5,201.4－4,427.5＝773.9백만 달러
• 2023년 9월 : 7,486.3－5,201.4＝2,284.9백만 달러
• 2023년 10월 : 5,433.3－7,486.3＝－2,053백만 달러
• 2023년 11월 : 6,878.2－5,433.3＝1,444.9백만 달러
• 2023년 12월 : 8,037.4－6,878.2＝1,159.2백만 달러

따라서 서비스수지가 가장 큰 적자를 기록한 2023년 9월의 상품수지 증가폭이 가장 크다.

오답분석

① 2023년 11월의 본원소득수지는 음수이므로 적자를 기록하였다.
② 2023년 11월의 경상수지는 가장 낮았지만, 양수이므로 흑자를 기록하였다.
③ 상품수지가 가장 높은 달은 2023년 12월이지만, 경상수지가 가장 높은 달은 2023년 10월이다.
⑤ 2023년 8～12월의 전월 대비 경상수지 증가폭은 다음과 같다.

• 2023년 8월 : 5,412.7－4,113.9＝1,298.8백만 달러
• 2023년 9월 : 6,072.7－5,412.7＝660백만 달러
• 2023년 10월 : 7,437.8－6,072.7＝1,365.1백만 달러
• 2023년 11월 : 3,890.7－7,437.8＝－3,547.1백만 달러
• 2023년 12월 : 7,414.6－3,890.7＝3,523.9백만 달러

따라서 전월 대비 경상수지 증가폭이 가장 작은 달은 2023년 9월이지만, 상품수지 증가폭이 가장 작은 달은 2023년 8월이다.

18

정답 ③

빈칸에 들어갈 수를 계산하면 (상품수지)＝(수출)－(수입)이므로 2023년 8월의 수입은 53,668.9－5,201.4＝48,467.5백만 달러이고, 2023년 12월 수출은 8,037.4＋50,966.5＝59,003.9백만 달러이다.

19

정답 ①

K공단에서 위촉한 자문 약사는 다제약물 관리사업 대상자가 먹고 있는 약물의 복용상태, 부작용, 중복 등을 종합적으로 검토하고 그 결과를 바탕으로 상담, 교육 및 처방조정 안내를 실시한다. 또한 우리나라는 2000년에 시행된 의약 분업의 결과, 일부 예외사항을 제외하면 약사는 환자에게 약물의 처방을 할 수 없다. 따라서 약사는 환자의 약물점검 결과를 의사에게 전달하여 처방에 반영될 수 있도록 할 뿐 직접적인 처방을 할 수는 없다.

오답분석

② 다제약물 관리사업으로 인해 중복되는 약물을 파악하고 조치할 수 있다. 실제로 세 번째 문단의 다제약물 관리사업 평가에서 효능이 유사한 약물을 중복해서 복용하는 환자가 40.2% 감소되는 등의 효과가 확인되었다.
③ 다제약물 관리사업은 10종 이상의 약을 복용하는 만성질환자를 대상으로 약물관리 서비스를 제공하는 사업이다.
④ 병원의 경우 입원 및 외래환자를 대상으로 의사, 약사 등으로 구성된 다학제팀이 약물관리 서비스를 제공하는 반면, 지역사회에서는 다학제 협업 시스템이 미흡하다는 의견이 나오고 있다. 이에 K공단은 도봉구 의사회와 약사회, 전문가로 구성된 지역협의체를 구성하여 의·약사 협업 모형을 개발하였다.

20

정답 ④

제시문의 첫 번째 문단은 아토피 피부염의 정의를 나타내므로 이어서 연결될 수 있는 문단은 아토피 피부염의 원인을 설명하는 (라) 문단이다. 또한, (가) 문단의 앞부분 내용이 (라) 문단의 뒷부분과 연계되므로 (가) 문단이 다음에 오는 것이 적절하다. 그리고 (나) 문단의 첫 번째 문장에서 앞의 약물치료와 더불어 일상생활에서의 예방법을 말하고 있으므로 (나) 문단의 앞에는 아토피 피부염의 약물치료 방법인 (다) 문단이 오는 것이 가장 자연스럽다. 따라서 (라)－(가)－(다)－(나)의 순으로 나열해야 한다.

21

정답 ③

제시문은 뇌경색이 발생하는 원인과 발생했을 때 치료 방법을 소개하고 있다. 따라서 글의 주제로 가장 적절한 것은 '뇌경색의 발병 원인과 치료 방법'이다.

오답분석

① 뇌경색의 주요 증상에 대해서는 제시문에서 언급하고 있지 않다.
② 뇌경색 환자는 기전에 따라 항혈소판제나 항응고제 약물 치료를 한다고 하였지만, 글의 전체 내용을 담는 주제는 아니다.
④ 뇌경색이 발생했을 때의 조치사항은 제시문에서 언급하고 있지 않다.

22

정답 ③

2021년의 건강보험료 부과 금액은 전년 대비 69,480－63,120＝6,360십억 원 증가하였다. 이는 2020년 건강보험료 부과 금액의 10%인 63,120×0.1＝6,312십억 원보다 크므로 2021년의 건강보험료 부과 금액은 전년 대비 10% 이상 증가하였음을 알 수 있다.

2022년 또한 76,775－69,480＝7,295십억＞69,480×0.1＝6,948십억 원이므로 건강보험료 부과 금액은 전년 대비 10% 이상 증가하였다.

오답분석

① 제시된 자료를 통해 확인할 수 있다.
② 연도별 전년 대비 1인당 건강보험 급여비 증가액을 구하면 다음과 같다.

• 2020년 : 1,400,000－1,300,000＝100,000원
• 2021년 : 1,550,000－1,400,000＝150,000원
• 2022년 : 1,700,000－1,550,000＝150,000원
• 2023년 : 1,900,000－1,700,000＝200,000원

따라서 1인당 건강보험 급여비가 전년 대비 가장 크게 증가한 해는 2023년이다.

④ 2019년 대비 2023년의 1인당 건강보험 급여비 증가율은 $\frac{1,900,000-1,300,000}{1,300,000}\times100\fallingdotseq46\%$이므로 40% 이상 증가하였다.

23

정답 ②

'잎이 넓다.'를 P, '키가 크다.'를 Q, '더운 지방에서 자란다.'를 R, '열매가 많이 맺힌다.'를 S라 하면, 첫 번째 명제는 P → Q, 두 번째 명제는 ~P → ~R, 네 번째 명제는 R → S이다. 두 번째 명제의 대우인 R → P와 첫 번째 명제인 P → Q에 따라 R → P → Q이므로 네 번째 명제가 참이 되려면 Q → S인 명제 또는 이와 대우 관계인 ~S → ~Q인 명제가 필요하다.

오답분석

① ~P → S이므로 네 번째 명제가 참임을 판단할 수 없다.
③ '벌레가 많은 지역'은 네 번째 명제와 관련이 없다.
④ R → Q와 대우 관계인 명제로, 네 번째 명제가 참임을 판단할 수 없다.

24

정답 ④

'풀을 먹는 동물'을 P, '몸집이 크다.'를 Q, '사막에서 산다.'를 R, '물속에서 산다.'를 S라 하면, 첫 번째 명제는 P → Q, 두 번째 명제는 R → ~S, 네 번째 명제는 S → Q이다. 네 번째 명제가 참이 되려면 두 번째 명제와 대우 관계인 S → ~R에 의해 ~R → P인 명제 또는 이와 대우 관계인 ~P → R인 명제가 필요하다.

오답분석

① Q → S로 네 번째 명제의 역이지만, 어떤 명제가 참이라고 해서 그 역이 반드시 참이 될 수는 없다.
② 제시된 모든 명제와 관련이 없는 명제이다.
③ R → Q이므로 네 번째 명제가 참임을 판단할 수 없다.

25

정답 ③

모든 1과 사원은 가장 실적이 많은 2과 사원보다 실적이 많고, 3과 사원 중 일부는 가장 실적이 많은 2과 사원보다 실적이 적다. 따라서 3과 사원 중 일부는 모든 1과 사원보다 실적이 적다.

26

정답 ②

- 갑 : 초청 목적이 6개월가량의 외국인 환자의 간병이므로 G-1-10 비자를 발급받아야 한다.
- 을 : 초청 목적이 국내 취업조건을 모두 갖춘 자의 제조업체 취업이므로 E-9-1 비자를 발급받아야 한다.
- 병 : 초청 목적이 K대학교 교환학생이므로 D-2-6 비자를 발급받아야 한다.
- 정 : 초청 목적이 국제기구 정상회의 참석이므로 A-2 비자를 발급받아야 한다.

27

정답 ②

2023년 국내 합계출산율은 0.72명으로, 이는 한 부부 사이에서 태어나는 아이의 수가 평균 1명이 되지 않는다는 것을 뜻한다. 또한 앞 순위인 스페인은 1.19명으로, 한 부부 사이에서 태어난 아이의 수가 2명이 되지 않아 스페인 역시 인구감소 현상이 나타남을 예측할 수 있다.

오답분석

① 두 번째 문단에서 2020년부터 사망자 수가 출생아 수보다 많다고 했으므로 전체 인구수는 감소하고 있음을 알 수 있다.
③ 세 번째 문단에서 정부가 현 상황, 즉 저출산 문제를 해결하고자 일 가정 양립, 양육, 주거를 중심으로 지원하겠다고 한 내용을 통해 알 수 있다.
④ 마지막 문단에서 제도는 변경되었지만, 이에 대한 법적 강제화는 없고 일부 직종에 대해서는 이전과 같이 배제된다고 하였으므로 수혜 대상은 이전과 유사할 것임을 알 수 있다.

28

정답 ④

육아기 단축근로제도는 일과 가정의 양립을 지원하기 위한 제도로, 해당 제도의 적용을 받을 수 있는 기간이 늘어나면 일과 가정 모두를 유지하기 수월해질 것이다. 따라서 자녀의 대상연령은 확대하고, 제도의 이용기간을 늘렸다는 내용이 빈칸에 들어가기에 가장 적절하다.

29

정답 ②

ㄱ. 헤겔의 정반합 이론상 '정'에 대립되는 주장을 '반'이라고 했으므로 '정'과 '반'은 항상 대립하는 관계이다.
ㄷ. '정'과 '반'의 우위를 가리는 것이 아닌 두 명제 사이의 모순을 해결하면서 더 발전적인 결과인 '합'을 도출해내야 한다.

오답분석

ㄴ. 마지막 문단에서 정반합의 단계를 되풀이하면서 계속하여 발전해 간다고 하였으므로 '합'이 더 발전된 개념임을 알 수 있다.
ㄹ. 헤겔의 정반합 이론이란 정, 반, 합 3단계 과정 전체를 말하는 것이므로 적절한 내용이다.

30

정답 ②

제시문에서 헤겔은 정, 반, 합의 3단계 과정을 거치면서 발전한다고 하였으며, '합'에서 끝나는 것이 아니라 '합'은 다시 '정'이 되어 다시금 정, 반, 합 3단계 과정을 되풀이하며 발전해 간다고 하였다. 따라서 개인과 사회는 정반합의 과정을 계속하면서 이전보다 더 발전하게 된다는 내용이 빈칸에 들어가기에 가장 적절하다.

31

정답 ②

나열된 수의 규칙은 [(첫 번째 수)+(두 번째 수)]×(세 번째 수)−(네 번째 수)=(다섯 번째 수)이다.

따라서 빈칸에 들어갈 수는 $(9+7)\times5-1=79$이다.

32

정답 ④

A씨와 B씨가 만날 때 A씨의 이동거리와 B씨의 이동거리의 합은 산책로의 둘레 길이와 같으며, 두 번째 만났을 때 A씨의 이동거리와 B씨의 이동거리의 합은 산책로의 둘레 길이의 2배이다.

이때 A씨가 출발 후 x시간이 지났다면 다음 식이 성립한다.

$$3x+7\left(x-\frac{1}{2}\right)=4$$

$$\rightarrow 3x+7x-\frac{7}{2}=4$$

$$\therefore x=\frac{15}{20}$$

따라서 A씨와 B씨가 두 번째로 만나게 되는 시각은 오후 5시 45분이다.

33

정답 ③

아파트에 사는 사람을 A, 강아지를 키우는 어떤 사람을 B라고 하면 전제 1에 의해 다음과 같은 관계가 있다.

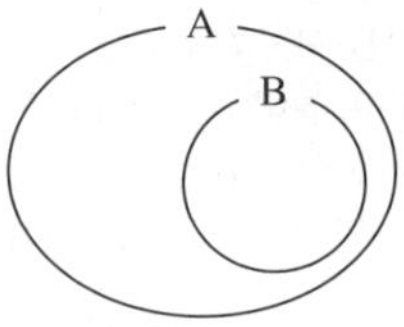

식물을 키우는 사람을 C, 빨간색 옷을 입는 사람을 D라고 할 때, 전제 3에 의해 B → D, C → D이고, 결론에 의해 A → D이므로 ~B → C이어야 한다. 따라서 빈칸에 들어갈 명제는 '아파트에 사는 강아지를 키우지 않는 모든 사람은 식물을 키운다.'이다.

34

정답 ②

마지막 조건에 따라 3층에 사는 신입사원은 없다.

- A, B가 2층에 살 경우 : 세 번째 조건에 따라 C는 1층에 살고, 다섯 번째 조건에 따라 E는 4층, F는 5층에 살지만, G가 홀로 살 수 있는 층이 없으므로 여섯 번째 조건에 위배된다.
- A, B가 4층에 살 경우 : 다섯 번째 조건에 따라 E는 1층, F는 2층에 살고, 여섯 번째 조건에 따라 G는 5층에 산다. C는 세 번째 조건에 따라 1층 또는 2층 살지만 네 번째 조건에 따라 D, E는 서로 다른 층에 살아야 하므로 C는 1층, D는 2층에 산다.
- A, B가 5층에 살 경우 : 다섯 번째 조건에 따라 E는 1층, F는 2층에 살고, 여섯 번째 조건에 따라 G는 4층에 살고 있다. C는 세 번째 조건에 따라 1층 또는 2층에 살지만 네 번째 조건에 따라 D, E는 서로 다른 층에 살아야 하므로 C는 1층, D는 2층에 산다.

이를 정리하면 다음과 같다.

5층	G
4층	A, B
3층	(복지 공간)
2층	D, F
1층	C, E

5층	A, B
4층	G
3층	(복지 공간)
2층	D, F
1층	C, E

따라서 바르게 연결한 것은 ②이다.

오답분석

① 1층에 사는 신입사원은 C, E이다.
③ 4층에 사는 신입사원은 A, B 또는 G이다.
④ 5층에 사는 신입사원은 G 또는 A, B이다.

35

정답 ③

1) 예약가능 객실 수 파악
1월 19일부터 2박 3일간 워크숍을 진행한다고 했으므로 19일, 20일에 객실 예약이 가능한지를 확인하여야 한다. 호텔별 잔여객실 수를 파악하면 다음과 같다.

(단위 : 실)

구분	A호텔	B호텔	C호텔	D호텔
1/19	88−20 =68	70−11 =59	76−10 =66	84−18 =66
1/20	88−26 =62	70−27 =43	76−18 =58	84−23 =61

2) 필요 객실 수 파악
K공단의 전체 임직원 수는 총 80명이다. 조건에 따르면 부장급 이상은 1인 1실을 이용하므로 4(처장)+12(부장)=16명, 즉 16실이 필요하고, 나머지 직원 80−16=64명은 2인 1실을 사용하므로 총 64÷2=32실이 필요하다. 따라서 이틀간 48실이 필요하므로, A호텔, C호텔, D호텔이 워크숍 장소로 적합하다.

3) 세미나룸 현황 파악
총 임직원이 80명인 것을 고려할 때, A호텔의 세미나룸은 최대수용인원이 70명이므로 제외하며, D호텔은 4인용 테이블을 총 15개 보유하고 있어 부족하므로 제외된다.

따라서 모든 조건을 충족하는 C호텔이 가장 적절하다.

36

정답 ③

경품별로 필요한 인원과 단가를 곱하여 경품별 총액을 구한 뒤 더하면 필요한 총예산을 도출할 수 있다.

(단위 : 원)

구분	총액
상품권	100,000×2=200,000
쌀	30,000×5=150,000
김치	20,000×10=200,000
라면	20,000×15=300,000
김	15,000×26=390,000
밀폐용기	10,000×42=420,000
주방세제	10,000×100=1,000,000
합계	2,660,000

따라서 필요한 예산은 총 2,660,000원이다.

37

정답 ③

오전 10시부터 오후 12시까지 근무를 할 수 있는 사람은 B뿐이고, 오후 6시부터 오후 8시까지 근무를 할 수 있는 사람은 D뿐이다. A와 C가 남은 오후 12시부터 오후 6시까지 나누어 근무해야 하지만, A는 오후 5시까지 근무할 수 있고 모든 직원의 최소 근무시간은 2시간이므로 A가 오후 12시부터 4시까지 근무하고, C가 오후 4시부터 오후 6시까지 근무할 때 인건비가 최소이다.
각 직원의 근무시간과 인건비를 정리하면 다음과 같다.

직원	근무시간	인건비
B	오전 10:00 ~ 오후 12:00	10,500×1.5×2 =31,500원
A	오후 12:00 ~ 오후 4:00	10,000×1.5×4 =60,000원
C	오후 4:00 ~ 오후 6:00	10,500×1.5×2 =31,500원
D	오후 6:00 ~ 오후 8:00	11,000×1.5×2 =33,000원

따라서 가장 적은 인건비는 31,500+60,000+31,500+33,000 =156,000원이다.

38

정답 ③

나열된 수는 짝수 개이므로 수를 작은 수부터 순서대로 나열했을 때, 가운데에 있는 두 수의 평균이 중앙값이다.

- 빈칸의 수가 7 이하인 경우 : 가운데에 있는 두 수는 7, 8이므로 중앙값은 $\frac{7+8}{2}=7.5$이다.
- 빈칸의 수가 8인 경우 : 가운데에 있는 두 수는 8, 8이므로 중앙값은 8이다.
- 빈칸의 수가 9 이상인 경우 : 가운데에 있는 두 수는 8, 9이므로 중앙값은 $\frac{8+9}{2}=8.5$이다.

따라서 중앙값이 8일 때 빈칸에 들어갈 수는 8이다.

39

정답 ①

분침은 60분에 1바퀴 회전하므로 1분 지날 때 분침은 $\frac{360}{60}=6°$ 움직이고, 시침은 12시간에 1바퀴 회전하므로 1분 지날 때 시침은 $\frac{360}{12\times60}=0.5°$ 움직인다.

따라서 4시 30분일 때 시침과 분침이 만드는 작은 부채꼴의 각도는 $6\times30-0.5\times(60\times4+30)=180-135=45°$이므로, 부채꼴의 넓이와 전체 원의 넓이의 비는 $\frac{45}{360}=\frac{1}{8}$이다.

40

정답 ②

A지점에서 출발하여 최단거리로 이동하여 B지점에 도착하기까지 가능한 경로의 수를 구하면 다음과 같다.

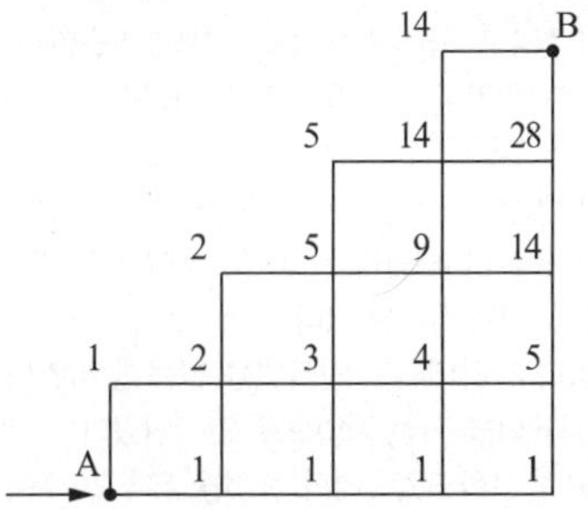

따라서 구하고자 하는 경우의 수는 42가지이다.

NCS 핵심영역 최종모의고사

제1회 모의고사 정답 및 해설

01	02	03	04	05	06	07	08	09	10
③	②	⑤	④	③	③	②	①	②	②
11	12	13	14	15	16	17	18	19	20
①	⑤	③	⑤	②	③	④	③	②	④
21	22	23	24	25	26	27	28	29	30
④	④	④	③	④	④	②	①	⑤	⑤
31	32	33	34	35	36	37	38	39	40
⑤	④	②	④	③	②	④	⑤	③	④
41	42	43	44	45	46	47	48	49	50
③	①	③	④	④	②	⑤	③	①	②

01

정답 ③

마지막 문단의 혁신적 기술 등에 의한 성장이 아닌 외형성장에 주력해 온 국내 경제의 체질을 변화시키기 위해 벤처기업 육성에 관한 특별조치법이 제정되었다고 하는 부분을 통해 알 수 있는 내용이다.

오답분석

① 해외 주식시장의 주가 상승과 국내 벤처버블 발생이 비슷한 시기에 일어난 것은 알 수 있으나, 전자가 후자의 원인이라는 것은 알 수 없다.

② 벤처버블이 1999 ~ 2000년 기간 동안 국내뿐 아니라 미국, 유럽 등 전 세계 주요 국가에서 나타난 것은 알 수 있으나 전 세계 모든 국가에서 일어났는지는 알 수 없다.

④ 뚜렷한 수익모델이 없다고 하더라도 인터넷을 활용한 비즈니스를 내세우면 높은 잠재력을 가진 기업으로 인식되었다는 부분을 통해 벤처기업이 활성화되었으리라는 것을 유추할 수는 있다. 하지만 그것이 대기업과 어떠한 연관을 가지는지는 알 수 없다.

⑤ 외환위기로 인해 우리 경제에 고용창출과 경제성장을 주도할 새로운 기업군이 필요해졌다는 부분은 알 수 있으나, 외환위기가 해외 주식을 대규모로 매입하는 계기가 되었는지는 알 수 없다. 오히려 반대로 1998년 5월부터 외국인의 종목별 투자한도를 완전 자유화하여 외국인 투자자들의 국내 투자를 유인하였다는 부분이 언급되어 있다.

02

정답 ②

제시문은 최근 식도암 발병률이 늘고 있는데, K병원의 조사 결과를 근거로 식도암을 조기 발견하여 치료하면 치료 성공률을 높일 수 있다고 말하고 있다. 따라서 (라) 최근 서구화된 식습관으로 식도암이 증가 – (가) 식도암은 조기에 발견하면 치료 성공률을 높일 수 있음 – (마) K병원이 조사한 결과 초기에 치료할 경우 생존율이 높게 나옴 – (나) 식도암은 조기에 발견할수록 치료 효과가 높았지만 실제로 초기에 치료받는 환자의 수는 적음 – (다) 식도암을 조기에 발견하기 위해서 50대 이상 남성은 정기적으로 검사를 받을 것을 강조 순으로 나열해야 한다.

03

정답 ⑤

좋은 경청은 상대방과 상호작용하고, 말한 내용에 관해 생각하고, 무엇을 말할지 기대하는 것을 의미한다. 질문에 대한 답이 즉각적으로 이루어질 수 없다고 하더라도 질문을 하려고 하면 오히려 경청하는 데 적극적 태도를 갖게 되고 집중력이 높아질 수 있다.

04

정답 ④

첫 번째와 두 번째 문단에서 EU가 철제 다리 덫 사용을 금지하는 나라의 모피만 수입하기로 결정한 내용과 동물실험을 거친 화장품의 판매조치 금지 법령이 WTO의 영향을 받아 실행되지 못한 예가 제시되고 있다. 따라서 ④를 추론할 수 있다.

05

정답 ③

2024년 말 가맹점 52개점을 기준으로 매년 말의 가맹점 수를 계산하면 다음과 같다.

- 2023년 말 : 52−(11−5)=46개점
- 2022년 말 : 46−(1−6)=51개점
- 2021년 말 : 51−(0−7)=58개점
- 2020년 말 : 58−(5−0)=53개점
- 2019년 말 : 53−(1−2)=54개점

따라서 가장 많은 가맹점을 보유하고 있었던 시기는 2021년 말이다.

06

정답 ③

조건의 진술을 순서대로 1), 2), 3)이라 하자.

1) A가 찬성하면 B, C도 찬성한다($A \rightarrow B \cap C$).

2) C는 반대한다(~C).

3) D가 찬성한다면 A와 E 중 한 개 이상은 찬성한다($D \rightarrow A \cup E$).

따라서 2)에서 C는 반대하므로 1)에서 A도 반대한다.

ㄱ. A, C가 반대이므로 B, D, E 모두 찬성해야 안건이 승인된다.

ㄷ. 'D가 찬성한다면 A와 E 중 한 개 이상의 구는 찬성한다.'가 참이므로 대우 명제 역시 참이다.

오답분석

ㄴ. C가 반대이므로 A도 반대이며 남은 B, D, E 중 B, E가 찬성하는 경우와 D가 반대하는 경우도 있으므로 언제나 B, D, E가 찬성이라 할 수는 없다.

07

정답 ②

- 2023년 대구 지역의 인구 : 982천 명
- 2024년 대구 지역의 인구 : 994천 명

∴ 전년 대비 2024년 대구 지역의 인구 증가율 :

$$\frac{994-982}{982} \times 100 \fallingdotseq 1.2\%$$

08

정답 ①

첫 번째 조건에서 3종류의 과자를 2개 이상씩 구입했으며, 두 번째 조건을 보면 B과자를 A과자보다 많이 샀고, 세 번째 조건까지 적용하면 3종류의 과자를 구입한 개수는 '$A<B\leq C$'임을 알 수 있다. 따라서 가장 적게 산 A과자를 2개 또는 3개 구입했을 때 구입 방법을 정리하면 다음 표와 같다.

(단위 : 개)

구분	A과자	B과자	C과자
경우 1	2	4	9
경우 2	2	5	8
경우 3	2	6	7
경우 4	2	7	6
경우 5	3	6	6

경우 1은 마지막 조건을 만족시키지 못하므로 제외된다. 그리고 경우 4는 C과자 개수보다 B과자 개수가 더 많으므로 세 번째 조건에 맞지 않는다. 따라서 가능한 방법은 경우 2, 경우 3, 경우 5로 총 3가지이다.

ㄱ. B과자를 살 수 있는 개수는 5개 또는 6개이다.

오답분석

ㄴ. 경우 5에서 C과자는 6개 구입 가능하다.

ㄷ. 경우 5에서 A과자는 3개 구입 가능하다.

09

정답 ②

주어진 내용을 표로 나타내면 다음과 같다.

(단위 : 명)

구분	A	B	C	D	E	합계
가	48	(9)	0	1	7	65
나	2	(3)	(23)	0	0	(28)
기타	55	98	2	1	4	160
전체	105	110	25	2	11	253

ㄱ. E정당은 전체 11명이 당선되었고 그중 가권역에서는 7명이 당선되었으므로 약 64%이다.

ㄷ. C정당 전체 당선자 중 나권역 당선자가 차지하는 비중은 $(23 \div 25) \times 100 = 92\%$이고 A정당 전체 당선자 중 가권역 당선자가 차지하는 비중은 $(48 \div 105) \times 100 \fallingdotseq 45.7\%$이므로 2배 이상이다.

오답분석

ㄴ. 가권역의 당선자 수의 합은 65명이고 나권역의 당선자 수의 합은 28명이므로 당선자 수의 합은 가권역이 나권역의 3배 미만이다.

ㄹ. B정당의 당선자 수 중 나권역은 3명이고 가권역은 9명이므로 가권역이 더 많다.

10

정답 ②

- 국문 명함 중 50장이 고급 종이로 제작되었으므로 일반 종이로 제작된 명함의 장수는 $130-50=80$장이다.

  ∴ (1인당 국문 명함 제작비)$=10{,}000+(2{,}500\times3)+(10{,}000\times1.1)=28{,}500$원
- 영문 명함의 장수는 70장이다.

  ∴ (1인당 영문 명함 제작비)$=15{,}000+(3{,}500\times2)=22{,}000$원

따라서 1인당 명함 제작비는 $28{,}500+22{,}000=50{,}500$원이다. 총비용이 808,000원이므로 신입사원의 수는 $808{,}000\div50{,}500=16$명이다.

11

정답 ①

조건을 반영하여 B의 판매량을 기준으로 표를 정리하면 다음과 같다.

간편식	A	B	C	D	E	F	평균
판매량	95	b	95	b	b−23	43	70

이 값을 토대로 평균을 통해 B의 판매량을 구해 보면 70개가 되며 E의 판매량은 47개가 된다.

12

정답 ⑤

제시된 수열은 -5, $\times2$가 번갈아 적용되는 수열이다.

따라서 (　)$=150-5=145$이다.

13

정답 ③

주어진 조건에 따라 A～E의 이번 주 당직일을 정리하면 다음과 같다.

구분	월	화	수	목	금
경우 1	A, B, E	B	C	D	A, D
경우 2	A, B	B	C	D	A, D, E
경우 3	A, D, E	D	C	B	A, B
경우 4	A, D	D	C	B	A, B, E

따라서 C는 항상 수요일에 혼자 당직을 서므로 반드시 참이 되는 것은 ③이다.

오답분석

① 경우 3·4의 경우 B는 월요일에 당직을 서지 않는다.
② 경우 1·2의 경우 B는 금요일에 당직을 서지 않는다.
④ 경우 3·4의 경우 D는 금요일에 당직을 서지 않는다.
⑤ 경우 1·3의 경우 E는 금요일에 당직을 서지 않는다.

14

정답 ⑤

ㄱ. 미생물 종류에 관계없이 평상시 미생물 밀도가 가장 낮은 지역은 B이고, 황사 발생 시 미생물 밀도가 가장 낮은 지역도 B이다.
ㄷ. 황사 발생 시 미생물 Y의 밀도를 평상시와 비교해 볼 때, 증가율이 가장 큰 곳은 B지역(약 26.4배 증가)이다.
ㄹ. 황사 발생 시에는 지역과 미생물의 종류에 관계없이 평상시보다 미생물 밀도가 높다.

오답분석

ㄴ. 지역에 관계없이 미생물 X는 다른 미생물에 비해 평상시와 황사 발생 시 밀도 차이가 가장 작다.

15

정답 ②

한글 자음을 순서에 따라 바로 뒤의 자음으로 변환하면 다음과 같다.

ㄱ	ㄴ	ㄷ	ㄹ	ㅁ	ㅂ	ㅅ
ㄴ	ㄷ	ㄹ	ㅁ	ㅂ	ㅅ	ㅇ
ㅇ	ㅈ	ㅊ	ㅋ	ㅌ	ㅍ	ㅎ
ㅈ	ㅊ	ㅋ	ㅌ	ㅍ	ㅎ	ㄱ

한글 모음을 순서에 따라 영어로 변환하면 다음과 같다.

ㅏ	ㅐ	ㅑ	ㅒ	ㅓ	ㅔ	ㅕ
a	b	c	d	e	f	g
ㅖ	ㅗ	ㅘ	ㅙ	ㅚ	ㅛ	ㅜ
h	i	j	k	l	m	n
ㅝ	ㅞ	ㅟ	ㅠ	ㅡ	ㅢ	ㅣ
o	p	q	r	s	t	u

ㄴ=ㄱ, u=ㅣ, ㅂ=ㅁ, ㅋ=ㅊ, u=ㅣ, ㅊㅊ=ㅉ, u=ㅣ, ㄴ=ㄱ, b=ㅐ

따라서 김대리가 말한 메뉴는 김치찌개이다.

16

정답 ③

ㅈ=ㅊ, ㅗ=i, ㄴ=ㄷ, ㅈ=ㅊ, ㅜ=n, ㅇ=ㅈ, ㄱ=ㄴ, ㅘ=j, 공백=0, ㅂ=ㅅ, ㅐ=b, ㄹ=ㅁ, ㅕ=g

따라서 김대리가 전달할 구호는 'ㅊiㄷㅊnㅈㄴj0ㅅbㅁg'이다.

17

정답 ④

일반적인 문제해결 절차는 문제 인식, 문제 도출, 원인 분석, 해결안 개발, 실행 및 평가의 5단계를 따른다. 먼저 해결해야 할 전체 문제를 파악하여 우선순위를 정하고, 선정 문제에 대한 목표를 명확히 한 후 선정된 문제를 분석하여 해결해야 할 것이 무엇인지를 명확히 한다. 다음으로 분석 결과를 토대로 근본 원인을 도출하고, 근본 원인을 효과적으로 해결할 수 있는 최적의 해결책을 찾아 실행, 평가한다. 따라서 문제해결 절차는 (다) → (마) → (가) → (라) → (나)의 순서로 진행된다.

18

정답 ③

1일 구입량을 x개, 1일 판매량을 y개, 현재 보유량을 A개라 하자.

$A+60x=60y$ … ㉠

$A+(0.8x\times40)=40y$ → $A+32x=40y$ … ㉡

㉠−㉡을 하면 다음과 같다.

$28x=20y$ → $7x=5y$ … ㉢

60일 동안 판매하기 위한 감소 비율을 k라 하면 다음과 같다.

$A+(0.8x\times60)=(1-k)\times y\times60$

→ $60y-60x+48x=(1-k)\times y\times60$ (∵ ㉠)

→ $12x=60ky$

→ $\frac{60}{7}y=60ky$ (∵ ㉢)

∴ $k=\frac{1}{7}$

19

정답 ②

우유 한 궤짝에 40개가 들어가므로 우유 한 궤짝당 700×40=28,000원의 비용이 필요하고, (가로) 3m×(세로) 2m×(높이) 2m인 냉동 창고에 채울 수 있는 궤짝의 수를 계산하면 다음과 같다.

- 가로 : 궤짝의 가로 길이가 40cm이므로 300÷40=7.5개
  → 7개(소수 첫째 자리에서 내림)
- 세로 : 궤짝의 세로 길이가 40cm이므로 200÷40=5개
- 높이 : 궤짝의 높이가 50cm이므로 200÷50=4개

따라서 냉동 창고에 총 7×5×4=140궤짝이 들어가므로 140×28,000=3,920,000≒400만 원이 든다.

20

정답 ④

게임 규칙과 결과를 토대로 경우의 수를 따져보면 다음과 같다.

라운드	벌칙 제외	총 퀴즈 개수
3	A	15개
4	B	19개
5	C	21개
	D	
	C	22개
	E	
	D	22개
	E	

ㄴ. 총 22개의 퀴즈가 출제되었다면, E는 정답을 맞혀 벌칙에서 제외된 것이다.

ㄷ. 게임이 종료될 때까지 총 21개의 퀴즈가 출제되었다면 C, D가 벌칙에서 제외된 경우로 5라운드에서 E에게는 정답을 맞힐 기회가 주어지지 않는다. 따라서 퀴즈를 푸는 순서가 벌칙을 받을 사람 선정에 영향을 미친다.

오답분석

ㄱ. 5라운드까지 4명의 참가자가 벌칙에서 제외되었으므로 정답을 맞힌 퀴즈는 8개, 벌칙을 받을 사람은 5라운드까지 정답을 맞힌 퀴즈는 0개나 1개이므로 정답을 맞힌 퀴즈는 총 8개나 9개이다.

21

정답 ④

2023년 10월부터 2024년 3월까지 미세먼지 농도가 가장 높은 달이 3월인 지역은 '수원, 안양, 성남, 광명, 과천'으로 다섯 곳이다.

오답분석

① 2023년 10 ~ 12월까지 미세먼지 농도의 합이 $150\mu g/m^3$ 이상인 지역은 막대그래프에서 $140\mu g/m^3$이 넘는 지역만 확인한다. 따라서 시흥과 파주 지역의 각 미세먼지 농도의 합을 구하면 시흥 한 곳만이 $150\mu g/m^3$ 이상이다.
- 시흥 : $46+53+52=151\mu g/m^3$
- 파주 : $45+53+50=148\mu g/m^3$

② 2024년 1월 미세먼지 농도의 전월(2023년 12월) 대비 증감률이 0%인 지역은 안양이다. 안양의 2024년 2월 미세먼지 농도는 $46\mu g/m^3$로 $45\mu g/m^3$ 이상이다.

③ 미세먼지 현황이 좋아졌다는 것은 미세먼지 농도가 낮아졌다는 것이며, 반대로 농도가 높아지면 현황이 나빠졌다는 뜻이다. 2024년 1월 대비 2월의 미세먼지 농도는 모든 지역에서 낮아졌고, 3월은 모든 지역에서 농도가 다시 높아졌다.

⑤ 2023년 10월의 미세먼지 농도가 $35\mu g/m^3$ 미만인 지역은 '수원, 성남, 과천, 의왕, 하남'이며, 다섯 곳의 2024년 2월 미세먼지 농도 평균은 $\frac{42+43+43+43+43}{5} \fallingdotseq 43\mu g/m^3$이다.

22

정답 ④

성과급 기준표를 적용한 A ~ E교사에 대한 성과급 배점을 정리하면 아래와 같다.

구분	주당 수업시간	수업 공개 유무	담임 유무	업무 곤란도	호봉	합계
A교사	14점	–	10점	20점	30점	74점
B교사	20점	–	5점	20점	30점	75점
C교사	18점	5점	5점	30점	20점	78점
D교사	14점	10점	10점	30점	15점	79점
E교사	16점	10점	5점	20점	25점	76점

따라서 D교사가 가장 높은 배점을 받게 된다.

23

정답 ④

D는 부양능력이 있는 며느리와 함께 살고 있으므로 기초생활수급자 선정 기준에 해당되지 않는다.

오답분석

① A의 소득인정액은 $(100-20)+12=92$만 원인데, 이는 3인 가구의 최저생계비인 94만 원보다 적으므로 기초생활수급자에 해당한다.

② B의 소득인정액은 $(0-30)+36=6$만 원인데, 이는 1인 가구의 최저생계비인 42만 원보다 적으므로 기초생활수급자에 해당한다.

③ C의 소득인정액은 $(80-22)+24=82$만 원인데, 이는 3인 가구의 최저생계비인 94만 원보다 적으므로 기초수급자에 해당한다.

⑤ E의 소득인정액은 $(60-30)+36=66$만 원인데, 이는 2인 가구의 최저생계비인 70만 원보다 적으므로 기초수급자에 해당한다.

24

정답 ③

비싼 순서로 나열하면 소고기>오리고기>돼지고기>닭고기 순서임을 알 수 있다. 따라서 A와 B 모두 옳은 내용이다.

25

정답 ④

전체 일의 양을 1이라고 하면 갑이 하루에 할 수 있는 일의 양은 $\frac{1}{12}$이고, 을이 하루에 할 수 있는 일의 양은 $\frac{1}{10}$이다.

둘이 같이 일한 날을 x일이라고 하면 다음과 같은 식이 성립한다.

$$\left(\frac{1}{12}+\frac{1}{10}\right)\times(7-x)=1$$

$$\rightarrow 11x+5(7-x)=60$$

$$\therefore x=\frac{25}{6}=4\frac{1}{6}$$

따라서 둘이 같이 일한 날은 5일이다.

26

정답 ④

빈칸의 앞부분은 소모설에 대한 설명이고, 뒷부분에서는 이를 '완전히 무시하고 있다.'라고 하였으므로, 빈칸에는 앞부분과 반대되는 내용인 ④가 들어가야 한다.

27

정답 ②

지방자치단체가 동일한 공립 박물관 설립에 대해서 3회 연속으로 사전평가 부적정 판정을 받은 경우, 그 박물관 설립에 대해 향후 1년간 사전평가 신청이 불가능하므로 C는 병 박물관에 대한 2024년 상반기 사전평가를 신청할 수 없다.

오답분석

ㄱ. 국비 지원 여부와 관계없이 지방자치단체가 공립 미술관을 설립하려는 경우 사전평가를 받아야 한다.

ㄴ. 사전평가에서 적정으로 판정되는 경우, 지방자치단체는 부지매입비를 제외한 건립비의 최대 40%를 국비로 지원받을 수 있으므로 B는 건물 건축비 40억 원에 대해 최대 16억 원까지 국비를 지원받을 수 있다.

28

정답 ①

제시문의 내용은 청나라에 맞서 싸우자는 척화론이다. ①은 척화론과 동일한 주장을 하고 있으므로 비판 내용으로 적절하지 않다.

29

정답 ⑤

제시문은 미세먼지 특별법 제정과 시행 내용에 대해 설명하고 있다. 따라서 ⑤가 기사의 제목으로 가장 적절하다.

30

정답 ⑤

마지막 문단에서 저작권의 의의는 인류의 지적 자원에서 영감을 얻은 결과물을 다시 인류에게 되돌려 주는 데 있다고 하였으므로 ⑤의 내용은 적절하지 않다.

31

정답 ⑤

ⓒ 이미 우수한 연구개발 인재를 확보한 것이 강점이므로, 추가로 우수한 연구원을 채용하는 것은 WO전략으로 적절하지 못하다. 기회인 예산을 확보하면, 약점인 전력 효율성이나 국민적 인식 저조를 해결하는 전략을 세워야 한다.

ⓔ 세계의 신재생에너지 연구(O)와 전력 효율성 개선(W)을 활용하므로 WT전략이 아닌 WO전략에 대한 내용이다. WT전략은 위협인 높은 초기 비용에 대한 전략이 나와야 한다.

32

정답 ④

ㄴ. • 2023년 : $279 \times 17.1 \fallingdotseq 4,771$개
  • 2024년 : $286 \times 16.8 \fallingdotseq 4,805$개

ㄹ. • 2022년 : $273 \times 85 = 23,205$억 원
  • 2023년 : $279 \times 91 = 25,389$억 원
  • 2024년 : $286 \times 86.7 = 24,796.2$억 원

오답분석

ㄱ. • 2024년 창업보육센터 지원금액의 전년 대비 증가율

$: \frac{353-306}{306} \times 100 \fallingdotseq 15.4\%$

  • 2024년 창업보육센터 수의 전년 대비 증가율

$: \frac{286-279}{279} \times 100 \fallingdotseq 2.5\%$

따라서 $2.5 \times 5 = 12.5 < 15.4$이므로 옳은 설명이다.

ㄷ. 자료를 통해 확인할 수 있다.

33

정답 ②

ㄱ. 기술개발을 통해 연비를 개선하는 것은 막대한 R&D 역량이라는 강점으로, 휘발유의 부족 및 가격의 급등이라는 위협을 회피하거나 최소화하는 전략에 해당하므로 적절하다.

ㄹ. 생산설비에 막대한 투자를 했기 때문에 차량모델 변경의 어려움이라는 약점이 있는데, 레저용 차량 전반에 대한 수요 침체 및 다른 회사들과의 경쟁이 심화되고 있으므로 생산량 감축을 고려할 수 있다.

ㅁ. 생산 공장을 한 곳만 가지고 있다는 약점이 있지만 새로운 해외시장이 출현하고 있는 기회를 살려서 국내 다른 지역이나 해외에 공장들을 분산 설립할 수 있을 것이다.

ㅂ. 막대한 R&D 역량이라는 강점을 이용하여 휘발유의 부족 및 가격의 급등이라는 위협을 회피하거나 최소화하기 위해 경유용 레저 차량 생산을 고려할 수 있다.

오답분석

ㄴ. 소형 레저용 차량에 대한 수요 증대라는 기회 상황에서 대형 레저용 차량을 생산하는 것은 적절하지 않은 전략이다.

ㄷ. 차량모델 변경의 어려움이라는 약점을 보완하는 전략도 아니고, 소형 또는 저가형 레저용 차량에 대한 선호가 증가하는 기회에 대응하는 전략도 아니다. 또한, 차량 안전 기준의 강화 같은 규제 강화는 기회 요인이 아니라 위협 요인이다.

ㅅ. 기회는 새로운 해외 시장의 출현인데 내수 확대에 집중하는 것은 기회를 살리는 전략이 아니다.

34

정답 ④

사냥꾼은 사냥감으로 자기 자루를 최대한 채우는 것, 즉 세상을 이용하는 것에만 관심이 있으므로 적절한 내용이다.

오답분석

① 유토피아는 인간의 지혜로 설계된 세계라는 점에서 인간이 지향하는 것이라는 것까지는 알 수 있으나 그것을 신이 완성하는지의 여부는 언급되어 있지 않다.
② 정원사는 자신이 생각해 놓은 대로 대지를 디자인한다는 점에서 인간의 적극적인 개입을 지향한다는 점을 알 수 있다.
③ 산지기는 신의 설계에 담긴 자연적 균형을 유지하는 태도를 지니고 있다. 그런데 유토피아라는 것은 인간이 원하는 대로 인간의 지혜로 설계된 세계이므로 산지기는 이러한 유토피아를 꿈꾸는 것 자체를 하지 않는다고 볼 수 있다.
⑤ 산지기는 신이 부여한, 즉 신의 설계에 담긴 지혜와 조화, 질서가 존재한다고 하였으나 나머지 두 유형에서는 그에 대한 언급이 없다. 오히려 정원사는 그런 질서가 존재하지 않으므로 인간이 개입해야 한다는 입장이고, 사냥꾼은 아예 그런 질서에 대해서 관심 자체가 없다.

35

정답 ③

모스크바에 4일 오전 11시에 도착하려면 비행시간이 8시간이므로 모스크바 시간으로 4일 오전 3시에는 출발해야 한다. 모스크바 시간으로 4일 오전 3시는 한국 시간으로 4일 오전 9시이다(∵ 인천이 6시간 빠름).

36

정답 ②

첫 번째 문단의 '제로섬(Zero－sum)적인 요소를 지니는 경제 문제'와 두 번째 문단의 '우리 자신의 수입을 보호하기 위해 경제적 변화가 일어나는 것을 막거나, 사회가 우리에게 손해를 입히는 공공정책이 강제로 시행되는 것을 막기 위해 싸울 것'에 대한 것이 글의 핵심 주장이다. 따라서 제시문은 사회경제적인 총합이 많아지는 정책, 즉 '사회의 총 생산량이 많아지게 하는 정책이 좋은 정책'이라는 주장에 대한 비판이라고 할 수 있다.

37

정답 ④

주어진 조건을 표로 나타내면 다음과 같다.

구분	월요일	화요일	수요일	목요일	금요일
A	○		×	○	
B	○	×	×	○	○
C	○		×	○	
D	○		○	○	
E	○	○	×	○	×

따라서 수요일에 야근하는 사람은 D이다.

38

정답 ⑤

볼펜 1자루, A4 용지 1set, 공책 1set, 형광펜 1set의 단가를 각각 a, b, c, d원이라 하자. 4개의 영수증의 금액을 식으로 나타내면 다음과 같다.

$a+b+c=9,600$ … ㉠
$a+b+d=5,600$ … ㉡
$b+c+d=12,400$ … ㉢
$a+2d=6,800$ … ㉣

㉣과 ㉠을 연립하면 $b+c-2d=2,800$ … ㉤이다.
㉤과 ㉢을 연립하면 $3d=9,600 \rightarrow d=3,200$이다.
이를 ㉣에 대입하면 $a=400$, $b=2,000$, $c=7,200$이다.
따라서 볼펜 2자루와 형광펜 3set의 금액은 $2\times400+3\times3,200=10,400$원, 공책 4set의 금액은 $4\times7,200=28,800$원이다.

39

정답 ③

먼저 규칙 1과 2를 통해 직원 B의 이름을 구할 수 있다.
각 글자의 초성은 오른쪽으로 종성은 왼쪽으로 한자리씩 옮겼으므로 이를 반대로 즉, 초성은 왼쪽으로 종성은 오른쪽으로 한자리씩 옮기면 직원 B의 이름을 구할 수 있다.

- 강형욱 → (1번 규칙) 항영국 → (2번 규칙) → 학영궁
- 직원 B의 출근 확인 코드인 '64강형욱jabc'에서 앞 두 자리는 출생연도 뒤 두 자리를 곱한 값이라고 했으므로 1980년대생인 직원 B가 64가 나오려면 8×8=64로 1988년생이었음을 구할 수 있다. 또한 뒤 네 자리를 규칙 4에 따라 반대로 치환하면 jabc → 0123으로 1월 23일생임을 알 수 있다.

따라서 직원 B는 학영궁, 생년월일은 1988년 1월 23일생이다.

40

정답 ④

'1992년 11월 01일생, 송하윤'에 규칙 1～4를 적용하여 정리하면 다음과 같다.

1. 송하윤 → 옹사휸
2. 옹사휸 → 오산흉
3. 9×2=18 → 18오산흉
4. 11월 01일 → 1101=aaja

따라서 옳은 출근 확인 코드는 '18오산흉aaja'이다.

41

정답 ③

각각의 조건에서 해당되지 않는 쇼핑몰을 체크하여 선지에서 하나씩 제거하는 방법으로 서술하면 다음과 같다.

- 철수 : C, D, F는 포인트 적립이 안 되므로 해당 사항이 없다(②, ④ 제외).
- 영희 : 배송비를 고려하였으므로 A에는 해당 사항이 없다.
- 민수 : 주문 다음 날 취소가 되지 않았으므로 A, B, C에는 해당 사항이 없다(①, ⑤ 제외).
- 철호 : 환불 및 송금수수료, 배송비가 포함되었으므로 A, D, E, F에는 해당 사항이 없다.

42

정답 ①

두 번째 문단에 따르면 직계존비속 증여의 경우 5,000만 원까지 증여세를 면제받을 수 있다.

오답분석

② 두 번째 문단에 따르면 부부 간 증여의 경우 6억 원까지 증여세를 면제받을 수 있다.
③ 첫 번째 문단에 따르면 정부의 '12·16 대책'에 따라 투기과열지구에서 9억 원을 초과하는 주택을 구매한 경우 자금조달계획서와 함께 증빙서류를 제출해야 한다.
④ 마지막 문단에 따르면 앞으로는 계획서에 조달한 자금을 어떻게 지급할지에 대한 구체적인 계획을 계좌이체, 대출 승계, 현금 지급 등으로 나누어 상세히 밝혀야 한다.
⑤ 마지막 문단에 따르면 기존에는 현금과 그와 비슷한 자산은 '현금 등'으로 기재하였으나, 앞으로는 현금과 기타자산을 나누고 기타자산은 무엇인지 구체적으로 밝혀야 한다.

43

정답 ③

i) A씨(8개월)
- 처음 3개월 : 220만×0.8=176만 원 → 150만 원(∵ 상한액)
  ∴ 150만×3=450만 원
- 나머지 기간 : 220만×0.4=88만 원
  ∴ 88만×5=440만 원

그러므로 450만+440만=890만 원

ii) B씨(1년, 아빠의 달+둘째)
- 처음 3개월 : 300만×1.0=300만 원 → 200만 원(∵ 상한액)
  ∴ 200만×3=600만 원
- 나머지 기간 : 300만×0.4=120만 원 → 100만 원(∵ 상한액)
  ∴ 100만×9=900만 원

그러므로 600만+900만=1,500만 원

iii) C씨(6개월)
- 처음 3개월 : 90만×0.8=72만 원
  ∴ 72만×3=216만 원
- 나머지 기간 : 90만×0.4=36만 원 → 50만 원(∵ 하한액)
  ∴ 50만×3=150만 원

그러므로 216만+150만=366만 원

따라서 세 사람이 받을 수 있는 육아휴직 급여는 890만+1,500만+366만=2,756만 원이다.

44

정답 ④

전문가용 카메라가 일반화됨에 따라 사람들은 사진관을 이용하지 않고도 고화질의 사진을 촬영할 수 있게 되었다. 따라서 전문가용 카메라의 일반화는 사진관을 위협하는 외부환경에 해당한다.

45

정답 ④

논리의 흐름에 따라 순서를 나열해 보면, 문화 변동은 수용 주체의 창조적·능동적 측면과 관련되어 이루어짐 – (나) 수용 주체의 창조적·능동적 측면은 외래문화 요소의 수용을 결정지음 – (다) 즉, 문화의 창조적·능동적 측면은 내부의 결핍 요인을 자체적으로 극복하려 노력하나 그렇지 못할 경우 외래 요소를 수용함 – (가) 결핍 부분에 유용한 부분만을 선별적으로 수용함 – 다시 말해 외래문화는 수용 주체의 내부 요인에 따라 수용 여부가 결정됨의 순으로 나열해야 한다.

46

정답 ②

A씨의 업무시간은 점심시간 1시간을 제외하면 8시간이다. 주간업무계획 수립으로 8시간$\times\frac{1}{8}$=1시간을, 프로젝트 회의로 8시간$\times\frac{2}{5}$=192분=3시간 12분을, 거래처 방문으로 8시간$\times\frac{1}{3}$=160분=2시간 40분을 보냈다. 따라서 남은 시간은 8시간−(1시간+3시간 12분+2시간 40분)=1시간 8분이다.

47

정답 ⑤

허수아비 공격의 오류는 상대가 의도하지 않은 것을 강조하거나 허점을 비판하여 자신의 주장을 내세울 때 발생하는 오류이다.

오답분석

① 애매성의 오류 : 논증에 사용된 개념이 여러 가지로 해석될 수 있을 때, 상황에 맞지 않은 의미로 해석하는 오류이다.
② 연역법의 오류 : 삼단논법의 대전제 오류 등과 같이 논거와 논증 자체의 오류, 언어상의 오류를 포함한 심리의 오류이다.
③ 인신공격의 오류 : 상대방의 주장이 아닌 상대방의 인격을 공격하는 오류이다.
④ 대중에 호소하는 오류 : 타당한 논거를 제시하지 않고 많은 사람이 그렇게 생각하거나 행동한다는 것을 논거로 제시하는 오류이다.

48

정답 ③

먼저 단일 항목을 언급하고 있는 세 번째 조건을 살펴보면, 명절인사를 할 때 B를 1차 선택한 사람이 461명이라고 하였으므로 x는 45.6이다.
다음으로 마지막 조건을 살펴보면 사과할 때 문자메시지의 사용 비율이 모든 매체와 상황의 조합 중에서 가장 낮다(3.0)고 하였으므로 E는 사과, A는 문자메시지임을 알 수 있다.
두 번째 조건을 살펴보면, D와 F 중 2차 선택에서 문자메시지(A)를 가장 많이 이용하는 것은 F뿐이므로 F를 약속 변경과 연결시킬 수 있으며, 약속 변경을 할 때 1차 선택에서 전화를 가장 많이 이용한다고 하였으므로 B를 전화로 연결시킬 수 있다.
따라서 남은 D는 부탁, C는 면 대 면이 된다.

49

정답 ①

고사한 소나무 수는 (감염률)×(고사율)×(발생지역의 소나무 수)이다. 각 지역의 고사한 소나무 수를 구하면 다음과 같다.

- 거제 : 0.5×0.5×1,590=397.5
- 경주 : 0.2×0.5×2,981=298.1
- 제주 : 0.8×0.4×1,201=384.32
- 청도 : 0.1×0.7×279=19.53
- 포항 : 0.2×0.6×2,312=277.44

따라서 고사한 소나무가 가장 많이 발생한 지역은 거제이다.

50

정답 ②

ㄱ. 전체 경쟁력 점수는 E국(460점)이 D국(459점)보다 높다.

ㄷ. C국을 제외하고, 각 부문에서 경쟁력 점수가 가장 높은 국가와 가장 낮은 국가의 차이가 가장 큰 부문은 변속감(19점)이고, 가장 작은 부문은 연비(9점)이다.

ㄹ. 내구성 부문에서 경쟁력 점수가 가장 높은 국가는 B국(109점)이고, 경량화 부문에서 경쟁력 점수가 가장 낮은 국가는 D국(85점)이다.

오답분석

ㄴ. 경쟁력 점수가 가장 높은 부문과 가장 낮은 부문의 차이가 가장 큰 국가는 D국(22점)이고, 가장 작은 국가는 C국(8점)이다.

ㅁ. 전체 경쟁력 점수가 가장 높은 국가는 A국(519점)이다.

NCS 핵심영역 최종모의고사

제2회 모의고사 정답 및 해설

01	02	03	04	05	06	07	08	09	10
⑤	②	④	②	①	⑤	③	⑤	①	②
11	12	13	14	15	16	17	18	19	20
②	⑤	①	③	①	④	①	②	②	⑤
21	22	23	24	25	26	27	28	29	30
①	①	③	④	⑤	④	③	④	②	⑤
31	32	33	34	35	36	37	38	39	40
①	④	④	②	②	①	②	③	①	⑤
41	42	43	44	45	46	47	48	49	50
③	④	④	③	②	⑤	④	③	④	⑤

01

정답 ⑤

쇼펜하우어는 표상의 세계 안에서의 이성의 역할, 시간과 공간, 인과율을 통해서 세계를 파악하는 주인의 역할을 함에도 불구하고 이성이 다시 의지에 종속됨으로써 제한적이며 표면적일 수밖에 없다는 한계를 지적하고 있다.

오답분석

① 세계의 본질은 의지의 세계라는 내용은 쇼펜하우어 주장의 핵심 내용이라는 점에서는 적절하지만, 제시문의 주요 내용은 주관 또는 이성 인식으로 만들어내는 표상의 세계가 결국 한계를 가질 수밖에 없다는 것이다.

② 제시문에서는 표상 세계의 한계를 지적했을 뿐, 표상 세계의 극복과 그 해결 방안에 대한 내용은 없다.

③ 제시문에서 의지의 세계와 표상 세계는 의지가 표상을 지배하는 종속관계라는 차이를 파악할 수는 있으나, 중심 내용으로 보기에는 적절하지 않다.

④ 쇼펜하우어가 주관 또는 이성을 표상의 세계를 이끌어 가는 능력으로 주장하고 있다는 점에서 적절하나 글의 중심 내용은 아니다.

02

정답 ②

'나누다'에 피동 표현 '-어지다'가 붙은 '나누어지다'는 올바른 표기이다. 또한 '나뉘다'는 '나누다'의 피동사 '나누이다'의 준말이므로 이미 피동사인 '나뉘다'에 피동 표현인 '-어지다'를 붙이면 이중 피동 표현이 된다. 따라서 ㉡은 '나누어져'로 쓰는 것이 옳다.

03

정답 ④

전체 가입자 중 여성 가입자 수의 비율은 $\frac{9,804,482}{21,942,806}\times 100$ $≒44.7\%$이므로 40% 이상이다.

오답분석

① 남성 사업장 가입자 수는 8,059,994명으로 남성 지역 가입자 수의 2배인 $3,861,478\times 2=7,722,956$명보다 많다.

② 여성 가입자 전체 수인 9,804,482명에서 여성 사업장 가입자 수인 5,775,011명을 빼면 4,029,471명이므로 여성 사업장 가입자 수가 나머지 여성 가입자 수를 모두 합친 것보다 많다.

③ 전체 지역 가입자 수는 전체 사업장 가입자 수의 $\frac{7,310,178}{13,835,005}$ $\times 100≒52.8\%$이다.

⑤ 가입자 수가 많은 집단 순으로 나열하면 '사업장 가입자 – 지역 가입자 – 임의계속 가입자 – 임의 가입자'이다.

04

정답 ②

하루에 6명 이상 사무실에서 근무해야 하므로 하루에 2명까지만 휴가를 쓸 수 있다. 따라서 J사원이 4일 이상 휴가를 쓰면서 최대 휴가 인원 2명을 유지할 수 있는 기간은 6 ~ 11일이다.

05

정답 ①

흔히 우리는 창의적 사고가 특별한 사람들만이 할 수 있는 대단한 능력이라고 생각하지만, 우리는 일상생활에서 창의적 사고를 끊임없이 하고 있으며, 이러한 창의적 사고는 누구에게나 있는 능력이다. 예를 들어 어떠한 일을 할 때 더 쉬운 방법이 없을까 고민하는 것 역시 창의적 사고 중 하나로 볼 수 있다.

오답분석

②·③·④·⑤ 창의적 사고에 대한 옳은 설명이다. 이밖에도 창의적 사고란 발산적(확산적) 사고로서, 아이디어가 많고 다양하고 독특한 것을 의미한다. 이때 아이디어란 통상적인 것이 아니라 기발하거나 신기하며 독창적인 것이어야 하며, 또한 유용하고 적절하며 가치가 있어야 한다.

06

정답 ⑤

'건설업' 분야의 취업자 수는 2021년과 2024년에 각각 전년 대비 감소했다.

오답분석

① 2016년 '도소매 · 음식 · 숙박업' 분야에 종사하는 사람의 수는 총취업자 수의 $\frac{5,966}{21,156}\times 100 \fallingdotseq 28.2\%$이므로 30% 미만이다.

② 2016~2024년 '농 · 임 · 어업' 분야의 취업자 수는 꾸준히 감소하는 것을 확인할 수 있다.

③ 2016년 대비 2024년 '사업 · 개인 · 공공서비스 및 기타' 분야의 취업자 수는 7,633−4,979=2,654천 명으로 가장 많이 증가했다.

④ 2016년 대비 2023년 '전기 · 운수 · 통신 · 금융업' 분야의 취업자 수는 $\frac{7,600-2,074}{2,074}\times 100 \fallingdotseq 266.4\%$ 증가했고, '사업 · 개인 · 공공서비스 및 기타' 분야의 취업자 수는 $\frac{4,979-2,393}{4,979}\times 100 \fallingdotseq 51.9\%$ 감소했다.

07

정답 ③

ㄱ. 2019년 '어업' 분야의 취업자 수는 '농 · 임 · 어업' 분야의 취업자 수 합계에서 '농 · 임업' 분야의 취업자 수를 제외한다. 따라서 1,950−1,877=73천 명이다.

ㄴ. 2023년에는 '전기 · 운수 · 통신 · 금융업' 분야의 취업자 수가 7,600천 명으로 가장 많다.

오답분석

ㄷ. '농 · 임업' 분야 종사자와 '어업' 분야 종사자 수는 계속 감소하기 때문에 '어업' 분야 종사자 수가 현상을 유지하거나 늘어날 것으로 보기 어렵다.

08

정답 ⑤

초기의 독서는 낭독이 보편적이었고, 12세기 무렵 책자형 책이 두루마리 책을 대체하면서 묵독이 가능하게 되었다. 따라서 책자형 책의 출현으로 낭독의 확산이 아닌 묵독의 확산이 가능해졌다고 할 수 있다.

오답분석

① · ② · ③ 마지막 문단에서 확인할 수 있다.

④ 제시문 전체에서 확인할 수 있다.

09

정답 ①

A팀은 C팀의 평균보다 3초 짧고, B팀은 D팀의 평균보다 2초 길다. 각 팀의 평균을 구하면 다음과 같다.

- A팀 : 45−3=42초
- B팀 : 44+2=46초
- C팀 : $\frac{51+30+46+45+53}{5}=45$초
- D팀 : $\frac{36+50+40+52+42}{5}=44$초

A팀 4번 선수의 기록을 a초, B팀 2번 선수의 기록을 b초라고 하면 다음과 같다.

- $\frac{32+46+42+a+42}{5}=42 \rightarrow a+162=210$

  $\therefore a=48$

- $\frac{48+b+36+53+55}{5}=46 \rightarrow b+192=230$

  $\therefore b=38$

따라서 두 선수의 기록의 평균은 $\frac{48+38}{2}=43$초이다.

10

정답 ②

일반열차가 쉬지 않고 부산에 도착하는 데 걸리는 시간은 400km÷160km/h=2.5h, 즉 2시간 30분이고, 중간에 4개 역에서 10분씩 정차하므로 총 40분의 지연이 발생한다. 그러므로 A씨가 부산에 도착하는 시각은 오전 10시+2시간 30분+40분=오후 1시 10분이다.

반면에, 급행열차가 쉬지 않고 부산에 도착하는 데 걸리는 시간은 400km÷200km/h=2h, 즉 2시간이다.

따라서 B씨가 급행열차를 타고 A씨와 동시에 부산에 도착하려면 오후 1시 10분−2시간=오전 11시 10분에 급행열차를 타야 한다.

11

정답 ②

제시문의 실험 결과에 따르면 학습 위주 경험을 하도록 훈련시킨 실험군 1의 쥐는 뇌 신경세포 한 개당 시냅스의 수가, 운동 위주 경험을 하도록 훈련시킨 실험군 2의 쥐는 모세혈관의 수가 크게 증가했다고 나와 있다.

오답분석

① 실험 결과에 따르면 실험군 1의 쥐는 대뇌 피질의 지각 영역에서, 실험군 2의 쥐는 대뇌 피질의 운동 영역에서 구조 변화가 나타났지만 어느 구조 변화가 더 크게 나타났는지는 알 수 없다.

③ 실험 결과에 따르면 대뇌 피질과 소뇌의 구조 변화는 나타났지만 신경세포의 수에 대한 정보는 알 수 없다.

④ · ⑤ 실험군 1과 2의 쥐에서 뇌 신경세포 한 개당 시냅스 혹은 모세혈관의 수가 증가했고 대뇌 피질 혹은 소뇌의 구조 변화가 나타났지만 둘 사이의 인과관계는 알 수 없다.

12

정답 ⑤

제시문의 '5. 임금 굴절점 결정'에 따르면 임금 굴절점인 만 55세가 되는 날의 익년부터 임금 피크제가 적용된다. 또한 '8. 직무・직책의 조정'에 따르면 임금 피크제 적용에 따른 직무・직책의 조정은 변동이 없다.

오답분석

① '1. 사전 준비'의 ㉡에 따르면 임금 피크제 도입 시 별도의 명예퇴직은 실시하지 않는다.

② '7. 근로 조건 등의 조정'의 ㉡에 따르면 수당・성과급도 임금 피크가 적용된다.

③ '3. 적용 대상 및 감액 기준의 결정'에 따르면 K기업의 임금 피크제 적용 대상은 정규직 직원이다.

④ '7. 근로 조건 등의 조정'의 ㉢에 따르면 급여를 제외한 나머지 인사 운영은 이전과 동일하게 유지된다.

13

정답 ①

먼저 세 번째 조건을 살펴보면, 세 개의 항목을 합한 것보다도 더 많은 영업이익을 기록한 것은 '가'일 수밖에 없다. 따라서 '가'가 D라는 것을 알 수 있다.

첫 번째 조건을 살펴보면, 직원 수는 '(영업이익)÷(직원 1인당 영업이익)'으로 구할 수 있는데 나～마 중 이 수치가 가장 큰 것은 '라'이므로 이것이 A와 연결됨을 알 수 있다. 여기까지만 판단하면 선택지 소거법을 이용해 정답을 찾을 수 있다.

따라서 '나'에는 B, '라'에는 A가 해당된다.

14

정답 ③

정육면체는 면이 6개이고 회전이 가능하므로 윗면을 기준면으로 삼았을 때, 경우의 수는 다음과 같다.

- 기준면에 색을 칠하는 경우의 수 : 6가지
- 아랫면에 색을 칠하는 경우의 수 : $6-1=5$가지
- 옆면에 색을 칠하는 경우의 수 : $(4-1)!=3!=6$가지

따라서 $6\times5\times6=180$가지의 서로 다른 정육면체를 만들 수 있다.

15

정답 ①

B는 보이스피싱 범죄의 확산에 대한 일차적 책임이 개인에게 있다고 했으며 C는 개인과 정부 모두에게 있다고 말하였다.

오답분석

② B는 개인의 부주의함으로 인한 사고를 은행이 책임지는 것은 문제가 있다고 말하며 책임질 수 없다는 의견을 냈고, C는 은행의 입장에 대해 언급하지 않았다.

③ B는 근본적 해결을 위해 개인의 역할, C는 정부의 역할을 강조하고 있다.

④ B는 제도적인 방안의 보완에 대해서는 언급하고 있지 않으며, C는 정부의 근본적인 해결책 마련을 촉구하고 있다.

⑤ B와 C는 보이스피싱 범죄의 확산에 대한 일차적인 책임이 개인에게 있다고 했다.

16

정답 ④

A～E의 진술을 차례대로 살펴보면, A는 B보다 먼저 탔으므로 서울역 또는 대전역에서 승차하였다. 이때, A는 자신이 C보다 먼저 탔는지 알지 못하므로 C와 같은 역에서 승차하였음을 알 수 있다. 다음으로 B는 A와 C보다 늦게 탔으므로 첫 번째 승차 역인 서울역에서 승차하지 않았으며, C는 가장 마지막에 타지 않았으므로 마지막 승차 역인 울산역에서 승차하지 않았다. 한편, D가 대전역에서 승차하였으므로 같은 역에서 승차하는 A와 C는 서울역에서 승차하였음을 알 수 있다. 또한 마지막 역인 울산역에서 혼자 승차하는 경우에만 자신의 정확한 탑승 순서를 알 수 있으므로 자신의 탑승 순서를 아는 E가 울산역에서 승차하였다. 이를 표로 정리하면 다음과 같다.

구분	서울역		대전역		울산역
탑승객	A	C	B	D	E

따라서 'E는 울산역에서 승차하였다.'는 항상 참이 된다.

오답분석

① A는 서울역에서 승차하였다.

② B는 대전역, C는 서울역에서 승차하였으므로 서로 다른 역에서 승차하였다.

③ C는 서울역, D는 대전역에서 승차하였으므로 서로 다른 역에서 승차하였다.

⑤ D는 대전역, E는 울산역에서 승차하였으므로 서로 다른 역에서 승차하였다.

17

정답 ①

ㄱ. 공급자 취급 부주의의 경우 2024년과 2020년의 발생 건수 차이는 6건이며, 시설 미비의 경우도 2024년과 2020년의 발생 건수 차이는 6건으로 동일하다. 이 경우 분자값이 같으므로 개별 계산 없이 분모값이 작은 시설 미비의 경우가 증가율이 더 크다.

ㄴ. 주택의 연도별 사고 건수 증감 방향은 '증가 → 감소 → 증가 → 증가'이고, 차량의 연도별 사고 건수 증감 방향도 '증가 → 감소 → 증가 → 증가'이다.

오답분석

ㄷ. 2021년 사고 건수 상위 2가지는 사용자 취급 부주의(41건)와 시설 미비(20건)이며 전체 발생 건수는 120건이므로 상위 2가지 사고 건수의 합(61건)은 나머지 발생 건수의 합보다 크다.

ㄹ. 전체 사고 건수에서 주택이 차지하는 비중이 35% 이상인지를 판단하려면 '(전체 사고 건수)×0.35<(주택 사고 건수)'인지를 판별하면 된다. 계산해 보면 다음과 같다.

구분	2020년	2021년	2022년	2023년	2024년
전체 사고 건수(건)	121	120	118	122	121
전체×0.35	42.35	42	41.3	42.7	42.35
주택 사고 건수(건)	48	50	39	42	47

따라서 2022년과 2023년은 35% 미만이므로 옳지 않다.

18

정답 ②

특정 소비자(13 ~ 18세 청소년)를 한정하여 판매하는 마케팅 전략을 구사하고 있는 것은 ②이다.

오답분석

①·③ 제품의 특성을 반영한 마케팅
④·⑤ 기업 혹은 상품의 역사를 나타낸 마케팅

19

정답 ②

논쟁에서는 먼저 상대방의 주장을 들어 주어야 한다.

20

정답 ⑤

주어진 조건들을 논리 기호화하면 다음과 같다.

- 첫 번째 명제 : (~연차∨출퇴근) → 주택
- 두 번째 명제 : 동호회 → 연차
- 세 번째 명제 : ~출퇴근 → 동호회
- 네 번째 명제 : (출퇴근∨~연차) → ~동호회

먼저 두 번째 명제의 경우, 동호회행사비 지원을 도입할 때만이라는 한정 조건이 있으므로 역(연차 → 동호회) 또한 참이다. 만약 동호회행사비를 지원하지 않는다고 가정하면, 두 번째 명제의 역의 대우(~동호회 → ~연차)와 세 번째 명제의 대우(~동호회 → 출퇴근)에 따라 첫 번째 명제가 참이 되므로, 출퇴근교통비 지원과 주택마련자금 지원을 도입하게 된다. 그러나 다섯 번째 명제에 따라 주택마련자금 지원을 도입했을 때, 다른 복지제도를 도입할 수 없으므로 모순이 된다. 따라서 동호회행사비를 지원하는 것이 참인 것을 알 수 있다.

동호회행사비를 지원한다면, 네 번째 명제의 대우[동호회 → (~출퇴근∧연차)]에 따라 출퇴근교통비 지원은 도입되지 않고, 연차추가제공은 도입된다. 그리고 다섯 번째 명제의 대우에 따라 주택마련자금 지원은 도입되지 않는다.

따라서 K기업이 도입할 복지제도는 동호회행사비 지원과 연차 추가제공 2가지이다.

21

정답 ①

퍼낸 소금물의 양을 xg이라고 하면 다음과 같은 식이 성립한다.

$$\left(\frac{6}{100}\times700\right)-\frac{6}{100}x+\frac{13}{100}x=\frac{9}{100}\times700$$

→ $4,200-6x+13x=6,300$

→ $7x=2,100$

∴ $x=300$

따라서 퍼낸 소금물의 양은 300g이다.

22

정답 ①

ㄱ. 2024년 상위 10개 스포츠 구단 중 전년보다 순위가 상승한 구단은 C, D, E, I로 4개이며, 순위가 하락한 구단은 F, J, H로 3개이다.

ㄴ. 2024년 상위 10개 스포츠 구단 중 미식축구 구단은 A, G, I이며 구단 가치액 합은 58+40+37=135억 달러이다. 농구 구단은 C, D, E이며 구단 가치액 합은 45+44+42=131억 달러이다.

오답분석

ㄷ. 2024년 상위 10개 스포츠 구단 중 전년 대비 가치액 상승률이 가장 큰 구단은 E구단으로, $\frac{9}{33}\times100≒27.27\%$ 상승했으며, 종목은 농구이다.

ㄹ. 제시된 자료는 2024년 가치액 기준 상위 10개 구단에 대한 자료이므로 2023년 가치액 10위의 구단에 대한 정보는 알 수 없다. 2023년 9위인 E구단의 가치액이 33억 달러, 11위인 I구단의 가치액이 31억 달러이므로 2023년 10위 구단의 가치액은 31억 달러보다 많고 33억 달러보다 적을 것이다. 이를 고려해 판단하면 2024년 상위 10개 스포츠 구단의 가치액 합이 2023년 상위 10개 스포츠 구단의 가치액 합보다 크다.

23

정답 ③

제시된 직원 투표 결과를 정리하면 다음과 같다.

(단위 : 표)

여행 상품	1인당 비용(원)	총무팀	영업팀	개발팀	홍보팀	공장1	공장2	합계
A	500,000	2	1	2	0	15	6	26
B	750,000	1	2	1	1	20	5	30
C	600,000	3	1	0	1	10	4	19
D	1,000,000	3	4	2	1	30	10	50
E	850,000	1	2	0	2	5	5	15
합계		10	10	5	5	80	30	140

ㄱ. 가장 인기가 좋은 상품은 D이다. 그러나 공장1의 고려사항은 회사에 손해를 줄 수 있으므로, 2박 3일 상품이 아닌 1박 2일 상품 중 가장 인기 있는 B상품이 선택된다.
따라서 750,000×140=105,000,000원이 필요하므로 옳다.

ㄷ. 공장1의 A, B 투표 결과가 바뀐다면 여행 상품 A, B의 투표수가 각각 31, 25표가 되어 선택되는 여행 상품이 A로 변경된다.

오답분석

ㄴ. 가장 인기 있는 상품은 D이므로 옳지 않다.

24

정답 ④

오답분석

① 분석 자료에서 자사의 유통 및 생산 노하우가 부족하다고 분석하였으므로 적절하지 않다.
② 디지털마케팅 전략을 구사하기에 역량이 미흡하다고 분석하였으므로 적절하지 않다.
③ 분석 자료를 살펴보면, 경쟁자 중 상위 업체가 하위 업체와의 격차를 확대하기 위해서 파격적인 가격정책을 펼치고 있다고 하였으므로 적절하지 않다.
⑤ 브랜드 경쟁력을 유지하기 위해 20대 SPA 시장 진출이 필요하며, 자사가 높은 브랜드 이미지를 가지고 있다는 내용은 자사의 상황분석과 맞지 않는 내용이기에 적절하지 않다.

25

정답 ⑤

완성품 납품 수량은 총 100개이다. 완성품 1개당 부품 A는 10개가 필요하므로 총 1,000개가 필요하고, B는 300개, C는 500개가 필요하다. 그런데 A는 500개, B는 120개, C는 250개의 재고를 가지고 있으므로, 부족한 나머지 부품, 즉 A는 500개, B는 180개, C는 250개를 주문해야 한다.

26

정답 ④

알파벳 순서에 따라 숫자로 변환하면 다음과 같다.

A	B	C	D	E	F	G	H	I	J	K	L	M
1	2	3	4	5	6	7	8	9	10	11	12	13
N	O	P	Q	R	S	T	U	V	W	X	Y	Z
14	15	16	17	18	19	20	21	22	23	24	25	26

'INTELLECTUAL'의 품번을 규칙에 따라 정리하면 다음과 같다.

- 1단계 : 9(I), 14(N), 20(T), 5(E), 12(L), 12(L), 5(E), 3(C), 20(T), 21(U), 1(A), 12(L)
- 2단계 : 9+14+20+5+12+12+5+3+20+21+1+12=134
- 3단계 : |(14+20+12+12+3+20+12)−(9+5+5+21+1)|=|93−41|=52
- 4단계 : (134+52)÷4+134=46.5+134=180.5
- 5단계 : 180.5를 소수점 첫째 자리에서 버림하면 180이다.

따라서 제품의 품번은 '180'이다.

27

정답 ③

B가 위촉되지 않는다면 첫 번째 조건의 대우에 의해 A는 위촉되지 않는다. A가 위촉되지 않으므로 두 번째 조건에 의해 D가 위촉된다. D가 위촉되므로 다섯 번째 조건에 의해 F도 위촉된다. 세 번째 조건과 네 번째 조건의 대우에 의해 C나 E 중 한 명이 위촉된다. 따라서 위촉되는 사람은 모두 3명이다.

28

정답 ④

부서별로 총 투입시간을 계산해 보면 다음과 같다.

부서	인원	개인별 총 투입시간	총 투입시간
A	2명	41+(3×1)=44시간	88시간
B	3명	30+(2×2)=34시간	102시간
C	4명	22+(1×4)=26시간	104시간
D	3명	27+(2×1)=29시간	87시간
E	5명	17+(3×2)=23시간	115시간

표준 업무시간은 80시간으로 동일하다. 따라서 업무효율이 가장 높은 부서는 총 투입시간이 가장 낮은 부서인 D가 된다.

29

정답 ②

마지막 문단에 따르면 우리 춤은 정지 상태에서 몰입을 통해 상상의 선을 만들어 내는 과정을 포함한다. 따라서 처음부터 끝까지 쉬지 않고 곡선을 만들어 낸다는 설명은 적절하지 않다.

오답분석

① 첫 번째 문단에서 '우리 춤은 옷으로 몸을 가린 채 손만 드러내 놓고 추는 경우가 많기 때문이다.'를 통해 알 수 있다.
③ 두 번째 문단에서 '예컨대 승무에서 ~ 완성해 낸다.'를 통해 알 수 있다.
④ 세 번째 문단에서 '그러나 이때의 ~ 이해해야 한다.'를 통해 알 수 있다.
⑤ 마지막 문단에서 '이런 동작의 ~ 몰입 현상이다.'를 통해 알 수 있다.

30

정답 ⑤

A가 3번이면, 세 번째 조건에 따라 C는 2번이고, D는 4번이다. 또한 네 번째 조건에 따라 B는 6번이고, 두 번째 조건에 따라 F는 1번, E는 5번이다. 따라서 첫 번째로 면접을 보는 사람은 F이다.

31

정답 ①

- S전자 : 8대 구매 시 2대를 무료로 증정하기 때문에 32대를 사면 8개를 무료로 증정 받아 32대 가격으로 총 40대를 살 수 있다. 32대의 가격은 80,000×32=2,560,000원이다. 그리고 구매 금액 100만 원당 2만 원이 할인되므로 구매 가격은 2,560,000−40,000=2,520,000원이다.
- B마트 : 40대 구매 금액인 90,000×40=3,600,000원에서 40대 이상 구매 시 7% 할인 혜택을 적용하면 3,600,000×0.93=3,348,000원이다. 1,000원 단위 이하는 절사하므로 구매 가격은 3,340,000원이다.

따라서 B마트에 비해 S전자가 3,340,000−2,520,000=82만 원 저렴하다.

32

정답 ④

퇴근시간대인 16:00 ~ 20:00에 30대 및 40대의 누락된 유동인구 비율을 찾아낸 뒤 100,000명을 곱하여 설문조사 대상 인원수를 산출하면 된다. 우측 및 하단 소계 및 주변 정보를 통해서 다음과 같이 빈 공간의 비율을 먼저 채운다.

(단위 : %)

구분	10대	20대	30대	40대	50대	60대	70대	합계
08:00 ~ 12:00	1	1	3	4	1	0	1	11
12:00 ~ 16:00	0	2	3	4	3	1	0	13
16:00 ~ 20:00	4	3	10	11	2	1	1	32
20:00 ~ 24:00	5	6	14	13	4	2	0	44
합계	10	12	30	32	10	4	2	100

위 결과를 토대로 30 ~ 40대 퇴근시간대 유동인구 비율은 10+11=21%임을 확인할 수 있다. 따라서 100,000×0.21=21,000명이므로, 설문지는 21,000장 이상을 준비하면 된다.

33

정답 ④

ㄴ. B작업장은 생물학적 요인(바이러스)에 해당하는 사례 수가 가장 많다.

ㄷ. 화학적 요인에 해당하는 분진은 집진 장치를 설치하여 예방할 수 있다.

오답분석

ㄱ. A작업장은 물리적 요인(소음, 진동)에 해당하는 사례 수가 가장 많다.

34

정답 ②

ㄱ. 이조는 주로 인사를 담당하였지만 과거 관리의 업무는 예조에서 담당하고 있었다.

ㄷ. 당상관은 정3품 이상의 판서, 참판, 참의를 지칭하는데 조마다 정2품의 판서 1인, 종2품의 참판 1인, 정3품의 참의 1인 등으로 구성되었다고 하였으므로 육조에 속한 당상관은 18명이다. 또한 육관은 육조의 별칭이고, 육조의 서열은 1418년까지는 이, 병, 호, 예, 형, 공조의 순서였고, 이후에는 이, 호, 예, 병, 형, 공조의 순서가 되었다고 하였다.

오답분석

ㄴ. 병조의 정랑·좌랑은 문관만 재직할 수 있도록 되어 있었다.

ㄹ. 조선 후기에 호조의 역할이 강화된 것은 맞지만 실학사상의 영향인지는 알 수 없다.

ㅁ. 육조의 정랑과 좌랑은 임기제로 운영되었으나 당상관이 어떠했는지는 알 수 없다.

35

정답 ②

(가) 작업을 수행하면 A－B－C－D 순서로 접시 탑이 쌓인다.

(나) 작업을 수행하면 철수는 D접시를 사용한다. 그러므로 A－B－C접시 순서로 남는다.

(다) 작업을 수행하면 A－B－C－E－F 순서로 접시 탑이 쌓인다.

(라) 작업을 수행하면 철수는 C, E, F접시를 사용한다. 그러므로 A－B접시 순서로 남는다.

따라서 B접시가 접시 탑의 맨 위에 있게 된다.

36

정답 ①

할인되지 않은 KTX표의 가격을 x원이라 하자.

표를 40% 할인된 가격으로 구매하였으므로 구매 가격은 $(1-0.4)x=0.6x$원이다.

환불 규정에 따르면 하루 전에 표를 취소하는 경우 70%의 금액을 돌려받을 수 있으므로 다음과 같이 나타낼 수 있다.

$0.6x\times0.7=16,800$

$\rightarrow 0.42x=16,800$

$\therefore x=40,000$

따라서 할인되지 않은 KTX표의 가격은 40,000원이다.

37

정답 ②

먼저 종합순위가 4위인 D과장의 점수는 모두 공개되어 있으므로 총점을 계산해 보면, 80+80+60+70=290점이다. 종합순위가 5위인 A사원의 총점은 70+(가)+80+70=[220+(가)]점이며, 4위 점수인 290점보다 낮아야 하므로 (가)에 들어갈 점수는 70점 미만이다. 종합순위가 3위인 C대리의 총점은 (다)+85+70+75=[230+(다)]점이며, 290점보다 높아야 하므로 (다)에 들어갈 점수는 60점을 초과해야 한다.

②, ③에 따라 (가)=65점, (다)=65점을 대입하면, C대리의 종합점수는 230+65=295점이 된다. 종합순위가 2위인 E부장의 총점은 85+85+70+(라)=[240+(라)]점이므로, (라)에 들어갈 점수는 55점보다 높은 점수여야 한다. 이때 ②, ③ 모두 조건을 만족시킨다.

종합순위가 1위인 B사원의 총점은 80+85+(나)+70=[235+(나)]점이다. 종합순위가 2위인 E부장의 총점은 [240+(라)]점이므로 (나)에 들어갈 점수는 [(라)+5]점보다 높은 점수여야 한다. 따라서 (나)와 (라)의 점수가 같은 ③은 제외된다. 이제 ①·②만 남는데, C대리의 총점 230+(다)>290이어야 한다. (다)는 60보다 커야 하므로, (가), (나), (다), (라)에 들어갈 점수가 바르게 연결된 것은 ②임을 알 수 있다.

38

정답 ③

보기의 줄 친 부분을 반박하는 주장은 '인간에게 동물의 복제 기술을 적용해서는 안 된다.'이므로, 이를 뒷받침하는 근거이면서 인터뷰의 내용과 어울리지 않는 것을 찾아야 한다. 인터뷰에서 복제 기술을 인간에게 적용했을 때 발생할 수 있는 문제점으로 지적한 것은 '기존 인간관계의 근간을 파괴하는 사회 문제'와 '바이러스 등 통제 불능한 생물체가 만들어질 가능성', 그리고 '어느 국가 또는 특정 집단이 복제 기술을 악용할 위험성' 등이다. 그러나 인터뷰에는 ③이 인간에게 복제 기술을 적용했을 때 나타날 수 있는 부작용인지를 판단할 자료가 제시되지 않았다. 또한 상식적인 수준에서도 생산되는 복제 인간의 수는 통제할 수 있으므로 밑줄 친 부분을 반박할 근거로는 적절하지 않다.

39

정답 ①

을은 월요일에 12시간, 화요일에 12시간, 목요일에 12시간, 금요일에 4시간을 근무할 계획이며 이는 총 40시간이다.

오답분석

- 갑 : 수요일 근무는 09 ~ 13시까지로 4시간이나 12 ~ 13시까지는 점심시간이므로 인정 근무는 3시간이어서 총 근무시간은 39시간이다.
- 병 : 월요일 08 ~ 24시까지 시간은 16시간이며 점심과 저녁시간 2시간을 제외한 인정근무 시간은 14시간이나 1일 근무시간은 12시간을 넘을 수 없다.
- 정 : 월요일 9시간, 화요일 12시간, 목요일 10시간, 금요일 8시간으로 총 39시간이다.

40

정답 ⑤

기타를 제외한 통합시청점유율과 기존시청점유율의 차이는 C방송사가 20.5%로 가장 크다. A방송사는 17%이다.

오답분석

① B는 2위, J는 10위, L는 11위로 순위가 같다.
② 기존시청점유율은 D가 20%로 가장 높다.
③ F의 기존시청점유율은 10.5%로 다섯 번째로 높다.
④ G의 차이는 6%로 기타를 제외하면 차이가 가장 작다.

41

정답 ③

K스크린 영향력은 다음과 같으므로 ③이 옳다.

방송사	A	B	C	D	E	F	G
K스크린 영향력	1.1	0.9	2.7	0.4	1.6	1.2	0.4
구분	다	나	마	가	라	다	가

방송사	H	I	J	L	M	기타
K스크린 영향력	0.8	0.7	1.7	1.6	4.3	1.8
구분	나	나	라	라	마	라

42

정답 ④

A ~ C의 청소 주기 6일, 8일, 9일의 최소공배수는 $2\times3\times4\times3=72$이다. 9월은 30일, 10월은 31일까지 있으므로 9월 10일에 청소를 하고 72일 이후인 11월 21일에 세 사람이 같이 청소하게 된다.

43

정답 ④

기본요금을 x원, 1kWh당 단위요금을 y원이라 하자.

$x+60y=15,000$ … ㉠

$x+90y+(20\times1.2y)=42,000 \rightarrow x+114y=42,000$ … ㉡

㉡－㉠을 하면 다음과 같다.

$54y=27,000$

$\therefore\ y=500$

따라서 1kWh당 단위요금에 20% 가산한 금액은 $500\times1.2=600$원이다.

44

정답 ③

오답분석

① 영어로 서로 대화할 수 있다.
② 한국어로 서로 대화할 수 있다.
④ 프랑스어로 서로 대화할 수 있다.

45

정답 ②

1라운드와 2라운드의 결과를 토대로 각 참여자가 얻을 수 있는 점수를 정리하면 다음과 같다.

구분	1라운드	2라운드	총점
갑	−3, 0	−3, 0	−6, −3, 0
을	2	−3, 0	−1, 2
병	2	2	4
정	5	−3, 0	2, 5

ㄱ. 정(5점), 병(4점), 갑(0점), 을(−1점)의 경우가 가능하다.
ㄹ. 병이 4점을 얻은 것이 확정되어 있으므로 정이 우승할 수 있는 경우는 5점을 얻는 경우뿐이다.

오답분석

ㄴ. 정이 5점을 얻었다면 병(4점)이 2위로 확정되므로 을과 정이 모두 2점을 얻은 경우를 살펴보자. 이 경우에는 병이 4점으로 1위가 되고 을과 정이 2점으로 동점이 되지만, 동점인 경우는 1라운드 고득점 순으로 순위를 결정한다고 하였으므로 정(1라운드 5점)이 을(1라운드 2점)에 앞서게 된다. 따라서 을이 준우승을 할 수 있는 경우는 없다.
ㄷ. ㄴ에서 살펴본 것처럼 병이 우승했다면 정이 2점을 얻어야 하는데 이렇게 되기 위해서는 정이 2라운드에서 공을 넣지 못해야 한다. 따라서 이 경우 가능한 최솟값은 갑(0개), 을(1개), 병(2개), 정(1개)의 합인 4개이다.

46

정답 ⑤

바우마이스터에 따르면 개인은 자신이 가지고 있는 제한된 에너지를 자기 조절 과정에 사용하는데, 이때 에너지를 많이 사용한다고 하더라도 긴박한 상황을 대비하여 에너지의 일부를 남겨 두기 때문에 에너지가 완전히 고갈되는 상황은 벌어지지 않는다. 즉, S씨는 식단 조절 과정에 에너지를 효율적으로 사용하지 못하였을 뿐, 에너지가 고갈되어 식단 조절에 실패한 것은 아니다.

오답분석

① 반두라에 따르면 선천적으로 자기 조절 능력을 가지고 있는 인간은 가치 있는 것을 획득하기 위해 행동하거나 두려워하는 것을 피하기 위해 행동한다.
② 반두라에 따르면 자기 반응은 자신이 한 행동 이후에 자신에게 부여하는 정서적 현상을 의미하는데, 자신이 지향하는 목표와 관련된 개인적 표준에 부합하지 않은 행동은 죄책감이나 수치심이라는 자기 반응을 만들어 낸다.
③ 반두라에 따르면 인간은 자기 조절 능력을 선천적으로 가지고 있으며, 자기 조절은 세 가지의 하위 기능인 자기 검열, 자기 판단, 자기 반응의 과정을 통해 작동한다.
④ 바우마이스터에 따르면 자기 조절은 개인적 표준, 모니터링, 동기, 에너지로 구성된다. S씨의 건강관리는 개인의 목표 성취와 관련된 개인적 표준에 해당하며, 이를 위해 S씨는 자신의 행동을 관찰하는 모니터링 과정을 거쳤다.

47

정답 ④

- A : 견학 희망 인원이 45명, 견학 희망 장소는 발전소 전체이고 견학 희망 시간이 100분 이상이므로 한빛 발전소로 견학을 가야 한다.
- B : 견학 희망 인원이 35명이고 견학 희망 장소는 발전시설을 제외한 곳이므로 고리 발전소 또는 월성 발전소로 견학을 가야 한다. 이때, C팀이 고리 발전소로 견학을 가야 하므로 월성 발전소로 견학을 가야 한다.
- C : 견학 희망 인원이 45명이고 견학 희망 장소는 홍보관이므로 고리 발전소로 견학을 가야 한다.
- D : 견학 희망 인원이 35명이고 견학 희망 장소는 발전소 전체이므로 한빛 발전소, 한울 발전소로 견학을 갈 수 있으나, A팀이 한빛 발전소로 견학을 가야 하므로 한울 발전소로 견학을 가야 한다.
- E : 견학 희망 인원이 35명, 견학 희망 시간은 최소 100분이므로 새울 발전소와 한빛 발전소 중 한 곳으로 견학을 가야 한다. 이때, A팀이 한빛 발전소를 가야 하므로 새울 발전소로 견학을 가야 한다.

따라서 A팀은 한빛 발전소, B팀은 월성 발전소, C팀은 고리 발전소, D팀은 한울 발전소, E팀은 새울 발전소로 견학을 가야 한다.

48

정답 ③

월성 발전소 견학 순서에 따른 발전소별 견학 순서는 다음과 같다.

- 월성 발전소의 견학 순서가 첫 번째일 때
  새울 발전소는 세 번째로 가야 한다. 이때 두 번째, 다섯 번째 조건에 의해 한울 발전소는 두 번째로 가야 하고, 첫 번째 조건에 의해 고리 발전소는 한빛 발전소보다 먼저 견학을 가야 한다. 따라서 견학 순서는 '월성 발전소 – 한울 발전소 – 새울 발전소 – 고리 발전소 – 한빛 발전소'이다.
- 월성 발전소의 견학 순서가 세 번째일 때
  네 번째 조건에 의해 새울 발전소는 다섯 번째로 가야 한다. 이때 한울 발전소를 네 번째로 간다면 월성 발전소보다 먼저 한빛 발전소로 견학을 가야 하므로 첫 번째 조건을 만족하지 않는다. 따라서 견학 순서는 '고리 발전소 – 한울 발전소 – 월성 발전소 – 한빛 발전소 – 새울 발전소'이다.
- 월성 발전소의 견학 순서가 다섯 번째일 때
  월성 발전소보다 먼저 한빛 발전소에 견학을 가야 하므로 첫 번째 조건을 만족하지 않는다.

따라서 항상 두 번째로 견학을 가게 되는 발전소는 한울 발전소이다.

49

정답 ④

선정자에게 개별적으로 연락을 하지 않으므로 홈페이지에서 확인해야 한다.

오답분석

① 신청 대상은 초등학생, 청소년, 일반인이므로 유치원생은 해당이 되지 않는다.
② 체험 인원은 30명이다.
③ 체험 시간은 13시에서 16시 40분까지 총 3시간 40분이다.
⑤ 15시 8분에서 16시 40분에 체험하는 프로그램을 보면 후부운전실 방송 체험이 있다.

50

정답 ⑤

ㄱ. K국이 B국과 FTA를 체결하는 경우 A국에서 수입하는 1톤당 비용과 B국에서 수입하는 1톤당 비용은 15달러로 동일하다. 따라서 K국이 B국과도 FTA를 체결한다면, 기존에 A국에서 수입하던 것과 동일한 비용으로 X를 수입할 수 있다.
ㄷ. A국에서 수입하는 1톤당 비용은 21달러이고, B국에서 수입하는 1톤당 비용은 20달러이다.

오답분석

ㄴ. C국에서 수입하는 1톤당 비용은 15.4달러인데, A국에서 수입하는 1톤당 비용은 15달러이다.

NCS 핵심영역 최종모의고사

제3회 모의고사 정답 및 해설

01	02	03	04	05	06	07	08	09	10
①	④	⑤	②	③	③	④	②	①	③
11	12	13	14	15	16	17	18	19	20
⑤	①	③	④	③	①	③	③	④	②
21	22	23	24	25	26	27	28	29	30
④	②	④	⑤	③	④	④	①	④	①
31	32	33	34	35	36	37	38	39	40
③	①	③	③	④	③	③	③	④	③
41	42	43	44	45	46	47	48	49	50
①	④	②	②	③	①	③	③	③	④
51	52	53	54	55	56	57	58	59	60
②	①	②	⑤	②	⑤	⑤	⑤	④	④

01

정답 ①

제시된 문단 다음에는 청바지의 시초에 대한 내용이 나와야 하므로 (가)가 와야 한다. 그 다음에는 '비록 시작은 그리하였지만'으로 받는 (다)가 위치해야 하며, 패션 아이템화의 각론으로서 한국에서의 청바지를 이야기하는 (나)가 와야 한다. (라)는 청바지가 가지고 있는 단점과 그 해결을 설명하는 것이므로 마지막에 오는 것이 적절하다.

02

정답 ④

ㄴ. ㉣ 뼈대 근육은 수의근, 줄무늬근이고, ㉥ 심장 근육은 불수의근, 줄무늬근이므로 '수의근'인지 여부가 다르다. 따라서 B에는 근육의 움직임을 의식적으로 통제할 수 있는지를 따지는 기준이 들어간다.

ㄷ. 우선 ㉠에 수의근이 들어가면 대립되는 기준인 B에는 '불수의근'이 들어가야 한다. 이 기준에 민무늬근, 줄무늬근의 조건을 대입해 보면 다음과 같다.

기준 \ 종류	뼈대 근육	내장 근육	심장 근육
A (수의근)	㉠ ○ 줄무늬근	㉡ ×	㉢ × 줄무늬근
B (불수의근)	㉣ ×	㉤ ○ 민무늬근	㉥ ○

오답분석

ㄱ. ㉡ 내장 근육은 불수의근, 민무늬근이고, ㉢ 심장 근육은 불수의근, 줄무늬근이므로 '㉡, ㉢이 같은 성질을 갖는다.'라고 함은 '불수의근'이라는 점이다. 따라서 A에는 '근육의 움직임을 우리가 의식적으로 통제할 수 있는지의 여부'가 들어가야 한다.

03

정답 ⑤

제시문의 중심 내용은 '과학적 용어'이다. 제시문에서는 '모래언덕'의 높이, '바람'의 세기, '저온'의 온도를 사례로 들어 과학자들은 모호한 것은 싫어하지만 '대화를 통해 그 상황에 적절한 합의를 도출'하는 것으로 문제화하지 않는다고 한다. 따라서 제시문은 과학적 용어가 엄밀하고 보편적인 정의에 의해 객관성이 보장된다는 ⑤의 주장에 대한 비판적 논거이다.

04

정답 ②

제시문의 밑줄 친 부분에서 전달하고자 하는 바는 우리가 의도하는 바와 그 결과가 반드시 일치(동일)하지는 않는다는 것이다.

05

정답 ③

조선통어장정에 따르면 어업준단을 발급받고자 하는 일본인은 소정의 어업세를 먼저 내야 했으며 이 장정 체결 직후에 조선해통어조합연합회가 만들어졌다.

오답분석

① '어업에 관한 협정'에 따라 일본인의 어업 면허 신청을 대행하는 일을 한 곳은 조선해수산조합이다.
② 조일통어장정에 일본인의 어업 활동에 대한 어업준단 발급 내용이 담겨있음을 알 수 있지만 조선인의 어업 활동 금지에 대해 규정하고 있는지는 알 수 없다.
④ 조선해통어조합연합회가 조일통상장정에 근거하여 조직되었거나 이를 근거로 일본인의 한반도 연해 조업을 지원했는지는 알 수 없다.
⑤ 한반도 해역에서 조업하는 일본인은 조일통어장정에 따라 어업준단을 발급받거나 어업에 관한 협정에 따라 어업법에 따른 어업 면허를 발급받아야 했다.

06

정답 ③

제시문은 태양의 온도를 일정하게 유지해 주는 에너지원에 대한 설명이다. 태양의 온도가 일정하게 유지되는 이유는 태양 중심부의 온도가 올라가 핵융합 에너지가 늘어나면 에너지의 압력으로 수소를 밖으로 밀어내어 중심부의 밀도와 온도를 낮춰주기 때문이다. 즉, 태양 내부에서 중력과 핵융합 반응의 평형상태가 유지되기 때문에 태양은 50억 년간 빛을 낼 수 있었고, 앞으로도 50억 년 이상 더 빛날 수 있는 것이다. 따라서 빈칸에 들어갈 내용으로 '태양이 오랫동안 안정적으로 빛을 낼 수 있게 된다.'가 가장 적절하다.

07

정답 ④

제시문은 통계 수치의 의미를 정확하게 이해하고 도구와 방법을 올바르게 사용해야 하며, 특히 아웃라이어의 경우를 생각해야 한다고 주장하고 있다.

08

정답 ②

ㄱ. 의사소통은 어떤 개인 혹은 집단이 다른 개인 혹은 집단에 대해서 정보, 감정, 사상, 의견 등을 전달하고 그것을 받아들이는 과정이라 정의할 수 있다.

ㄹ. 조직구성원 개개인의 사회적 경험과 지위가 상이한 만큼, 이를 바탕으로 동일한 내용이라도 다양하게 이해하고 반응한다.

오답분석

ㄴ. 직업생활에서의 의사소통이란 공식조직 내부에서 이루어지는 의사소통을 의미한다. 물론 조직 내부에서의 공식적 대화뿐만 아니라 비공식적 의사소통도 포함되나, 이는 모두 공식조직 내부에서 이루어지는 의사소통에 포함된다.

ㄷ. 의사소통은 개인 간 정보 교환 등을 통해 조직의 효율성을 높여 조직 내 공통 목표에 대한 성과를 직접적으로 결정하는 핵심요소이다.

09

정답 ①

두 번째 문단의 예시를 보면, 공동체에 소속된 사람들은 공동 식사를 통해 유대감을 가졌지만, 그 공동체에 속하지 않은 사람과 함께 식사를 한 사람에게 가혹한 형벌을 내린 것을 통해 배타성이 있었음을 확인할 수 있다.

오답분석

ㄴ. 첫 번째 문단의 중간 부분을 확인해 보면 공동 식사가 새로운 종교를 만든 것이 아니라, 새로 만들어진 종교가 공동 식사를 통해 공동체 의식을 만든 것을 알 수 있다.

ㄷ. 첫 번째 문단의 '이러한 공동 식사 중에는 ~ 배타성이 극복된다.'라는 문장을 통해 식사 자체는 이기적이지만, 공동 식사를 통해 이를 극복하게 되었다는 것을 알 수 있다.

10

정답 ③

제시문은 오브제의 정의와 변화 과정에 대한 글이다. 마지막 문단의 빈칸 앞에서는 예술가의 선택에 의해 기성품 그 본연의 모습으로 예술작품이 되는 오브제를, 빈칸 이후에는 나아가 진정성과 상징성이 제거된 팝아트에서의 오브제 기법에 대하여 서술하고 있다. 즉, 빈칸에는 예술가의 선택에 의해 기성품 본연의 모습으로 오브제가 되는 ③의 사례가 오는 것이 가장 적절하다.

11

정답 ⑤

사람의 생각으로 비추어 볼 때 짐작할 수 없는 신비한 것을 뜻하는 단어의 옳은 표기법은 '불가사이'가 아닌 '불가사의'이다.

오답분석

① '자리매김하다'는 '사회적 인식이나 사람들의 의식 속에서 제법 자리를 차지하고 있는 것'으로 옳은 표기법이다.

② '북적이다'는 '다수의 사람들이 한 곳에 집중되어 매우 어수선한 상황을 의미하는 것'으로 옳은 표기법이다.

③ '북새통'은 '수많은 사람들이 한 곳에 모여 매우 떠들썩하게 있는 것을 의미하는 것'으로 옳은 표기법이다.

④ '낚싯대'는 '물고기를 낚을 때 쓰는 낚시 도구를 의미하는 것'으로 옳은 표기법이다.

12

정답 ①

제시문은 우리나라 여성의 고용 비율이 남성보다 낮기 때문에 여성의 고용에 대한 배려가 필요하다는 글이다. 따라서 (다) 우리나라는 남성에 비해 여성의 고용 비율이 현저히 낮음 – (가) 남녀 고용 평등의 확대를 위한 채용 목표제의 강화 필요 – (마) 역차별이라는 주장과 현실적인 한계 – (나) 대졸 이상 여성의 고용 비율이 OECD 국가 중 최하위인 대한민국의 현실 – (라) 강화된 법규가 준수될 수 있도록 정부의 계도와 감독 기능이 강화의 순으로 나열해야 한다.

13

정답 ③

ⓛ 미쁘다 : 믿음성이 있다.

ⓒ 믿음직하다 : 매우 믿을 만하다.

ⓜ 야무지다 : 사람의 성질이나 행동, 생김새 따위가 빈틈이 없이 꽤 단단하고 굳세다.

오답분석

ⓖ 예쁘다 : 생긴 모양이 아름다워 눈으로 보기에 좋다. 행동이나 동작이 보기에 사랑스럽거나 귀엽다.

ⓡ 굳세다 : 힘차고 튼튼하다. 뜻한 바를 굽히지 않고 밀고 나아가는 힘이 있다.

ⓑ 미약하다 : 미미하고 약하다.

14

정답 ④

K구 건강관리센터 운영규정은 '출산일을 기준으로 6개월 전부터 계속하여 K구에 주민등록을 두고 실제로 K구에 거주하고 있는 산모'에 한해 산모・신생아 건강관리 서비스를 이용할 수 있다. 따라서 사례의 갑은 2024년 6월 28일 아이를 출산했으므로 6개월 전인 2023년 12월 28일 이전에 K구에 주민등록이 되고 실제 거주해야 한다. 그러므로 변경 전 규정에 의하면 갑은 2024년 1월 1일에 K구에 주민등록이 되었기에 산모・신생아 건강관리 서비스를 이용할 수 없다. 만약 K구 건강관리센터 운영규정의 '출산일'을 모두 '출산 예정일 또는 출산일'로 개정한다면 갑은 출산 예정일인 2024년 7월 2일을 기준으로 6개월 전인 2024년 1월 2일 이전인 2024년 1월 1일에 K구에 주민등록을 했고 실거주했으므로 해당 서비스를 이용할 수 있다.

15

정답 ③

제시문에서 레비스트로스는 신화 자체의 사유 방식이나 특성을 특정 시대의 것으로 한정하는 오류를 범하고 있다고 언급하였다. 과거 신화 시대에 생겨난 신화적 사유는 신화가 재현되고 재생되는 한 여전히 시간과 공간을 뛰어 넘어 현재화되고 있다.

16

정답 ①

먼저 첫 번째 조건을 살펴보면 두 개의 국가의 제조업 생산액 비중을 더한 것이 다른 국가의 제조업 생산액 비중이 되는 것은 A와 (D, E)의 관계뿐이므로 A가 헝가리, D, E가 각각 루마니아 또는 세르비아임을 알 수 있다.

다음으로 두 번째 조건을 살펴보면, 세르비아(D 혹은 E)와 B, C 중 하나를 더해 남은 하나의 값이 되는 것은 B와 (C, E)의 관계뿐이므로 E는 세르비아, C는 불가리아, B는 체코가 된다.

17

정답 ③

4%의 소금물의 양은 xg이며 10%의 소금물의 양은 $(600-x)$g이다. 이때, 소금물의 이동을 식으로 나타내면 다음과 같다.

$$\frac{4}{100}x+\frac{10}{100}(600-x)=\frac{8}{100}\times600$$

$\rightarrow 4x+10(600-x)=4,800$

$\rightarrow 6x=1,200$

$\therefore x=200$

따라서 처음 컵에 들어있던 4% 소금물의 양은 200g이다.

18

정답 ③

부산(1.9%) 및 인천(2.5%) 지역에서는 증가율이 상대적으로 낮게 나와 있으나, 서울(1.1%) 또한 마찬가지이다.

오답분석

㉠・㉡ 자료를 통해 확인할 수 있다.

㉣ 2024년 에너지 소비량은 경기(9,034천 TOE), 충남(4,067천 TOE), 서울(3,903천 TOE)의 순서이다.

㉤ 전국 에너지 소비량은 2014년이 28,588천 TOE, 2024년이 41,594천 TOE로 13,006천 TOE의 증가를 보이고 있다.

19

정답 ④

형의 나이 중 십의 자리 숫자를 A, 일의 자리 숫자를 B, 동생의 나이 중 십의 자리 숫자를 C, 일의 자리 숫자를 D라고 하자.

$A+C=5 \cdots$ ㉠

$B+D=11 \cdots$ ㉡

$A \cdot C$는 $1\sim9$인 자연수이고, $B \cdot D$는 $0\sim9$의 정수이다.

$(A,\ C)=(4,\ 1),\ (3,\ 2)\ (\because A>C)$

$(B,\ D)=(5,\ 6)\ (4,\ 7)\ (3,\ 8),\ (2,\ 9)\ (\therefore\ B<D)$

형과 동생의 나이 차가 최소이려면 십의 자리가 (3, 2)어야 한다. 이를 바탕으로 $(B,\ D)$를 적용하여 형과 동생의 나이와 차를 나타내면 다음과 같다.

(단위 : 세)

형	동생	나이 차
35	26	9
34	27	7
33	28	5
32	29	3

따라서 형과 동생의 나이 차이가 최소일 때는 3살 차이이고, 이때 동생의 나이는 29세이다.

20

정답 ②

첫 번째 조건에서 2024년 11월 요가 회원은 $a=50\times1.2=60$이므로 60명이고, 세 번째 조건에서 2025년 1월 필라테스 예상 회원 수는 2024년 4분기 월 평균 회원 수가 되어야 하므로 2025년 1월 필라테스 예상 회원 수는 $d=\frac{106+110+126}{3}=\frac{342}{3}=114$이므로 114명이다.

두 번째 조건에 따라 2024년 12월 G.X 회원 수 c를 구하면 $(90+98+c)+37=106+110+126 \rightarrow c=342-225=117$이므로 117명이 된다.

b를 구하기 위해 $2a+b=c+d$에 $a,\ c,\ d$에 해당하는 수를 대입하면 $b+2\times60=117+114 \rightarrow b=231-120 \rightarrow b=111$이다. 따라서 2024년 12월에 요가 회원 수는 111명이다.

21

정답 ④

제시된 문제는 단순한 덧셈과 뺄셈이다. 이전 문제에서는 먼저 선택지에 제시된 숫자의 일의 자리를 확인하여 다를 경우 계산 시 일의 자리만 비교하여 알맞은 선택지를 추려 답을 고르면 시간을 단축할 수 있다.

수송인원은 승차인원과 유입인원의 합이므로 빈칸을 모두 구하면 다음과 같다.

- (A) : 208,645=117,450+A → A=91,195
- (B) : B=189,243+89,721 → B=278,964
- (C) : 338,115=C+89,209 → C=248,906

따라서 옳은 것은 ④이다.

22

정답 ②

(일교차)=(최고기온)−(최저기온)이고, $a-(-b)=a+b$에 따라 요일별 일교차를 구하면 다음과 같다.

- 월요일 : 10.7−(−1.8)=12.5℃
- 화요일 : 12.3−(−1.3)=13.6℃
- 수요일 : 11.4−2.0=9.4℃
- 목요일 : 6.6−(−1.1)=7.7℃
- 금요일 : 10.4−(−3.1)=13.5℃
- 토요일 : 12.7−0.1=12.6℃
- 일요일 : 10.1−(−1.5)=11.6℃

따라서 일교차가 가장 큰 요일은 화요일이다.

23

정답 ④

첫 번째 조건에 따라 E의 재정 자립도는 58.5와 65.7 사이에 위치해야 하므로 ⑤를 소거한다.

두 번째 조건에 따라 주택노후화율이 가장 높은 지역이 I이므로 I의 시가화 면적 비율이 가장 낮아야 한다. 그러기 위해서는 (나)에 20.7보다 적은 수치가 들어가야 하므로 ①을 소거한다.

세 번째 조건에 따라 10만 명당 문화시설 수가 가장 적은 지역이 B이다. 따라서 (다)에는 114.0과 119.2 사이의 숫자가 들어가야 하므로 ②를 소거한다.

네 번째 조건에 따라 H의 주택보급률은 도로포장률보다 높아야 한다. 따라서 (라)에는 92.5보다 큰 수치가 들어가야 하므로 ③을 소거한다.

24

정답 ⑤

돼지고기는 2.5인분인 90×2.5=225g이 필요하다. 현재 냉장고에는 필요한 양의 절반인 112.5g 이하의 돼지고기 100g이 있으므로 225−100=125g을 구매해야 한다.

오답분석

① 면은 2.5인분인 200×2.5=500g이 필요하다. 현재 냉장고에는 필요한 양의 절반인 250g 이하의 면 200g이 있으므로 300g을 구매해야 한다.

② 양파는 2.5인분인 60×2.5=150g이 필요하다. 현재 냉장고에는 양파 100g이 있으므로 50g을 구매해야 한다. 그러나 필요한 양의 절반인 75g 이상이 냉장고에 있으므로 양파는 구매하지 않는다.

③ 아들이 성인 1인분의 새우를 먹으므로 새우는 3인분인 40×3=120g이 필요하다. 현재 냉장고에는 새우가 없으므로 새우 120g을 구매해야 한다.

④ 매운 음식을 잘 먹지 못하는 아내로 인해 건고추는 절반만 넣으므로 4×2.5=10g이 필요하다. 현재 냉장고에는 건고추가 없으므로 건고추 10g을 구매해야 한다.

25

정답 ③

2018 ~ 2023년의 KTX 부정승차 평균 적발 건수가 70,000건이라고 하였으므로 2018년 부정승차 적발 건수를 a건이라고 하면

$$\frac{a+65,000+70,000+82,000+62,000+67,000}{6}=70,000$$

→ a+346,000=420,000 → a=74,000

그러므로 2018년 부정승차 적발 건수는 74,000건이다.

또한, 2019 ~ 2024년의 부정승차 평균 적발 건수가 65,000건이라고 하였으므로 2024년 부정승차 적발 건수를 b건이라고 하면

$$\frac{65,000+70,000+82,000+62,000+67,000+b}{6}=65,000$$

→ 346,000+b=390,000

→ b=390,000−346,000 → b=44,000

그러므로 2024년 부정승차 적발 건수는 44,000건이다.

따라서 2024년도 부정승차 적발 건수와 2018년도 적발 건수의 차이는 74,000−44,000=30,000건이다.

26

정답 ④

ㄱ. 2024년 상업용 무인기의 국내 시장 판매량 대비 수입량의 비율은 $\frac{5}{202}\times100 \fallingdotseq 2.5$%이다.

ㄴ. 2021 ~ 2024년 상업용 무인기 국내 시장 판매량의 전년 대비 증가율은 다음과 같다.

- 2021년 : $\frac{72-53}{53}\times100 \fallingdotseq 35.8$%
- 2022년 : $\frac{116-72}{72}\times100 \fallingdotseq 61.1$%
- 2023년 : $\frac{154-116}{116}\times100 \fallingdotseq 32.8$%
- 2024년 : $\frac{202-154}{154}\times100 \fallingdotseq 31.2$%

따라서 2022년의 증가율이 가장 높다.

ㄹ. 2022년 상업용 무인기 수출량의 전년 대비 증가율은 $\frac{18-2.5}{2.5}\times100=620$%이고, 2022년 K사의 상업용 무인기 매출액의 전년 대비 증가율은 $\frac{304.4-43}{43}\times100 \fallingdotseq 607.9$%이다. 따라서 그 차이는 620−607.9=12.1%p이므로 30% 이하이다.

오답분석

ㄷ. 2021 ~ 2024년 상업용 무인기 수입량의 전년 대비 증가율이 가장 작은 해는 2024년 $\frac{5-4.2}{4.2}\times100≒19\%$이며, 상업용 무인기 수출량의 전년 대비 증가율은 2022년이 620%로 가장 크다.

27

정답 ④

전년 대비 하락한 항목은 2022년 종합청렴도, 2022년 외부청렴도, 2022년 정책고객평가, 2023년 내부청렴도, 2024년 내부청렴도, 2024년 정책고객평가이다. 항목별 하락률을 구하면 다음과 같다.

- 2022년
  - 종합청렴도 : $\frac{8.21-8.24}{8.24}\times100≒-0.4\%$
  - 외부청렴도 : $\frac{8.35-8.56}{8.56}\times100≒-2.5\%$
  - 정책고객평가 : $\frac{6.90-7.00}{7.00}\times100≒-1.4\%$
- 2023년
  - 내부청렴도 : $\frac{8.46-8.67}{8.67}\times100≒-2.4\%$
- 2024년
  - 내부청렴도 : $\frac{8.12-8.46}{8.46}\times100≒-4.0\%$
  - 정책고객평가 : $\frac{7.78-7.92}{7.92}\times100≒-1.8\%$

따라서 전년 대비 가장 크게 하락한 항목은 2024년 내부청렴도이다.

오답분석

① • 최근 4년간 내부청렴도 평균 : $\frac{8.29+8.67+8.46+8.12}{4}≒8.4$

• 최근 4년간 외부청렴도 평균 : $\frac{8.56+8.35+8.46+8.64}{4}≒8.5$

따라서 최근 4년간 내부청렴도의 평균이 외부청렴도의 평균보다 낮다.

② 2022 ~ 2024년 외부청렴도와 종합청렴도의 증감추이는 '감소 – 증가 – 증가'로 같다.

③·⑤ 그래프를 통해 알 수 있다.

28

정답 ①

구형기계와 신형기계가 1시간 동안 만들 수 있는 부품의 수를 각각 x개, y개라고 하면 다음 식이 성립한다.

$3x+5y=4,200$ ⋯ ㉠

$5x+3y=3,000$ ⋯ ㉡

㉠과 ㉡을 연립하여 식을 정리하면 $x=150$, $y=750$이다.

따라서 $x+y=900$개이다.

29

정답 ④

제시된 수열은 앞의 항에 $+2^0\times10$, $+2^1\times10$, $+2^2\times10$, $+2^3\times10$, $+2^4\times10$, $+2^5\times10$, ⋯인 수열이다.

따라서 ($)=632+2^6\times10=632+640=1,272$이다.

30

정답 ①

해당 기간 동안의 특허 출원 건수 합은 식물기원이 58건, 동물기원이 42건, 미생물효소가 40건이므로 미생물효소가 가장 작다.

오답분석

ㄴ. 연도별로 분모가 되는 전체 특허 출원 건수가 동일하므로 유형별 특허 출원 건수의 대소만 비교해 보면 된다. 이에 따르면 2022년은 동물기원이 가장 높다.

ㄷ. 식물기원과 미생물효소가 전년 대비 2배 이상 증가하였으므로 이 둘만 비교해 보면 된다. 그런데 두 유형 모두 2024년의 출원 건수가 2023년의 2배보다 1만큼 더 많은 상황이다. 따라서 2023년의 출원 건수가 더 작은 미생물효소의 증가율이 더 높을 것임을 알 수 있다.

31

정답 ③

조건을 논리기호로 정리하여 보면 다음과 같다.

- 첫 번째 조건 : 삼선짬뽕
- 마지막 조건의 대우 : 삼선짬뽕 → 팔보채
- 다섯 번째 조건의 대우 : 팔보채 → 양장피

세 번째, 네 번째 조건의 경우 자장면에 대한 단서가 없으므로 전건 및 후건의 참과 거짓을 판단할 수 없다. 그러므로 탕수육과 만두도 주문 여부를 알 수 없다. 따라서 반드시 주문할 메뉴는 삼선짬뽕, 팔보채, 양장피이다.

32

정답 ①

세 사람의 판단 및 진술은 눈에 보이는 것은 물론 다른 사람의 대답을 모두 기반으로 한다는 것을 고려하면 다음과 같다.

i) C는 A와 B의 모자 색깔을 볼 수 있다. 만약 A와 B의 모자가 분홍색 – 노란색 또는 노란색 – 분홍색이었다면 C는 자신의 모자가 하늘색이라는 것을 알 수 있다. 그러나 그렇지 않기 때문에 C는 자신의 모자 색깔을 알 수 없다고 답한 것이다. 따라서 A와 B의 모자 중에 하늘색 모자가 적어도 1개 이상 있다.

ii) B는 A의 모자 색깔을 볼 수 있고, 머릿속에서 i)의 사고과정을 거친다. 따라서 만약 A의 모자가 노란색이나 분홍색이라면 자신의 모자 색깔이 하늘색이라는 것을 알 수 있다. 그러나 A의 모자가 노란색이나 분홍색이 아니기 때문에 자신의 모자 색깔을 모른다고 대답했음을 추론해 볼 수 있다.

iii) A는 눈앞에 바로 벽이 있으므로, C와 B의 말만 듣고 자신의 모자 색깔을 추측할 수밖에 없다. ii)의 사고과정을 거치며 자신의 모자가 노란색이나 분홍색이 아니라는 것을 알 수 있고, 따라서 자신의 모자 색깔이 하늘색임을 알 수 있다.

33

정답 ③

B안의 가중치는 전문성인데 자원봉사제도는 (−)이므로 적절하지 않은 판단이다.

오답분석

① 전문성 면에서는 유급법률구조제도가 (+), 자원봉사제도가 (−)로 적절한 설명이다.
② A안에 가중치를 적용할 경우 접근용이성과 전문성에 가중치를 적용하므로 두 정책목표 모두에서 (+)를 보이는 유급법률구조제도가 가장 적절하다.
④ B안에 가중치를 적용할 경우 전문성에 가중치를 적용하므로 (+)를 보이는 유급법률구조제도가 가장 적절하며, A안에 가중치를 적용할 경우 ②에 의해 유급법률구조제도가 가장 적절하다. 따라서 어떤 것을 적용하더라도 결과는 같다.
⑤ 비용저렴성을 달성하려면 (+)를 보이는 자원봉사제도가 가장 유리하다.

34

정답 ③

다음의 논리 순서를 따라 주어진 조건을 정리하면 다음과 같다.

- 첫 번째 조건 : B부장의 자리는 출입문과 가장 먼 10번 자리에 배치된다.
- 두 번째 조건 : C대리와 D과장은 마주봐야 하므로 2·7번 또는 4·9번 자리에 앉을 수 있다.
- 세 번째 조건 : E차장은 B부장과 마주보거나 옆자리이므로 5번 또는 9번에 배치될 수 있다.
- 네 번째 조건 : C대리는 A사원 옆자리에 앉아야 하지만 9번 자리에 앉으면 E차장은 5번 자리에 배치된다.
- 다섯 번째 조건 : E차장 옆자리는 공석이므로 4번 자리는 아무도 앉을 수가 없어 두 번째 조건을 만족하지 못한다. 따라서 C대리는 7번 자리에 앉고, D과장은 2번 자리에 앉아야 하며, E차장은 옆자리에 공석이어야 하므로 5번 자리에 앉을 수밖에 없다.
- 일곱 번째 조건 : D과장과 G과장은 마주보거나 나란히 앉을 수 없으므로 G과장은 3번 자리에 앉을 수 없고, 6번과 9번에 앉을 수 있다.
- 여섯 번째 조건 : F대리는 마주보는 자리에 아무도 앉지 않아야 하므로 9번 자리에 배치되어야 하고 G과장은 6번 자리에 앉아야 한다.

따라서 주어진 조건에 맞게 자리 배치를 정리하면 다음과 같다.

출입문				
1 – 신입사원	2 – D과장	×	×	5 – E차장
6 – G과장	7 – C대리	8 – A사원	9 – F대리	10 – B부장

35

정답 ④

기회는 외부환경요인 분석에 속하므로 회사 내부를 제외한 외부의 긍정적인 면으로 작용하는 것을 말한다. 따라서 ④는 외부의 부정적인 면으로 위협요인에 해당되며, ①·②·③·⑤는 외부환경의 긍정적인 요인으로 볼 수 있어 기회요인에 속한다.

36

정답 ③

ㄱ. 5원까지는 펼친 손가락의 개수와 실제 가격이 동일하지만 6원부터는 펼친 손가락의 개수와 실제 가격이 일치하지 않는다.
ㄴ. 펼친 손가락의 개수가 3개라면 숫자는 3 혹은 7이므로 물건의 가격은 최대 7원임을 알 수 있다.
ㄷ. 물건의 가격이 최대 10원이라고 하였으므로, 물건의 가격과 값이 지불하려는 금액이 8원만큼 차이가 나는 경우는 상인이 손가락 2개를 펼쳤을 때 지불해야 하는 금액이 10원인 경우와 손가락 1개를 펼쳤을 때 지불해야 하는 금액이 9원인 경우뿐이다.

오답분석

ㄹ. 5원까지는 실제 가격과 지불하려는 금액이 일치하므로 문제가 되지 않으며, 그 이후인 6원부터는 펼친 손가락의 개수가 6개 이상인 경우는 없으므로 물건의 가격을 초과하는 금액을 지불하는 경우는 발생하지 않는다.

37

정답 ③

- 월요일에 진료를 하는 경우 첫 번째 명제에 따라 수요일에 진료를 하지 않는다. 그러면 네 번째 명제에 따라 금요일에 진료를 한다. 또한 세 번째 명제의 대우에 따라 화요일에 진료를 하지 않는다. 따라서 월요일, 금요일에 진료를 한다.
- 월요일에 진료를 하지 않는 경우 두 번째 명제에 따라 화요일에 진료를 한다. 그러면 세 번째 명제에 따라 금요일에 진료를 하지 않는다. 또한 네 번째 명제의 대우에 따라 수요일에 진료를 한다. 따라서 화요일, 수요일에 진료를 한다.

38

정답 ③

경아의 두 번째 발언과 다른 사람들의 첫 번째 발언은 모순이 되므로 경아의 두 번째 발언을 참과 거짓의 경우로 나누면 다음과 같다.

- 경아의 두 번째 발언이 참인 경우
  각각 참만을 말하거나 거짓만을 말하므로 경아를 제외한 나머지는 모두 거짓을 말한다. 이 경우에 범인이 여러 명이 되어 모순이 생긴다.
- 경아의 두 번째 발언이 거짓인 경우
  경아는 거짓을 말하고 나머지는 모두 참을 말한다. 따라서 바다, 다은, 경아는 범인이 아니고 은경이 범인이다.

따라서 ㄱ·ㄷ. 경아만 거짓을 말하고 나머지는 모두 참을 말한 경우 은경이 범인이므로 반드시 참이다.

오답분석

ㄴ. 경아가 거짓을 말하는 경우 다은과 은경 모두 참을 말하는 것이 된다.

39

정답 ④

조건의 주요 명제들을 순서대로 논리 기호화하여 표현하면 다음과 같다.

- 두 번째 명제 : 머그컵 → ~노트
- 세 번째 명제 : 노트
- 네 번째 명제 : 태블릿PC → 머그컵
- 다섯 번째 명제 : ~태블릿PC → (가습기∧~컵받침)

세 번째 명제에 따라 노트는 반드시 선정되며, 두 번째 명제의 대우(노트 → ~머그컵)에 따라 머그컵은 선정되지 않는다. 그리고 네 번째 명제의 대우(~머그컵 → ~태블릿PC)에 따라 태블릿PC도 선정되지 않으며, 다섯 번째 명제에 따라 가습기는 선정되고 컵받침은 선정되지 않는다. 총 3개의 경품을 선정한다고 하였으므로, 노트, 가습기와 함께 펜이 경품으로 선정된다.

40

정답 ③

탐색형 문제는 현재의 상황을 개선하거나 효율을 높이기 위한 문제로, 눈에 보이지 않지만 방치하면 뒤에 큰 손실이 따르거나 결국 해결할 수 없는 문제로 나타날 수 있다. ③의 현재 상황은 문제가 되지 않지만, 생산성 향상을 통해 현재 상황을 개선하면 대외경쟁력과 성장률을 강화할 수 있으므로 탐색형 문제에 해당한다.

오답분석

①·④ 현재 직면하고 있으면서 바로 해결해야 하는 발생형 문제이다.

②·⑤ 앞으로 발생할 수 있는 설정형 문제이다.

41

정답 ①

3만 원 초과 10만 원 이하 소액통원의료비를 청구할 시 진단서 없이 보험금 청구서와 병원영수증, 질병분류기호(질병명)가 기재된 처방전만으로 접수가 가능하다.

42

정답 ④

- 첫 번째 조건에 의해 A가 받는 상여금은 75만 원이다.
- 두 번째·네 번째 조건에 의해 B<C, B<D<E이므로 B가 받는 상여금은 25만 원이다.
- 세 번째 조건에 의해 C가 받는 상여금은 50만 원 또는 100만 원이다.

이를 정리하여 가능한 경우를 표로 나타내면 다음과 같다.

A	B	C	D	E
75만 원	25만 원	50만 원	100만 원	125만 원
75만 원	25만 원	100만 원	50만 원	125만 원

따라서 C의 상여금이 A보다 많다면, B의 상여금은 C의 25%일 것이다.

43

정답 ②

주어진 대화를 통해 알 수 있는 사실을 정리하면 다음과 같다.

i) 을의 방문 이후에 갑이 방문했다.

ii)

구분	월	화	수
점심	을 × 병 ×	을 ×	을 ×
저녁	병 ×	병 ×	병 ×

을 – 갑(점심) – 병의 순서로 방문하였으며 을이 월요일 저녁, 갑이 화요일 점심, 병이 수요일 점심에 방문하였다.

오답분석

① 갑 – 을 – 병의 순서로 방문했으나, 갑이 월요일 점심, 저녁, 화요일 점심에 방문하는 3가지의 경우가 가능하여 방문 시점을 확정할 수 없다.

③ (을, 병) – 갑의 순서로 방문했으나, 을과 병의 순서를 확정할 수 없다.

④ 병이 맨 처음에 방문했는지, 중간에 방문했는지를 확정할 수 없다.

⑤ 을 – 갑 – 병의 순서로 방문했으나, 갑이 화요일 점심에 방문했는지 저녁에 방문했는지를 확정할 수 없다.

44

정답 ②

주어진 자료를 토대로 달력을 보며 민원처리 시점을 구하면 다음과 같다.

일	월	화	수	목	금	토
					4/29	30
5/1	2	3	4	5	6	7
8	9	10	11	12	13	14
15	16	17	18	19	20	21
22	23	24	25	26	27	28
29	30	31				

- A씨는 4/29(금)에 '부동산중개사무소 등록'을 접수하였고 민원처리기간은 7일이다. 민원사무처리기간이 6일 이상일 경우, 초일을 산입하고 '일' 단위로 계산하되, 토요일은 포함하고 공휴일은 포함하지 않는다. 따라서 민원사무처리가 완료되는 시점은 5/9(월)이다.
- B씨는 4/29(금)에 '토지거래계약허가'를 접수하였고 민원처리기간은 15일이다. 민원사무처리기간이 6일 이상일 경우, 초일을 산입하고 '일' 단위로 계산하되, 토요일은 포함하고 공휴일은 포함하지 않는다. 따라서 민원사무처리가 완료되는 시점은 5/19(목)이다.
- C씨는 4/29(금)에 '등록사항 정정'을 접수하였고 민원처리기간은 3일이다. 민원사무처리기간이 5일 이하일 경우, '시간' 단위로 계산하되, 토요일과 공휴일은 포함하지 않는다. 따라서 민원사무처리가 완료되는 시점은 5/4(수) 14시이다.

45

정답 ③

건강생활실천지원금제 신청자 목록에 따라 신청자별로 확인하면 다음과 같다.

- A : 주민등록상 주소지는 시범지역에 속하지 않는다.
- B : 주민등록상 주소지는 관리형에 속하지만, 고혈압 또는 당뇨병 진단을 받지 않았다.
- C : 주민등록상 주소지는 예방형에 속하고, 체질량지수와 혈압이 건강관리가 필요한 사람이므로 예방형이다.
- D : 주민등록상 주소지는 관리형에 속하고, 고혈압 진단을 받았으므로 관리형이다.
- E : 주민등록상 주소지는 예방형에 속하고, 체질량지수와 공복혈당 건강관리가 필요한 사람이므로 예방형이다.
- F : 주민등록상 주소지는 시범지역에 속하지 않는다.
- G : 주민등록상 주소지는 관리형에 속하고, 당뇨병 진단을 받았으므로 관리형이다.
- H : 주민등록상 주소지는 시범지역에 속하지 않는다.
- I : 주민등록상 주소지는 예방형에 속하지만, 필수조건인 체질량지수가 정상이므로 건강관리가 필요한 사람에 해당하지 않는다.

따라서 예방형 신청이 가능한 사람은 C, E이고, 관리형 신청이 가능한 사람은 D, G이다.

46

정답 ①

과목별 의무 교육이수 시간은 다음과 같다.

구분	글로벌 경영	해외사무영어	국제회계
의무 교육시간	$\frac{15점}{1점/h}$=15시간	$\frac{60점}{1점/h}$=60시간	$\frac{20점}{2점/h}$=10시간

이제까지 B과장이 이수한 시간을 계산해 보면, 글로벌 경영과 국제회계의 초과 이수 시간은 2+14=16시간이며, 해외사무영어의 부족한 시간은 10시간이다. 초과 이수 시간을 점수로 환산하면 3.2점이고, 이 점수를 부족한 해외사무영어 점수 10점에서 제외하면 6.8점이 부족하다. 따라서 미달인 과목은 해외사무영어이며, 부족한 점수는 6.8점임을 알 수 있다.

47

정답 ③

자동차 부품 생산조건에 따라 반자동 라인과 자동 라인의 시간당 부품 생산량을 구해보면 다음과 같다.

- 반자동 라인 : 4시간에 300개의 부품을 생산하므로 8시간에 300×2=600개의 부품을 생산한다. 하지만 8시간마다 2시간씩 생산을 중단하므로, 8+2=10시간에 600개의 부품을 생산하는 것과 같다. 따라서 시간당 부품 생산량은 $\frac{600}{10}$=60개/h이다. 이때 반자동 라인에서 생산된 부품의 20%는 불량이므로, 시간당 정상 부품 생산량은 60×(1−0.2)=48개/h이다.
- 자동 라인 : 3시간에 400개의 부품을 생산하므로 9시간에 400×3=1,200개의 부품을 생산한다. 하지만 9시간마다 3시간씩 생산을 중단하므로, 9+3=12시간에 1,200개의 부품을 생산하는 것과 같다. 따라서 시간당 부품 생산량은 $\frac{1,200}{12}$=100개/h이다. 이때 자동 라인에서 생산된 부품의 10%는 불량이므로, 시간당 정상 제품 생산량은 100×(1−0.1)=90개/h이다.

따라서 반자동 라인과 자동 라인에서 시간당 생산하는 정상 제품의 생산량은 48+90=138개/h이므로, 34,500개를 생산하는 데 걸리는 시간은 $\frac{34,500}{138}$=250시간이다.

48

정답 ③

고객 A는 제품을 구입한 지 1년이 지났으므로 수리비 2만 원을 부담해야 하며, A/S 서비스가 출장 서비스로 진행되어 출장비를 지불해야 하는데, 토요일 오후 3시는 A/S 센터 운영시간이 아니므로 3만 원의 출장비를 지불해야 한다. 또한 부품을 교체하였으므로 고객 A는 부품비 5만 원까지 합하여 총 10만 원의 A/S 서비스 비용을 지불해야 한다.

49

정답 ③

A팀장은 개최기간(4월 11일 ~ 14일) 총 4일 동안 차량을 렌트하여야 하며, 업체별로 A팀장이 지불할 렌트비용을 계산하면 다음과 같다.

렌탈업체	총 렌트비용	할인내역
부릉이 렌탈	(35,000×2×0.9)+(35,000×2)=133,000원	4월 11 ~ 12일 10% 할인
편한여행	39,000×4×0.9=140,400원	10% 할인쿠폰 1개 적용
렌트여기	멤버십 가입 O : 15,000+(36,000×4×0.8)=130,200원	멤버십 가입 시 1일당 20% 할인 (멤버십 가입비 15,000원 지출)
	멤버십 가입 × : 36,000×4=144,000원	−
싸다렌탈	(40,500×4)−10,000=152,000원	10,000원 할인

따라서 가장 저렴한 경우는 '렌트여기'에서 '멤버십 가입 O'이고, 총 130,200원의 비용이 든다.

50

정답 ④

처음으로 오수 1탱크를 정화하는 데 걸린 시간은 4+6+5+4+6=25시간이다.

그 후에는 A ~ E공정 중 가장 긴 공정 시간이 6시간이므로 남은 탱크는 6시간마다 1탱크씩 처리할 수 있다.

따라서 30탱크를 처리하는 데 걸린 시간은 25+6×(30−1)=199시간이다.

51

정답 ②

3L의 C형 폐수에는 P균이 3×400mL=1,200mL, Q균이 3×200mL=600mL 포함되어 있다.

주어진 정보에 따를 때, 실험을 거치면서 폐수 3L에 남아있는 P균과 Q균의 변화는 다음과 같다.

구분	P균	Q균
공정 1	1,200×0.6=720mL	600×1.3=780mL
공정 2	$720\times\frac{2}{5}$=288mL	$780\times\frac{1}{3}$=260mL
공정 3	288×0.8=230.4mL	260×0.5=130mL
공정 2	$230.4\times\frac{2}{5}$=92.2mL	$130\times\frac{1}{3}$=43.3mL

따라서 실험 내용상의 공정 4단계를 모두 마쳤을 때, 3L의 폐수에 남아있는 P균은 92.2mL, Q균은 43.3mL이다.

52

정답 ①

업체들의 항목별 가중치 미반영 점수를 도출한 후, 가중치를 적용하여 선정점수를 도출하면 아래 표와 같다.

(단위 : 점)

구분	납품 품질 점수	가격 경쟁력 점수	직원 규모 점수	가중치를 반영한 선정점수
A	90	90	90	(90×0.4)+(90×0.3)+(90×0.3)=90
B	80	100	90	(80×0.4)+(100×0.3)+(90×0.3)=89
C	70	100	80	(70×0.4)+(100×0.3)+(80×0.3)=82
D	100	70	80	(100×0.4)+(70×0.3)+(80×0.3)=85
E	90	80	100	(90×0.4)+(80×0.3)+(100×0.3)=90

따라서 선정점수가 가장 높은 업체는 90점을 받은 A업체와 E업체이며, 이 중 가격경쟁력 점수가 더 높은 A업체가 선정된다.

53

정답 ②

D사원의 출장 기간은 4박 5일로, 숙박요일은 수 ~ 토요일이다. 일요일은 체크아웃하는 날이므로 숙박비가 들지 않는다. 숙박비를 계산하면 120+120+150+150=USD 540이 되고, 총숙박비의 20%를 예치금으로 지불해야 하므로 예치금은 540×0.2=USD 108이다.

54

정답 ⑤

D사원의 출장 출발일은 호텔 체크인 당일이다. 체크인 당일 취소 시 환불이 불가능하므로 D사원은 환불받을 수 없다.

55

정답 ②

조건에 따라 스캐너 기능별 가용한 스캐너를 찾으면 다음과 같다.

- 양면 스캔 가능 여부 – Q · T · G스캐너
- 50매 이상 연속 스캔 가능 여부 – Q · G스캐너
- 예산 420만 원까지 가능 – Q · T · G스캐너
- 카드 크기부터 계약서 크기까지 스캔 지원 – G스캐너
- A/S 1년 이상 보장 – Q · T · G스캐너
- 기울기 자동 보정 여부 – Q · T · G스캐너

따라서 모두 부합하는 G스캐너가 가장 우선시되고, 그 다음은 Q스캐너, 그리고 T스캐너로 순위가 결정된다.

56

정답 ⑤

A ~ D기관의 내진성능평가 지수와 내진보강공사 지수를 구한 뒤 내진성능평가 점수와 내진보강공사 점수를 부여하면 다음과 같다.

구분	A기관	B기관	C기관	D기관
내진성능 평가 지수	$\frac{82}{100}\times100$ =82	$\frac{72}{80}\times100$ =90	$\frac{72}{90}\times100$ =80	$\frac{83}{100}\times100$ =83
내진성능 평가 점수	3점	5점	1점	3점
내진보강 공사 지수	$\frac{91}{100}\times100$ =91	$\frac{76}{80}\times100$ =95	$\frac{81}{90}\times100$ =90	$\frac{96}{100}\times100$ =96
내진보강 공사 점수	3점	3점	1점	5점
합산 점수	3+3=6점	5+3=8점	1+1=2점	3+5=8점

B, D기관의 합산 점수는 8점으로 동점이다. 최종순위 결정조건에 따르면 합산 점수가 동점인 경우에는 내진보강대상 건수가 가장 많은 기관이 높은 순위가 된다. 따라서 최상위기관은 D기관이고 최하위기관은 C기관이다.

57

정답 ⑤

- 직접비용 : ㉠, ㉡, ㉤, ㉥
- 간접비용 : ㉢, ㉣

직접비용은 제품 또는 서비스를 창출하기 위해 직접 소비된 것으로 여겨지는 비용을 말하며, 재료비, 원료와 장비 구입비, 인건비, 출장비 등이 직접비용에 해당한다.
간접비용은 생산에 직접 관련되지 않은 비용을 말하며, 광고비, 보험료, 통신비 등이 간접비용에 해당한다.

58

정답 ⑤

- 헝가리 : 서머타임을 적용해 서울보다 6시간 느리다.
- 호주 : 서머타임을 적용해 서울보다 2시간 빠르다.
- 베이징 : 서울보다 1시간 느리다.

따라서 회의가 가능한 시간은 오후 3시 ~ 4시이다.

오답분석

① 헝가리가 오전 4시로 업무 시작 전이므로 회의가 불가능하다.
② 헝가리가 오전 5시로 업무 시작 전이므로 회의가 불가능하다.
③ 헝가리가 오전 7시로 업무 시작 전이므로 회의가 불가능하다.
④ 헝가리가 오전 8시로 업무 시작 전이므로 회의가 불가능하다.

59

정답 ④

배당금은 주당배당금의 100배이기 때문에 각각의 주당배당금만 계산하면 된다. 계산 방식은 크게 2가지로 나뉜다.

- 주당배당금 공식[(배당금 총액)÷(발행주식 수)]으로 구할 수 있는 사람은 정현, 수희, 진경이다.

구분	배당금 총액	발행주식 수	주당배당금
정현	20억×0.2 =4억 원	10만 주	4억÷10만 =4,000원
수희	40억×0.2 =8억 원	10만 주	8억÷10만 =8,000원
진경	20억×0.2 =4억 원	20만 주	4억÷20만 =2,000원

- 배당수익률 공식을 응용하면 $(\text{주당배당금})=\frac{(\text{배당수익률})}{100}\times$ (주가)이다. 현수와 희진의 경우에 이 공식을 이용한다.

구분	(배당수익률)/100	주가	주당배당금
현수	$\frac{10}{100}=0.1$	30,000원	30,000×0.1 =3,000원
희진	$\frac{20}{100}=0.2$	60,000원	60,000×0.2 =12,000원

따라서 배당금이 많은 사람은 순서대로 '희진(12,000원)>수희(8,000원)>정현(4,000원)>현수(3,000원)>진경(2,000원)'이다.

60

정답 ④

2번 이상 같은 지역을 신청할 수 없으므로, D는 1년 차와 2년 차 서울 지역에서 근무하여 3년 차에는 지방으로 가야 한다. 따라서 신청지로 배정받지 못할 것이다.

오답분석

규정과 신청 내용에 따라 정리하면 다음과 같다.

직원	1년 차 근무지	2년 차 근무지	3년 차 근무지	이동 지역	전년도 평가
A	대구	-	-	종로	-
B	여의도	광주	-	영등포	92
C	종로	대구	여의도	제주 / 광주	88
D	영등포	종로	-	광주 / 제주 / 대구	91
E	광주	영등포	제주	여의도	89

- A는 1년 차 근무를 마친 직원이므로 우선 반영되어 자신이 신청한 종로로 이동하게 된다.
- B는 E와 함께 영등포를 신청하였으나, B의 전년도 평가점수가 더 높아 B가 영등포로 이동한다.
- 3년 차에 지방 지역인 제주에서 근무한 E는 A가 이동할 종로와 B가 이동할 영등포를 제외한 수도권 지역인 여의도로 이동하게 된다.
- D는 자신이 2년 연속 근무한 적 있는 수도권 지역으로 이동이 불가능하므로, 지방 지역인 광주, 제주, 대구 중 한 곳으로 이동하게 된다.
- 이때, C는 자신이 근무하였던 대구로 이동하지 못하므로, D가 광주로 이동한다면 C는 제주로, D가 대구로 이동한다면 C는 광주 혹은 제주로 이동한다.
- 1년 차 신입은 전년도 평가 점수를 100으로 보므로 신청한 근무지에서 근무할 수 있다. 따라서 1년 차에 대구에서 근무한 A는 입사 시 대구를 1년 차 근무지로 신청하였을 것임을 알 수 있다.

NCS 핵심영역 최종모의고사

제4회 모의고사 정답 및 해설

01	02	03	04	05	06	07	08	09	10
①	⑤	①	②	③	①	①	②	⑤	③
11	12	13	14	15	16	17	18	19	20
②	④	④	①	④	⑤	④	②	⑤	②
21	22	23	24	25	26	27	28	29	30
③	③	④	③	③	⑤	②	②	④	④
31	32	33	34	35	36	37	38	39	40
②	⑤	④	③	②	①	④	③	⑤	②
41	42	43	44	45	46	47	48	49	50
③	④	④	③	③	③	②	④	⑤	⑤
51	52	53	54	55	56	57	58	59	60
④	②	②	②	④	①	⑤	③	④	③

01

정답 ①

제시문에서는 '전통'의 의미를 '상당히 이질적인 것이 교차하여 결고 튼 끝에 이루어진 것', '어느 것이나 우리화시켜 받아들인 것'으로 규정하고, '전통의 혼미란 곧 주체 의식의 혼미란 뜻에 지나지 않는다.'라는 주장을 하고 있다. 따라서 빈칸에 들어갈 내용으로 가장 적절한 것은 ①이다.

02

정답 ⑤

네 번째 문단의 마지막 두 문장을 보면 편협형 정치 문화와 달리 최소한의 인식이 있는 신민형 정치 문화의 예로 독재 국가를 언급하고 있으므로 ⑤의 설명은 적절하지 않다.

03

정답 ①

의사소통이란 상호 간의 정보, 감정, 사상, 의견 등을 전달하고 수용하는 과정으로, 감정 역시 의사소통의 대상 중 하나이다.

오답분석

- 최주임 : 의사전달 내용에 대한 이해는 사람마다 다양할 수 있지만, 정확한 의사소통을 위해서는 먼저 의사소통의 참여자들이 조직 문화 등 상호 공유되고 있는 점을 토대로 해당 내용에 대해 전반적으로 공통적인 내용을 유추할 수 있어야 한다.
- 박사원 : 의사소통은 의사 전달뿐만 아니라 폭넓은 상호 교류도 포함하는 개념이다.

04

정답 ②

완성된 최종적 결과물이 '작품'이라는 것은 전통적인 예술 관념에 따른 것이며, 생성 예술에서는 작품이 자동적으로 만들어져 가는 과정 자체를 창작활동의 핵심적 요소로 보고 있다. 또한 창작 과정에서 무작위적 우연이 배제될 수 없기 때문에 생성 예술에서는 작가 개인의 미학적 의도를 해석해 낼 수 없다고 하였다.

오답분석

① 작품이 만들어지는 과정 자체는 무작위적인 우연의 연속이라고 하였다.
③ 생성 예술에서는 작품이 자동적으로 만들어져 가는 과정 자체가 창작활동의 핵심적 요소이다.
④ 생성 예술에서 작품이 만들어지는 과정은 작가가 설계한 생성 시스템에서 시작되지만, 그것이 작동하면 스스로 작품 요소가 선택되고, 선택된 작품 요소들이 창발적으로 새로운 작품 요소를 만들어 낸다고 하였다.
⑤ 선택된 작품 요소들이 혼성·개선되면서 창발적으로 새로운 작품 요소를 만들어 낸다고 하였고 이런 과정은 생명체가 발생하고 진화하는 과정과 유사하다고 하였다.

05

정답 ③

ⓒ에는 관심이나 영향이 미치지 못하는 범위를 비유적으로 이르는 말인 '사각(死角)'이 사용되어야 한다.

- 사각(寫角) : 찍고자 하는 대상에 대한 카메라의 위치나 렌즈의 각도

오답분석

① 창안(創案) : 어떤 방안·물건 따위를 처음으로 생각하여 냄. 또는 그런 생각이나 방안
② 판정(判定) : 판별하여 결정함
④ 종사자(從事者) : 일정한 직업이나 부문, 일 따위에 종사하는 사람
⑤ 밀집(密集) : 빈틈없이 빽빽하게 모임

06

정답 ①

'맹점'과 '무결', '괄시'와 '후대'는 반의 관계를 이룬다.

- 맹점(盲點) : 미처 생각이 미치지 못한, 모순되는 점이나 틈
- 무결(無缺) : '무결하다(결함이나 흠이 없다)'의 어근
- 괄시(恝視) : 업신여겨 하찮게 대함
- 후대(厚待) : 아주 잘 대접함. 또는 그런 대접

오답분석

②·③·④·⑤ 유의 관계이다.

② • 긴축(緊縮) : 바짝 줄이거나 조임
 • 절약(節約) : 함부로 쓰지 아니하고 꼭 필요한 데만 써서 아낌

③ • 유의(留意) : 마음에 새겨 두어 조심하며 관심을 가짐
 • 유념(留念) : 잊거나 소홀히 하지 않도록 마음속에 깊이 간직하여 생각함

④ • 선발(選拔) : 많은 가운데서 골라 뽑음
 • 발탁(拔擢) : 여러 사람 가운데서 쓸 사람을 뽑음

⑤ • 조치(措置) : 벌어지는 사태를 잘 살펴서 필요한 대책을 세워 행함
 • 대처(對處) : 어떤 정세나 사건에 대하여 알맞은 조치를 취함

07

정답 ①

첫 번째 문단에서 '대중문화 산물의 내용과 형식이 표준화·도식화되어 더 이상 예술인 척할 필요조차 없게 되었다고 주장했다.'라는 내용이 있으므로 제시문을 바르게 이해했다고 할 수 있다.

08

정답 ②

기호학적 생산성은 피스크가 주목하는 것으로서 초기 스크린 학파의 평가로 적절하지 않다.

오답분석

⑤ 피스크를 비판하는 켈러의 입장을 유추해 보았을 때 적절하다.

09

정답 ⑤

- C : 내연기관차는 무게가 무겁기 때문에 가벼운 경차보다 연비가 떨어지는 모습을 보인다.
- E : 충·방전을 많이 하면 전지 용량이 감소하기 때문에 이를 개선하려는 연구가 이뤄지고 있다.

오답분석

- A : 가볍다는 특성이 리튬의 장점은 맞지만 양이온 중에서 가장 이동 속도가 빠른 물질은 리튬이 아닌 수소이다.
- B : 리튬이온은 충전 과정을 통해 전지의 음극에 모이게 된다. 음극에서 양극으로 이동하는 것은 방전을 통해 발생한다.
- D : 1kWh당 6.1km를 주행할 수 있으므로, 20을 곱하게 되면 122km를 주행할 수 있다.

10

정답 ③

리튬과 리튬이온전지를 예시와 함께 설명하고, 테슬라 모델3 스탠더드 버전을 통해 전기에너지 개념을 설명하고 있다.

11

정답 ②

甲은 유권자들의 투표율을 높이기 위해 결선 투표제를 도입하자는 입장이며, 乙은 결선 투표제는 시간과 비용의 측면에서 비효율적이므로 기존의 단순 다수제를 유지해야 한다는 입장이다. 따라서 甲과 乙의 주장을 도출할 수 있는 질문으로 ②가 가장 적절하다.

12

정답 ④

화학 변화는 어떤 물질이 원래의 성질과는 전혀 다른 물질로 변화하는 현상으로, ④의 예시가 가장 적절하다.

13

정답 ④

제시문에 따르면 신약 개발의 전문가가 되기 위해서는 해당 분야에서 오랫동안 연구한 경험이 필요하므로 석사나 박사 학위를 취득하는 것이 유리하다고 하였다. 그러나 석사나 박사 학위가 신약 개발 전문가가 되는 데 도움을 준다는 것일 뿐이므로 반드시 필요한 필수 조건인지는 알 수 없다. 따라서 ④는 제시문을 통해 추론할 수 없다.

오답분석

① 제약 연구원은 약을 만드는 모든 단계에 참여한다고 하였으므로 일반적으로 약을 만드는 과정에 포함되는 약품 허가 요청 단계에도 제약 연구원이 참여하는 것을 알 수 있다.
② 일반적으로 제약 연구원이 되기 위해서는 약학을 전공해야 한다고 생각하기 쉽다고 하였으므로 제약 연구원에 대한 정보가 부족한 사람이라면 약학을 전공해야만 제약 연구원이 될 수 있다고 생각할 수 있다.
③ 약학 전공자 이외에도 생명 공학·화학 공학·유전 공학 전공자들도 제약 연구원으로 활발하게 참여하고 있다고 하였다.
⑤ 오늘날 제약 분야가 성장함에 따라 도전 의식, 호기심, 탐구심 등도 제약 연구원에게 필요한 능력이 되었다고 하였으므로 과거에 비해 요구되는 능력이 많아졌음을 알 수 있다.

14

정답 ①

'황량(荒涼)하다'는 '황폐하여 거칠고 쓸쓸하다.'를 의미한다.

오답분석

② 휘감다 : 어떤 물체를 다른 물체에 휘둘러 감거나 친친 둘러 감다.
③ 흐드러지다 : 매우 탐스럽거나 한창 성하다.
④ 대동(帶同)하다 : 어떤 모임이나 행사에 거느려 함께하다.
⑤ 성가시다 : 자꾸 들볶거나 번거롭게 굴어 괴롭고 귀찮다.

15

정답 ④

제시문에서 '공범 원리'를 받아들이는 사람들은, 타인의 악행에 가담한 경우 결과에 얼마나 영향을 주었는지와 무관하게 '도덕적 책임'이 있다고 주장하므로 '갑훈에게 도덕적 책임이 있다는 점에서 첫 번째 약탈과 두 번째 약탈은 차이가 없다.'라는 결론이 도출된다.

16

정답 ⑤

2024년에는 연령대가 올라갈수록 회식참여율도 증가하고 있다. 그러나 2004년에는 40대까지는 연령대가 올라갈수록 회식참여율이 감소했으나, 50대에서는 40대보다 회식참여율이 증가한 것을 알 수 있다.

오답분석

① 20대의 2024년 회식참여율은 32%이고, 2014년의 회식참여율은 68%이다. 따라서 20대의 2024년 회식참여율은 2014년 대비 68−32=36%p 감소하였다.

② 직급별 2004년과 2014년의 회식참여율 차이는 각각 다음과 같다.
- 사원 : 91−75=16%p
- 대리 : 88−64=24%p
- 과장 : 74−55=19%p
- 부장 : 76−54=22%p

따라서 2004년과 2014년의 회식참여율 차이가 가장 큰 직급은 대리이다.

③ 2024년 남성과 여성의 회식참여율 차이는 44−34=10%p이고, 2004년은 88−72=16%p이다. 따라서 2024년 남성과 여성의 회식참여율 차이는 2004년 대비 $\frac{16-10}{16}\times100=37.5$%p 감소하였음을 알 수 있다.

④ 조사연도에서 수도권 지역과 수도권 외 지역의 회식참여율 차이는 각각 다음과 같다.
- 2004년 : 91−84=7%p
- 2014년 : 63−58=5%p
- 2024년 : 44−41=3%p

따라서 수도권 지역과 수도권 외 지역의 회식참여율의 차이는 계속하여 감소함을 알 수 있다.

17

정답 ④

베트남 돈 1,670만 동을 환전하기 위해 수수료를 제외한 한국 돈은 1,670×483=806,610원이다. 우대 사항에서 50만 원 이상 환전 시 70만 원까지 수수료에서 0.1% 낮아진다고 하였다. 이를 토대로 총 수수료를 구하하면 (700,000×0.004)+(806,610−700,000)×0.005≒3,330원이다. 따라서 수수료와 승현이가 원하는 금액을 환전하기 위해서 필요한 돈의 총액은 806,610+3,330=809,940원이다.

18

정답 ②

소금물 A의 농도를 x%, 소금물 B의 농도를 y%라고 하자.

$\frac{x}{100}\times100+\frac{y}{100}\times100=\frac{10}{100}\times200$ … ㉠

$\frac{x}{100}\times100+\frac{y}{100}\times300=\frac{9}{100}\times400$ … ㉡

㉠, ㉡을 연립하면 다음과 같다.

→ $x+y=20$

→ $x+3y=36$

따라서 $x=12$, $y=8$이므로 소금물 A의 농도는 12%이다.

19

정답 ⑤

㉢ 전체 품목 중 화장품의 비율은 $\frac{62,733}{122,757}\times100≒51.1$%이며, 반면, 국산품 합계 중 국산 화장품의 비율은 $\frac{35,286}{48,717}\times100≒72.4$%로 국산 화장품 비율이 더 높다.

㉣ 전체 품목 중 가방류의 비율은 $\frac{17,356}{122,757}\times100≒14.1$%이며, 외국산품 합계 중 외국산 가방류의 비율은 $\frac{13,224}{74,040}\times100=17.9$%로 외국산 가방류의 비율이 더 높다.

오답분석

㉠ 자료에서 품목별 외국산품 비중이 높은 주요 제품은 의류, 향수, 시계, 주류 그리고 신발류이다. 품목 전체별 비중을 계산하면 다음과 같다.

품목	외국산품 비율
의류	약 89.7%
향수	약 96.0%
시계	약 98.9%
주류	약 97.4%
신발류	약 98.0%

따라서 외국산품의 비중이 가장 높은 제품은 시계가 맞다.

㉡ 인·홍삼류의 대기업 비중은 $\frac{2,148}{2,899}\times100≒74.1$%로 가장 높다.

20

정답 ②

직원의 수를 x명이라 하면 다음과 같다.
- 50만 원씩 나누는 경우 : $50x+100$
- 60만 원씩 나누는 경우 : $60x-500$

어떤 경우라도 총금액은 같아야 하므로 다음과 같이 식을 정리할 수 있다.

$50x+100=60x-500$

→ $10x=600$

∴ $x=60$

따라서 직원은 모두 60명이다.

21

정답 ③

제시된 수열은 +7, −5, +3, …이 반복되는 수열이다. B는 25−5=20, A는 15−7=8이다. 따라서 20−8=12이다.

22

정답 ③

- 교환비율이 1인 기업은 A기업이고, 판매단가의 단위는 USD이다. 따라서 각 기업의 판매단가를 USD 단위로 바꾸어 비교한다.
- 어떤 기업의 판매단가를 a원, 교환비율을 b%, USD 단위로 바꾼 판매단가를 x원이라 하면 다음과 같다.

  $a : b = x : 1$

  $bx = a$

  $\therefore\ x = \frac{a}{b}$

  각 기업 판매단가의 단위를 USD로 바꾸면 다음과 같다.

  − A기업 : $\frac{8}{1}$=8USD

  − B기업 : $\frac{50}{6}$ ≒ 8.3USD

  − C기업 : $\frac{270}{35}$ ≒ 7.7USD

  − D기업 : $\frac{30}{3}$=10USD

  − E기업 : $\frac{550}{70}$ ≒ 7.9USD

따라서 C기업의 판매단가가 가장 경쟁력이 높다.

23

정답 ④

먼저 두 번째 조건을 살펴보면, 2023년에 비해 2024년에 국방비와 연구개발비가 모두 증가한 국가는 미국과 B이므로 B와 러시아를 연결시킬 수 있다.

다음으로 세 번째 조건을 살펴보면, 연구개발 비율이 다른 네 개 국가들보다 낮은 것은 A와 E이므로 A와 E가 각각 스위스 또는 독일과 연결됨을 알 수 있다. 그리고 남은 C와 D는 각각 영국 또는 프랑스임도 알 수 있다.

마지막 조건을 살펴보면, 2023년에 비해 2024년에 연구개발비가 감소했으나, 연구개발 비율이 증가한 것은 C와 E인데, 세 번째 조건과 결합하면 E가 독일과 연결되어 A는 스위스가 됨을 알 수 있으며, 차례로 C는 영국, D는 프랑스와 연결지을 수 있다. 첫 번째 조건을 추가로 확인해 보면 C와 D가 조건을 만족하고 있음을 알 수 있다. 따라서 국가가 바르게 나열된 것은 ④이다.

24

정답 ③

조건에 의하면 한 번 D등급이 된 고객 신용등급은 5년 동안 D등급을 유지하므로 2024년에 D등급을 받으면 2025년에 B등급이 될 수 없다. 따라서 2025년의 신용등급이 B등급일 경우는 다음과 같다.

- 2024년에 A등급, 2025년에 B등급을 받을 경우
  − 2023년 B등급 → 2024년 A등급 : 0.14
  − 2024년 A등급 → 2025년 B등급 : 0.20
  즉, 2024년에 A등급, 2025년에 B등급을 받을 확률은 0.14×0.2=0.028이다.
- 2024년에 B등급, 2025년에 B등급을 받을 경우
  − 2023년 B등급 → 2024년 B등급 : 0.65
  − 2024년 B등급 → 2025년 B등급 : 0.65
  즉, 2024년에 B등급, 2025년에 B등급을 받을 확률은 0.65×0.65=0.4225이다.
- 2024년에 C등급, 2025년에 B등급을 받을 경우
  − 2023년 B등급 → 2024년 C등급 : 0.16
  − 2024년 C등급 → 2025년 B등급 : 0.15
  즉, 2024년에 C등급, 2025년에 B등급을 받을 확률은 0.16×0.15=0.024이다.

따라서 2025년의 신용등급이 B등급일 확률은 0.028+0.4225+0.024=0.4745 ≒ 47%이다.

25

정답 ③

존속성 기술을 개발하는 업체의 총수는 24개, 와해성 기술을 개발하는 업체의 총수는 23개로 옳은 설명이다.

오답분석

① 시장 견인과 기술 추동을 합하여 비율을 계산하면 벤처기업이 $\frac{12}{20}$=0.6, 대기업이 $\frac{11}{27}$ ≒ 0.4이므로 옳지 않은 설명이다.

② 17 : 10으로 시장 견인 전략을 취하는 비율이 높다.

④ 10 : 10으로 동일한 비율이므로 옳지 않은 설명이다.

⑤ 존속성 기술은 12개, 와해성 기술은 8개로 옳지 않은 설명이다.

26

정답 ⑤

최대수요와 최소수요의 차이는 구체적으로 계산하지 않아도 그래프의 상한과 하한의 거리 차이를 통해 2023년이 2024년보다 작다는 것을 알 수 있다.

오답분석

① 공급예비력은 '(전력공급 능력)−(최대전력 수요)'이다. 따라서 2023년은 914만 kW이고, 2024년은 722만 kW이므로 2023년이 더 크다.

② 대략적인 크기 비교를 하면 2023년은 분자(91,400)가 분모(7,879)보다 10배 초과이고, 2024년 분자(72,200)가 분모(8,518)보다 10배 미만이다. 따라서 2023년이 더 크다.

③ 2024년과 2023년 1월에서 2월 사이만 비교해 봐도 2024년은 감소 방향이지만 2023년은 증가 방향이다.

④ 전년 동월 대비 증가율이 가장 높은 달은 해당 월의 두 연도별 그래프 사이의 폭이 가장 큰 달이다. 따라서 8월의 증가율이 가장 크다.

27

정답 ②

(가) A유형의 시험체 강도 평균은 24.2MPa이며, 기준 강도는 24MPa이다. 그러므로 각 시험체 강도가 모두 기준 강도에서 3.5MPa을 뺀 값(20.5MPa) 이상이어야 한다. A유형의 3개의 시험체는 모두 이 조건을 충족하므로 판정 결과는 합격이다.

(나) C유형의 시험체 강도 평균은 35.1MPa이며, 기준 강도는 35MPa이다. 그러므로 각 시험체 강도가 모두 기준 강도에서 3.5MPa을 뺀 값(31.5MPa) 이상이어야 한다. C유형의 3개의 시험체는 모두 이 조건을 충족하므로 판정 결과는 합격이다.

(다) E유형의 시험체 강도 평균은 45.5MPa이며, 기준 강도는 45MPa이다. 그러므로 각 시험체 강도가 모두 기준 강도의 90%(40.5MPa) 이상이어야 한다. 그러나 E유형의 시험체 1은 이 조건을 충족하지 못하므로 판정 결과는 불합격이다.

28

정답 ②

㉠ 자료에서 남성 박사학위 취득자 중 50세 이상이 차지하는 비율은 $\frac{1,119}{5,730}\times 100 \fallingdotseq 19.5\%$이고, 여성 박사학위 취득자 중 50세 이상이 차지하는 비율은 $\frac{466}{2,966}\times 100 \fallingdotseq 15.7\%$이다. 따라서 남성 박사학위 취득자 중 50세 이상이 차지하는 비율이 더 높다.

㉢ 남성과 여성의 연령대별 박사학위 취득자 수가 많은 순위는 30세 이상 35세 미만>35세 이상 40세 미만>50세 이상>40세 이상 45세 미만>45세 이상 50세 미만>30세 미만 순서로 동일하다.

오답분석

㉡ 공학계열 박사학위 취득자 중 남성의 비율은 $\frac{2,441}{2,441+332}\times 100 \fallingdotseq 88.0\%$, 사회계열 박사학위 취득자 중 남성의 비율은 $\frac{1,024}{1,024+649}\times 100 \fallingdotseq 61.2\%$, 자연계열 박사학위 취득자 중 남성의 비율은 $\frac{891}{891+513}\times 100 \fallingdotseq 63.5\%$이므로 남성의 비율이 높은 순위는 공학계열>자연계열>사회계열 순서이다.

㉣ 연령별 남녀 박사학위 취득자 수의 차이를 구해보면, 30세 미만은 196−141=55명, 30세 이상 35세 미만은 1,811−825=986명, 35세 이상 40세 미만은 1,244−652=592명, 40세 이상 45세 미만은 783−465=318명, 45세 이상 50세 미만은 577−417=160명, 50세 이상은 1,119−466=653명이다. 따라서 연령대가 올라갈수록 남녀 박사학위 취득자 수의 차이가 점점 커지고 있다는 설명은 옳지 않다.

29

정답 ④

실험오차가 절댓값이라는 점을 유의하여 물질 2에 대한 4개 기관의 실험오차율을 구하면 다음과 같다.

- A기관의 실험오차율 : $\frac{|26-11.5|}{11.5}\times 100=\frac{14.5}{11.5}\times 100$
- B기관의 실험오차율 : $\frac{|7-11.5|}{11.5}\times 100=\frac{4.5}{11.5}\times 100$
- C기관의 실험오차율 : $\frac{|7-11.5|}{11.5}\times 100=\frac{4.5}{11.5}\times 100$
- D기관의 실험오차율 : $\frac{|6-11.5|}{11.5}\times 100=\frac{5.5}{11.5}\times 100$

→ A기관의 실험오차율과 나머지 기관의 실험오차율의 합과 비교

: $\frac{14.5}{11.5}\times 100=\left(\frac{4.5}{11.5}+\frac{4.5}{11.5}+\frac{5.5}{11.5}\right)\times 100$

따라서 두 비교대상이 같음을 알 수 있다.

30

정답 ④

A, B, E구의 1인당 소비량을 각각 a, b, $e$kg이라고 하자.
제시된 조건을 식으로 나타내면 다음과 같다.

- 첫 번째 조건 : $a+b=30$ ⋯ ㉠
- 두 번째 조건 : $a+12=2e$ ⋯ ㉡
- 세 번째 조건 : $e=b+6$ ⋯ ㉢

㉢을 ㉡에 대입하여 식을 정리하면 다음과 같다.

$a+12=2(b+6) \rightarrow a-2b=0$ ⋯ ㉣

㉠−㉣을 하면 $3b=30 \rightarrow b=10$, $a=20$, $e=16$

A～E구의 변동계수를 구하면 다음과 같다.

- A구 : $\frac{5}{20}\times 100=25\%$
- B구 : $\frac{4}{10}\times 100=40\%$
- C구 : $\frac{6}{30}\times 100=20\%$
- D구 : $\frac{4}{12}\times 100 \fallingdotseq 33.33\%$
- E구 : $\frac{8}{16}\times 100=50\%$

따라서 변동계수가 3번째로 큰 구는 D구이다.

31

정답 ②

'경쟁자의 시장 철수로 인한 시장으로의 진입 가능성'은 K공사가 가지고 있는 내부환경의 약점이 아닌 외부환경에서 비롯되는 기회에 해당한다.

32

정답 ⑤

다섯 번째 조건에 의해 나타날 수 있는 경우는 다음과 같다.

구분	1순위	2순위	3순위
경우 1	A	B	C
경우 2	B	A	C
경우 3	A	C	B
경우 4	B	C	A

- 두 번째 조건 : 경우 1+경우 3=11명
- 세 번째 조건 : 경우 1+경우 2+경우 4=14명
- 네 번째 조건 : 경우 4=6명

따라서 C에 3순위를 부여한 사람의 수는 14−6=8명이다.

33

정답 ④

판단의 준거가 되는 명제와 그 대우를 만들어 보면 다음과 같다.

- [명제] A가 채택되면 B도 채택된다.
  [대우] B가 채택되지 않으면 A도 채택되지 않는다.
- [명제] A가 채택되지 않으면 D와 E 역시 채택되지 않는다.
  [대우] D나 E가 채택되면 A가 채택된다.
- [명제] B가 채택된다면, C가 채택되거나 A는 채택되지 않는다.
  [대우] C가 채택되지 않고 A가 채택되면 B는 채택되지 않는다.
- [명제] D가 채택되지 않는다면, A는 채택되지만 C는 채택되지 않는다.
  [대우] A가 채택되지 않거나 C가 채택되면 D가 채택된다.

위와 같은 명제를 종합하면 'A업체'가 모든 사안과 연결되는 것을 알 수 있다.

A가 채택되는 경우와 되지 않는 경우를 보면 다음과 같다.

- A가 채택되는 경우 : A, B, C, D는 확실히 채택되고 E는 불분명하다.
- A가 채택되지 않는 경우 : 두 번째 명제에서 A가 채택되지 않으면 D와 E가 채택되지 않는다고 하였으나, 네 번째 명제에서는 D가 채택되지 않는다면 A는 채택된다고 하였으므로 모순이다.

따라서 A가 채택되어야 하고 이 경우 A, B, C, D 총 4곳은 확실히 채택된다.

34

정답 ③

ㄱ. 탐색형 문제란 눈에 보이지 않는 문제로, 이를 방치하면 뒤에 큰 손실이 따르거나 결국 해결할 수 없는 문제로 확대되게 된다. 따라서 지금 현재는 문제가 아니지만 계속해서 현재 상태로 진행할 경우를 가정하고 앞으로 일어날 수 있는 문제로 인식하여야 한다. 이에 해당되는 것은 ㄱ으로 지금과 같은 공급처에서 원료를 수입하게 되면 미래에는 원료의 단가가 상승하게 되어 회사 경영에 문제가 될 것이다. 따라서 이에 대한 해결책을 갖추어야 미래에 큰 손실이 발생하지 않을 것이다.

ㄴ. 발생형 문제란 눈에 보이는 이미 일어난 문제로, 당장 걱정하고 해결하기 위해 고민해야 하는 문제를 의미한다. 따라서 ㄴ은 신약의 임상시험으로 인해 임상시험자의 다수가 부작용을 보여 신약 개발이 전면 중단된 것으로 이미 일어난 문제에 해당한다.

ㄷ. 설정형 문제란 미래상황에 대응하는 장래 경영전략의 문제로, '앞으로 어떻게 할 것인가'에 대한 문제를 의미한다. 따라서 이에는 미래에 상황에 대한 언급이 있는 ㄷ이 해당된다.

35

정답 ②

제시된 자료에 따라 합계 점수를 구하면 다음과 같다.

위험인자 \ 지역	A	B	C	D	E
경사길이(m)	20	30	20	10	0
모암	10	0	30	20	30
경사위치	10	20	10	30	20
사면형	0	30	20	30	10
토심(cm)	30	20	10	20	10
경사도(°)	10	30	20	10	0
합계 점수	80	130	110	120	70

따라서 합계 점수가 가장 높은 지역은 B이고, 가장 낮은 지역은 E이다.

36

정답 ①

WT전략은 외부 환경의 위협 요인을 회피하고 약점을 보완하는 전략을 적용해야 한다. ①은 강점인 'S'를 강화하는 방법에 대해 이야기하고 있다.

37

정답 ④

각 도입 규칙을 논리기호로 나타내면 다음과 같다.

규칙 1) A
규칙 2) ~B → D
규칙 3) E → ~A
규칙 4) F, E, B 중 2개 이상
규칙 5) (~E and F) → ~C
규칙 6) 되도록 많은 설비 도입

규칙 1)에 따르면 A는 도입하며, 규칙 3)의 대우인 A → ~E에 따르면 E는 도입하지 않는다. 규칙 4)에 따르면 E를 제외한 F, B를 도입해야 하고, 규칙 5)에서 E는 도입하지 않으며, F는 도입하므로 C는 도입하지 않는다. D의 도입 여부는 규칙 1 ~ 5)에서는 알 수 없지만, 규칙 6)에서 최대한 많은 설비를 도입한다고 하였으므로 D를 도입한다. 따라서 도입할 설비는 A, B, D, F이다.

38

정답 ③

오답분석

① · ④ · ⑤ 혹시 있을지 모를 독거노인의 건강상 문제에 대한 소극적인 대처 방법이다.
② 자신의 업무에 대한 책임감이 결여된 성급한 대처 방법이다.

39

정답 ⑤

주어진 조건에 따라 첫째 돼지의 집의 면적은 $6m^2$, 둘째 돼지의 집의 면적은 $3m^2$, 셋째 돼지의 집의 면적은 $2m^2$이다. 지지대를 제외하고 소요되는 비용은 $1m^2$당 벽돌집은 9만 원, 나무집은 6만 원, 지푸라기집은 3만 원이다. 이를 바탕으로 아기 돼지 집의 종류별 총 소요비용을 구하면 다음과 같다.

(단위 : 만 원)

집의 종류	첫째	둘째	셋째
벽돌집	54	27	18
나무집	56	38	32
지푸라기집	23	14	11

마지막 조건에 따라 둘째 돼지 집을 짓는 재료 비용이 가장 커야 하므로 첫째 돼지는 지푸라기집, 둘째 돼지는 나무집, 셋째 돼지는 벽돌집을 짓는다.

40

정답 ②

- A : 창의적 사고는 아무것도 없는 무에서 유를 만들어 내는 것이 아니라, 끊임없이 참신한 아이디어를 산출하는 힘이다.
- D : 필요한 물건을 싸게 사기 위해서 하는 많은 생각들도 창의적 사고에 해당한다. 즉, 위대한 창의적 사고에서부터 일상생활의 조그마한 창의적 사고까지 창의적 사고의 폭은 넓으며, 우리는 매일매일 창의적 사고를 하고 있다고 볼 수 있다.

41

정답 ③

K팀의 최종성적이 5승 7패이고, 나머지 팀들 간의 경기는 모두 무승부였다고 하였으므로 이를 토대로 팀들의 최종전적을 정리한 후 승점을 계산하면 다음과 같다.

구분	최종전적	기존 승점	새로운 승점
K팀	5승 0무 7패	10	15
7팀	1승 11무 0패	13	14
5팀	0승 11무 1패	11	11

따라서 K팀은 기존의 승점제에 의하면 최하위인 13위이며, 새로운 승점제에 의하면 1위를 차지한다.

42

정답 ④

두 번째와 네 번째 조건에 의해 B는 치통에 사용되는 약이고, A는 세 번째와 네 번째 조건에 의해 몸살에 사용되는 약이다.

∴ A – 몸살, B – 치통, C – 배탈, D – 피부병

두 번째와 다섯 번째 조건에 의해 은정이가 처방받은 약은 B, 희경이가 처방받은 약은 C에 해당된다. 그러면 소미가 처방받은 약은 마지막 조건에 의해 D에 해당된다.

따라서 네 사람이 처방받은 약은 정선 – A(몸살), 은정 – B(치통), 희경 – C(배탈), 소미 – D(피부병)이다.

43

정답 ④

제시된 명제들을 순서대로 논리기호화하면 다음과 같다.

- 첫 번째 명제 : 재고
- 두 번째 명제 : ~설비 투자 → ~재고
- 세 번째 명제 : 건설 투자 → 설비 투자

첫 번째 명제가 참이므로 두 번째 명제의 대우(재고 → 설비 투자)에 따라 설비를 투자한다. 세 번째 명제는 건설 투자를 늘릴 때에만 이라는 한정 조건이 들어갔으므로 역(설비 투자 → 건설 투자) 또한 참이다. 이를 토대로 공장을 짓는다는 결론을 얻기 위해서는 건설 투자를 늘린다면, 공장을 짓는다(건설 투자 → 공장 건설)는 명제가 필요하다.

44

정답 ③

애플리케이션에 판단 (A), (B)의 영향도를 분석하면 다음과 같다.

(A) • 애플리케이션의 응답시간에 대한 사용자 요구 수준을 볼 때, 기본적인 성능이 잘 제공되는 것으로 판단된다.
→ (성능 영향도 0)
• 그러나 고장 시 불편한 손실이 발생되며, 다행히 쉽게 복구가 가능하다. → (신뢰성 영향도 1)
• 설계 단계에서 하나 이상의 설치 사이트에 대한 요구사항이 고려되며, 유사한 하드웨어나 소프트웨어 환경하에서만 운영되도록 설계되었다. → (다중 사이트 영향도 1)
• 그리고 데이터를 전송하는 정도를 보면 분산처리에 대한 요구사항이 명시되지 않은 것으로 판단된다.
→ (분산처리 영향도 0)

(B) • 애플리케이션에서 발생할 수 있는 장애에 있어서는 기본적인 신뢰성이 제공된다. → (신뢰성 영향도 0)
• 응답시간 또는 처리율이 피크타임에 중요하다.
→ (성능 영향도 1)
• 애플리케이션의 처리기능은 복수 개의 서버상에서 동적으로 상호수행된다. → (분산처리 영향도 2)
• 그리고 이 애플리케이션은 동일한 소프트웨어 환경하에서만 운영되도록 설계되었다. → (다중 사이트 영향도 0)

따라서 영향도 값을 구하면 (A)는 2, (B)는 3이다.

45

정답 ③

가입금액 한도 내에서 보상하되, 휴대품 손해로 인한 보상 시 휴대품 1개 또는 1쌍에 대해서만 20만 원 한도로 보상한다.

46

정답 ③

A와 D는 각각 문제해결능력과 의사소통능력에서 과락이므로 제외한다. 합격 점수 산출법에 따라 계산하면 다음과 같다.

- B : 39+21+22=82점
- C : 36+16.5+20=72.5점
- E : 54+24+19.6=97.6점

따라서 B와 E가 합격자이다.

47

정답 ②

왕복 시간이 2시간, 배차 간격이 15분이라면 첫차가 재투입되는 데 필요한 앞차의 수는 첫차를 포함해서 8대이다(∵ 15분×8대=2시간이므로 8대 버스가 운행된 이후 9번째에 첫차 재투입 가능). 운전사는 왕복 후 30분의 휴식을 취해야 하므로 첫차를 운전했던 운전사는 2시간 30분 뒤에 운전을 시작할 수 있다. 따라서 8대의 버스로 운행하더라도 운전자는 150분 동안 운행되는 버스 150÷15=10대를 운전하기 위해서는 10명의 운전사가 필요하다.

48

정답 ④

입사예정인 신입사원은 총 600명이므로 볼펜 600개와 스케줄러 600권이 필요하다.

A, B, C 세 업체 모두 스케줄러의 구매가격에 따라 특가상품 구매 가능 여부를 판단할 수 있으므로 스케줄러의 가격을 먼저 계산한다.

- A도매업체 : 25만 원×6=150만 원
- B도매업체 : 135만 원
- C도매업체 : 65만 원×2=130만 원

즉, 세 업체 모두 특가상품 구매 조건을 충족하였으므로 특가상품을 포함해 볼펜의 구매가격을 구하면 다음과 같다.

- A도매업체 : 25.5만 원(볼펜 300개 특가)+(13만 원×2SET) =51.5만 원
- B도매업체 : 48만 원(볼펜 600개 특가)
- C도매업체 : 23.5만 원(볼펜 300개 특가)+(8만 원×3SET)= 47.5만 원

따라서 업체당 전체 구매가격을 구하면 다음과 같다.

- A도매업체 : 150만 원+51.5만 원=201.5만 원
- B도매업체 : 135만 원+48만 원=183만 원
- C도매업체 : 130만 원+47.5만 원=177.5만 원

따라서 가장 저렴하게 구매할 수 있는 업체는 C도매업체이며, 구매가격은 177.5만 원이다.

49

정답 ⑤

오답분석

- 윤아 : 시간이 촉박하면 다른 생각을 할 여유가 없기 때문에 집중이 잘 되는 것처럼 느껴질 뿐이다. 이런 경우 실제 수행 결과는 만족스럽지 못한 경우가 많다.
- 태현 : 시간 관리 자체로 부담을 과하게 가지면 오히려 수행에 문제가 생길 수 있지만 기본적으로 시간 관리는 꼼꼼히 해야 한다.
- 지현 : 계획한 대로 시간 관리가 이루어지면 보다 효율적으로 일을 진행할 수 있다.
- 성훈 : 흔히 창의와 관리는 상충된다고 생각하지만 창의성이 필요한 일도 관리 속에서 더 효율적으로 이루어진다.

50

정답 ⑤

10잔 이상의 음료 또는 디저트를 구매하면 음료 2잔을 무료로 제공받을 수 있다. 그러므로 커피를 못 마시는 두 사람을 위해 NON – COFFEE 종류 중 4,500원 이하의 가격인 그린티라테 두 잔을 무료로 제공받고 나머지 10명 중 4명은 가장 저렴한 아메리카노를 주문한다(3,500×4=14,000원). 이때 2인에 1개씩 음료에 곁들일 디저트를 주문한다고 했으므로 나머지 6명은 베이글과 아메리카노 세트를 시키고 금액의 10% 할인을 받으면 7,000×0.9×6=37,800원이다.

따라서 총금액은 14,000+37,800=51,800원이므로 남는 돈은 240,000−51,800=188,200원이다.

51

정답 ④

B안마의자는 색상이 블랙이 아니므로 고려 대상에서 제외하고, C안마의자는 가격이 최대 예산을 초과하였을 뿐만 아니라 온열 기능이 없으므로 제외한다. 남은 A안마의자와 D안마의자 중 프로그램 개수가 많으면 많을수록 좋다고 하였으므로 K사는 D안마의자를 구매할 것이다.

52

정답 ②

지게차의 평균 속도가 6km/h라고 하였으므로 분당 평균 이동거리는 100m(=6,000÷60)이다. 그러므로, 적재운반과 공차이동에 각각 2분(=200÷100)이 소요되고, 적재와 하역 시 소요되는 시간은 60초(=30+30), 즉 1분이므로 1대로 1회 작업에 필요한 시간은 총 5분이다. 따라서 1분당 1회의 운반을 위해서는 5대의 지게차가 필요하다.

53

정답 ②

1분기에 광고를 할 때는 H제품의 매출액이 50% 증가하여 자료에서 H제품이 포함된 부분의 수익구조가 변화하게 된다.

구분		B기업	
		M제품	H제품
K기업	M제품	(6, 1)=7	(−2, 12)=10
	H제품	(−1, 6)=5	(9, 6)=15

수익의 합이 가장 큰 경우는 K기업과 B기업이 모두 H제품을 광고할 때 15억 원으로 가장 크고, 가장 작은 경우는 K기업이 H제품을 광고하고 B기업이 M제품을 광고할 때 5억 원으로 최소가 된다. 따라서 두 기업의 수익의 합이 가장 클 때와 작을 때의 합은 20억이다.

54

정답 ②

3분기에 K기업의 수익이 최소가 되는 경우는 K기업이 H제품을 광고하고, B기업이 M제품을 광고하는 경우이며 이 경우 수익구조는 (−3, 6)이다. B기업의 수익이 최소가 되는 경우는 K기업이 M제품을 광고하고, B기업도 M제품을 광고하는 경우이며 이 경우 수익구조는 (6, 1)이다. 따라서 K기업은 H제품을, B기업은 M제품을 선택하지 말아야 한다.

55

정답 ④

인천 시간 기준으로 포럼 시작 일시는 10월 29일 05시이다. 뉴욕 공항에 도착한 후, 수속 시간과 포럼 장소로의 이동시간 40분을 고려한다면, A대리는 인천 시간 기준으로 10월 29일 03시 20분 ~ 04시 20분 사이에 뉴욕 공항에 도착하여야 한다. 따라서 이 시간대 사이에 도착하는 항공편인 QE9301을 탑승하여야 한다. 그렇다면, 뉴욕 공항에 인천 시간 기준으로 10월 29일 04시에 도착하여, 04:40에 포럼 장소에 도착한다. 이는 뉴욕 현지 시간으로 10월 28일 15:40이다.

56

정답 ①

한국의 업무 시간인 오전 8시 ~ 오후 6시는 파키스탄의 오전 4시 ~ 오후 2시이다. 화상 회의 시간인 한국의 오후 4 ~ 5시는 파키스탄의 오후 12시 ~ 오후 1시이며 점심시간에는 회의를 진행하지 않으므로 파키스탄은 회의 참석이 불가능하다.

57

정답 ⑤

가격, 조명도, A/S 등의 요건이 주어진 조건을 모두 만족하여 가장 적절하다.

오답분석

① 예산이 150만 원이라고 했으므로 예산을 초과하였다.
② 신속한 A/S가 조건이므로 해외 A/S만 가능하여 적절하지 않다.
③ 조명도가 5,000lx 미만이므로 적절하지 않다.
④ 가격과 조명도도 적절하고 특이사항도 문제없지만 가격이 저렴한 제품을 우선으로 한다고 하였으므로 E가 적절하다.

58

정답 ③

남자는 조건에서 B등급 이상인 호텔을 선호한다고 하였으므로, P·M·W호텔이 이에 해당한다. M호텔은 2인실이 없으므로 제외되며, P·W호텔 숙박비와 식비(조식1, 중식2, 석식1)는 다음과 같다.

- P호텔 : (17만×3)+(1만×3×6)=69만 원
- W호텔 : (15만×3)+(0.75만×4×6)=63만 원

따라서 가장 저렴한 W호텔에서 숙박하며, 비용은 63만 원이다.
여자도 B등급 이상인 호텔을 선호한다고 했으므로 P·M·H호텔 중 M호텔은 2인실이 없으므로 제외되며, P·H호텔 중에서 역과 가장 가까운 P호텔에 숙박한다. 따라서 P호텔의 비용은 (17×2)+(1×3×4)=46만 원이다.

59

정답 ④

- A씨가 인천공항에 도착한 현지 날짜 및 시각

독일시각	8월 2일 19시 30분
소요시간	+12시간 20분
시차	+8시간
	=8월 3일 15시 50분

인천공항에 도착한 시각은 한국시각으로 8월 3일 15시 50분이고, A씨는 3시간 40분 뒤에 일본으로 가는 비행기를 타야 한다. 비행 출발 시각 1시간 전에는 공항에 도착해야 하므로, 참여 가능한 환승투어 코스는 소요 시간이 두 시간 이내인 엔터테인먼트, 인천시티, 해안관광이며, A씨의 인천공항 도착시각과 환승투어 코스가 바르게 짝지어진 것은 ④이다.

60

정답 ③

상별로 수상 인원을 고려하여 상패 및 물품별 총수량과 비용을 계산하면 다음과 같다.

상패 혹은 물품	총수량(개)	개당 비용(원)	총비용(원)
금 도금 상패	7	49,500원 (10% 할인)	7×49,500=346,500
은 도금 상패	5	42,000	42,000×4(1개 무료) =168,000
동 상패	2	35,000	35,000×2=70,000
식기 세트	5	450,000	5×450,000 =2,250,000
신형 노트북	1	1,500,000	1×1,500,000 =1,500,000
태블릿 PC	6	600,000	6×600,000 =3,600,000
만년필	8	100,000	8×100,000=800,000
안마의자	4	1,700,000	4×1700,000 =6,800,000
계	−	−	15,534,500

따라서 총비용은 15,534,500원이다.

NCS 핵심영역 영역통합형 답안카드

성 명

지원 분야

문제지 형별기재란	
(　　　)형	Ⓐ Ⓑ

수 험 번 호						
⓪	⓪	⓪	⓪	⓪	⓪	⓪
①	①	①	①	①	①	①
②	②	②	②	②	②	②
③	③	③	③	③	③	③
④	④	④	④	④	④	④
⑤	⑤	⑤	⑤	⑤	⑤	⑤
⑥	⑥	⑥	⑥	⑥	⑥	⑥
⑦	⑦	⑦	⑦	⑦	⑦	⑦
⑧	⑧	⑧	⑧	⑧	⑧	⑧
⑨	⑨	⑨	⑨	⑨	⑨	⑨

감독위원 확인
ⓘ인

1	① ② ③ ④ ⑤	21	① ② ③ ④ ⑤	41	① ② ③ ④ ⑤
2	① ② ③ ④ ⑤	22	① ② ③ ④ ⑤	42	① ② ③ ④ ⑤
3	① ② ③ ④ ⑤	23	① ② ③ ④ ⑤	43	① ② ③ ④ ⑤
4	① ② ③ ④ ⑤	24	① ② ③ ④ ⑤	44	① ② ③ ④ ⑤
5	① ② ③ ④ ⑤	25	① ② ③ ④ ⑤	45	① ② ③ ④ ⑤
6	① ② ③ ④ ⑤	26	① ② ③ ④ ⑤	46	① ② ③ ④ ⑤
7	① ② ③ ④ ⑤	27	① ② ③ ④ ⑤	47	① ② ③ ④ ⑤
8	① ② ③ ④ ⑤	28	① ② ③ ④ ⑤	48	① ② ③ ④ ⑤
9	① ② ③ ④ ⑤	29	① ② ③ ④ ⑤	49	① ② ③ ④ ⑤
10	① ② ③ ④ ⑤	30	① ② ③ ④ ⑤	50	① ② ③ ④ ⑤
11	① ② ③ ④ ⑤	31	① ② ③ ④ ⑤		
12	① ② ③ ④ ⑤	32	① ② ③ ④ ⑤		
13	① ② ③ ④ ⑤	33	① ② ③ ④ ⑤		
14	① ② ③ ④ ⑤	34	① ② ③ ④ ⑤		
15	① ② ③ ④ ⑤	35	① ② ③ ④ ⑤		
16	① ② ③ ④ ⑤	36	① ② ③ ④ ⑤		
17	① ② ③ ④ ⑤	37	① ② ③ ④ ⑤		
18	① ② ③ ④ ⑤	38	① ② ③ ④ ⑤		
19	① ② ③ ④ ⑤	39	① ② ③ ④ ⑤		
20	① ② ③ ④ ⑤	40	① ② ③ ④ ⑤		

※ 본 답안카드는 마킹연습용 모의 답안카드입니다.

〈절취선〉

NCS 핵심영역 영역통합형 답안카드

성 명

지원 분야

문제지 형별기재란	
(　　)형	Ⓐ Ⓑ

수 험 번 호						
⓪	⓪	⓪	⓪	⓪	⓪	⓪
①	①	①	①	①	①	①
②	②	②	②	②	②	②
③	③	③	③	③	③	③
④	④	④	④	④	④	④
⑤	⑤	⑤	⑤	⑤	⑤	⑤
⑥	⑥	⑥	⑥	⑥	⑥	⑥
⑦	⑦	⑦	⑦	⑦	⑦	⑦
⑧	⑧	⑧	⑧	⑧	⑧	⑧
⑨	⑨	⑨	⑨	⑨	⑨	⑨

감독위원 확인
㉹

1	① ② ③ ④ ⑤	21	① ② ③ ④ ⑤	41	① ② ③ ④ ⑤
2	① ② ③ ④ ⑤	22	① ② ③ ④ ⑤	42	① ② ③ ④ ⑤
3	① ② ③ ④ ⑤	23	① ② ③ ④ ⑤	43	① ② ③ ④ ⑤
4	① ② ③ ④ ⑤	24	① ② ③ ④ ⑤	44	① ② ③ ④ ⑤
5	① ② ③ ④ ⑤	25	① ② ③ ④ ⑤	45	① ② ③ ④ ⑤
6	① ② ③ ④ ⑤	26	① ② ③ ④ ⑤	46	① ② ③ ④ ⑤
7	① ② ③ ④ ⑤	27	① ② ③ ④ ⑤	47	① ② ③ ④ ⑤
8	① ② ③ ④ ⑤	28	① ② ③ ④ ⑤	48	① ② ③ ④ ⑤
9	① ② ③ ④ ⑤	29	① ② ③ ④ ⑤	49	① ② ③ ④ ⑤
10	① ② ③ ④ ⑤	30	① ② ③ ④ ⑤	50	① ② ③ ④ ⑤
11	① ② ③ ④ ⑤	31	① ② ③ ④ ⑤		
12	① ② ③ ④ ⑤	32	① ② ③ ④ ⑤		
13	① ② ③ ④ ⑤	33	① ② ③ ④ ⑤		
14	① ② ③ ④ ⑤	34	① ② ③ ④ ⑤		
15	① ② ③ ④ ⑤	35	① ② ③ ④ ⑤		
16	① ② ③ ④ ⑤	36	① ② ③ ④ ⑤		
17	① ② ③ ④ ⑤	37	① ② ③ ④ ⑤		
18	① ② ③ ④ ⑤	38	① ② ③ ④ ⑤		
19	① ② ③ ④ ⑤	39	① ② ③ ④ ⑤		
20	① ② ③ ④ ⑤	40	① ② ③ ④ ⑤		

※ 본 답안카드는 마킹연습용 모의 답안카드입니다.

NCS 핵심영역 영역분리형 답안카드

성 명

지원 분야

문제지 형별기재란	
( )형	Ⓐ Ⓑ

수 험 번 호						
⓪	⓪	⓪	⓪	⓪	⓪	⓪
①	①	①	①	①	①	①
②	②	②	②	②	②	②
③	③	③	③	③	③	③
④	④	④	④	④	④	④
⑤	⑤	⑤	⑤	⑤	⑤	⑤
⑥	⑥	⑥	⑥	⑥	⑥	⑥
⑦	⑦	⑦	⑦	⑦	⑦	⑦
⑧	⑧	⑧	⑧	⑧	⑧	⑧
⑨	⑨	⑨	⑨	⑨	⑨	⑨

감독위원 확인
㊞ 인

1	①	②	③	④	⑤	21	①	②	③	④	⑤	41	①	②	③	④	⑤
2	①	②	③	④	⑤	22	①	②	③	④	⑤	42	①	②	③	④	⑤
3	①	②	③	④	⑤	23	①	②	③	④	⑤	43	①	②	③	④	⑤
4	①	②	③	④	⑤	24	①	②	③	④	⑤	44	①	②	③	④	⑤
5	①	②	③	④	⑤	25	①	②	③	④	⑤	45	①	②	③	④	⑤
6	①	②	③	④	⑤	26	①	②	③	④	⑤	46	①	②	③	④	⑤
7	①	②	③	④	⑤	27	①	②	③	④	⑤	47	①	②	③	④	⑤
8	①	②	③	④	⑤	28	①	②	③	④	⑤	48	①	②	③	④	⑤
9	①	②	③	④	⑤	29	①	②	③	④	⑤	49	①	②	③	④	⑤
10	①	②	③	④	⑤	30	①	②	③	④	⑤	50	①	②	③	④	⑤
11	①	②	③	④	⑤	31	①	②	③	④	⑤	51	①	②	③	④	⑤
12	①	②	③	④	⑤	32	①	②	③	④	⑤	52	①	②	③	④	⑤
13	①	②	③	④	⑤	33	①	②	③	④	⑤	53	①	②	③	④	⑤
14	①	②	③	④	⑤	34	①	②	③	④	⑤	54	①	②	③	④	⑤
15	①	②	③	④	⑤	35	①	②	③	④	⑤	55	①	②	③	④	⑤
16	①	②	③	④	⑤	36	①	②	③	④	⑤	56	①	②	③	④	⑤
17	①	②	③	④	⑤	37	①	②	③	④	⑤	57	①	②	③	④	⑤
18	①	②	③	④	⑤	38	①	②	③	④	⑤	58	①	②	③	④	⑤
19	①	②	③	④	⑤	39	①	②	③	④	⑤	59	①	②	③	④	⑤
20	①	②	③	④	⑤	40	①	②	③	④	⑤	60	①	②	③	④	⑤

※ 본 답안카드는 마킹연습용 모의 답안카드입니다.

〈절취선〉

성 명

지원 분야

문제지 형별기재란	
(　　)형	Ⓐ Ⓑ

수 험 번 호						
⓪	⓪	⓪	⓪	⓪	⓪	⓪
①	①	①	①	①	①	①
②	②	②	②	②	②	②
③	③	③	③	③	③	③
④	④	④	④	④	④	④
⑤	⑤	⑤	⑤	⑤	⑤	⑤
⑥	⑥	⑥	⑥	⑥	⑥	⑥
⑦	⑦	⑦	⑦	⑦	⑦	⑦
⑧	⑧	⑧	⑧	⑧	⑧	⑧
⑨	⑨	⑨	⑨	⑨	⑨	⑨

감독위원 확인
㉧

NCS 핵심영역 영역분리형 답안카드

1	①	②	③	④	⑤	21	①	②	③	④	⑤	41	①	②	③	④	⑤
2	①	②	③	④	⑤	22	①	②	③	④	⑤	42	①	②	③	④	⑤
3	①	②	③	④	⑤	23	①	②	③	④	⑤	43	①	②	③	④	⑤
4	①	②	③	④	⑤	24	①	②	③	④	⑤	44	①	②	③	④	⑤
5	①	②	③	④	⑤	25	①	②	③	④	⑤	45	①	②	③	④	⑤
6	①	②	③	④	⑤	26	①	②	③	④	⑤	46	①	②	③	④	⑤
7	①	②	③	④	⑤	27	①	②	③	④	⑤	47	①	②	③	④	⑤
8	①	②	③	④	⑤	28	①	②	③	④	⑤	48	①	②	③	④	⑤
9	①	②	③	④	⑤	29	①	②	③	④	⑤	49	①	②	③	④	⑤
10	①	②	③	④	⑤	30	①	②	③	④	⑤	50	①	②	③	④	⑤
11	①	②	③	④	⑤	31	①	②	③	④	⑤	51	①	②	③	④	⑤
12	①	②	③	④	⑤	32	①	②	③	④	⑤	52	①	②	③	④	⑤
13	①	②	③	④	⑤	33	①	②	③	④	⑤	53	①	②	③	④	⑤
14	①	②	③	④	⑤	34	①	②	③	④	⑤	54	①	②	③	④	⑤
15	①	②	③	④	⑤	35	①	②	③	④	⑤	55	①	②	③	④	⑤
16	①	②	③	④	⑤	36	①	②	③	④	⑤	56	①	②	③	④	⑤
17	①	②	③	④	⑤	37	①	②	③	④	⑤	57	①	②	③	④	⑤
18	①	②	③	④	⑤	38	①	②	③	④	⑤	58	①	②	③	④	⑤
19	①	②	③	④	⑤	39	①	②	③	④	⑤	59	①	②	③	④	⑤
20	①	②	③	④	⑤	40	①	②	③	④	⑤	60	①	②	③	④	⑤

※ 본 답안카드는 마킹연습용 모의 답안카드입니다.

2026 최신판 시대에듀 NCS 핵심영역 최종모의고사 10회분

개정7판1쇄 발행	2025년 08월 20일 (인쇄 2025년 07월 25일)
초 판 발 행	2020년 02월 10일 (인쇄 2019년 11월 19일)
발 행 인	박영일
책 임 편 집	이해욱
편 저	SDC(Sidae Data Center)
편 집 진 행	여연주 · 황성연
표지디자인	현수빈
편집디자인	최미림 · 고현준
발 행 처	(주)시대고시기획
출 판 등 록	제10-1521호
주 소	서울시 마포구 큰우물로 75 [도화동 538 성지 B/D] 9F
전 화	1600-3600
팩 스	02-701-8823
홈 페 이 지	www.sdedu.co.kr

I S B N	979-11-383-9674-5 (13320)
정 가	18,000원

※ 이 책은 저작권법의 보호를 받는 저작물이므로 동영상 제작 및 무단전재와 배포를 금합니다.
※ 잘못된 책은 구입하신 서점에서 바꾸어 드립니다.

NCS 핵심영역

최종모의고사 10회분

기업별 맞춤 학습 "기본서" 시리즈

공기업 취업의 기초부터 심화까지! 합격의 문을 여는 **Hidden Key!**

기업별 시험 직전 마무리 "모의고사" 시리즈

실제 시험과 동일하게 마무리! 합격을 향한 **Last Spurt!**

※기업별 시리즈 : HUG 주택도시보증공사/LH 한국토지주택공사/강원랜드/건강보험심사평가원/국가철도공단/국민건강보험공단/국민연금공단/근로복지공단/발전회사/부산교통공사/서울교통공사/인천국제공항공사/코레일 한국철도공사/한국농어촌공사/한국도로공사/한국산업인력공단/한국수력원자력/한국수자원공사/한국전력공사/한전KPS/항만공사 등

※도서의 이미지 및 구성은 변동될 수 있습니다.

NEXT STEP
시대에듀가 합격을 준비하는
당신에게 제안합니다.
성공의 기회
시대에듀를 잡으십시오.
시대에듀
기회란 포착되어 활용되기 전에는 기회인지조차 알 수 없는 것이다.
– 마크 트웨인 –